新闻与传播学译丛 · 学术前沿系列

想象未来的新闻业

[美] 芭比 · 泽利泽（Barbie Zelizer）◎ 著
赵如涵 ◎ 译

WHAT JOURNALISM COULD BE

中国人民大学出版社
· 北京 ·

新闻与传播学译丛·学术前沿系列

丛书主编　刘海龙　胡翼青

总　序

在论证“新闻与传播学译丛·学术前沿系列”可行性的过程中，我们经常自问：在这样一个海量的论文数据库唾手可得的今天，从事这样的中文学术翻译工程价值何在?

国内20世纪80年代传播研究的引进，就是从施拉姆的《传播学概论》、赛弗林和坦卡德的《传播理论：起源、方法与应用》、德弗勒的《传播学通论》、温德尔和麦奎尔的《大众传播模式论》等教材的翻译开始的。当年外文资料匮乏，对外交流机会有限，学界外语水平普遍不高，这些教材是中国传播学者想象西方传播学地图的主要素材，其作用不可取代。然而今天的研究环境已经发生翻天覆地的变化。图书馆的外文数据库、网络上的英文电子书汗牛充栋，课堂上的英文阅读材料已成为家常便饭，来中国访问和参会的学者水准越来越高，出国访学已经不再是少数学术精英的专利或福利。一句话，学术界依赖翻译了解学术动态的时代已经逐渐远去。

在这种现实面前，我们的坚持基于以下两个理由。

一是强调学术专著的不可替代性。

目前以国际期刊发表为主的学术评价体制导致专著的重要性降低。一位台湾资深传播学者曾惊呼：在现有的评鉴体制之下，几乎没有人愿意从事专著的写作！台湾引入国际论文发表作为学术考核的主要标准，专著既劳神又不计入学术成果，学者纷纷转向符合学术期刊要求的小题目。如此一来，不仅学术视野越来越狭隘，学术共同体内的交流也受到影响。

国内的国家课题体制还催生了另一种怪现象：有些地方，给钱便可出书。学术专著数量激增，质量却江河日下，造成另一种形式的学术专著贬值。与此同时，以国际期刊发表为标准的学术评估体制亦悄然从理工科渗透进人文社会学科，未来中国的学术专著出版有可能会面临双重窘境。

我们依然认为，学术专著自有其不可替代的价值。其一，它鼓励研究者以更广阔的视野和更深邃的目光审视问题。它能全面系统地提供一个问题的历史语境和来自不同角度的声音，鼓励整体的、联系的宏观思维。其二，和局限于特定学术小圈子的期刊论文不同，专著更像是在学术广场上的开放讨论，有助于不同领域的“外行”一窥门径，促进跨学科、跨领域的横向交流。其三，书籍是最重要的知识保存形式，目前还未有其他真正的替代物能动摇其地位。即使是电子化的书籍，其知识存在形态和组织结构依然保持了章节的传统样式。也许像谷歌这样的搜索引擎或维基百科这样的超链接知识形态在未来发挥的作用会越来越大，但至少到现在为止，书籍仍是最便捷和权威的知识获取方式。如果一位初学者想对某个题目有深入了解，最佳选择仍是入门级的专著而不是论文。专著对于知识和研究范式的传播仍具有不可替代的作用。

二是在大量研究者甚至学习者都可以直接阅读英文原文的前提下，学术专著翻译选择与强调的价值便体现出来。

在文献数量激增的今天，更需要建立一种评价体系加以筛选，使学者在有限的时间里迅速掌握知识的脉络。同时，在大量文献众声喧哗的状态下，对话愈显珍贵。没有交集的自说自话缺乏激励提高的空间。这些翻译过来的文本就像是一个火堆，把取暖的人聚集到一起。我们希冀这些精选出来的文本能引来同行的关注，刺激讨论与批评，形成共同的话语空间。

既然是有所选择，就意味着我们要寻求当下研究中国问题所需要关注的研究对象、范式、理论、方法。传播学著作的翻译可以分成三个阶段。第一个阶段旨在营造风气，故而注重教材的翻译。第二个阶段目标在于深入理解，故而注重移译经典理论著作。第三个阶段目标在于寻找能激发创新的灵感，故而我们的主要工作是有的放矢地寻找对中国的研究具有启发的典范。

既曰“前沿”，就须不作空言，甚至追求片面的深刻，以求激荡学界的思想。除此以外，本译丛还希望填补国内新闻传播学界现有知识结构上的盲点。比如，过去译介传播学的著作比较多，但新闻学的则相对薄弱；大众传播的多，其他传播形态的比较少；宏大理论多，中层研究和个案研究少；美国的多，欧洲的少；经验性的研究多，其他范式的研究少。总之，我们希望本译丛能起到承前启后的作用。承前，就是在前辈新闻传播译介的基础上，拓宽加深。启后，是希望这些成果能够为中国的新闻传播研究提供新的思路与方法，促进中国的本土新闻传播研究。

正如胡适所说：“译事正未易言。倘不经意为之，将令奇文瑰宝化为粪壤，岂徒唐突西施而已乎？与其译而失真，不如不译。”学术翻译虽然在目前的学术评价体制中算不上研究成果，但稍有疏忽，却可能贻害无穷。中国人民大学出版社独具慧眼，选择更具有学术热情的中青年学者担任本译丛主力，必将给新闻传播学界带来清新气息。这是一个共同的事业，我们召唤更多的新闻传播学界的青年才俊与中坚力量加入荐书、译书的队伍中，让有价值的思想由最理想的信差转述。看到自己心仪的作者和理论被更多人了解和讨论，难道不是一件很有成就感的事吗？

推荐序

重新想象新闻业与新闻学

史安斌①

欣闻国际知名新闻传播学学者芭比·泽利泽教授的新著中文版即将付梓，应译者赵如涵博士盛情相邀，作为作者和译者的同道与故交，提笔作序义不容辞。泽利泽教授著述颇丰，据悉已有三本著作的中文版与国内出版社签约。但由于翻译其著作具有一定的难度和挑战性，本书是第一本正式面世的，在此谨向赵博士表示祝贺和敬意。

在当今全球新闻传播研究领域，芭比·泽利泽是一个绕不过去的名字。她至今已经出版了 14 部独立或合编的著作，在新闻学、传播学和媒介文化研究领域声誉卓著。她在全球顶尖的美国宾夕法尼亚大学安南伯格传播学院（Annenberg School for Communication）担任冠名讲席教授，该职位用英国马克思主义文学和传播理论家、文化研究奠基人雷蒙·威

① 作者为清华大学新闻与传播学院副院长、教育部青年长江学者特聘教授。

廉斯（Raymond Williams）的名字命名，本身就代表了对该职位获得者学术成就的高度肯定。她还在2007—2008年被推举为国际传播学会（ICA）主席，这充分印证了其在全球学界和同行中的影响力、号召力。

2012年12月，笔者有幸邀请泽利泽教授来清华大学新闻与传播学院讲学，介绍她的新书《濒临死亡：新闻图像如何感动公众》（*About to Die: How News Image Moves The Public*）。她还应邀在清华大学伊斯雷尔·爱泼斯坦对外传播研究中心主办的"全球传播和新闻教育的未来"国际学术论坛上，以《新闻业的未来：兼论新闻研究与新闻教育的挑战与应对》为题发表主旨演讲，中文版收录于笔者主编的《全球传播与新闻教育的未来》一书。本书的第十二章就是在这篇演讲的基础上重新改写而成的。

在进入学界之前，她曾在路透社、伦敦《金融时报》和以色列多家媒体担任特稿记者与编辑。在具有全球影响力的新闻传播学者当中，她是为数不多的具有丰富媒体从业经历的"关键少数"。在赴美攻读博士之前，她一直在以色列成长、工作和生活，并在耶路撒冷的希伯来大学获得了学士和硕士学位。在宾大安南伯格传播学院获得博士学位之后，她到同在费城的天普大学（Temple University）传播系执教并获得了终身教职（tenure），因其在学界声誉日隆而被宾大召回麾下。她的生活积淀和职业经历也影响到了其日后的学术关切，大部分著述和研究都关注新闻传播与国族身份/认同、集体记忆、死亡、战争、风险等颇为厚重甚而带有"悲情"色彩的主题。

更为难能可贵的是，这位气质高贵优雅的"藤校"女教授始终保持着新闻记者的好奇心。笔者在六年前接待她的过程中也亲身感受到了这一点。虽然那是她第一次来到中国，她也不会讲汉语，但她却"机智"地劝退了我派去陪同她的学生，坚持单枪匹马到后海的胡同里"探险"，还与三轮车夫"砍价"。由于语言不通，起初她误认为遭到了打劫，后来经过一番比画之后才消除了误会。当她事后颇为得意地描述这番探险经历时，作为东道主的我倒是惊出了一身冷汗，而她则露出了会心的微笑。

铺垫上述的背景和"八卦"也是为了激发读者对这位名满天下的新闻传播学者及其著述的好奇心。捧读此书，于字里行间感到这位可敬又可爱的

“记者型学者”仿佛就坐在对面娓娓道来她在学林的“探秘历程”。这本书应当说是集她二十多年来学术探索之大成，各个章节都是根据她在不同时期发表的论文或书章修改扩充而来，其中大多数写于2004年至2013年之间——这恰好是新闻传媒业在互联网冲击下发生巨变、传统媒体和新媒体由“对立”走向“竞合”的十年。在这样一个新旧交替的历史转折点，重新“想象”新闻业显得尤为必要。

书名直译是《新闻业可能会怎样》（*What Journalism Could Be*）。但作为一位横跨学界和业界的新闻研究者，她在书中更多着墨于回答“新闻业本应是怎样的”（what journalism could have been）这一问题，试图在新闻业激变的理想愿景和现实状况之间搭建起一座“阐释之桥”。在此，作者显然借鉴了美国社会学家赖特·米尔斯（C. Wright Mills）在其经典著作《社会学的想象力》（*The Sociological Imagination*，1959）中开辟的学术研究路径——探究微观层面的个人体验与宏观层面的社会结构之间的复杂互动关系。从这个意义上说，译者赵如涵博士起初将书名译为《未来新闻业》，基本上体现了书名的原义。但考虑到作者致敬前辈的意图，并且为与本书第一章的标题有所区别，经笔者与译者以及在安南伯格传播学院担任讲席教授的华裔学者杨国斌博士共同商议，遂将中文版书名最终定为《想象未来的新闻业》。

纵观全书，作者参考了媒介文化研究所倡导的PESTC（政治-经济-社会-技术-文化）路径，秉持学者所独有的不偏不倚的立场——作者所说的介于“唱反调者”与“唱赞歌者”之间，全方位多角度探讨新闻业的变革。具体而言，她刻意回避因循“技术决定论”的浪漫主义思路来热情称颂当下的变革，同时也避免沿袭“历史决定论”的怀旧情绪来极力否定当下变革的价值和意义。在她看来，学界应当把新旧媒体转换之际发生的新闻业转型视为一场累进式的渐变，从历史积淀中爬梳当下变革的语境和脉络，从未来愿景中发掘当下变革的动力和启迪，并以勾连和贯通不同“阐释共同体”的思路帮助摆脱长期以来存在的新闻业界、学界与教育界“各说各话”的困境。

本书的头两章为奠定其立论基础的部分。作者在第一章中为重新想象新闻业归纳了五个方面的原因：媒介技术重要性的日趋凸显；急剧变动的地缘政治格局；传统媒体和新媒体在理论和实践上日益加深的鸿沟；快速转型的世界经济；剧烈变化的社会道德和价值观；等等。第二章梳理了在学界和业界流行的有关新闻业的12种隐喻，对其中的“镜像说”“故事说”等既有隐喻结合新媒体生态变迁进行了批判和“解构”，对“服务说”“参与说”等新兴隐喻则做了进一步阐发，在新闻学概念和理论的更新迭代上做了具有启示意义的探索。

作为全书的主体，接下来的三个部分借鉴交响乐中的“对位”结构来布局谋篇，每个部分皆由三章组成。

第一部分聚焦于当下新闻业的主要矛盾及其重要议题。第三章以传统新闻业的关键词“目击证据”为切入点，探讨了新闻的真实性和权威性等重大理论关切，梳理了技术变迁导致新闻业由“赋魅”（享有“第四权力”无上荣光的主流媒体）到“祛魅”（人人都是记者的自媒体）的演进脉络。

第四章从“新闻业与民主”这一新闻学研究的经典“母题”入手，以西方媒体的难民危机报道为例，反思了全球化和新媒体的兴起给这一“母题”带来的挑战。作者指出，对新闻业与民主的过度关注往往会导致“西方中心论”的偏见，而把那些避免淮橘为枳、积极探索符合本国实际的发展道路的“非民主国家”排斥于新闻学的研究视野之外。这种西方中心的普世价值观显然不能适应全球化的多元文化和复杂语境。虽然这一章的大部分内容始于作者2013年发表的相关论文，但结合2016年以来“后西方、后秩序、后真相”的时代背景来细细品味，我们不得不叹服于作者敏锐的预见力和洞察力。

第五章则通过对默多克旗下的《世界新闻报》窃听丑闻和“伊斯兰国”利用社交平台传播恐慌情绪等典型案例的分析和探讨，指出了传统的新闻伦理和道德准则与新媒体生态日渐“脱钩”的残酷现实。作者遵循社会/文化批判理论的思路富于创见性地提出，应当从分析传统新闻伦理在当下媒介生态中的“不可能性”来重新想象新闻伦理的“可能性”。

第二部分聚焦于当下新闻学的主要矛盾和重要议题。作者2004年出版的《严肃对待新闻：新闻研究的新学术视野》（*Taking Journalism Seriously: News and Academy*）是探讨学科建设和学术研究的重要著作，但主题和篇幅未能与新闻业实践进行更为深入的结合，本书则弥补了这一缺憾。

第六章回应的是新闻学界与业界之间存在的“鸿沟”这一老生常谈的问题，但作者从文化研究独有的“多重决定论”（over determination）角度切入，指出这一“鸿沟”的成因主要是新闻学界未能秉持“多方主体、多元视角”的研究路径。具体而言，在新的媒介生态下，新闻学研究应当从记者、教授、学生、公众等多方主体入手，运用社会学、历史学、政治学、语言学和文化研究等多学科视角，全面而准确地把握新闻业在新媒体时代的使命、实践和功能。

第七章回应了另一个争论不休的世纪难题——新闻学与传播学的“瑜亮之争”。作者以扎实的历史分析向读者展示了新闻学在传播学历史沿革中的核心地位，同时站在全球化发展趋势的高度令人信服地指出，新闻学仍将是传播学未来学科建设的“中心”。

第八章探讨的是新闻学与文化研究——作者将二者之间的关系比作“同床异梦”。如果说前者强调的是客观性和真实性，那么后者聚焦的则是主观性、自反性和对社会现实的建构。但是，随着社交平台的普及，用户生成内容（UGC）成为新闻生产的主体，新闻学与文化研究的殊途同归和主动“联姻”已经成为数字媒体时代新闻传播学科发展和学术研究的必然趋势。

在前两部分的基础之上，作者充分发挥了其“记者型学者”的独特优势，超越了长期以来横亘在新闻业界与学界之间的鸿沟，在本书第三部分为重新想象新闻业与新闻学绘制了完整而清晰的路线图。第九章建基于作者早在1993年提出的“新闻记者是阐释共同体”的理论框架，结合新媒体生态阐明了对记者角色进行重新定位的必要性，这显然是对盛极一时的所谓新闻“专业主义”中将记者视为“墙上的苍蝇”（fly-on-the-wall）般“个体观察者”的有力反驳。

第十章从重新想象新闻文化——新闻实践中的意义、仪式和符号——切入，旨在纠正长期以来在新闻学研究中占主导地位的“规范化取向”（normative approach）所带来的种种偏差。作者指出，从文化的视角切入可以解决新闻理想和现实考量之间看似不可调和的矛盾，也有助于缩小甚至填平新闻业界与学界之间貌似根深蒂固的“鸿沟”。

作为重新想象新闻文化的范例，作者以自身长期深耕的新闻视觉符号研究为例，在第十一章中详细阐述了新闻图像与公众参与之间的互动关系。

作为结语的第十二章明确回答了本书的题旨：如何重新想象新闻业，并在此基础上重新定位新闻学？作者以“反思性”（即思考我们过去怎样做新闻）、“透明性”（即思考我们现在怎样做新闻）、“主动性”（即思考我们将来可能怎样做新闻）等三种方向性和策略性的思路勾连起新闻业的过去、现在与未来，从而在新闻从业者、教育者和研究者之间构建起一套更加全面而有效的认知框架。

正如作者在第一章开宗明义指出的那样，新闻本身就是一种“想象的参与”，新闻的本质就是“创造公众对接触不到的事件的想象性参与”。新闻除了应当及时反映政治、经济、社会和技术上的变化，它也是一种体现文化价值观和道德伦理考量的想象性思维。正是从这个意义上看，泽利泽教授的这本新著超越了新闻业长期以来囿于所谓专业主义的自我认知，也打破了长期主导新闻学研究“规范化取向”的条条框框，成为堪与米尔斯《社会学的想象力》比肩的经典之作，即被反复阅读和引用的“新闻学的想象力”。对于来自非西方国家的从业者和学者而言，这种想象力更是具有冲破“西方中心论”樊笼的激励意义。在新闻传播由“融媒”“全媒”进入“智媒”“浸媒”的新时代，在“一带一路”倡议推动的“新全球化”大幕徐徐拉开的历史节点上，中国的新闻业界、学界和教育界理应成为重新想象新闻业和新闻学的重要力量，为世界提供“中国方案”，贡献“中国智慧”。“他山之石，可以攻玉。”相信泽利泽教授的这本新著能够为中国读者提供非同凡响的启迪和借鉴，进一步推动中国新闻传播学的理论探索和实践创新。

2019 年新春草于北京清华园

致 谢

对以下出版方允许部分章节内容的再次使用和重新撰写，本书作者致以诚挚感谢！

第二章：Definitions of Journalism. In Kathleen Hall Jamieson and Geneva Overholser（eds.），*The Press*. Oxford University Press，2005，66 - 80. Reproduced by permission of Oxford University Press，http：//global. oup. com/academic.

Adapted from Barbie Zelizer，*Taking Journalism Seriously*. Thousand Oaks：Sage，2004. Reproduced by permission.

第三章：On "Having Been There"："Eyewitnessing" as a Journalistic Key Word. *Critical Studies in Media Communication*，24（5），December 2007，408 - 428. Reproduced by permission of Taylor and Francis.

第四章：On the Shelf Life of Democracy in Journalism Scholarship. *Journalism* 14（4），June 2013，459 - 473. Reproduced by permission of Sage.

第五章：When Practice is Undercut by Ethics. In Nick Couldry，Mirca Madianou and Amit Pinchevsky（eds.），*Ethics of Media*. London：Palgrave Macmillan，2013，317 - 337.

Reproduced by permission of Palgrave Macmillan.

第六章：Journalism and the Academy. In Karin Wahl Jorgensen and Thomas Hanitzsch (eds.), *Handbook of Journalism Studies*. Mahwah, NJ: Lawrence Erlbaum, 2008, 29 - 41.

Adapted from Barbie Zelizer, *Taking Journalism Seriously*. Sage, 2004. Reproduced by permission.

第七章：Journalism in the Service of Communication. *Journal of Communication*, February 2011, 1 - 27. Reproduced by permission of Wiley.

第八章：When Facts, Truth, and Reality Are God-Terms: On Journalism's Uneasy Place in Cultural Studies. *Communication and Critical/Cultural Studies*, 1 (1), March 2004, 100 - 119. Reproduced by permission of Taylor and Francis.

第九章：Journalists as Interpretive Communities. *Critical Studies in Mass Communication*, 10, September 1993, 219 - 237. Reproduced by permission of Taylor and Francis.

第十章：The Culture of Journalism. In James Curran and Michael Gurevitch (eds.), *Mass Media and Society* (4th edition). London: Edward Arnold (Bloomsbury Academic), 2005, 198 - 214. Reproduced by permission of Bloomsbury Academic, an imprint of Bloomsbury Publishing Ltd.

第十一章：When War is Reduced to a Photograph. In Stuart Allan and Barbie Zelizer (eds.), *Reporting War: Journalism in Wartime*. Abingdon, Oxon: Routledge, 2004, 115 - 135. Reproduced by permission of Routledge.

第十二章：Tools for the Future of Journalism. *Ecquid Novi: African Journalism Studies*, July 2013. Reproduced by permission of Taylor and Francis.

目　录

第二部分 关于学科

第三部分 思考新闻实践的新方式

结语

第一章　想象新闻业

据传艾尔伯特·爱因斯坦（Albert Einstein）曾说，逻辑可以将人们从 1
A 点带往 B 点，但想象力可以将人们带往任何地方。《想象未来的新闻业》（*What Journalism Could Be*）一书从这种观点中汲取了灵感。想象新闻业不断延伸它的触角，穿过它曾经停留的角落，超越它原本的局限，这是一种为了适应变化而采取的训练。通过这样的想象，新闻学者可以去质疑那些被普遍接受的、通常未被挑战的新闻学的实践技能和智识概念的轮廓。它还呼吁新闻记者去考量新奇与变革的可能性，同时也要警惕令原本不确定的图景变得更为复杂的风险。

为什么我们要在当下重新思考新闻业？新闻业环境的变化表明，这么做也许会富有成效，但其作用并非立竿见影或可预见的。从自动化新闻复制、用户生成内容、可穿戴设备和虚拟现实，到报纸停刊倒闭和裁员，很多人推测新闻业已经穷途末路。这一推测被许多新闻记者和新闻学学者欣然接受的原因是很清晰的：他们承受多种压力，现有的所谓提议要么是鼓吹新闻业必须与时俱进的激进宣言，要么是对无法挽回的损失的沮丧哀叹。狂热支持的一方将变化视为所有新事物的万能推动者；反对者则主张那些认为传统媒体已经消逝的看法所言为时过早。然而，没有一方去想象有关变化的新理解，即将变化看作互惠的给予和索取、调整、修正或转换。当变化即将到来时，这些活动都会逐渐出现。

本书的主要观点介于唱反调者和唱赞歌者的观点之间。我认为，新闻业的变化可以被看作不同立场之间的往复转换，通过这些变化，新闻从业者、

观察者和分析者可能会富有想象力地评估“这种变化可以带来什么，以及它
2 如何与新闻业产生共鸣”。通过对新闻业张力的新理解及对新闻业和概念化新闻实践的学科性思考，本书描绘了一条可以借此想象未来的新闻业的、更具织构环境的路径。

想象力并不会无条件地存在于新闻业中。包括历史、社会、文化、经济、政治、道德、意识形态、技术等在内的大量因素，都会将“想象力”从对大多数新闻的解读中隔离开来。对现代性与理性的狭义理解，对现实主义的执着偏见，政治经济结构更侧重于真实性而不是虚拟性，以及更强调公共利益与自身相关性的大环境，都是导致想象力缺失的重要因素。尽管具有想象力的思维总是渗透在新闻学的理论和讨论之中——例如，亚当（Adam，1993，1）将新闻定义为“想象的产品”，而舒德森（Schudson，1996，96）观察到“做（新闻）虽然不是伪造或撒谎，但……脱离了剧本和想象力的确无法做到”——但总的来说，与想象力相结合的新闻思维，已被局限在讲故事的叙事艺术当中（Fishkin，1985）。

然而，想象力与新闻业中的相关性实际上是“空降的”（airborne）。新闻的本质是创造公众对接触不到的事件的“想象性参与”（imagined engagement）。如何实现这种创造也是需要想象的，因为新闻工作主要在公众视野之外进行（Zelizer，1992a）。新闻记者用各种方式从大多数情况下并不可及的领域收集信息。他们就好像那些探寻常人不能接近的世界并带回重要见解的萨满巫师，“他们在回来时充当巩固共识和恢复社会秩序的稳定剂”（Zelizer，1992a，21）。记者知道的东西之所以有价值，是因为没有人分享过这些知识，这必然会成为公众想象的目标。甚至在新闻教育方面，基布尔（Keeble，2007，2）写道：“就像从业者需要承认，并深入探索其创造的可能性一样，我们需要鼓励创新精神。”由此，与新闻业的想象力相关联的远不止是叙事技巧。

学者对想象力的关注也超越了新闻业。想象力在很长一段时间里是社会和文化理论的焦点，许多学者付出巨大努力去理解想象力究竟可以带来什么。通常，这与美国社会学家赖特·米尔斯对于社会学学科的描述一致——想象

力是“从一个视角转变到另一个视角的能力……从最客观、最遥远的特征转变到人类自身最亲密的特征，以及看到两者之间的关系的能力”（Mills，1959，7），或者如安东尼·吉登斯（Anthony Giddens，2001，699）后来改述的，“将想象思维应用于社会学问题的提出和回应（某个人）……将自我从已知中剥离”，想象力已被各学科的学者广泛引用，如历史和政治学家本尼迪克特·安德森（Benedict Anderson，1983）、社会学家约翰·汤普森（John Thompson，1984）、人类学家阿尔君·阿帕杜莱（Arjun Appadurai，1996），以及哲学家查尔斯·泰勒（Charles Taylor，2002），等等。 3

相比以前通过坚持工具理性和理性思维来加以规范，对许多人来说，当前的想象力转向是对现代性的后果和负担的一种纠正，更多的是对特定现代性关注的回应，而不是为其更充分的调整设置障碍。正如西奥多·阿多诺[Theodor Adorno，1976（1969），51]说过的那句名言：幻想——他所认为的想象——“只有在它被具体化和抽象地反对现实的时候才被容忍”。想象力在当下的拓展被看作是一个“要么被用来弥补既有现实的缺陷，要么被用来生产新现实”的事业（Schulte-Sasse，1986，25）。思考至此，学者已经详尽阐述了其假定的使用价值的层次：想象力，正如阿帕杜莱（Appadurai，1996，31）所说，“已经成为一个有组织的社会实践领域，一种工作形式（从劳动和文化组织实践两方面），以及一种处于代理机构（个人）与全球定义的可能性领域之间的协商形式”。

因此，想象力确实与新闻业有关。尽管新闻业本身可以被设想为“可能的场域”（fields of possibility），但由于上述种种障碍，新闻业对想象力的包容被削弱了。本书试图对那些不明智的思维模式进行重新思考，这是因为，那些“在围墙的一边放置理性，在另一边放置想象力”的不明智的思维模式看起来是徒劳的。虽然对这个领域的调查总是简化的，但是我们需要反思如何才能更有效地理解它们之间的关系。我们在对想象的划分中遗失了什么？重振其中心地位可能会得到什么？

本书的各个章节旨在解决以上问题。尽管做了大面积的修订，但这里汇集的文章此前大体上都探讨了想象力的问题，只是不如本书中的定义那么明确。通过对过去25年中已发表的探讨这一问题的文章与章节进行重新梳理，本书致力于倡导“想象新闻业”的理念，聚焦“想象的思维”及其相关概念和实践如何体现在今天的新闻业中。

当前时刻极具不确定性，但相关领域却没有对这种不确定性进行足够充
4 分的深入思考。2016年前夕，当被问及如何预测新闻业的未来发展时，多数人的反应都是试图回避这个外延宽泛的问题，而单方面地聚焦于“技术”。例如，“2016年记者应关注的技术趋势”（Ciobanu，2015）或者“2016年最有可能的媒体和技术发展”（Sutcliffe，2015）等标题不在少数。尽管对技术的关注有助于防止技术的单向推动，但也显现出我们的想象力正在减弱。新闻的文本与人物在哪里？它的技艺与文化在哪里？意识形态与思维模式在哪里？劳动、职场政治或与其他机构的关系——所有赖特·米尔斯分类的产物都源于“思维的玩兴”[①]（Mills，1959，211）。

当前时期的五个特点使本书收录的研究具有全新的相关性。每篇文章都回顾了早期的论争，并将这些论争置于当代新闻业环境的多个面向之中。这些文章也要求我们透过想象思维的棱镜来重新思考今天的新闻业。与此同时，这些文章都提出了新的视角，以此激发有关新闻业的高质量讨论。

思考想象力的第一个原因与“技艺”[②]有关。因为有如此多的新闻发生在公众视野之外，用以寻找可重复结果的学术研究也并未充分收录那些推动新闻活动的最初动力。亚当（Adam，1976，3）所称的“新闻的想象力”，包含个性化的好奇心、自主能力、即兴创作、冒险和探究，而这些特质都处于新闻制作的中心位置。尽管思考新闻的其他模式在学界已经发展得颇为成熟——在接下来的内容中也会谈及这些模式——用来理解新闻技艺特性的最好方式是去思考它们在多个领域的可能性。例如，在美国总统竞选和英国脱

---

① 此处“思维的玩兴”原文为“playfulness of mind”。这里翻译为“思维的玩兴”，是指个人行为中展现出的想象力、情绪表达力、幽默感、好奇心、开放性等。（本书脚注均为译者注，以下不再一一注明。）——译者注

② 原文为“craft”，意为工艺、技艺等，原指劳动者利用生产工具对原材料、半成品进行加工或处理，使之成为成品的方法与过程，此处译者将其理解为新闻记者进行新闻采写编评的能力，故翻译成技艺。

欧事件中，新闻记者该如何在事件发生巨大转变时争相报道政治议题，或者新闻记者如何对他们关于新闻活动的看法和式微的新闻实践制度形势之间的脱节进行临场发挥，这些都是新闻技艺精进的例子。想象思维激发了评价相关性的潜力。

第二个重新思考想象思维的原因是“政治”——新闻业必须掌握当前政治环境不断演变的本质。尽管新闻业总是在适应新闻价值的不断变化，但今天的许多政治新闻比早期的新闻议题更大，传播更广，也更具影响力：相比 5
早期那些本土的、区域的甚至国家的政治新闻，今天的政治新闻虽然延续了其报道，如世界范围内对全球难民危机及其对人类尊严的践踏的报道，却更有力，也更具挑战性，这些报道更精确地反映了传统新闻机构的管辖权。因此，像“水门事件”（Watergate）这样的陈旧丑闻——以美国为中心，涉及美国政治和美国传统新闻报道——比最近涉及罗伯特·默多克（Robert Murdoch）新闻帝国的丑闻更直接、更容易被当代新闻界报道。后者的权威以难以察觉的方式跨越机构的、一般的、技术的和地缘的舞台传播开来，而2011年《世界新闻报》（*News of the World*）电话窃听丑闻的曝光影响了多个大洲的政治、警界、技术和新闻界，揭露了显而易见的机构共谋。同样，想象思维有助于明晰以前无法预料的环境概貌。

第三个将想象力引入新闻业考量范围的相关要素是“技术”。数据反复证实，新旧媒体的分化比起对技术变化持简单的支持或反对态度更加复杂。超过一半的美国报纸读者只从印刷媒体中获取新闻（Barthel，2015），而社交媒体作为千禧一代获取政治信息的主要来源，其意义可比拟当年地方电视台之于婴儿潮一代（Mitchell，Gottfried & Matsa，2015）。旧媒体和新媒体仍然处于混合的、相互适应的阶段，二者之间的界限往往模糊不清。因此，拥抱“新媒体”并不意味着必须抛弃“旧媒体”。例如，亚马逊的杰夫·贝佐斯（Jeff Bezos）宣告2015年全面收购《华盛顿邮报》（*Washington Post*）并计划使该报成为“新的纪实报纸”（Owen，2015b），或者推特（Twitter）开发能够容纳10 000个字符长度的推文的功能（Wagner，2016），都佐证了以上观点。理解新旧媒体的融合形态需要比当下已经展现出的更多的创造性：当早期的政府（如麦卡锡政府）倒台被当时的传统新闻媒体以可识别的方式报道时（尽管是有问题的），“伊斯兰国”的新泛国家实体（new pan-national entity）为确保他们的信息能够成功散布出去，正在熟练地使用传统媒体和社交媒体的复杂组合——不管谁在掌控传统新闻媒体。想象一种长久以来的、已经停滞的融合，更充分地理解新旧媒体之间的桥梁，而不是以牺牲对方为代价，可能会促使反对改变的群体和支持改变的群体更充分地考虑对方的优势。

第四个重新思考想象力的原因是“经济”要素。当代新闻业的大部分报道显示，新闻记者认识到了他们所处的环境正在发生变化，并已经准备好去适应这些变化（Picard，2015；*State of the News Media*，2015）。变化包括：新闻采集的企业模式导向，更多关注品牌营销手段，更好地适应多任务的、
6 多信源的兼职雇佣。在这样的图景中出现了如下惊喜：报纸《费城问询者报》（*Philadelphia Inquirer*）和它的姊妹出版物——报纸《费城每日新闻》（*Philadelphia Daily News*）和网站“费城”（Philly. com）——在 2016 年 1 月被捐赠给一个新成立的非营利媒体机构。此举“旨在确保高质量新闻在费城世代长存”（Gammage，2016）。尽管现在预测“新闻公司、媒体机构和基金会之间的创新联动将在多大程度上影响公益新闻”还为时过早，但此举充满了想象力，能够缓解新闻媒体的经济压力。然而，这里也有令我们保持冷静的证据：尼曼新闻实验室（Nieman Journalism Labs）预测，与 1990 年相比，当地日报记者的数量很快就会减少一半（Doctor，2015）。正如罗特韦尔（Rottwilm，2014，6）观察到的那样，我们正在见证“新闻行为（工作）和新闻就业（劳动）之间脱钩的证据”。今天的经济环境不仅反映了更大范围内的社会变革，此变革偏爱临时的、专业的工作和多任务、外包与服务经济；这种环境还表明我们需要反思新闻业如何看待自己，以及如何更详细地表达其信仰（creed）。因此，流行于早期新闻业并处于自我感知中心地位的目击活动（eyewitnessing activity），今天更多地依赖于无形的技术和用户生成内容，而不是新闻记者本身。这主要是（虽不单纯是）经济压力导致的。在报道 2015 年 11 月的巴黎恐怖袭击和 2016 年 3 月的布鲁塞尔袭击事件时，全世

界对流媒体直播的依赖显示了当前新闻记者声称自己是目击者的说法有多么脆弱。但是，传统新闻媒体运用想象思维可能会生产出更有创意的、另类的高质量新闻，正如费城媒体最近的所有权变化所启示的那样。

第五个激发想象思维的变量是“道德”因素。21 世纪充满了似乎将永远持续下去、范围比以往任何时刻都更广的困难事件，这种事件经常以不可预测和错综复杂的方式出现。它们跨越国家、种族、宗教和民族的边界，提出了这些问题：在更广阔的地理空间内，谁来对经常发生的侮辱和暴力事件负责？对它们负责的可能性的回应是什么？尽管 21 世纪仅过去了短短 20 余年，且这样的事件是少数，但它们仍然影响深远：第一次和第二次“巴勒斯坦起义”、“9・11”事件、在阿富汗发生的战争、2003 年的伊拉克战争、奥萨马・本・拉登（Osama Bin Laden）之死、“占领华尔街运动”和黑人生命平权运动（Black Lives Matter）、叙利亚冲突和当前的难民危机，都被蓬勃发展但彼此认知存在差异的公众认为是合理的或不合理的。表达道德立场在 21 7
世纪初已经变得愈加困难，因为数字媒体环境中的复杂活动表明只持有一个道德立场已经是过去时了。因此，黑人生命平权运动的报道既被誉为“推特革命”，也被诋毁为将种族棱镜投射到其之后的活动上。尽管被“伊斯兰国”杀害的人的视频在社交媒体上流传开来，但当传统新闻媒体考虑是否播出它们时，这项决定仍包含了多种可能性。每一种情况都在强烈呼吁以新的、较少二元论的，以及对道德原则处理更微妙的想象方式去连接新闻报道与其多种公众。

因此，就技艺、政治、技术、经济和道德而言，当前的环境未能推动新闻业适应变化，却提供了想象新闻业的可能。以上提及的事件在本书后文中还会得到进一步阐述，但我们会以其他的方式对其进行阐述。诚然，处在当前形势中的新闻业正与前文提及的挑战进行持续的“搏斗”，究其原因，即技艺、政治、技术、经济和道德的不同组合会影响新闻业的可行性。这一景观结构中——它的不稳定性、内部矛盾和对解决方案的抵制，有大量的证据表明有必要严肃对待新闻业的中心地位。这对唱反调者和唱赞歌者都是一种挑战，他们需要比现在进行更多的相互交流。

显而易见的是，考虑新闻业的可能性场域具有扩展知识、获取维度的价值。在接下来的章节中，我会强调和新闻文本中的想象力相匹配的多种特征，如偶然性、变迁性、噪声、矛盾、情感、包容性、跨学科分享、多重观察点，同时敦促减少那些阻碍想象力发挥的特质，如教训主义、偏狭性、二元论、专制主义与线性。虽然我们已认识到这些特质总是会以某种方式共存，但我认为新闻业需要想象力才能生存下去。我也相信新闻业提供了一个清晰的预兆，即当实践和理论知识相得益彰而非彼此约束时，丰富性才可能随之而来。对于实践与理论两者而言，想象力都是核心。

尽管随后的许多章节都主张对构成新闻环境的范畴采取更为灵活的而非一成不变的态度，但我最后用一个二元论来引导大家进入这本书，一种现象的衰弱的另一面是它的胜利。本书论证了，随着新闻业的枯竭，新闻业重生的潜力也产生出来。这种潜力并非与早期截然不同，但新闻业是一个复杂且微妙的事业。新闻业的这一潜力迫使我们超越理性进入想象，以便更好地理
8 解和欣赏它的典型特征。约翰·杜威（John Dewey，1929，294）注意到，“当我们剪掉想象的翅膀或害怕使用它时，知识必将衰退。科学的每一次重大进步都源于一种崭新的、大胆的想象”。我希望本书接下来的内容能和这些想法产生共鸣。

开　篇

第二章　有关新闻业的 12 种隐喻

新闻业的隐喻（metaphors）直接反映了人们对新闻制作的理解。尽管新闻业的许多概念，如专业、产业、意识形态和技艺，都隐含着信息传递的能力，但从事新闻工作或思考新闻业的人们会选择不同的路径，从而从多个面向进行定义。命名、标识、评价、批判新闻和新闻实践，反映了不同人群及其个体、新闻工作的类型、媒介和技术，以及相关的历史时期和地理环境。难怪著名广播记者丹尼尔·肖尔（Daniel Schorr）指出，新闻不仅是他的谋生之道，更是一种“思维框架”（Schorr，1977，vii）。推而广之，新闻作为一种思维的框架会因人而异。因此，我们这里谈及的理解新闻业的 12 种隐喻中，有 7 种来源于新闻记者，另外 5 种则来源于从事新闻研究的学者。 *11*

思考新闻业

尽管想象力丰富的作品中隐含的流动性和复杂性在涉及定义的精确本质时往往会有所回缩，但久而久之，一组特定的术语赋予了新闻业自身的轮廓。新闻（news）、报刊（the press）、新闻媒体（the news media）、信息（information）和传播（communication）等最常被使用的术语，涉及了新闻业的不同面向，也显示出个人对“新闻”意义的不同理解，以及他们对记者的期待。尽管“新闻记者”（journalist）这个术语最初指的是在特定的时间范围内有组织地公开记录事件的人，但今天它用于表示具备多种技能的人，包括出版商、摄影师、现场制片人、数字内容提供商、旁观者、代理人、公民记者和

12 博客作者。这个术语主要与新闻业的技艺面向有关，它倾向于参考新闻生产所涉及的不断演变的技巧、常规和惯例。术语“新闻”（news）被普遍认为源于16世纪晚期的单词“新”（new），往往散发着不断提供时事信息的商业气息。相反，新闻媒体与作为其形式之一的报刊（the press）一词，是在18世纪记者工作的产业、制度和技术环境中开始被使用的。最近，从对传播到对信息的关注——20世纪中期新闻培训项目中传播学学术课程的兴起，以及21世纪数字媒体的兴起，为非新闻记者打开了新闻领域的大门。这些活动都削弱了人们对新闻的惯常理解——新闻能够扮演并且时常扮演核心信息提供者的角色。

这些理解新闻的方式都没有绘制出新闻业的全貌，也没有反映出我们对新闻媒体寄予的全部期望。相反，每个人都在强调对所谓的新闻工作的普遍性质的探索，而不管这些努力是多么有限。因为，新闻业不是万能的：我们只需要承认，莱斯特·霍尔特（Lester Holt）、约翰·奥利弗（John Oliver）和佩雷斯·希尔顿（Perez Hilton）——专业的广播记者、受欢迎的电视讽刺家和广受关注的名人博主会向特定公众传达权威的时事新闻，尽管人们对他们可能会推广什么样的新闻报道提出了质疑。

今天的新闻业反映了许多相互矛盾的人、面向、实践和功能，因此，不同的新闻术语被新闻记者、教导学生成为记者的新闻教育工作者，以及研究新闻工作的学者与新闻业假定要服务的公众不均衡地使用就不足为奇了。可能也正因如此，关于新闻的讨论往往被简化为一个实践的变体——传统新闻媒体机构中的硬新闻。虽然新闻记者、教育工作者、学生和学者所使用的有关新闻的话语能够互通互联，但总体而言，随着公众对新闻业的关注变得更加适应其多样化且常常自相矛盾的变化，“新闻业的现实”（the realities of journalism）和“官方的自我展示”（official presentation of self）之间难以处理的不协调（Dahlgren，1992，7）将变得愈发严峻。

新闻记者如何谈论新闻

13 众所周知，虽然新闻记者自己明白什么是新闻，但他们很难向他人解释。

他们更擅长谈论新闻的采写，而不是提供新闻的定义。新闻记者也很容易说出诸如“新闻即编辑之言”或“新闻即能销售报纸或提高收视率之物”的话。正如早期的一本新闻教材评论的那样，“辨识新闻比定义新闻更容易”（Johnson & Harris，1942，19）。

然而，记者们对新闻有着共同的看法，尽管他们并不愿意讨论这些看法。正如西奥多·格拉瑟（Theodore Glasser）和詹姆斯·埃特马（James Ettema，1989a，18）所争论的那样，“在记者如何知其何所知和学生被告知的关于记者如何知其何所知的内容之间”存在着一个“日益扩大的鸿沟”。记者们还是在以模式化的方式来谈论新闻。记者在与新闻实践相关的新闻指南、操作手册、专栏、自传、标语中表达了他们对新闻的看法，揭示了社会学家罗伯特·帕克（Robert Park，1940）所说的“综合知识”是“体现在习惯和习俗中”的隐性知识，而不是构成形式化知识体系的核心知识。他们援引的隐喻阐明了具有潜在问题的、并不都被遵从的新闻实践的维度。这为我们提供了一个以真实体验的方式谈论新闻的场所，但这并不一定受到新闻界的尊重。

在新闻记者讨论他们的技能时，有 7 种隐喻尤为突出：第六感（sixsense）、容器（container）、镜子（mirror）、故事（story）、孩子（child）、服务（service）和参与（engagement）。不是所有的隐喻都会从新闻干预的图景中浮现。比如，“作为镜子的新闻”（journalism as a mirror）往往最常被在传统媒体工作的记者引用，而“作为参与的新闻”（journalism as engagement）则更多用于在社交媒体平台上讨论新闻。无论如何，它们共同构成了广泛参与新闻活动的人所确定的意义。

作为第六感的新闻

新闻记者经常会提到他们所称的“新闻敏感”（news sense），以此暗示一种用来定位和深挖新闻的自然的、似乎与生俱来的天赋或技能。“新闻”既指世界上的一种现象，也指对这种现象的报道。那些能够开展追踪报道的记者，常被认为具有嗅觉一般的新闻敏感，即有“新闻鼻”（a nose for news），或可以“嗅出新闻”。正如波因特研究所（Poynter Institute）所规定的，新闻记者需要用他们的鼻子写作："优秀的记者对新闻有嗅觉。他们能够嗅出一个故事，闻出一个丑闻。给他们一点点腐败的气息，他们就会寻根问底，就像探测松露位置的猪。"（Scanlan，2003）

与新闻的观念最直接相关的是技艺，新闻的本能于新闻业而言极为重要，以至于在新闻教材、招聘新记者活动、报道的新模式的发展和公关策略中都
14 会被提及。典型的招聘广告会这样宣告："美国广播公司（ABC）寻找有新闻敏感的宣传总监。"（Cheung，2011）记者经常主张新闻敏感只能是天生的。英国的资深报纸编辑乔治·埃乐迪斯·里德尔爵士（Lord George Allardice Riddell）于 1932 年写道，所有"真正的记者"都渴望与他人交流新闻（Riddell，1932，110）。拥有新闻敏感对于美国新闻教育家柯蒂斯·麦克杜格尔（Curtis MacDougall）来说十分重要，他在教材《阐释性报道》（*Interpretative Reporting*）的多个版本中都将这个表述用作章节标题。同样，新闻敏感促使《华盛顿邮报》前编辑本·布拉德利（Ben Bradlee）刊登了西摩·赫什（Seymour Hersh）的米莱村大屠杀揭露性报道，描绘 1968 年越南战争中美军对手无寸铁的平民的大屠杀。据说布拉德利曾说，"这闻起来是对的"（转引自 Glasser & Ettema，1989b，25）。数据驱动新闻的兴起甚至也被期望能够提高新闻敏感。按照信息科技资讯分享平台"互联网技术世界"（ITworld. com）的观点，大数据为新闻业提供了"新闻敏感（通过）分析启发式新闻"（Khan，2012）。

因此，我们就可以理解当新闻报道不符合人们的预期时，它的失败常常被归咎于第六感的失败。记者被认为错过了新闻报道线索或者拥有"不发达的鼻子"（Gibson，1998；Overholser，2001；Cherbonnier，2003）。而且有时这个隐喻会起反作用：美国全国广播公司（NBC）新闻主播布莱恩·威廉姆斯（Brian Williams）在 2015 年编造了一则战争新闻。《纽约邮报》（*New York Post*）随后在 2 月 6 日刊登了一篇主题为"新闻鼻"的头版新闻，在标题为《布莱恩战争丑闻谎言席卷 NBC》（Lyin' Brian War Scandal Engulfs NBC）的文章中，威廉姆斯被批评长着像匹诺曹一样的鼻子。

作为容器的新闻

新闻记者将新闻看作是有容积、实体、维度和复杂性的现象。新闻报道被认为会“容纳”特定时间段的新闻，为公众保留信息，直到他们能够评价所发生的事情。“容纳”在这里有两种含义：保持新闻的完整性与有限性，或者检查它的异常发展。因此，作为容器的新闻可以促进信息的获取，同时也能对可访问的信息加以限制。

将新闻视为“容器”的观点也反映在“新闻的深度”（journalistic depth）思维中。高质量新闻被认为超越了浅层的思想，并且展示了世界中巨大的信息量和复杂性。新闻的作用是将复杂事件和议题，以及其他不明显的、通常嵌入维度和意义中的深度反映到可理解的新闻故事中。例如，创立于 2013 年的“微思新闻频道”（VICE News）鼓励人们通过“优兔”（YouTube）视频网站更多地参与未被媒体报道的时事。某些新闻实践模式，例如调查性新闻、 15 扒粪运动、新闻改革家、新闻侦探和揭露等，被视为记者深挖某一事件以形成新闻报道的观念的前提。因此，毫无疑问，事件和议题都被认为“在新闻里”（in the news），并且记者“掌握内情”（in the know）。

在这个背景下，新闻容器里的材料的价值并不均衡。尽管硬新闻往往是大多数新闻媒体的主要收入来源，但新闻业的比拼过程中仍存在多种对报道的重要性的排序。大多数传统的新闻媒体继续将它们的报道分为国际新闻、国内新闻和地方新闻，并且进一步将商业信息从体育、生活方式或艺术信息中分离出来；而留给宗教或自我完善类话题的空间更少了。《赫芬顿邮报》（*Huffington Post*）在其所谓的“奇闻”和“好新闻”之间做划分（按照上文顺序），而美国新闻聚合网站“百资得”（BuzzFeed）提供了包括“想法”（Ideas）、“父母”（Parents）和“自己动手制作”（DIY）在内的近 30 个非传统内容的版面。无论新闻平台的类型如何，内容的排序都主要受受众参与度的影响。

相反，“独家新闻”或被抢先报道的重要新闻，几乎总是会上升到“容器”的顶部。在 20 世纪 30 年代，伊夫琳·沃（Evelyn Waugh）关于英国报业的著作指出，“独家新闻”不只是成功抢在其他人之前报道新闻，还将新闻报道本身定位为在不利的情况下取得新闻胜利的证据。令人难忘的独家新闻包括《华盛顿邮报》的水门事件揭露报道、《卫报》(*Guardian*) 关于《世界新闻报》电话窃听丑闻和爱德华·斯诺登 (Edward Snowden) 泄露美国国家安全局 (National Security Agency) 机密文件的新闻报道。独家新闻通常也有助于使新闻社区的外围成员合法化。例如，2009 年名人娱乐新闻网站“三十英里区域”(TMZ. com) 对迈克尔·杰克逊 (Michael Jackson) 死讯的报道，以及 2013 年高科传媒集团 (Gawker Media) 下属体育新闻网站“华球网”(Deadspin) 对曼泰·提欧 (Manti Te'o) 的虚构女友报道。

在 2013 年波士顿马拉松爆炸事件之后，众多新闻媒体对错误信息的批评反映出急于获取独家新闻的做法往往与那些具有不确定性的领域有关。喜剧演员乔恩·斯图尔特 (Jon Stewart) 讽刺报道独家新闻的组织，称美国有线电视新闻网 (CNN) 为“新闻的人类蜈蚣”(the human centipede of news)，因为它是“完全错误的”(Logiurato，2013)。杂志《美国展望》(*American Prospect*) 认为独家新闻“是无关紧要的。……美国人……不关心你是否得到了独家新闻。他们想要明白发生了什么”(Waldman，2013)。然而，《哥伦比亚新闻评论》(*Columbia Journalism Review*) 在一篇题为《保卫独家新闻》(In Defense of Scoops) 的专栏文章中指出，提供独家新闻对于很多记者来说依然是一种新闻实践的成就 (Grueskin，2013)。独家新闻帮助记者保持与他们的消息源、公众和新闻流的联系。

16 与新闻作为容器的想法相似的是“新闻洞”① 的概念，指新闻报纸、新闻广播或数字平台在特定时间段 (可以是一天、一小时或 24 小时/7 天的新闻周期) 和可用的空间里传送新闻的能力。记者如今要处理的信息比过去任何特定时期都要多，面对这样一个事实，新闻洞给记者提供了系统可靠地筛选信息和填充可用空间的线索：较大的新闻洞表明记者需要去寻找更多的新

---

① 1982 年，美国的约翰·奈斯比特 (John Naisbitt) 首次提出了“news hole”，即“新闻洞”的概念。它指由各种大众媒介汇聚而成的一个封闭系统，该系统选择性地适应社会整体的系统变动。

闻，较小的新闻洞表明无法接受新的报道材料。因此，早期的一本美国教材给新手从业者提供了这条建议："'我们正在填补，'新闻编辑这样提醒，'(内容）太多了。'责任编辑经常听到这个警告。新闻几乎总是比空间多。"（Neal，1933，27）

如今的数字环境改变了新闻洞的相关性，其中看似无限的空间和持续不断的连接似乎可以减少与新闻洞有关的焦虑。现在，许多观察者声称新闻洞不复存在了。数字记者贾弗里·卡茨（Jeffrey Katz）说："这在互联网上从来都不是问题，新闻洞就是我们做的。"（转引自 Kern，2008）然而，信息处理的局限仍然存在，算法、标题聚合器、提要阅读器和检索引擎在努力克服对新闻用户的时间限制：推特的"热门话题"（Trending Topics）、互联网新闻博客"混搭"（Mashable）的"正在崛起"（What's Rising）系列和政治新闻网站"政治"（Politico）的"阅读排行"（Most Read）都反映了新闻报道不断经历的价值变化，而这些变化引起了不同程度的关注。尽管和以前相比，如今的信息环境对受众的限制更多，且移动创业公司和社交媒体平台与传统新闻媒体网站共存，但对新闻报道能力的焦虑仍不足为奇。因此，《纽约时报》（*New York Times*）决定通过"脸书"（Facebook）发布一些新闻报道来放松对受众的控制。同时，百资得在它的测试、清单和表情包中附上了一份声明，声称将提供"最具共享性的……最有趣的和最重要的新闻报道，它们由我们遍布全球的编辑和记者精选出来"，同时，他们会对报道的内容进行定期回访，并对其内容进行重新组织，将它们置于新的类别中。

作为镜子的新闻

新闻记者视新闻工作为观察的工作，相当于凝视现实或所谓的"现实世界"里发生的客观事件。按照这种观点，新闻相当于是在客观地反映所有发生的重要事件，而不需要新闻记者进行额外的过滤活动。作为镜子的新闻在 *17*
专业的客观性概念中处于核心地位，在美国和其他地方仍然十分重要，而且它假定记者的主要功能是充当记录者、观察者和抄写员，可靠地关注事态的发展。

现有新闻知识的一个核心部分，即作为镜子的新闻这一隐喻，在一些备受尊敬的记者的报道中显现了。林肯·斯蒂芬斯（Lincoln Steffens）在《纽约晚报》（*New York Evening Post*）发表的一篇文章中回忆岁月时讲道：“记者要如实报道新闻，像机器一样，没有偏见、色彩或风格。”（Steffens，1931，171）据说厄尼·派尔（Ernie Pyle）从第二次世界大战的散兵坑发出的报道中有“自下而上报道”这样的观点，而且沃尔特·克朗凯特（Walter Cronkite）在哥伦比亚广播公司（CBS）工作期间的著名的晚间新闻结束语“事实就是如此”，就建立在作为镜子的新闻这一概念之上。正如丹尼尔·肖尔（Schorr，1977）所说，“单词‘报道’（reporting）总是和我脑海中的‘现实’（reality）紧密联系在一起”。

许多记者和新闻媒体在公开推广自己的时候会用到作为镜子的新闻这个隐喻。记者经常在标语中这样描述他们的工作——提供“世界的镜头”，生产“报纸稿件”，编制“新闻报道”，提供“所有适合印刷的新闻”。微软全国广播公司（MSNBC）的社区合作网站“新闻蔓藤”（Newsvine）将自己定位为“任意时刻世界所言所想的即时反映”。新闻媒体的名称也经常迎合“新闻作为事件的镜子”的想法，把自己比作哨兵、灯塔、手表、邮件、徽章、报告、侦察员、使者、旗帜、反射镜或编年史。

视新闻为镜子也可以和新闻的视觉面向产生特别的共鸣。不仅出现了“有新闻的眼光”这样的标语或“作为记者的相机”，而且许多地方电视新闻台的“目击者新闻”，就建立在新闻记者能够将他们的所见所闻反映到其新闻处理的理念中的基础之上。相机是现实、可靠且客观的记录者，这呼应了著名摄影师罗伯特·卡帕（Robert Capa）的座右铭：“如果你的照片不够好，那说明你离得不够近。”（转引自 Hagen，1994，C26）正如新闻摄影师唐·麦卡林（Don McCullin）谈到他在越南、比亚法拉[①]和黎巴嫩的时光时所说的那样，“许多人问我：‘你为什么要拍这些照片？’因为我知道我所拍之人的

① 比亚法拉共和国，位于尼日利亚东南部，由分离主义者于 1967 年建立，1970 年重新被尼日利亚中央政府控制。

感受。这并非‘我为了上帝的恩典而去’，而是‘我去过那里’……我的眼睛（似乎）是我最大的恩人”（McCullin，1987，11，13）。新闻提供时事镜头的能力在参与式新闻平台上也很突出，特别是当新闻报道包含用户生成内容以及记录战争和侵犯人权事件的非专业视频时：“全球之声”（Global Voices）和“目击者”（Witness）（Ristovska，2016）就是其中的典型例子。

然而作为镜子的新闻这一观点在今天经常被批评为“不太可行”的解释 18
新闻的方式。对于那些期望通过透视棱镜来关注时事的新闻平台来说，它的局限性很明显。这样的例子比比皆是：肖恩·汉尼提（Sean Hannity）在他的节目的网页上被描述为“一位勇敢的、总是站在问题的正确一边的脱口秀主持人”；节目《现在民主!》（*Democracy Now!* ）提供了发布“在被美国企业赞助的媒体上很少听到的有关人群和观点”的信息的渠道。数字媒体经常为镜子隐喻最坚定的支持者提供表达观点的机会。比如，拉索萨、刘易斯和霍尔顿（Lasorsa，Lewis & Holton，2012）发现，当主流媒体的新闻记者在网络上发布微博客时，他们所谓的自由表达观点的方式是违背公正和无党派的规范的。

事实上，对镜子隐喻的可行性的质疑程度已经和隐喻本身一样深。正如皮特·哈米尔（Pete Hamill）在约 20 年前指出的那样，“事情并不总是像它看起来的那样。……如果你希望它是真的，它通常不是……（而且）在重大新闻事件发生的 24 小时内，大约一半的事实都是错误的”（Hamill，1998，89）。这往往暗示了一个事实，即随着时间的推移，记者有很多机会去参与报道新闻事件的细节，这时，镜子隐喻往往会在他们之间流行起来。

作为故事的新闻

对于许多新闻记者来说，新闻反映在“新闻故事”（news story）的概念中。“故事”（story）——一种携带新闻信息的叙事形式，描述了记者在收集和呈现新闻时所生产的内容。包括消息、简讯、报告、系列报道、记录、编年史、叙述、专栏、特写、短视频、推文在内的不同类别的新闻故事，都在争夺着公众的注意力，而且每种方式都对最有价值的信息种类、呈现风格、占用与呈现位置、扮演的角色抱有不同期望。

新闻记者最常区分的是典型的硬新闻和软新闻（Tuchman，1978a），而网页、报纸和广播节目的头条和热点普遍偏爱前者而非后者。迈克尔·舒德森（Michael Schudson，1978）在他对美国报纸的历史的描述中指出，是否在讲故事一直是区分新闻告知和扣人心弦的故事新闻的核心标准。尽管这个概念是复杂的，但越来越多人关注休·肯纳（Hugh Kenner）所说的“简易风格”——一种保持简洁、简单风格的和明确的、策略性的讲故事模式（Kenner，1987；Adam，1993）。对于记者来说，硬新闻不讲故事，不涉及
19 任何叙事技巧。相比之下，软新闻会使用各种叙事技巧生产戏剧性的悲惨故事、道德教训和引人入胜的情节。两者都受通用的传播新闻的技术平台的影响，而且它们通常以混合的形式出现，如伯德（Bird，1992）关于主流报纸和小报讲故事的讨论，以及凯瑞（Carey，1986a）关于电报对讲故事形式的影响的研究。

获得故事是每一个记者必须做的事情之一。正如一个编辑评论道：“我经常听到记者们抱怨‘那里没有故事’，还有‘他们不敢相信他们必须要从中挖掘出故事；什么都没发生’。然而，第二天早上的报纸上还是会出现 12 英寸①篇幅的、信息量丰富但缺乏故事性的报道。”（Awtry，2003）新闻记者渴望生产“热点或头条新闻”——通常是“特别报道”，通过深入其中的努力争取到“故事背后的故事”或“系列报道”的称号。讽刺的是，好故事往往以牺牲新闻的高质量为代价。美国全国公共广播电台（NPR）记者尼娜·托滕伯格（Nina Totenberg）在提到她曾经做过却丢弃的新闻报道时说：“我有更多好故事被事实毁掉。”（转引自 Newton，1999，143）

新闻的特征通常由其使用的故事种类决定：人情味新闻、新新闻和文学新闻一般采取不同于默认的新闻报道的形式讲故事。被誉为“荒诞新闻学”（gonzo journalism）之父的亨特·S. 汤普森（Hunter S. Thompson）有意识地将他的写作转变为事实和虚构的融合，因为威廉·福克纳（William Faulk-

① 1英寸约合 2.54 厘米。

ner）曾解释说，“最好的小说比任何一种新闻都更真实——而且最优秀的新闻记者总是知道这一点”（Thompson，1972，2）。

新闻报道的形式随着每个新媒体的兴起而不断发生变化，而新闻业自身对数字媒体的适应也不例外。新形式总是在某种程度上适应旧形式。例如，美国全国公共广播电台得益于播客“连续剧”（Serial），其整体用户数量在2015 年大幅增长，它利用移动设备日益增长的中心地位提高了音频的长期价值，而同年回归长篇新闻报道的杂志读者人数的增加也很明显，比如《大西洋》（*The Atlantic*）杂志和《滚石》（*Rolling Stone*）杂志（*State of the News Media*，2015）。与之类似，推文的简洁性和实时博客信息的逐步分层使人回忆起 20 世纪早期的电报传播。但每种新形式都在不同程度上引入了新的特点。例如，推特最多 140 个字符的分享惯例提供了一种简洁的新闻报道方式；同时，它的最新项目“闪电计划”（Project Lightning）可将最新的、简短的突发新闻置于其主平台的中心。随着移动设备逐渐占据网络的首要地位，结合了交互式、超文本和非线性形式的数字媒体在讲故事方面的动态特征在持续变化。到 2016 年，可用的新闻报道形式与早期的报道形式已有明显不同。尽管围绕数字信息的爆发对大环境的作用问题的讨论仍然悬而未决，20
但我们还是要问：它们会把公众推向更传统的新闻报道形式吗？还是数字媒体可以自力更生？

然而，新闻作为故事而蓬勃发展的能力被各种与讲故事相关的违规行为损害了，例如抄袭、编造和错误引用。人们常说，因这样的违规行为而名誉受损的新闻记者，比如詹妮特·库克（Janet Cooke）、杰森·布莱尔（Jayson Blair）、迈克·巴尼克尔（Mike Barnicle）、斯蒂芬·格拉斯（Stephen Glass）、萨布里纳·鲁宾·厄德利（Sabrina Rubin Erdely），也是靠他们强大的讲故事技巧来获得成功的。《华盛顿邮报》在美国全国广播公司的布莱恩·威廉姆斯编造新闻报道后说：“他讲故事的亲切感……也是他失败的根源。”（Roig-Franzia，Higham & Grittain，2015）

作为孩子的新闻

对许多新闻记者而言，新闻是需要看护人细心养育的孩子。此处的新闻不仅被看作是脆弱且易受伤的，需要关注、监管和照料的对象，而且是会提出不合理要求且不可预知的、要求人随时待命的存在。为了保护新闻的感知价值，人们是乐意提供这种服务的。新闻记者必须时刻关注新闻是否“身心舒适”，因此他们能够而且确实对新闻采取家长式的立场也就不足为奇了。凭借专业知识担任这样的角色，是新闻记者过早产生职业倦怠、高离婚率和不均衡的社交生活的原因。在小说、电视节目和电影里，新闻记者往往在流行文化呈现中占据重要的地位。从电视剧《卢·格兰特》（*Lou Grant*）的主人公到《新闻编辑室》（*The Newsroom*）的威尔·麦卡沃伊（Will McAvoy），新闻记者们的狂暴性格源自他们对新闻的一种发自内心的、超然的热爱，正是这种热爱使他们的性格变得不稳定。

将新闻视为孩子迫使新闻记者承担双重角色：监督者，他们保护新闻业的形态；养育者，他们保护新闻业不受破坏力量的侵害。诸如“安顿好报纸让它上床睡觉”（关闭晚间新闻）、“守卫故事”（照看好故事直到出版）和“纵容”或者“溺爱”故事（阐述“单薄的”或未经证实的故事情节）等标语都建立在这种思维之上。“喂养野兽”，指的是一种总是处于饥饿状态的新闻冲动，描述了新闻记者对新闻要求的过度反应，此时的新闻与那些高需求宝宝无异。

数字环境的 24 小时/7 天新闻周期（全天候新闻）使培养新闻的能力复
21 杂化了，使其与无止境地照顾儿童的父母的职责更加相似。一位记者对全天候新闻的势不可当的需求做出如下评论：

> 新闻周期过去常常被“扒粪者”和刑警推动，今天那些需要对当天的新闻进行解读并提供观点的人……使行业饱和。结果是媒体工作耗尽了它用硬新闻喂养野兽的能力。不要让全天候新闻这头野兽欺骗了你；我们将成为文化的复述者，因为我们自己的新闻正在减少。（Smerconish，2010）

一种观点认为，在数字时代喂养野兽的动力已经带来了受众对新闻访问量的永不满足，这迫使新闻记者将有关危险话题与一定能引起受众注意的新闻报道结合在一起（Foremski，2010）。另一种观点认为，365 天新闻周期令

“很少的时间、金钱、人力会被用于主动尝试试验性的报道方法”（Lichterman，2014）。

将新闻视为孩子有助于新闻记者继续增加对自身技艺的投入。如果没有新闻记者组织和处理新闻，那么可以设想的是，时事将会变得无序而不能理解，就好像孩子的行为缺乏指导和关怀。

作为服务的新闻

新闻记者认为新闻是为公共利益服务的，是一种着眼于健康公民需求的服务。专业和社区的服务观念渗透到了新闻记者在提及新闻时所用的语言——通讯社（news service，另译“新闻服务”）、有线服务（wire service，另译“通信服务”）和存在于普遍利益中的新闻（news as being in the general interest）。新闻记者被认为“服务于”伦敦、华盛顿和北京。第四权（Fourth Estate）的概念的核心是渴望服务于“好”新闻的基本观念。

公众服务经常出现在新闻记者对其技艺的讨论中。在讨论新闻记者与穷人和工人阶级个体之间的隔阂时，《哥伦比亚新闻评论》提醒它的读者，“我们新闻业有责任让每一个人都参与进来”（Cunningham，2004，32）。资深监察专员迈克尔·格特勒（Michael Getler）抱怨报纸媒体“做廉价工作”的趋势欺骗了“读者和我们的民主基金会”（转引自 Kelliher，2004，49）。借助越来越多的非营利媒体，大家呼吁成立一个新的新闻机构“美国报道”（Report for America），并以此强化基于服务的新闻模式，以拯救当地新闻业
（Waldman，2015）。举几个例子：普利策奖（Pulitzer Prizes）、国家杂志奖 22
（National Magazine Award）和杜邦奖（Dupont Awards）都是定期颁给新闻服务的新闻奖项。

值得注意的是，我们在谈到公众服务时，很少明确界定其身份范围和参与偏好。就这一点而言，种族是一个很有用的概念，因为它的分配不均缩小了与公共服务有关的宽泛外延。一方面，2005 年[①]卡特里娜飓风或 2015 年巴

① 原文为 2004 年，而经查证，卡特里娜飓风是 2005 年形成的，此处为原作者笔误。

尔的摩骚乱的新闻报道都揭露出在其服务的公众之间种族的前景（foregrounding）是多么不平等（Zelizer，2017）。另一方面，新闻记者反映的美国种族分布并不具代表性。正如《大西洋》所指出的，随着 2015 年黑人生命平权运动的兴起，少数族裔记者的缺乏削弱了新闻业的服务愿景。《大西洋》认为："同质性对可能志在服务和告知的、日益多样化的行业而言是严重的问题。"（White，2015）关于新闻为公众服务的讨论，往往没有对哪种新闻记者应为哪种公众服务进行详细说明。

与时事有关的平台的使命宣言经常强调为公众服务的目标："聚合网"（AlterNet）在其首页上写道，它的使命是针对各种新闻话题"激发行动和倡导"；网站"政治"宣称"承诺提供无党派新闻……正是读者和广告商所需要的"；还有非营利组织"公共廉政中心"（Center for Public Integrity），旨在"让强大的公共和私人机构使用调查性新闻工具，揭示滥用权力、贪腐和背叛公众信任的现象，从而为民主服务"。

从美国公共电视台（PBS）和全国公共广播电台等旧平台，到新闻网站"面向公众"（ProPublica）①、"艾奥瓦守望"（IowaWatch）②和"第一观察"（First Look Media）③等新平台，新闻媒体机构经常声称自己是为"公共利益"而存在。20 世纪 90 年代初，随着公共新闻运动的兴起，新闻作为服务的理念重新受到关注，公共新闻运动结合公众服务的能力重新定义了新闻业。新闻记者愿意打破旧常规，渴望与公民重新建立联系，强调作为政治基础的严肃讨论，还关注作为行动者而非旁观者的公民，这些行动都恰如其分地将新闻定位于服务模式中（Charity，1995；Merritt，1997；Rosen，1999）。尽管最初与公共新闻有关的狂热最终逐渐消失了，其服务公众的使命仍激励了新媒体创业公司。到 2014 年，当一些知名记者以这种方式创办新闻媒体时，他们对挖掘新闻作为一项服务的潜力十分乐观。例如，产生了《纽约客》（*New Yorker*）所称的"新公共利益新闻"（Cassidy，2014），格伦·格林沃

① "面向公众"是美国一个非营利调查式新闻报道网站，参见 propublica. com。
② "艾奥瓦守望"是美国艾奥瓦州公共事务中心网站，参见 IowaWatch. org。
③ "第一观察"为一个非营利组织，向公众提供追踪报道等服务，参见 firstlook. media。

尔德（Glenn Greenwald）的网站“拦截”（The Intercept）及其对国家安全局文件的关注，内特·西尔弗（Nate Silver）的体育数据分析平台“538”（FiveThirtyEight）和比尔·凯勒（Bill Keller）的“马歇尔计划”（The 23
Marshall Project）及其在报道刑事司法体系方面的投资等。

然而，随着数字媒体开始对新闻进行投资，服务隐喻在许多情况下已不太适应公共利益的概念，而更多指向为特定受众提供他们想要的内容的能力。在这方面，像社交网站脸书和“红迪网”（Reddit）等平台明确表示满足受众是其使命的一部分。“雅虎新闻”（Yahoo News）致力于“将热情、社区和世界知识相连”，而微思新闻计划初次尝试在美国有线电视网络媒体公司电视网（HBO）“家庭影院频道”上每日播放 30 分钟的新闻节目，紧随其后的是一则早期的时事新闻——2013 年广泛传播的女性作家自杀身亡的新闻报道，该报道题为《临终遗言》（Last Words）（Ip，2015）。“尼曼报告”（Nieman Reports）简洁地表明，“让公众感兴趣的东西……并不等同于公共利益”（Tremblay，2010）。

作为参与的新闻

把新闻作为参与机会的看法在数字环境下变得日益流行。新闻被看作一个可以容纳和促进受众参与的平台，在这里人们能与他人共同分享信息。随着数字新闻媒体的崛起，以及随之而来的维持读者群方面的不确定性，参与隐喻提供了提升关注访问量和点击率的解决办法，帮助媒体机构建立起与新闻服务于受众的长期目标之间的连接。它还将新闻和产生参与的动力连接起来，使人们能够在数字环境、新闻和非新闻平台上产生参与和联系。

因此，视新闻为参与有助于更准确地将其定位于当今世界。它能够促进新闻用户连接新闻业中的非新闻媒体。与此同时，它与典型的传统新闻传播形式相比，含纳更广泛的新闻报道形式——列表、图片、地图、音频文件、图表、视频、推文等。事实上，在过去十年的大部分时间里，新媒体都在努力加强与受众的联系——给网站增加社交网络功能、培养品牌忠诚度以及增加结合了受众观点的专题内容（Boczkowski，2004；Singer，2005；Deuze &

Marjoribanks，2009；Hermida，2010）。

分享行为是参与隐喻的核心，从这个角度来看，它构成了受众体验新闻的主要行为。尽管参与对新旧媒体而言都很重要，但数字环境的社交网络适
24 应行为使新媒体尤其适合分享。分享不但允许用户组织他们的观点中有价值的信息，还能帮助他们创建个性化的空间，使他们接收到的新闻话题与已有的价值观相一致。分享已经产生了大量与新闻无关的实践活动，包括评论、关注、成为粉丝、回关、转发、点赞、转载、标记和收藏。因此，社交媒体平台红迪网、“领英”（LinkedIn）、“媒介”（Medium）和传统新闻媒体平台一样多样化，它们都利用其所了解的社区来满足信息需求。社交媒体在这点上做得特别好，它们将分享行为融入自我定义中：“无价”（Upworthy），将自己吹捧为“传递重要事物”的平台；“混搭”（Mashable），认为自己“连接新闻、资源、灵感和乐趣”；“故事化”（Storify），称自己为“把社交内容变成可分享的故事”的平台。难怪许多与时事相关的数字平台的名字都包含了分享行为——爬藤、循环、连接、联合、互动。

新闻作为服务的概念意味着媒体向其培养的公众灌输长期关注时事的观点，从而增强公众对各种与健全政治主体相关的问题的理性思考。与此不同的是，作为参与的新闻，倾向于提供一系列范围较狭窄的具体问题，这些问题已经被认为确有价值，但并不意味着应该对它们进行长期投入。尽管在早期新闻形式中，参与的概念被附加了“公民的”“公共的”或“社区的”等形容词，但如今它并不总是有那样的志向。然而这并不意味着参与新闻没有价值，而且许多研究者已经确定了其作为社交活动的价值（Couldry，Livingstone & Markham，2007；Singer et al.，2011；De Zuniga，Jung & Valenzuela，2012）。同时，它为新闻记者提供了明显较弱的把关功能。正如赫米达等人（Hermida，et al.，2012，7）所指出的：“从本质上讲，一个人的社交圈担当了新闻编辑的角色，决定新闻报道、视频或其他内容是否足够重要、有趣或令人愉快到想推荐给别人。”

学者如何谈论新闻业

学者们在谈论新闻业的时候，会从不同的学科兴趣出发。五个流行于学术文献中的隐喻分别为职业（profession）、制度（institution）、文本（text）、人民（people）和实践（practice）。这些隐喻并不是相互排斥的，而且正如新闻记者对新闻的谈论经常在学术话语中盛行一样，新闻的学术讨论也经常出现在新闻记者对自身的讨论中。

作为职业的新闻 25

许多学者认为新闻工作首先是一系列专业活动，是由有资格被称为“新闻记者”的人完成的实践。20 世纪，“新闻记者”这个称号有助于人们将混乱的作家群体组织为统一的群体，而今天它有了一些条件：新闻记者表现出了社会学家倾向于用来识别职业的一些特征——一定的技能水平、自主能力、服务导向、许可程序、能力测试、组织、行为准则、培训和教育计划等（Schudson，1978；Tuchman，1978b；Schiller，1981）。用韦弗（David Weaver）和威尔霍伊特（G. Cleveland Wilhoit）的话来说，“现代记者是一种职业，但不限于一种职业……专业化的制度可能不会出现在记者面前”（Weaver & Wilhoit，1986，145）。

但是理解新闻作为一种职业的其他要素指向了对这个隐喻的更广泛的共鸣。学者们在如何看待它的价值的问题上存在分歧。一方面，许多人认为，这个职业提供了大量关于在任何给定情况下对知识或意识形态的导向，为记者构筑组织和制度上的防火墙，防范变革、失控和可能的反抗（Hughes，1958；Larson，1977；Freidson，1986；Soloski，1989）。威斯堡（Waisbord，2013）支持对“职业”进行修改，他指出“职业”的规范行为阻碍了对新闻记者如何不断地重新定义他们的劳动条件和工作规则的更全面的理解。另一方面，许多学者对新闻和职业的结合持批评态度。凯瑞把新闻的职业导向称为“现代新闻业的巨大危险”，因为它所暗示的客户-专业的关系使得公众不能真正掌控信息，因此要依赖新闻业来了解现实世界（Carey，1978）。帕特森（Patterson，1993）在解释新闻记者未能对强大的政治领域进行激励时提出了他长期以来的想法，即职业记者能够而且应当保持政治中立。布罗姆利（Bromley，1997，2006）认为对“职业”这个词的调用冲淡了对技艺的注意，挫伤了新闻记者对他们最关心的事的热情。奥尔德雷奇和埃维特（Aldridge & Evetts，2003）坚持认为职业化允许新闻主管和管理人员对低级别人员施加纪律规训。

与今天的数字环境相关的新挑战使新闻作为重要职业的观念被进一步复杂化。许多长期以来的职业化主张已经被批评，并且不再有效，如全日制工作、附属于新闻机构、专门的身份鉴定等。但新闻环境具有很强的适应性：
26 劳里和麦凯（Lowrey & Mackay，2008）展示了博客的实践如何使新闻记者的职业身份变得复杂，但仍然鼓励他们适应这种常规做法。奥尼柏林（Ornebring，2009）则展示了职业化趋势如何几乎总是伴随着非职业化模式——其中包括新闻采访和新闻写作的分离，以及记者和非记者之间的被迫融合。

尽管如此，如果这种不均衡继续存在，那么新闻作为职业的观念也将继续存在。许多学院系所容易将其与规范、价值和实践一同作为课程的一部分，而且很多新闻行业文献仍在关注所谓的“职业”。具有广泛影响力的行业杂志，比如《哥伦比亚新闻评论》、《美国新闻评论》（*American Journalism Review*）、《羽毛笔》（*Quill*）和《编辑与出版》（*Editor & Publisher*）会引用新闻的职业化来讨论违反共识的新闻实践，以及正在进行的有关加强新闻伦理的需求的讨论。人们对于 2014 年和 2015 年《滚石》的性侵报道和布莱恩·威廉姆斯编造的在冲突地带乘坐直升机遇险的报道的强烈抗议正是在这样的语境下展开的。

作为制度的新闻

学者经常认为新闻是一个以社会、政治、经济和文化特权为特征的制度环境。新闻在这里被视为一种大规模的复杂现象，其主要影响是行使权力、塑造公共舆论和控制社会中的信息分发或符号资源。尽管制度同时也指环境，但构成环境的行为和组织环境时依据的价值观，包括根据集体行动标准运作的组织和正式群体，都将新闻视为一种制度，其定义是处理历史和情境中的偶然事件，承担一系列社会、文化、经济和政治任务或职能。按照这个观点，新闻必须在制度层面存在，如果它存在的话。

在思考作为制度的新闻时，学者倾向于寻找它不同于其他制度的联系接口，促进新闻和政府、市场、文化、教育制度以及宗教机构之间的交流。这里的主要工作是致力于研究新闻学和经济学之间的交叉点，强调所有权和融合模式、企业影响、放松管制和私有化，还有新闻对物资和财富的生产与分配的影响（Gandy，1982；Golding & Murdock，1991；McManus，1994；
Bagdikian，1997；Pickard & Torres，2009；McChesney & Pickard，2011）。 27
其他学者则着眼于新闻与政治的交汇点，重点关注新闻对公共舆论的影响、对公共和私人领域的模糊以及它在改变公民公约方面的作用（Blumler & Gurevitch，1995；Scannell，1996）。学者们认识到数字环境的融合本质后，已经开始通过追踪娱乐和信息平台的融合来处理当前的事件（Baym，2009；Jones，2009；Williams & Delli Carpini，2011）。制度视角也产生了对新闻的全球性和比较性的分析，在这种分析中，随着民族国家开始操控广泛的经济合作利益与全球关切的权力，制度压力也有所不同（Morris & Waisbord，2001）。

新世纪的前20年已经赋予了作为制度的新闻以新生命，这得益于"场域理论"（field theory）和"新制度主义"（new institutionalism）的作用：场域理论用"场域"（field）一词代替了"制度"（institution）一词，有助于解释媒体机构中同时存在的异质性和同质性（Benson，2006）。同样，新制度主义借鉴了组织理论，认为新闻媒体平行发展的做法是为了应对不确定性，并以"跨新闻组织构成新闻制度体系"的方式生产新闻（Sparrow，1999，146）。在本森（Benson，2006）看来，两者都把新闻看作一个表现出内部同质性的半自治领域，在这方面，实质性的工作将新闻的机构身份特征复杂化了（Benson & Neveu，2005；Yazbeck，2015）。

定义新闻制度的能力从未被明确过，它随着数字媒体的崛起变得越来越复杂。那些从组织或机构的有利角度出发而投资新闻生产的人，现在得到了“新闻平台”“新闻创业公司”“媒体公司”和“媒体机构”的头衔，他们强调机构身份将越来越难以被识别。当前的经济状况有助于鼓励新闻业的公共关系导向，而“品牌新闻”（brand journalism）是其例证（Lee，2015）。英国的《世界新闻报》电话窃听丑闻表明，包括警察、政治家和技术专家在内的处于新闻业边缘地带的许多制度是如何相互勾结和交织在一起的（Zelizer，2012）。当前的信息环境预示着更多相同的信息。

作为文本的新闻

对新闻传播模式感兴趣的学者把新闻看作文本。视新闻为文本考虑到了公众对文字、图像和声音的模式化使用。这里的关键是不断发展的不同新闻
28 风格的概念：印刷与广播、主流与另类、精英与小报、新媒体与旧媒体。新闻文本往往具有一些共同特征，例如重要性、趣味性、对某类事件的关注（火灾、峰会、会议、谋杀）、流通性、时效性和真实性。在美国，也倾向于展示更不易表达的特征——匿名的第三人称作者，对事件的一般理性和非情绪化的解释，以及不加批判地将有争议的公共利益问题引向中庸之道。在大卫·哈伯斯塔姆（David Halberstam）看来，这些特征已经“要求新闻记者比事实上更愚蠢、更无知”（转引自 Parenti，1986，53）。

学者们历时数十年的研究，比如海伦·休斯（Helen Hughes）、罗伯特·达顿（Robert Darnton）和罗杰·福勒（Roger Fowler）等人的研究为批判性地思考新闻文本的各种组合方式铺平了道路（Hughes，1940；Darnton，1975；Fowler，1991；Adam，1993），这种理解也延伸到了数字时代（Cotter，2010）。随着越来越多的不同的载体——新闻杂志、互联网、真人秀节目、喜剧节目——都在强调新闻的作用，关注它们使用的文本显示了它们如何与更多的传统新闻报道模式相似、相异和结合（Campbell，1991；Bird，1992；Glynn，2000；Baym，2009；Conboy，2013）。视新闻为文本也引发了有关新闻记者与新闻机构呈现事件的框架的讨论，从故事呈现视角看待美国新闻中立性的缺失（Gamson，1989；Entman，1993；Price &

Tewksbury，1997)，以及对使新闻语言变得可理解的话语的讨论 [Van Dijk，1987；Fairclough，2013 (1989)]。

与思考新闻的其他隐喻一样，随着个性化新闻平台的崛起以及数字时代典型的推文、图片分享平台、博客和表情包的激增，新闻文本的概念经历了实质性的变化。例如，实时博客在2013年变成了“报道突发新闻的默认格式”(Thurman & Walters，2013，82)。当旧媒体向数字化方向发展时，这些变化变得更加明显：《金融时报》(*Financial Times*) 在2014年向数字化转型时，采用了新的数字界面——新的字体、更醒目的图形、新的网格 (Garcia，2014)。正如一位编辑在2015年向读者解释他们加强了报纸的数字呈现时所说：“我们重新设计的网站将会把你——读者，放在中心位置，为每一个人创造完全不同的体验。你将不仅能够定制你的阅读体验，还能够收藏文章供日后欣赏。”(Samyn，2015)

新闻报道的文本特征因而被认为比以前更具渗透性、动态性、互动性， *29*
更个性化。个性化随着“结构化新闻”(structured journalism) 的出现而达到了一个高度，为每个读者分解和定制新闻文本：用《哥伦比亚新闻评论》的话来说，这种形式“挑战了非交互叙事形式的至高地位，而任凭数字创新爆炸式增长，这种形式依然是新闻业的重要支柱”(Gourarie，2015)。读者阅读他们认为最相关的内容，然后按照自己的节奏继续阅读相关新闻。然而，它的传播仍局限于那些能够获取数字内容并且掌握操纵文本选项诀窍的人。

因此，学者尚未就应该分析哪些新闻特征达成一致意见也就不足为奇了。尽管网络平台越来越倾向于发布视频、图像或音频，但文字仍占有突出地位。学者们也没有就评估哪些文本达成一致，如单篇数字新闻报道、所有新闻媒体的提要或者所有现存的特定事件报道等。

作为人民的新闻

自对新闻开展学术研究之初，根据从事新闻记者工作的人来定义新闻就很常见。尽管沃尔特·李普曼 (Walter Lippmann) 首先指出“任何人都可以成为新闻记者……而且通常就是如此”（转引自 Newton，1999，v），但其他人对新闻记者群体的属性提供了更详细的描述。一种观点认为，新闻记者需要——

> 使用电话、火车，以及应对小官员的技巧；良好的领悟能力和稳定的头脑；全面回忆的能力；足够理想主义以激发撰写义愤文章的灵感（但不会抑制客观性）；偏执的性情；在普通项目中表现热情的能力；有良好社会地位的亲属；好运气；背叛的意愿，除了朋友、熟人；不愿理解太多（因为理解一切便宽容一切，而宽容一切会使报道变得乏味）；对发言人、行政人员、律师、公关人员和所有那些只夸夸其谈而不愿提供政策的人有不可调和的愤恨；以及一种过混乱但没有完全乱套的生活的毅力。（Tomalin，1969）

学者已经投入大量精力来定义人们所称的“新闻记者”的广泛特质。约翰斯通（J. W. Johnstone）和他的同事大卫·韦弗（David Weaver）、威尔霍伊特以及拉斯·维尔纳（Lars Wilnat）都在对美国及其他背景的新闻记者开
30 展的广泛调查的过程中起了重要作用，他们提供了一个全面的图景：新闻记者是谁？他们在哪里受过教育？他们的价值观和信念是什么？作为新闻记者，他们有什么样的经历？这项工作主要集中在公认的高级雇员和传统新闻机构的精英中（Johnstone，Slawski & Bowman，1976；Weaver & Wilhoit，1986；Weaver & Wilnat，2012）。类似的工作在世界其他地方也得到了发展，这些地方的情况千差万别，它们凸显出构成新闻业的多重阶层的人是多么不同（Hanitzsch & Mellado，2011；Hanusch，2013）。

另外，关于“谁是新闻记者”的分歧和界定新闻记者群体的不断尝试也在持续。早期新闻记者的分歧主要出现在印刷工人、校对员和文字编辑身上，如今则出现在了参与版面编排、图形设计、视频编辑、信息核实和提供互联网接入服务的人身上。今天同样的分歧还出现在代理人、翻译员、司机、自由职业者以及提供各种用户生成内容的新闻用户身上，但现在一些学者提供了更加不同的图景（Al-Ghazzi，2014；Murrell，2015；Yazbeck，2015）。

然而，学者们仍然执着于关注最负盛名的国家或全球新闻媒体，并且主要关注它们的高级记者，这使得学术界对女性、有色人种、不稳定劳动力和持非主流政治观点者等人群的关注减少，而与这些群体相关的内容在数字平台、民族媒体、舆论周刊以及当地和地区媒体上却更容易被找到。

此外，今天许多新闻记者经常不只从事新闻工作。不仅成为全职记者的机会减少了——这是当代劳动力发展的必然结果，而且许多新闻记者从事的活动长期以来被公关、市场营销和咨询等行业视为一种令人厌恶的行为。

作为实践的新闻

学者们也把新闻视为一系列实践。怎样收集、呈现和传播新闻已经成为这个新闻隐喻的关键关注点，这产生了关于“获取新闻”“新闻写作”“突发新闻”“制作新闻”“新闻制作策略”以及“新闻编辑室实践”等的源源不断的学术工作。

把新闻作为一系列的实践来进行思考，是侧重于关注新闻的实践维度以及符号维度。新闻不仅具有信息传播和议程设置等实务作用，而且会依靠经受过检验的惯例、实践和准则来收集和呈现新闻报道，在形塑共识方面发挥着至关重要的作用。盖伊·塔克曼（Gaye Tuchman）、赫伯特·甘斯（Herbert Gans）和托德·吉特林（Todd Gitlin）等人的学术研究首先建立了描绘新闻工作的特征语体（Tuchman，1978a；Gans，1979；Gitlin，1980）。在 31
他们的引领下，博奇科夫斯基（Boczkowski，2004）、帕特森和多明戈（Paterson & Domingo，2008）、瑞福（Ryfe，2012）、安德森（Anderson，2013）以及厄舍（Usher，2014）等人的工作将早期作品的民族志记录扩展到了当代环境——通常指网络环境中。

随着新闻业被逐渐扩展到新的技术框架中，新闻工作涉及的一系列实践也在不断变化。印刷室的排版技能已经让位于今天对通用数字技术的需求，而且日益多样化的信息源需要改变新闻实践，使新闻工作更具集体性。例如，策展、众包和信息核实团队，都仅仅是为新闻制作增添了协作面向的一部分实践，而这在以前的新闻实践中并不存在。

我们仍需注意思考新闻实践的另一种方式。今天，这个问题最直接地集中在数字时代的相关实践中，但它们一直都是新闻业的重要组成部分。那些遵循“揭发丑闻”原则的人很难通过有线服务来传递他们的信息。文学新闻对记者行为的评价不同于调查性新闻，而且这一差异因英美传统的偏好而愈发明显。与更喜欢精美散文风格的法国传统相比，英美传统偏爱更简洁的、更多基于事实的编年史（Chalaby，1996）。而相似的是，它们都需要更积极地走向思考新闻实践的前沿。

隐喻的益处

新闻是一种可以用许多方式来看待的现象——作为第六感、容器、镜子、故事、孩子、服务、参与、职业、制度、文本、人民，以及一系列实践。虽然它们并没有完全接受想象力所要求的流动性，但这些思考新闻业的隐喻也提供了各种思考新闻媒体的途径。它们在这里是有益的，因为每个隐喻都提供了一种“思考新闻业如何能比今天做得更好”的方法。

新闻业会有不同吗？它会更好、更全面、更具挑战性和更令人满意吗？它服务于谁？这些问题很大程度上是通过广泛定义的新闻术语来阐明的。我们可能还记得，没有一个隐喻能够传达所有关于新闻的知识。但是，综合来看，它们让我们瞥见了一个丰富、矛盾、复杂，而且往往令人费解的现象。每个属性都需要维持和发展，因为认识到它们的不稳定的共存可以帮助我们
32 看到未来的新闻业。据传政治哲学家托马斯·佩因（Thomas Paine）在很久以前说过，新闻帮助我们“以他人之眼看，以他人之耳听，以未曾用过的思想来思考”。在思考新闻业时，我们不妨听听他的建议。

第一部分

新闻研究中的关键张力

思考新闻研究中关键张力的线索

与詹尼弗·亨里森（Jennifer Henrichsen）、
娜塔莎·亚兹伯克（Natacha Yazbeck）合著

与大多数新闻研究所表明的相反，新闻业并不以易于识别的、稳定的或 35
可预测的形式存在。不如说，新闻业在我们决定我们想要从新闻中得到什么，我们认为它将要做什么，我们期望它达到什么样的目标，以及我们认为它为谁服务的张力中摇摆。我们理解了一部分张力，同时认识到它们会以更广泛、更有力，往往比我们欣然承认的更矛盾的方式继续存在。

尽管只是部分地反映了新闻业的潜在推动力，但新闻讨论中常被提及的广泛连续的观点仍然存在多重张力。思想自由、意见自由、公共协商、公民参与和代表性等概念都有助于凸显新闻业更好的一面。然而，每个概念都通过张力呈现出更清晰的身份，张力诱使我们缩小了新闻业的最佳自我与现实存在之间的分隔空间。

这些张力可能是有益的。它们以一套广泛理念为特征，使新闻业能够承担责任，并有效地提出了将抱负与现实结合起来的方法。它们代表了新闻业被期望达到的模拟目标。它们展示着期望中的模范实践的轮廓，并劝诱新闻业人士确保其重要性。

但新闻业中的张力也是有问题的，因为它们引导新闻业偏离假定的轨道，在随后新闻业实际展现的图景中引入了遮蔽物和障碍物。总之，它们在“新闻是什么”和“新闻可以是什么”之间的关系中创造了虚拟噪声，留下了混乱——我们聚焦于我们应当想要的东西，而往往以牺牲我们所能拥有的东西为代价。

这是至关重要的，因为围绕在新闻业周围的噪声在某种程度上扼杀了我
36 们对新闻进行富有成效的、现实的思考的能力。因此，这些张力产生了严重的后果，它们削弱了人们充分评估新闻在场表现的能力。

这些张力紧紧围绕着本书第一部分中的目击证据（eyewitnessing）、民主和伦理的概念。这些概念太强有力，以至于对它们的调用易让位于关于新闻业的角色、地位、权威和存在的基本问题的讨论。

例如，张力会随着时间的推移而自我重复，尤其是与“目击证据”等实践模式相结合。虽然我们可能会因为新闻业给我们提供了存在、接近和现场的活动而转向它，但这种期待受到了关于“谁是公众”这一更大问题的挑战；这种期待也因新媒体的兴起、数据驱动新闻、用户生成内容，以及越来越多的多样化人群使用工具来回应对他们的报道而增强。因此，在16世纪的自然灾害报道中已经存在的目击证据的使用价值的张力在最近的报道中重新出现，比如对新奥尔良卡特里娜飓风或“占领华尔街运动”的报道。像目击证据那样的实践模式会以不可预知的方式使事情发展到紧要关头，因为它们必然反映周围文化中更为广泛的张力。例如，在报道2015年弗格森和巴尔的摩骚乱时，对用户生成内容的强烈依赖将目击客观性问题——谁是目击者和新闻业的伦理特征可以是什么及应当是什么——与有关美国种族报道中的更大问题联系了起来。因此，这些张力不仅影响了新闻报道的主题，也影响了那些被证明具有狭义代表性的新闻人口统计学特征。由此，目击证据作为新闻学的关键术语，需要更具体地反映它被援引的情况。

同样，虽然新闻业与民主在历史上已有数百年的联系，而且许多国家为新闻记者提供生产新闻的空间，但民主并不是新闻的中心。事实上，一些国家，其中包括土耳其等，控制了新闻记者所写的报道。尽管有时候这种控制让位于别的行为，但比如在土耳其-伊拉克边界受到空袭后创建于2012年的土耳其参与式新闻平台“140天”（140journos）大体表示，民主不是新闻的先决条件。此外，由于一些国家的新闻报道在处理弱国的动乱问题时反应迟钝，新闻与民主之间的关系进一步恶化。有关土耳其内部不稳定的不均衡报

道，比如政变和随后受到的批评就是一个很好的例子（Zelizer，2016c）。

最后，目前的情况使新闻记者的道德行为能力复杂化了。他们需要将新闻业的方向和围绕其权威的问题纳入线下和线上的双重考量。虽然新闻记者作为遵循道德行为标准的道德行为主体的想法可能在实验室里听起来不错，但事实上，新闻报道在公众视野的内外形成，这让我们无法辨别新闻记者是否会按照他们所说的去做。这样的后果在西方新闻业对“伊斯兰国”的媒体 37
展示的多重回应中尤其普遍。虽然传统新闻编辑室民族志解构了新闻记者实际上可以“从无到有报道”的观念，但道德乃至新闻问责制的核心——监察专员，仍然应该接受同样的审查。然后，道德的中心位置可能会被认为是一个易变和相对的现象，就像“在线新闻协会”（Online News Association）最近的“创建属于你的新闻伦理”（Build Your Own Ethics Code）项目的方针所指出的那样。

因此，从那些引导我们思考新闻业的虚拟噪声中抽身出来，让新闻业的张力和多重紧急状况有机会得到表达，也许是值得的。接下来的部分，我将提供三个例子来说明那可能是什么样子，从而理解新闻目击实践中的一些关键张力。因为随着时间的推移，这些张力已经延续到了21世纪的前十几年，关于新闻业与民主之间的联系的讨论影响了西方的难民危机报道、2011年《世界新闻报》电话窃听丑闻与“伊斯兰国”的媒体努力分别引发的伦理问题。

第三章　作为新闻活动关键词的“目击证据”：报道、角色、技术和光环[①]

39 自从新闻记者被期待可以提供“超出普通公民经验”的事件描述以来，他们就依赖于“目击证据”来凸显、建立和维护其报道的权威性。随着时间的推移，这种依赖发展出许多不同的形式：目击证据标识（eyewitnessing logos）作为新闻媒体机构的标志出现了；不断发展的技术迎合了受众的感官；旁观者、公民记者和传统记者的共同参与，使移动设备如今成为记录“在场”的必要手段。

由此，人们尚未对目击证据的中心地位的意义达成共识就不足为奇了。哪些假设凸显了目击证据在新闻中的重要性？它是如何成为一个新闻业的关键术语的，以及目前它在哪些方面是可持续的？结合 2007 年我首次提出的论点，我在此尝试探究这个术语在新闻研究与实践中被引用的演变过程。我认为，目击证据不仅已经成为优秀新闻实践的代名词，还是非常规新闻和非新闻记者参与当下事件的标志。就这一点而言，目击实践同时展现了传统新闻权威的强化与消解。

作为文化标记的关键词

在《关键词》（*Keywords*，1983）中，雷蒙·威廉斯（Raymond Wil-

---

① 根据语境，本章将“eyewitness”翻译成目击者或目击证人，将“eyewitnessing”翻译成目击证据。

liams）认为，某些术语由于共同体成员的需求而演变为文化标记。威廉斯解释说，这样的标记是共同体成员操作“意识的额外边缘”的指标。关键术语不仅反映了“社会和文化讨论的关键领域的词汇”，而且它们是“在精确的历史和社会条件下被继承的……受到了变革与持续性的影响”（Williams，1983，24）。因此，审视一个共同体用以构建自身的实践和价值观的术语，有助于了解该共同体所属的文化形态。

威廉斯对关键词的关注与不同学科的学者产生了强烈共鸣，这些学者都认 40
为语言体现了对共同体而言至关重要的问题［Whorf，1956；Levi-Strauss，1966；Goodman，1978；Lakoff & Johnson，1980；Edelman，1985（1967）］。在各学科的观点中，关键术语都已被视为其文化的组成部分，并且成为学科发展与持续的核心。

然而，人们还不够了解共同体如何使用语言来建构它们共同参与的实践。阐释共同体（interpretive community）的概念在这里也许会有所助益。它最初由菲什（Fish，1982）创造，表明集体成员发展阐释策略以确立什么是集体价值。当这个概念被应用于新闻记者中时（Zelizer，1993a；Berkowitz，2000；Meyers，2002；Robinson & DeShano，2011），阐释共同体使检验新闻记者如何发展共享评估模式与修复实践的集体标准变得更容易。新闻记者被认为使用关键公共事件的共同阐释、共享的参考框架以及其他非正式和模式化的话语方式来巡视（patrol）他们的集体边界。维护共同体边界的其中一种资源，即那些随着时间而推移的、具有集体共鸣的术语。通常情况下，尽管并非总是如此，这些类似于威廉斯（Williams，1983）提出的关键词的概念，会随着关键概念的发展而变化，而这些发展有助于生成一些对屡次发生的矛盾或问题进行控制的惯例。

对于新闻记者而言，目击证据就是这样一个关键词。虽然目击行为已经被认为对感知、经验、存在和真相的问题存在影响（Felman & Laub，1992；Ellis，2000；Burke，2001；Peters，2001），但在新闻报道中它有一个特别的意义——新闻记者的现场存在可以构建其权威性。目击证据给新闻记者的工作提供了一种参考，并且在有关哪种实践是恰当的和优先的之讨论中达成了共识。尽管目击行为长期以来被视为新闻经验的真正核心，但目击证据正在减少，因为围绕用户生成内容的实践促进了新闻记者和非新闻记者共同参与当前事务。由此，“去过那里”已经让位于“不在那里”，这反映了该术语用法的日益复杂化。

作为新闻实践关键词的目击证据

在新闻业，“他们在场”这句话能产生特别的共鸣。通过暗示一种能够使新闻记者完成新闻工作的实际存在，这句话把新闻故事的制作关键转向目击
41 事件发生的能力。视觉隐喻经常被用来描述新闻工作，比如看门狗、揭露、发现、洞察、目击者（Hartley，1992，140），而且新闻机构也经常在它们的名字中加入视觉行为元素，比如报纸《灯塔》（*Beacon*）、《灯塔/灯笼》（*Lantern*）或《镜报》（*Mirror*），广播节目《现在请看》（*See It Now*），电视节目《目击者新闻》（*Eyewitness News*），以及数字新闻平台和创业公司“见证”（Witness）、“凶杀现场守望”（Homicide Watch）。自现代报业开始，目击证据就被认为是高质量新闻的标志。记者“是报纸的眼睛”，出版商查尔斯·A. 达纳（Charles A. Dana）在1895年写道：“看到新闻报道中的重要事实，然后去制作它、讲述它，将它写出来。”（转引自Mott，1937，161）因此，新闻记者长期以来都赞同将他们定义为“目击者”，即一看到故事就把它记下来的人（Snyder，1962，xvii）。

目击证据不仅与新闻业相关，它还与法律、宗教以及托尔斯泰（Tolstoy）、狄更斯（Dickens）和佐拉（Zola）的现实主义小说有关，目击证据帮助公众建立不同领域的、基于记者所见的、语言或视觉上的表达。目击的核心是发生的事情和被记录的事情之间的一一对应。尽管目击者的倾听、感觉甚至体验的能力都有助于建立现场存在，但“看见”在提供独有的证据方面起着核心作用。正如从2014年起，埃里克·加纳（Eric Garner）、沃尔特·斯科特（Walter Scott）、桑德拉·布莱尔（Sandra Blair）等人被警方虐待致死事件所证明的那样，“看见”的重要性在当代已经达到了新的重要程度，它

取决于某种特定权威的假设。“目击者有利于证明真实性，”英国评论家约翰·凯里（John Carey）写道，“目击者的描述具有真实感，因为它们是及时的、主观的、不完整的。”（Carey，1987，xxix，xxxvii）媒体机构经常使用目击证据来报道那些不容易被证实、受到挑战或者需要以其他方式验证的事件，新闻报道因现场存在而变得更加可信。因此，对于评估新闻报道的可信度和真实性，尤其当公众并没有掌握关于报道内容的一手信息时，目击证据具有重要价值。在当今环境下，旁观者经常能够赶在传统新闻记者之前甚至替代传统新闻记者见证事件的发展，对于那些选择从事传统上被认为是记者工作的人来说，亲眼见证变得至关重要。

目击证据对新闻业的自我感知也很有益处，因为它具有很强的适应性。例如，它包含了一系列个体的目击者：在基督时代写过战争的色诺芬（Xenophon），爱德华·R. 默罗（Edward R. Murrow）及其二战电台广播；抓拍罗德尼·金（Rodney King）遭毒打画面的业余摄影师，以及用手机视频记录 *42*
中东地区虐待和死亡事件的旁观者。目击证据也在适应不断变化的新闻平台：18 世纪晚期，个人记者的可知账户代替了匿名转载（Mathews，1957）；20 世纪 30 年代，在美国总统刺杀事件中，广播试图提供“清晰的文字画面，来说明发生了什么，并由于（记者的）自然的兴奋而更加生动”（Hill，1933，12）；1937 年“兴登堡号”空难的静止摄像，以及数十年后警方追捕辛普森（O. J. Simpson）的长达数小时的电视画面。今天，不同的环境在推动着目击证据的演变：传统和非传统新闻记者、非记者共存，在印刷品、广播、电视和在线平台上共同活动，使用移动相机、智能手机、博客和其他与用户生成内容有关的设备。即使目击证据本身很难获得——正如 2014 年消失的马来西亚航空公司航班 MH370，它仍构成了令人向往的行动标准，有助于推动公众参与时事。

但作为一种新闻方法，目击证据的价值仍然存在疑问。在《国家评论》（*National Review*）的一位评论员看来，“诚实的目击者”是不存在的（Graham，2003）。对目击证据的可信度、主观性和可靠性降低的质疑声一直很高，这主要缘于目击证据受到的其他怀疑的影响。比如，在法庭或警方的诉讼程序中，“视觉证据”在叙述现实时只被认为部分有效（Loftus，1980）。因此，波因特研究所的专栏作家回忆道，他给初来乍到的记者提供的经验性建议就是“永远不要相信目击者，他们不知道自己看到了什么”（Thompkins，2004）。

那么，目击证据是如何保持其作为新闻关键词的显著性，并以公众参与事件的线索形式出现的？目击证据之所以经久不衰，是因为它不断发展的各个方面都是新闻业意义的不平衡载体。它持续引起共鸣的核心在于逐步发展出了目击证据作为报道、角色、技术和光环的观念。虽然此处人们更多考虑的是修辞结构而非表面的混乱景象，但它仍然提供了一种追踪观念内涵的方式。因为这些不断演变的观念在时间上是共同存在的，根据当前的条件被赋予了不同的重要性，它们也使得关于新闻的呈现和权威的各种主张成为可能，即使这种呈现是值得怀疑的。在目前的形势下，目击证据已延伸至非传统新闻记者和非记者处，其中有许多人利用它引起的共鸣去挑战和反抗传统新闻媒体在传播事件中扮演的角色。

43

第一阶段目击证据——报道

早期目击者的行动主要通过他们所生成的报道来界定，这些报道更多是在利用这个概念而非实现它。例如，在殖民时期的美国，报纸由印刷工人经营，因此报纸无法参与像我们今天所知的那样的目击者报道。但是，一些手稿或口头传播的新闻被“流动人口、旅客、商人、士兵和其他冒险家传递”（Conboy，2004，7），歌谣、大报、政治事务和商业布告都依赖那些曾到过事发现场的人的见解。

从最早的用法来看，目击者报道通常被用来描述一系列事件，其中大部分事件本质上是耸人听闻的。小普林尼（Pliny the Younger）描述公元 79 年维苏威火山爆发的信件在 1538 年被发现，而从西班牙萨拉戈萨传递过来的一份 1592 年的报道反映了欧洲的公开处决：“唐·胡安·德鲁纳（Don Juan de Luna）被从前面杀害，而唐·迭戈（Don Diego）则是从后面，阿耶韦（Ayerbe）和迪奥尼西奥·佩雷斯（Dionysio Perez）……只是被切断了喉咙，然后他们被放下，一点点地死去”（转引自 Stephens，1988，75）。目击者陈述用于叙述政治事务和对“新世界”的探索，在小册子和新闻书籍中传播，这些传播媒介在使来自远方的信息合法化的过程中起着至关重要的作用。比如，克里斯托弗·哥伦布（Christopher Columbus）1492 年发现美洲大陆，在广为流传的描述其所见所闻的报道中他指出：“我发现了很多有人居住的岛屿，居民数量超过了（谁……），男人和女人都赤身裸体，就像他们的母亲刚刚把他们带到这世上一样。若不是亲眼所见，我不敢相信这里有这样的港口，还有如此多的大河与优质的水资源，其中许多都含有黄金。”（转引自 Stephens，1988，83－87）

随着印刷机的到来，目击者陈述被更广泛和更规律地传播的叙述模式取代。考虑到规模日益扩大的公众群体，报纸开始派遣个人到事发当地，成为远方事件的目击者。例如，早期的法庭报道通过派遣个人到法庭“直接观察事件并撰写目击者陈述”（Dicken Garcia，1989，19）来完成。他们带回来的报道往往有作者署名，然后被印刷，很少受人干预。在 19 世纪的大部分时间里，精致的措辞是一种典型的叙事风格，它们反映出浪漫的冲动，认为人类是“充满感情的、感性的和本能的存在”，而现实则“主要存在于人类内心中”（Webb，1974，39）。他们用主观语气强调“作者的个性和情感”（Schwarzlose，1989，278）并提供亲眼看到的具体场景的描述，这种描述冗长且具有戏剧性（Shaaber，1929）。因此，广为人知的《富格尔新闻快报》 44
（*Fugger News-Letters*）发布了 16 世纪期间德国关于西班牙舰队的虚假谣言，人们原本就未期待它是准确的，而是期望它提供丰富多彩的故事（Stephens，1988，76）。图像的可靠性程度也令人生疑，而且被广泛质疑：1511 年德国用大幅图像展示了暹罗双胞胎的“可怕的诞生”（Daston，1994，254），而 1579 年巴黎街道被塞纳河洪水淹没的新闻插图“与 1480 年展现威尼斯城景色的图片相同”（Stephens，1988，137－138）。

尽管所有的目击证据都依赖人的身体在场，但在谁可以成为目击者的问题上仍然保持开放。在美国革命期间，公民和立法机构成员的私人信件和报道被逐字印刷（Mathews，1957，7）。军官们曾提供过目击证据，比如乔治·华盛顿（George Washington）将军领导的1781年约克镇战役（Battle of Yorktown）中的军官（Emery & Emery，1996，57），而一家英国商业机构在1792年列出了来自30个港口的提供信息的32人名单（Wright & Fayle，1928）。尽管全职新闻采集者最终会到达现场，但离主要由新闻记者完成目击者报道尚有一段距离。

在第一阶段的大部分里时间，目击证据主要由语言和视觉报道来界定，而这些报道是被人质疑的。由不同的人提供的详尽且具有主观风格的报道使目击证据成为一种重要但可疑的新闻传播方式。值得注意的是，许多相同的属性在当前数字环境的新闻采集中以被修订的形式得以再现，具体来说是由个体提供范围广泛的、无法核实的主观报道。这不仅强调了实践对不断变化的环境的适应，还突出了它的周期性。

第二阶段目击证据——报道/角色

当“谁可以成为目击者”的问题逐渐变得和目击者报道一样重要时，目击证据在19世纪中期开始发生变化。尽管当时故事型与信息型（Schudson，1978）两种风格的报道产生了符合主观性和现实主义的文字与图片，但只有当目击证据被公认为专业新闻活动时，其现实性才会增加。浪漫主义继续通过主观的描述，制造出浪漫化的视觉图像以塑造目击证据。例如，沃尔特·
45 惠特曼（Walt Whitman）1859年对约翰·布朗（John Brown）被害的回应，或《旧金山热线》（*San Francisco Call*）记者对1906年旧金山地震的回应。出于强烈的好奇心，惠特曼说“我必须看到它”，也叙述了一些事实：“我以为我观察得非常仔细，但我没有……我看到的只不过是一些相当不重要的细节。……不管我们已经看到了什么，我们的实践能力总是落后于时间，因为这里经历了持续三天的灾难。”（Irwin，1906，760b-d）一场关于地震图片的贸易讨论令人感到遗憾，尽管现场有大量人员在场，但摄影师通常“直至看到别人描述的场景时，才看见或意识到现场的情况。这是视角的不同之处”

(Cohen，1906，187)。

这样的浪漫主义反映出 19 世纪和 20 世纪早期的战争报道强烈依赖目击证据。《纽约论坛报》(*New York Tribune*) 通过军官来收集细节以记录美国内战，然后发表了“一个非常出色但完全是虚构的目击者报道。令两位真正看到这场战争的记者感到懊恼的是，这次的新闻报道广受好评……是‘这场战争中最能干的人和最优秀的战争描述’”(Knightley，1975，26)。1862 年，菲利克斯·格里高利·德·芳丹 (Felix Gregory de Fontaine) 的安蒂特姆 (Antietam) 战争报道几乎是诗意的：

> 空气中充满了奇形怪状的白色物体，它们从爆炸的炮弹中飘散出来。人们来回跳跃，装载、发射和操作火炮，骚乱中偶尔传来一声大叫，针对性地谈到死亡或者灾难……一场激烈的战斗发生在市中心……这对我们而言是一个危险的地方，但对于敌人而言更加危险 (转引自 Emery & Emery，1996，141)。

当威廉·霍华德·拉塞尔 (William Howard Russell) 写下“克里米亚战争的恐怖是无法描述的”(转引自 Carey，1987，xxxiv) 这句话时，他并没有夸大其词。著名记者理查德·哈丁·戴维斯 (Richard Harding Davis) 对美西战争 (Spanish American War) 的华丽且通常带有沙文主义的目击者陈述，更倾向于阿比西尼亚战争 (Abyssinian War) 的小说化描述，而非看起来更加真实的目击者报道 (Mathews，转引自 Knightley，1975，185)。这个早期战争报道的特点是“感观主义和夸张、彻底的谎言、吹捧、诽谤、伪造的目击者陈述和建立在想象上的推测”(Andrews，1955，640)。

图像最初的可信度也是有限的，因为图画、速写、照片、漫画和地图以寓言、浪漫和肖像的方式呈现主题。它们往往预示着事件的发展或结束的时间顺序和空间距离：1871 年出现于《哈珀周刊》(*Harper's Weekly*) 和《莱 46
斯利》(*Leslie's*) 中的芝加哥火灾事件的图画被吹捧说比相邻版面的照片都要好，很大程度上是因为图画被认为是不太呆板的，并且提供了更加戏剧性的创作背景 (Barnhurst & Nerone，2001)。受人尊重的美国摄影师亚历山大·加德纳（Alexander Gardner）和马修·布雷迪（Mathew Brady）被普遍认为在美国内战的战场上重新摆放了尸体，以便获得更好的照片（Goldberg，1981）。读者不一定知道目击场景是否由速写画家或者雕刻师制作，而有时艺术家会伪造他们的目击证据：1863 年，《哈珀周刊》登载了南部骑兵放火焚烧查塔努加（Chattanooga）附近的北部军车的目击证据速写，尽管这个艺术家离事发地点的距离从未少于 20 英里[①]（Knightley，1975，26）。

但随着新闻叙事的“信息”模式的不断发展（Schudson，1978），人们越来越追求专业性，这使现实主义对目击活动而言变得更有吸引力。到了 19 世纪 70 年代后期，《纽约论坛报》对拿破仑三世倒台的报道由驻普鲁士和法国军队的“特派记者”来提供，以传递第一手的战争报道。在第一次世界大战期间，军官作为目击者的不良记录表明，也许其他人能更有效地完成这项工作：英国上校欧内斯特·斯温顿（Ernest Swinton）——“一位被指派的、可满足英国公众每周对有人情味报道的信息需求的军官”（Mathews，1957，161）受到了新闻记者和军方的谴责，他的窗户上被贴上了渴求真实新闻的标语（Mathews，1957；also Jones，1945）。当军方终于开始认可新闻记者并指定某些通讯员担任目击者时（Carruthers，2011），新闻记者很快就进入了这个角色，在和他们自己的媒体机构连线的同时，也向记者团提供他们的报道。到了西班牙内战（Spanish Civil War）时期，大部分记者对这一发展表示欢迎：

> 在做国外报道的日子里，个人经验被复制，因为已经有 18 年没有战争了，时间长得足以让经历了上一次战争的人产生遗忘，也能让一代又一代对战争一无所知的人产生兴趣。我们过去常常称它们为“我”的故事，而当 1939 年西班牙战争结束时，我们十分厌倦写下这些内容，因为公众一定已经读过它们了（转引自 Carey，1987，519－520）。

摄影师也充当了目击者的角色，既拍照片又发送“描述其照片事件的书

① 1 英里约合 1.609 千米。

面信息”（War Photographers’ Stories，1944，13－14）。通过照片捕捉一个人的视觉过程会体现出一种独特的自主意识。正如玛格丽特・伯克-怀特（Margaret Bourke-White）所观察的那样：“我的脑海中画出了一个保护屏的 47
样子，这让我以客观的方式考虑焦点、光值及摄影技巧成为可能，就好像我正在创作一个抽象的摄影作品。”（转引自 Goldberg，1986，245）

这些情况促使目击者报道走向现实主义。语言和视觉描述具有传达真实性、真理价值和接近性的特点。表面上，这得益于19世纪中期电报的引进，当时目击者报道开始比早些年更迅速、更规律地送达，并采用了反向的引导。电报文章变得商业化、缺少特色、不武断和实事求是，非常精练以至措辞“力求复制官方文件的语言”（Mathews，1957，40）。这些极具参考价值的叙述通常以第一人称或第三人称出现，几乎总是带有署名，很少尝试分析、解释或者归纳信息。小心谨慎的语言提供了报道者所看到的最明显的细节。一篇获得新闻记者盛赞的报道是约翰・P. 邓宁（John P. Dunning）目睹1889年萨摩亚飓风后进行的描述，这场飓风被描述为“南太平洋上已知的最猛烈和最具破坏性的飓风”，使一支舰队“搁浅在港口的珊瑚礁上”。尽管他为美国联合通讯社（Associate Press，AP，以下简称“美联社”）提供的这篇报道花了两周时间才到达旧金山，但它仍被视为细致描述的“杰作”（Stone，1921，211－212）。

在图像中，现实主义的惯例有助于巩固摄影作为真理价值的载体的地位（Carlebach，1992）。到了19世纪中期，越来越多由钢铁雕刻和木刻版画制成的图像，被视为“可靠的速写”（Root，1864，31）。它们用于记录事件，其中包括1844年费城的军事占领，以及1853年纽约奥斯威戈（Oswego）的工厂火灾（Carlebach，1992）。由于表达越来越依据真实性而不是阐释，安蒂特姆战争的图像赢得了赞誉——《哈珀周刊》主张它们“比任何描述都令人印象深刻千倍……没有证据能和这些图像一样”（Further Proofs of Rebel Humanity，1864，387）。到了19世纪末期，维多利亚艺术史学家伊丽莎白・伊斯特雷克（Elizabeth Eastlake）声称摄影是“一切呈现在眼前的事物的宣誓证人”（转引自 Schwartz，1992，96）。通常未经认证的图像会成为一种目击工具，它不要求图像制作者做出明确标记，而这个标记会随着时间和技术的发展而影响目击者的权威。

这并不意味着目击者角色回避了其长期存在的问题，因为它仍然是“报道变化和矛盾的例证”（McKenzie，1938，5）。一个广为流传的故事是，路透社记者亚历山大·格雷姆·克利福德（Alexander Graeme Clifford）在
48 1939 年末为英国、外国和海外记者团勉强担任“目击证人”（Desmond，1984，96）：“克利福德几乎疯了，他尽力去寻找值得写作的东西，当他找到后，他又会因为看见它们被审查员切成碎片而感到沮丧。”（Knightley，1975，219）因此，尽管越来越多的专业记者开始充当目击者，但他们的风格也变得不那么主观，目击者作为新闻从业人员的生存能力仍然被质疑。

然而，扮演目击者角色为出品被认为可靠的专业报道提供了一个平台。媒体机构谈到目击者角色时就好像它拥有神话般的地位。当著名的战地记者厄尼·派尔在日本冲绳附近被杀害时，《纽约时报》煞费苦心地评论道，他到那里是“去观察一个著名军队的进展，（打算）去看前线活动”（Ernie Pyle is Killed，1945，1，14）。与之类似，威廉·夏勒（William Shirer）的讣告称他为一个“无可指摘的目击者”，一个“20 世纪的目击者”（Kroll，1994，66）。一个新闻记者说：“重点是在看到上。”“一个人也许知道很多关于右勾拳或曲线的知识，而仍然对外国政治一无所知。但有一点是肯定的：只有当他看到曲线的时候，他才能写出它（强调原创）。一旦（记者）学会睁大眼睛，看看发生了什么事，便不可能忽略任何事情。”（Riess，1944，xx）

因此，角色和报道在此期间形成了一种共生关系。随着目击者在报道中的角色价值越来越重要，与目击者报道相关的主观性和不可靠性转移到了新闻背景中。目击者的第二阶段很大程度上被称为专业活动的新闻参与——通过假设目击者的角色和与现实主义相关的文体特征来体现。

第三阶段目击证据——报道/角色/技术

对客观报道的更高要求促成了目击证据的第三阶段：适应各种传播目击

者报道的技术平台。尽管报道和角色在这里仍然具有相关性，但 20 世纪的技术扩张赋予了印刷媒体、广播和电视等不同平台重要的地位，这些平台能够适应文字、图像和声音的不同组合。它们中的大部分围绕战争不断进化，并通过广阔的科技景观明确了报道和角色达到新高度的能力。

技术的潜力在第二次世界大战时已显现了出来，目击证据以前人无法想 49
象的方式在媒体平台间扩展着。到了 20 世纪 40 年代，人们普遍认为新闻记者担任目击者角色，并且现实主义主导着他们的语言和视觉报道。与“简短的电报故事‘我曾在那里’”同义（Carey，1987，xxxiv），二战时期的广阔战场，使目击证据可以成为口头记录二战的有力手段。比如苏格兰附近的海上悲剧、战俘营生活和空投鱼雷。像《科利尔》（*Collier's*）这样的期刊中几乎每个议题都有目击者的战争报道，其中第一人称叙述提供了被逐一记录的毁灭与胜利的场景，而且记者“争相看得比对手多”（Riess，1944，xx）。理查德·特里加斯基斯（Richard Tregaskis，1942）写道：“我们蹲在湿叶子上……我们可以听到机关枪、勃朗宁自动步枪和日本炮兵发出的巨响。这次的射击来自左边。”图像也是如此。20 世纪 30 年代末期的有线传真使摄影照片成为比绘图更好的视觉化呈现现场的方式（Zelizer，1995a）。被冠以“沉默的证人”之名（Meyers，1943，20－22）的摄影机，迫使《纽约时报》先后刊登了两篇关于西班牙内战期间民族主义者在 1937 年夺取特鲁埃尔的报道。这主要是因为第二篇报道的照片和目击细节与前一篇相矛盾（Knightley，1975，199）。再如，罗伯特·卡帕拍摄的关于北非的盟军部署以及登陆法国的图像照片，都将目击者冻结在记忆中。

这个时期的目击者被认为是非常引人注目的，以至于许多目击者报道以书籍或电影的形式被再现。理查德·特里加斯基斯的《孤岛浴血战》（*Guadalcanal Diary*，1943）取材自其 1942 年在报纸上刊登的一篇被广泛阅读的报道，而且被更名为《入侵日记》（*Invasion Diary*）再度出版（Tregaskis，2004）。威廉·夏勒的《柏林日记》（*Berlin Diary*，1941）同样被再版。目击者陈述被制作成了令人难忘的战争报道集（Snyder，1962）或电影：厄尼·派尔在 1943 年的前线报道变成了 1945 年的电影《美国大兵乔的故事》

(*The Story of G. I. Joe*)。技术领域高速发展，以至于技术平台都声称其目击者能够提供更有说服力的目击者报道。因此，当集中营的照片在1945年4月和5月被发布的时候，报纸用大版面展示了照片证据（Zelizer，1998）。

广播在1939年因引发“无线电中枢的流行”而被《新闻周刊》(*Newsweek*)称赞（War in the Living Room，1939，43)。广播的兴起为战争报道提供了更为直接的声音，创造了身临其境的效果。起初，全国广播公司联盟呼吁避免使用音效，而使用“罐头声音”（预先录制的声音)、输入音频或录制噪音等来达到“最低限度的生产痕迹”的效果（Mathews，1957，192)。
50 广播公司为捕捉现场战斗的声音制定了广泛的惯例，这反过来又增强了广播的真理价值主张。当“罐头声音”禁令在诺曼底登陆期间被放宽时，听众终于可以听到被延迟36小时的广播节目，记者乔治·希克斯（George Hicks）在节目中讲述了一架德国轰炸机的坠毁过程。在报道中，“广播将一切脱口而出。诺曼底登陆日的广播是处于不断运动中的随意且不成形的马赛克”（McDonough，1994，195)，广播充满了技术故障，广播员带有焦虑地播放公告和新闻。

到20世纪40年代，新闻短片还提供了另一种传播目击细节的模式，“一种在二战期间看美国人的方式”（Doherty，1993)。例如，1944年的新闻短片《新不列颠之战》(*Attack：The Battle for New Britain*）是这样介绍的：“你即将看到的图片在每一个细节上都是真实的。没有场景是被重演或组织出来的。”（转引自Doherty，1993，256）珍珠港袭击事件的广播虽然在事发两个月后才传到美国，而且还是高度审查版本，但它仍然被称赞展示了“坠毁至地的飞机、倾覆的美国船只和燃烧的吊架等只有目击者才能看到的战时的东西”（转引自Doherty，1993，231)。新闻短片很少加入现场声音，它们主要依靠“罐头声音”来表现战斗，这反映在了对硫磺岛的战争报道上：“不完美而且模糊”，这段录音是“真实的东西，它包含了几乎听不见的谈话碎片。将它与叙说者伶牙俐齿的陈述相比，就像是将实际拍摄的服务人员的脸和润色过的好莱坞士兵的表演相比”（Short，1985，22－23)。这里具有讽刺意味的是，人们认为不完美的录音比清晰而集中的行动画面更加真实，这凸显了目击者诉求的独特性。

事实上，人们仍在广泛讨论目击者陈述的不足。一位记者撰写了一篇关于日本轰炸马尼拉的报道，但他承认“由于火光刺眼，我们什么也看不见”（Gunnison，1942，13）。美国全国广播公司记者约翰·麦克韦恩（John MacVane）的报道从未播出，他的录音电池在诺曼底登陆报道过程中耗尽，而他几天后发回伦敦的报道因频率出错而未被收到（MacVane，1979）。卷入战争的其他人无法提交报道：美联社记者罗伯特·圣约翰（Robert St. John）最初被困在南斯拉夫，然后希腊领先德国人一步。所以他两次目睹了“当时最激动人心的新闻事件，但他却无法发稿”（Voss，1994，17）。但是，随着战争事件不断要求有根据的证据，对目击者报道的需求超过了它所产生的困难，特别是在 1945 年集中营解放期间。那时，报纸开始刊登各种目击者的信件，他们的叙述中提到了这些活动的优点和局限性。一位记者写道：“下面这 51
封信是解放当日在一个充斥着宣传的欧洲战俘集中营写的，出自其中一个帮助解放了它的下士之手。”（Woodward，1945，11）

二战结束后不久，电视就进入了这一领域。20 世纪 60 年代，对包括学生反越战运动、约翰·F. 肯尼迪（John F. Kennedy）被暗杀事件、黑人公民权在内的事件的报道能力，部分取决于“亲眼见证”事件发展的能力（Gitlin，1980；Zelizer，1992b）。目击者看到的东西当然是可变的：越南战争报道通常被称为“电视战争”，因为这是第一次在客厅里被播放的战争（Hallin，1986），但它被表现得“并不血腥”，而且从今天看来，它似乎“远比人们想象的要乏味得多”（Brothers，1997，203）。20 世纪 80 年代的两次大战——马岛战争和格林纳达战争，其中大部分的事实都没有被记录下来且不可见（Morrison & Tumber，1988）。前者的照片要比 19 世纪末的目击者陈述花费更多时间才能到达伦敦（Carruthers，2011，120）。

然而，一些其他情况也提高了目击者报道的价值：现场报道的中心地位日益上升，促进了地方电视新闻的发展。从 20 世纪 70 年代起，电视新闻就把它的价值寄托在提供目击者活动上（Kaniss，1991）。它结合了“目击者”和“新闻快报”的形式，将之作为参与时事的方法，提供了“戏剧性的、爆炸性的和现场直播式”的目击者报道（Lipschultz & Hilt，2002）。所有从目击者视角看到的当地的紧急情况、事故、犯罪和自然灾害报道，通常都夸大了事件在当地的重要性。然而，即使地方新闻在网络上传播开来（Anderson，2013），它仍然依靠目击者活动来提供主要内容。甚至当新闻记者身处远方时，电视也被证明善于创造亲临现场的感觉，因为电视发展出了便捷的、让新闻节目主持人代替远离现场的新闻记者的做法（Zelizer，1990）。这种做法今天仍在延续——电视要求翻译员、中间人和现场制片人参与现场直播栏目，以便声称其在场（Murrell，2015）。

最初明确强调目击者报道价值和变幻莫测的“在场”的是海湾战争。据说“沙漠风暴作战”（Operation Desert Storm）是“为电视精心策划”的，并被誉为“着地点直播”，这与所谓的“美国有线电视新闻网效应”不谋而合——作为全天候新闻频道的美国有线电视新闻网强调在危机中“生存”（Weimer，1992）。新近配备卫星传播的电视使进行中的战斗看起来像任天堂的游戏，因为媒体机构采用了“基本上是电话/无线电技之类的东西来提
52 供……激动人心的现场报道”（Kellner，1992，110－111）。但实际上，海湾战争期间，观众看到的画面不过是戴着头盔的电视记者为躲避实弹射击在摄像机前不断跳跃，或者是因躲避“飞毛腿”导弹而没有记者出镜解说的摇晃的电视镜头（Zelizer，1992c）。除了《华盛顿邮报》所谓的“延迟审查”（Getler，1991，D1）和美联社的“缺乏访问权的审查制度”（Fialka，1991，6），记者主要“在旅馆的绿洲中隐居……与前线相隔数英里”（Brothers，1997，211）。这以后期的战争报道限制新闻记者进入冲突地区为例。在这些地区，对信息保护和记者安全的担忧通常会与规范新闻活动的尝试交织在一起（Tumber & Palmer，2004）。电视遵循限制新闻记者在场的大量惯例，比如审查条例、安全限制和随军安排。这些控制报道的模式有助于为技术代替人类铺平道路，同时摒弃适应目击者活动的角色和报道方面的能力，这种模式直到后来才被认可。

在整个20世纪后期，随着科技的发展，目击证据的地位不断提高。适应在场主要意味着“屋顶新闻”（rooftop journalism）——电视记者为了保持出

镜而需要疯狂地在各处跳跃。由于推动全天候新闻需要不断更新现场报道，因此，无论记者是否有新信息，在场都变得更为必要（Tumber & Webster，2006）。正如马丁·贝尔（Martin Bell）所指出的那样：“在萨拉热窝的时候，我的电台同事已经在从事滚动新闻服务工作，必须播放多达 28 个不同的报道。他不仅从不离开假日酒店，而且几乎没有时间接听电话，也没有与联合国发言人交谈过。”（Bell，1995，28－29）由于新闻机构坚持让记者出镜，即俗称的“圆锅猴子”（dish monkey）[①]，公众开始期待记者的脸能遮盖屏幕，但效果常常不尽如人意：“嵌入这一事实本身变成了‘新闻报道’，身着崭新工作服的电视记者在镜头前解说，被穿制服的人围绕在异国的沙漠背景中。他们实际上并没有什么新闻可以讲述，但这并不是重点，在场才是重要的。”（Carruthers，2011，135）

常见的目击证据隐喻将新闻记者定位在如实反映事件的有利位置，似乎不存在干预行为。比如，“目击者新闻”“实况卫星报道”和“直播”都假设了一些具有透明度的概念。虽然技术扩张意味着越来越多的新闻记者可以充当目击者，而技术有助于扩大呈现报道的平台，但“看到更多”并不一定意
味着提供或接收更多信息。相反，从印刷技术到更广阔的技术领域的发展趋 53
势将目击者推向了新高度，这使得即使在适应现场存在的情况下，目击者往往也只能提供比以往更少的报道。

因此，这一阶段的目击证据更重视技术而非人类存在，是要适应不断发展的技术平台，最终形成各种可远程控制的新闻采集模式，从而否定人类在场的必要。为了消除目击者角色的人为因素，尽量减少报道的文体干预，采用的技术从减少主观标记转向掩盖它们的存在，从适应专业记者作为目击者转向无实体的现场摄像机，从而传输似乎没有中介的信息。因此，技术使人们可以将目击者报道视作一种可远程激活的新闻采集方式，既不依赖报道，也不依赖角色。

---

① 即通过卫星传输信息的通讯记者。“dish”原义为盘子，这里指地面卫星通信站的圆盘状天线，国内一般称其为“圆锅天线”。

第四阶段目击证据——报道/角色/技术/光环

技术在目击实践中的首要地位促使拥抱数字环境成为21世纪的一个合乎逻辑的发展过程。然而，在最近的目击者活动中，技术的中心地位与新闻业内外发生的变化相融合，创造了一个截然不同的系统环境。具体而言，新闻记者开始适应目击者的不确定性。此外，公众对时事的持续关注以及对此采取行动的技术能力，造就了另一种可供选择的目击实践景观。然而目击者的角色和在报道方面的发展并没有更加丰富，这个阶段的目击实践在很多方面都重复了其发展初期阶段就已存在的情况。技术不再是新闻记者的辅助手段，而是对他们的替代。正如一位新闻记者所指出的那样，在2015年11月的巴黎恐怖袭击报道开始依赖实时流媒体之后，"新闻记者在哪里"成了一个问题（Becquet，2015）。

这种无形的框架是从早期技术逐渐发展而来的。这种框架建立于20世纪期间，并随着21世纪的到来发挥了双重作用：它承诺更直接的公众参与，同时尽量减少传统记者的参与比例。

到了2010年，美国有线电视新闻网全天候实时报道的方针已经被世界各大主要新闻机构采用，包括英国广播公司国际新闻资讯频道（BBC World）、半岛电视台（Al Jazeera）、天空新闻（Sky News）、美国广播公司澳大利亚频道（ABC Australia）。然而，技术的同步发展削弱了传统的新闻报道呈现
54 方式，其中技术的发展包括快节奏的技术变革、强化多任务处理、裁员、关注降落伞新闻（parachute journalism）[1]、放弃既定的办公地理位置、依赖不稳定劳动力、"一人办事处"（one person bureaus）的出现，以及不断的审查和对禁止新闻访问的尝试。然而，从另一方面看，公众参与新闻采访的可能性增加了，因为移动新闻采集设备的便携性得到了增强，传播分销网络接口

---

① "降落伞新闻"是指将记者派遣至其并不熟悉的、对相关知识与信息的掌握比较有限的地区，这种做法极易造成报道失实。在突发事件中，新闻组织经常会派遣知名记者进入非熟悉地带。

也同时大范围地为非传统新闻记者和新闻中的非新闻参与服务。因此，随着世界各地各种人对各类事件都可以进行现场记录，比如对恐怖袭击、抗议和示威游行、平民地区的战争、自然灾害进行现场记录，传统新闻记者更难完成目击者报道。与此同时，非传统新闻记者和非新闻记者的实践在此时却更为容易。所谓非新闻记者包括广泛的个体活动家、旁观者、公民记者，对“是谁”通常没有明确界定（Al-Ghazzi，2014；Yazbeck，2015；Ristovska，2016）。到 20 世纪初，人们对直接传播事件的“实时播客报道”的依赖，进一步丰富了目击者报道的实践模式（Thurman & Walters，2013）。

因此，虽然报道、角色和技术仍然有助于塑造今天的目击证据，但不断变化的环境正在减弱传统新闻记者发挥作用的能力。与此同时，非传统新闻记者和非新闻记者对目击证据的承诺使它们的接近性、真实性、自发性、原始性和直接性得到了保证。由此，目击证据产生了一种具有潜力的光环，而不仅仅是角色、报道或技术的具体面向。这种光环催生了处理目击者报道的两种新方法：历史化和外包。

在新闻记者中，目击证据身上同时存在的关联和挑战已经将媒体机构的注意力转移到成本与风险更低的现场报道形式上。其中一种形式是对过去的大量回忆——鼓励新闻记者在报道新闻时回顾过去。虽然新闻回顾一直以来都是新闻的一部分（Zelizer & Tenenboim-Weinblatt，2014），但在当下，集体记忆有助于强化新闻记者被削弱的目击者角色，并鼓励新闻平台把目击证据活动作为史实记录下来。虽然新闻回顾与当下没有即时联系，并且事情的发生经过和报道之间的联系正在减少，但这样做仍然有利于目击者报道。值得称道的是，它们能够适应复述、再利用以及更改报道。尽管原始报道在很久之前就已经发布，或事情在多年前就已经发生，但新闻记者通过“两次”参与能够更好地维持其现场活动的权威（Zelizer，1993a）。

类似的例子在大量涌现。肯尼迪遇刺案经久不衰的吸引力每年都会促使 55
媒体机构拿出它们的档案影像资料去回顾该事件，就像对待 20 世纪 60 年代的航天飞机爆炸或种族骚乱一样（Zelizer，1992b；Edy & Daradanova，2006；Maurantonio，2012）。诺曼底登陆 50 周年活动在努力填补原始报道中缺少的部分，并在事实发生之后提供目击证据："在登陆发生时根本不存在的网络引起了记者们的轰动，他们为了周年纪念日蜂拥而至，聚集在法国诺曼底以及其他战争遗址的海滩上……以前是报纸、广播以及新闻短片将战争带回家，而现在是电视带来了迟来的镜头。"（Elber，1994，6）电视节目《回顾报道》（*Retro Report*）是《纽约时报》与《镜报》/《镜报》制作（*Mirror/Mirror* Productions）联合创办的，标榜"在别人都离开后，你还能听到他们的故事"。从2013年起，该公司开始通过重新调用历史视频，以流畅的叙事和广泛的档案检索，取代了最初的目击者报道。然而，故事往往来自过去目击者的叙述（Gilewicz，2013）。

这是典型的新闻业对集体记忆的探索，比如周年新闻、回顾展以及其他记忆活动都集中于过去（Kitch，2003；Carlson，2006），人们经常用这些活动代替报道，同时在早期的目击者片段中加入新闻流。摄像机直观重放事件，比如柏林墙的倒塌，仅仅使用新闻旁白来叙述观众已经看过很多遍的内容。无论哪种情况，目击证据的权威在目击者活动结束之后都会存在很久。有时记忆工作甚至取代了目击事件，就像在"9·11"事件的纪念影像中，世贸中心双子塔并没有出现，画面里只有观看事件的人群（Zelizer，2002）。就这一点而言，虽然目击证据是在过去被提出的，但其本身比被目击的内容更加重要。

同时，媒体机构目前正在外包大部分的目击者报道活动。公众对目击者这一角色越来越感兴趣，因为与历史上的任何时候相比，现在的公众都更能通过科技让记录和发布自己的目击者报道成为可能，并且传统新闻记者不具备承担所有事件的目击者角色的均衡能力，这使大量个体开始行动起来，填补其剩余的真空地带。外包让三个群体受益：由自由记者、特约记者、中间人和翻译组成的不稳定劳动力群体，为非新闻机构提供专业目击者报道的活动家，以及普通公民，比如公民记者和旁观者。

56 尽管新闻业一直依靠自由记者和特约记者等临时劳动力，但对外国记者资助的减少、全球报道的持续需求、移动新闻采集常规化以及对降落伞报道（parachute reporting）的依赖等多重环境的强化，加深了传统新闻业对不稳定劳动力的依赖（Yazbeck，2015）。由于新闻记者仍然负责全球事务，而他们作为外来者在涉及多种语言和文化的事件中往往知之甚少，因而新闻机构已经开始经常使用那些能够提供目击证据的当地人，比如中间人、特约记者、司机和翻译（Murrell，2015）。在2003年的伊拉克战争之前，已经产生了一种“团队新闻”模式，报道职责被分配给团队的一级和二级人员。正如奥维尔·谢尔（Orville Schell）在访问巴格达之后所指出的那样，“现在大部分的基础报道是由伊拉克人完成的，而写作和分析仍然是由西方人来完成”（转引自Murrell，2015，154）。

与此同时，公众在传播各种形式的用户生成内容方面能力是巨大的，这常常让传统新闻业懊恼不已。它的在场描述、推文、录音、视频直播流和照片都是通过手机、具有编辑功能的笔记本电脑、数码录音机和数码相机制作而成的，并通过社交媒体平台、无线网卡、个人网页、博客、维基百科、公告板和便携式新闻制作/分发系统（ENPS）进行发布。传统媒体也经常依靠这些途径进行报道。正如在2015年11月巴黎恐怖袭击的报道依赖实时流媒体发布后，一位新闻记者通过视频直播平台“潜望镜”（Periscope）所说的那样：“矛盾之处在于，潜望镜正在被一些新闻集团广泛使用。不过它们的使用是在舒适温馨的办公室里，在演播室环境中，具备营销活动的灵活性和自发性。”（Bacquet，2015）这些努力不仅给当代事件提供了丰富的细节，而且保持了目击者报道在时事报道中的核心地位，即使在不受传统新闻采集实践驱动的情况下也如此。

因此，传统新闻记者无须再确定什么是重要的目击者报道。相反，由不稳定劳动力群体、活动家、公民记者和旁观者提供的具有接近性、真实性、原始性、自发性和直接性特征的目击者报道，可以作为现场存在的替代品，而不需要更全面的亲眼见证，这些在历史上已被整合到了新闻之中。

21世纪移动技术的兴起在这方面起到了重要作用。当新闻记者难以适应2001年阿富汗战争的“长期战争”和“短暂的注意力”之间的落差时，当地中间人以及其他不稳定劳动力成员成了默认的内容提供者：“山区地形条件恶劣，缺乏电信基础设施，同时新闻记者并不具备在阿富汗活动的主要语言能

57 力，这些问题导致他们更加不知道在何处寻找以及如何能找到‘故事’。”（Carruthers，2011，214，217）当伊拉克战争于2003年开始时，传统新闻记者便已进入战区，但其中许多人无法看到战争中的大部分事件。同时半岛电视台崛起，该台开始展示来自“另一边”的行动。在这种情况下，中间人仍然“对巴格达新闻采访至关重要”，他们提供了语言技能、安全的交通和通信（Murrell，2015，123）。博客作者也表示他们可以权威可靠地记录现场活动（Allan，2004）。

与此同时，另外两个事件——2004年的亚洲海啸和2005年的伦敦地铁爆炸事件，巩固了旁观者在提供多维度目击者报道中的作用（Day & Johnston，2005；Allan，2006）。目击者博客、音频片段、视频流和蜂窝图像等被誉为“非专业内容的爆发”，观察者赞扬它们的真实性、生动性以及它们在报道中广泛的适用性（Noguchi，2005）。

这些活动大多与21世纪的冲突有关。加沙于2008—2009年间爆发了冲突，并于2012年再次爆发冲突，这期间西方记者被拒绝进入该地。因而，目击者角色由巴勒斯坦记者、自由记者、活动家、公民记者和旁观者担任，这些人在传统媒体以及脸书、优兔和推特上都发布了报道。2011年，巴基斯坦的苏哈比·阿萨（Sohaib Athar）在意识到他已经传播了美国突袭奥萨马·本·拉登的复杂细节之后，在直播中说：“我只是一个在巨响中醒来的推特用户。”（Hill，2011）从此因机缘巧合目睹公共事件的普通公民被普遍认为是实时报道中的新生力量。这一事件被称为“推特的美国有线电视新闻网时刻”（Rosoff，2011），成为即将到来的、发展迅速的活动趋势的预兆。

最近对与“占领华尔街运动”和黑人生命平权运动等有关的抗议的报道，或许最能说明这一问题。不稳定劳动力群体推动了对这些事件的报道的进展，而且他们对用户生成内容作为新闻平台内容的一部分的适应和强调已经成了一种规则。

安迪·卡文（Andy Carvin）2013年的作品《遥远的目击者》（*Distant Witnesses*）中提及的智能手机和社交媒体远程众筹，成为人们避开突尼斯、埃及、摩洛哥及叙利亚的政府控制的有力工具。在那里，“实时博客报道”提供了《哥伦比亚新闻评论》所说的“关于街上发生的事情的最值得信赖的报道”（Su，2014）。随着媒体机构通过不断发展平台来适应和核实用户生成内容，公民照片和旁观者直播镜头开始主导新闻流，比如英国广播公司和半岛电视台都核实了“斯盖普”（Skype）上的目击者的身份，并根据经过验证的地理编码图像核查照片和视频（Hounshell，2011），尽管这种做法也常常可能导致信息安全漏洞（Henrichsen，Betz & Lisosky，2015）。那么，与“占 58
领华尔街运动”和黑人生命平权运动相关的抗议被称为“推特革命”也就不足为奇了。然而，这些事件的记录受到了内部和外部的批评。例如，艾尔-加齐（Al-Ghazzi，2014）对来自叙利亚的视频如何挑战用于评估新闻实践的西方二元论——在公民和暴力意图之间、目击证据之间、报道与游说活动之间、业余摄影师与专业摄影师之间——展开讨论。尽管如此，但近十年来引起欢呼庆祝的两个最轰动的新闻报道——维基解密（WikiLeaks）事件和爱德华·斯诺登揭露美国国家安全局非法活动的报道，仍是被举报人和记者联合制作的：朱利安·阿桑奇（Julian Assange）、爱德华·斯诺登和格伦·格林沃尔德。

由于小型数字相机和移动照相手机的广泛应用，目击证据的第四阶段关注视觉描述与关注音频或口头报道一样多。《纽约时报》指出，这些技术设备使数字图像的数量增加了100倍，而猛增的图像证明目击者存在于全球各地（Batty，2011）。视觉资料重现了萨达姆·侯赛因（Saddam Hussein）的绞刑、德黑兰的伊朗抗议者枪击事件、卡扎菲（Muammar Ghaddafi）被捕事件。目击者镜头已经成为新闻机构最容易处理的用户生成内容（Pantti & Bakker，2009，485）。有时，当地的目击者场景会传播到国家或全球舞台，例如阿布格莱布监狱（Abu Ghraib）的士兵照片或旁观者拍摄的美国警方的暴力逮捕视频（Mortensen，2014）。在所有这些案例中，即使传统新闻记者经常缺席关于图像真实性的评论，比如“相机展示”或者“我们通过相机镜头看到的”，但他们都认为目击实践是正当的。

目前阶段的目击实践的局限性也不会被忽视，其不可靠性和可能的不准确性、似乎缺失的结构、官方力量的合作、线上封建主义、缺少可验证性和过度图像化正引起人们的注意（Day & Johnston，2005；Waldman，2005，78；Su，2014）。2009 年，在报道叙利亚战争时，《卫报》及其他新闻媒体被一个他们无法辨认的博主欺骗，这名博主是一名 40 岁的美国男性，而不是他们以为的叙利亚女同性恋活动家（Bell & Flock，2011）。由于新闻报道的传播速度经常超过将内容进行可靠处理的速度，2013 年波士顿马拉松爆炸事件报道中充斥着美联社、美国有线电视新闻网和《纽约邮报》等主流媒体的失
59 实报道（Manjoo，2013；Stahl，2013）。尽管后来这种现象有所减少，但报道显示中东地区的新闻自由从 2012 年开始衰减，这或许并不令人意外（*Freedom of the Press*，2014）。

因此，21 世纪初期的目击证据在传统新闻业内外分别发生了历史化和外包化。它在当代的可行性取决于新闻业和目击者之间长期令人好奇的联系，而目击者主要存在于新闻业的过去或非传统新闻空间中。目击证据因其光环而大体上与该活动的其他构成特征（报道、角色和技术）失去了联系，以至于现在的新闻业借助了目击证据的声望，却没有给这种声望提供未来发展的条件。

目击证据作为一种新闻现象，可能已经将活动扩大到它的最大范围，甚至可能已经接近它的消亡点。由于目击证据声称现场存在的“光环”比坚持长期进行现场报道的实践更重要，人们会质疑有多少活动可以替代目击实践，从而削弱了新闻业自身的权威。

从“去过那里”到“不在那里”

德国历史学家利奥波德·兰克（Leopold Ranke）的观点是有一定的预见性的：“我看见一个即将来临的时代，新历史将会从目击者报道中建立。”（转引自 Riess，1944，xiii）如今，这样的报道提供了犯罪、警方暴行、战争和恐
60 怖主义的现场细节，它们都构成了新闻的核心。

然而，如果目击证据作为对现实的描述的地位没有被新闻业认可，目击者便不会一直在新闻业中存在。目击证据最突出的优势是它有一种以看似无

中介的方式使公众信服远方事件的能力，它提供了通过展示各种意外事件参与公众生活的舞台。目击证据在不同阶段的转变反映了人们对目击活动的共鸣和适应。每个阶段都推动了目击证据自身的战略调整：第一阶段人们对他人提供的浪漫主观的目击者报道的依赖在第二阶段减少了，这个阶段新闻记者开始扮演目击者角色并承认现实主义的职业志向。第三个阶段则由各种允许远程控制和无实体的目击活动的技术发展主导。这反过来又开创了迷信目击证据光环的时代，而这种目击证据失去了与角色、报道和技术的联系，取而代之的是将目击活动历史化为新闻呈现的常规特征，并将其外包给不稳定劳动力群体、活动家和非新闻记者。

在这四个发展阶段，目击活动突出了新闻业中持续存在的问题：考量制造权威呈现的最有效方式。但目前我们尚不清楚新闻机构在主张使用目击证据时究竟强调的是什么：新闻采集技术、人、制作的报道，还是其产生的光环？这一术语的变化使目击证据随着时间流行起来，无论它是如何形成的，产生了什么后果，或可能会付出什么代价。

因此，目击证据反映着传统新闻权威的强化或消解以及新闻业和新闻记者的在场或缺席。在援引目击证据时，新闻机构模糊了目击者之间的差别，并以此取代了那些似乎最符合当前情况的内容。即使削弱了新闻业自身的中心地位，这种情况也会发生，但新闻媒体工作者可以以事件目击者的身份宣称他们“去过那里”，虽然他们并没有亲眼看到。目击者报道作为当代新闻业的专用术语，以令人怀疑的方式持续增强着新闻报道的权威性。毫无疑问，它有助于新闻业在大众想象中合法化。但是，这种合法化仅仅是通过得到部分人士的支持来完成的，或者也只是在新闻业实现了一部分。

第四章　新闻研究中民主的保质期如何限制了难民危机报道

61 长期以来，新闻的学术研究为一个比现实世界更狭窄的新闻世界提供了特权。但考虑到新闻业通过政治、技术和经济变革不断进行自身发展，其所处环境也在不断变化，因此并非所有的关键术语都能像被初次提出时那样，保持它们对新闻业的最初理解。在此，我将针对其中一个术语——“民主”进行讨论。同时，我审视了民主在新闻研究中的核心地位，并评估它与当代新闻环境的相关性。这些分析都主要以英美国家当前的难民危机报道为背景。我从“保质期隐喻”（the metaphor of shelf life）入手，从概念上考量新闻研究对民主的强调是否过度扩展了其使用价值，以及使民主退出历史舞台后可能产生的结果。

思想的保质期

保质期通常被定义为商品可以储存至变得不适合使用，基本元素变坏、损失或中和的时间长度（American Heritage Dictionary，2000）。保质期期限与易受到挑战的条件有关，如时间、光照、热量及其他不稳定因素，这些条件会降低商品预期中的最佳性能。

学术思想的保质期一直以来都与对知识的探索有关，即使它并没有被贴上这样的标签。托马斯·库恩（Thomas Kuhn，1962）认为，知识是逐渐形成的，出现于共享范式得到发展之后，这些范式以产生某种共识的方式对问题和过程进行命名与标注。库恩是最早提出这种观点的人之一。知识的传播会竭力迎合大众口味，比如能够得到广泛传播的往往是那些已知的、熟悉的、经过验证的，以及随着时间流逝可以被广泛预测的内容。知识的本质往往是不稳定的，而且它不愿适应变化：要么缓慢而谨慎地为已建立的相关性增添新内容，要么逐渐消失、过时和削弱自己的相关性。因此，知识传播保质期 62
遵循与物质保质期类似的耐久性或短暂性模式，比如食物、技术设备和其他产品等的保质期。

这里有四种策略与保质期的到期时间有关。第一，用户们对保质期的持续时间是否有一种常识性理解。比如，牛奶能保存两到三天，打印墨盒能保存 18 个月，这有助于我们对可能会影响使用的环境进行控制。而思想的保质期则是由其萌芽与发展的内部和外部环境，以及提出者的声望和身份决定的。第二，用户通常会过早地缩短保质期，以确保商品在被停止使用前保持较高的使用价值。时尚界的市场趋势常常使人们热衷于创造快时尚，这类衣服并不耐穿，甚至在大多数用户意识到它们的价值之前就被丢弃了。与此类似的是，学者们经常会在耗尽思想的价值之前跳转到“后”主义，比如后现代主义、后女权主义、后种族主义、后新闻主义。第三，用户经常出乎意料或无意地延长物品的保质期，比如给旧家具套上防尘罩或在新潮的二手商店里转售旧服装。像自由、公平、爱和幸福这样的观念可能永远不会过期，因为用户认为它们具有跨越时空的普遍关联性；伦理或道德观念可能会被认为是与新近发生的事件相关，因为现有理论尚无法充分地解释它们；像资本主义这样的思想可能会在新地点使人产生新的看法。第四，用户倾向于差异化地评估物质和思想，只标记保质期的某些维度，如汽车模型也许能保留数代，而不受欢迎的颜色或重复的机械设计则会提早退休。文化思想以类似的方式从美学领域的高级熏陶转变为文化研究中流行艺术的关键术语。

那么，就像物质一样，思想会受到支持者和挑战者的模式化行为的影响。从人与环境的互动、他人的反应以及构建支持或反对公众想象中的思想的长期观点来看，它们“不会自由浮动”（Risse-Kappen，1994）。相反，它们就像“决定列车行驶方向的扳道工，其行动是由利益推动的”［Weber，1958

(1913), 280]。思想会以钩子、武器、路线图、手电筒或这些东西的组合形式表现出来(Krasner, 1993; McNamara, 1998; Berman, 2001),它们像物质一样,总是依赖特定时段来塑造它们的策略。

63

保质期与新闻业/民主联系

保质期的应用,包括其对时间生命线的隐性调用,对新闻研究具有特殊意义。从定义上讲,新闻业涉及的新闻工作是以时间维度来衡量的(Schudson, 1986)。它不仅体现了使新闻报道有别于其他公共话语模式的新闻价值和话题性,而且新闻记者在其时间管理中发展出了错综复杂的日常惯例,并将其作为新闻工作的一部分。新闻报道被普遍称为"历史的初稿",一旦历史学家准备好并能对最近发生的事件进行解释,新闻业就应该将自己的努力方向转向别处(Zelizer, 1993b)。人们不断讨论新闻业的价值、角色和功能,同时考虑到瞬息万变的环境,今天的新闻业仍然时刻处于"过时"或失去价值的危险中(Jones, 2009; McChesney & Pickard, 2011)。因此,新闻业总是以某种形式与相对较短的保质期联系在一起。

在当今的数字信息环境中,评价新闻时所依据的简短时间表被进一步缩短,这反过来又放大了我们对保质期的关注。新闻媒体改变了热门话题的含义,公民记者、旁观者、社会活动家和用户生成内容的制作者又分散并加速了传播过程,使人们就新闻定义达成共识的能力变得更加复杂。由此,新闻学学者就要像新闻记者那样,考虑时间在新闻制作中的核心地位。例如,特南鲍姆-温布莱特和内格尔(Tenenboim-Weinblatt & Neiger, 2015)注意到网络传播中存在一种惊人的、偏向过去的倾向。随着新闻技术快速发展并且能够传播更多的即时信息,时效性问题变得愈加复杂。有的现象在不同时间节点以不同的形式存在。对这一现象进行学术研究,需要对新闻业自身预期的保质期以及与新闻业理解有关的各种概念进行不断调整。正是在这种背景下,新闻与民主之间的联系的生命线才可以得到充分考虑。

将新闻业与民主视为彼此必要的支柱的观点源于最早的新闻规范理论,

这些理论认为新闻自由是民主的必要条件，并规定了新闻业在民主政体中应
遵循的标准。虽然这种联系因地缘情境而异，但它在西方，特别是在美国，
却倾向于对新闻业与民主关系的不同面向进行狭隘的定义。新闻业通常被看
作是通过新闻媒体机构提供信息，而民主被认为是赋予所有人自由、平等和
幸福权的治理体系。许多复杂的因素，比如新闻媒体和互联网、企业化、公
众冷漠、精英的参与等，往往被排除在对话之外。相反，西方对新闻业的许 64
多关注通过政治领域的既得利益折射出来，其中当新闻业被用于加强民主时，
其便被认为最有价值（Zelizer，2004b）。从新闻业与政治之间更广泛的联系
来看，这种联系更多是被假定的，而不是在被讨论和挑战的过程中产生的。
它的自然化（naturalization）反映了谢里·伯曼（Sheri Berman，2001，
238）提及的制度化过程："思想被嵌入了组织、话语模式和集体认同中，并
设法超越产生它们的原始条件。一旦被制度化，思想就可以脱离那些让它们
突出的因素，并成为真正独立的变量。"由于这种隐含的合理性，新闻与民主
之间的关联大多被西方新闻研究不加质疑地坚持。

新闻业如何成为民主的必要条件

对新闻业与民主之间的联系的猜想并不是最近才出现的。笼统地说，美国的建立过程，以及欧洲的许多著作，都暗示了新闻业对民主的作用。美国开国元勋托马斯·杰斐逊（Thomas Jefferson）经常引用一句格言——"信息是民主的货币"，这句格言提供了一种看待新闻相关性的公式化方式。它提出了这样一种观点：把新闻业置于民主的服务中，使新闻业为民主的公众繁荣提供土壤。

西方政治哲学家一直主张将民主与新闻业联系起来。新闻在约翰·斯图尔特·密尔［John Stuart Mill，2008（1869）］对民主的反思中被提及，他认为新闻可以实现观点的自由交流。康德（Immanuel Kant，1885，55）将公共理性定义为"面向全体读者"传播的内容，其可以促进民主国家对媒介互动的需求的产生。而黑格尔（Georg Hegel）曾将19世纪早期的"读晨报"

比作“现实主义者的清晨祈祷”（转引自 Buck-Morss，2009，49）。到了 19 世纪末，新闻被比作第四权，媒体被视为民主的守护者和公共利益的捍卫者［Carlyle，1974（1905）］。托克维尔（Alexis de Tocqueville，1900）是第一个在法国和美国明确讨论新闻会对公众舆论产生影响的人。不久之后，塔尔
65 德［Gabriel Tarde，1969（1901）］和滕尼斯［Ferdinand Tönnies，1971（1923）］描述了新闻、公众和政体间交汇点的不同说法，这个交汇点被视为民主运作的核心。

盛行的关于新闻业/民主联系的说法符合某种现代性。这种说法强调新闻业与理性、确定性、共识、理性思考、秩序、客观性、进步和“普世”价值之间的联系，人们期望新闻业能够对它们产生某种推动作用，以创造最佳公共生活所需的条件（Giddens，1991a；Thompson，1996；Tomlinson，1999）。这样看来，新闻被视为一个统一者、理性思考的推动者、共同参照和知情决策的提供者及警示者，以及调节的推动者与对话的促进者。

这种期望塑造了 20 世纪美国的思想。20 世纪 20 年代，新闻业与关于民主的必要条件的对话经常交织在一起。其中最著名的对话之一是所谓的“杜威-李普曼辩论”，美国哲学家约翰·杜威［John Dewey，1954（1927）］和新闻记者沃尔特·李普曼（Walter Lippmann，1914，1925）认为新闻业与民主相关，尽管它们也许并不必然同时出现（Schudson，2008），但对新闻业的不同角色的论争，呼应了这种联系的中心性。李普曼［Lippmann，1960（1922），31－32］将现代民主危机视为新闻业危机，他指出：“新闻业的问题很混乱”，“因为批评者和辩护者希望新闻业能够……补充一切民主理论中没有预见的内容”。

可以肯定的是，新闻业之于民主的作用也是以更微妙的方式来界定的。哈贝马斯（Habermas，1974）将公共领域理论化为一种规范的、自我调节的新闻系统，它能够捍卫多元主义理想。不过在某些观点上，他仍然“低估了媒体在公共领域中潜在的积极作用，也没有建立相关理论”（Benson，2009，182）。而在另一些作品中，他以一种掩盖了排他性本质的方式将媒体作用最小化（Fraser，1990）。根据米尔曼（Muhlmann，2010，187）的说法，新闻

业的统一任务本身就已经超越了人们最初创造的共识，因为它涉及“考验统一的行为，也就是冲突”。她指出，在最佳的情况下，“记者表示有些事情是‘不对的’，政治团体必须与这种差异做斗争，以防止它完全独立”。考验的想法假定了一种由记者指导和精心策划的冲突性，即明确指定一个“他者”和政治共同体的重新介入（Muhlmann，2010，195）。然而，无论新闻业与民主的联系的复杂程度如何，人们大体上都认为新闻业与民主是交织在一起的。

这种联系在二战中得到了加强，用以缓和当不同的执政制度之间产生冲 66
突时发生的不良情形。人们认为新闻是民主繁荣的先决条件，特别是对美国公民而言，对民主在促进世界稳定方面可能发挥的作用的期望加强，这主要是因为新闻能够明确地向全世界传播言论自由等西方价值观（Hallin & Mancini，2004）。到了战争中期，美国开展了一场新闻自由改革运动，支持者试图向世界各地输出保障新闻自由的美国宪法第一修正案（Blanchard，1986）。这一想法令许多人人为兴奋，一位报纸编辑写道：“我们的义务是将新闻自由扩展到整个世界……如果我们失败了，那么一切都失败了。”（Hoyt，1943，9）

对民主与新闻业之间联系的强调也与同一时期投入行政研究（administrative research）的学术声音有关，这种声音在冷战期间达到新高度。随着美国加大对民主建设项目的投入，人们普遍认为新闻已不仅仅是西方民主理论的命脉。其中部分原因与学科发展有关，这些学科把民主看作是世界政治最佳的可能结果。例如，美国政治科学部门专门开发了详细解释决策机制的课程。用汉斯·J. 摩根索［Hans J. Morgenthau，1985（1948）］的话来说，“各级社会互动中权力的本质、积累、分配、运用和控制，特别强调了国家的作用”，作为替代方案，民主是最重要的，而新闻是其运作的核心。美国行政研究的兴起进一步巩固了将民主与新闻业联系起来的益处，它阐述了新闻“应当”如何在最佳的政治条件下运作。《传媒的四种理论》（*Four Theories of the Press*）明确举例说明了“高质量新闻”问题的解决方法（Siebert，Peterson & Schramm，1956）。这本书后来被批评为受到二战及其后果的单方面影响，是意识形态和乐观主义的，而非科学和现实主义的（Merrill &

Nerone，2002)。同时，它提供了一个思考新闻业与民主的联系的精致模式，以及对它们进行识别和评估的具体指标。坚持新闻业与民主的概念结合变得十分重要，以至于多年后美国学者将新闻业称为“民主的结缔组织”(Gunther & Mughan，2000)，质疑学院为何不“称呼新闻记者为政治行动者”(Cook，1998，1) 以及“媒体是否（应该）被管理”(Iyengar & Reeves，1997)。尽管有人会说民主理论家而非新闻学学者可能会考虑改变他们对新闻业与民主的联系的看法，但它的流行使得它现在通常被认为是讨论新闻环境
67 时必然存在的基本事实。

尽管新闻业与民主的联系在其他国家的学术界有不同的表述，例如英国社会学领域将其视为对多元主义观念的挑战（Morrison & Tumber，1988)，中东地区的人们通过国际关系视角来看待它（Mowlana，1996)，其作为概念联系的基本吸引力依然存在。后来产生的术语和短语都简洁地抓住了交汇点的要旨，其中包括“媒体的政治现实”(Nimmo & Combs，1983)、“媒体政治”(Bennett，1988)、“新闻媒体政治”(Taylor，1990) 以及“媒介民主”等（McNair，2000)。这些观点足以引起一种共鸣——这两个相互关联的术语是可互换的：众所周知，詹姆斯·W. 凯瑞（James W. Carey，1995) 曾指出“新闻业”和“民主”都是易于社会理解的行为的名称。即使在今天，对报纸未来的哀叹也很容易被认为是对“维持民主的新闻业的未来”的担忧(Pickard & Torres，2009)。

然而，媒体与执政制度之间的多重联系使这些期望复杂化了。例如，民主并没有像其支持者所希望的那样在世界各地蓬勃发展。虽然推动新闻业/民主联系的大部分力量依赖于民主以某种期望的方式得以流行，但依然存在各种类型的妥协的民主。比如，民主国家分为部分的、低强度的、有缺点的、空的或不自由的。新民主国家不同于旧民主国家，新闻和民主制度之间存在各种不同关系（McConnell & Becker，2002)。正如杰布奥、斯特卡和洛夫莱斯（Jebril，Stetka & Loveless，2013，6）所观察的那样，“与作为媒体研究起源的、已建立的西方民主国家不同，民主化国家和地区具有不同的可比性。因此，缺乏一致性方法不足为奇，也是必然产生的结果”。

新兴民主国家发展出了独特的传媒体制类型，其新闻惯例也反映了更广阔的背景，这一事实表明，新型民主国家比已建立民主制度的国家，在“新闻的‘理想’与‘现实’之间存在着更大的差距”（Jebril，Stetka & Loveless，2013，6）。此外，新闻业与政府之间的因果关系尚未确立。以经常受人们争论的公理为例，自由化的媒体与民主国家之间是互为因果的关系，在普赖斯和罗祖米洛维茨看来（Price & Rozumilowicz，2002，254），这已经证明了其“难以捉摸”的特点：

> 我们如何能够判断，正如人们普遍认为的那样，媒体改革是否是民主化的必要条件，或者说，自由和独立的媒体是否仅仅是已经自由化的社会才拥有的具有吸引力、卓越甚至正当化的产品？媒体改革是否促进 68
> 了民主化，或者健康和独立的媒体的存在是否仅仅是一个已经在走向更加民主的实践的社会的结果或标志？

这些特点都削弱了新闻业/民主联系这一问题可被讨论的保障。不同的民主国家发展出了不同类型的新闻业，并且它们反过来在双方之间产生了不同的联系。

更多的个人、论据和细节填补了发展轨迹的空白，而非仅仅是这里概述的内容。但甚至连这里的概述内容也表明，自美国建国初期以来，人们普遍期望新闻业能够培育出民主繁荣所需的必要条件。难怪西方新闻研究本身主要是由美国思想家推动的，并倾向于将新闻业与民主的联系作为理解新闻业的自然的组成部分。

为什么民主不是新闻业的中心

有人可能会认为新闻业历来都是民主的必要条件，但相反的主张却没有达到相同的认可度。事实上，现实情况表明，民主对于新闻业来说并不是必要的，而民主是新闻业的“救生锁”（lifeline）的观点也没有得到有理有据的支持。但这并没有否定这样一个事实，即在非民主政权中做新闻记者比在民主社会做新闻记者更危险。但它同时也表明，新闻业以某种形式在一些地方蓬勃发展，而民主却没有做到。

尽管这一主张的适用性因地理区域而异，这个联系却成了全球理解新闻业的自然的、可以肯定的基本事实。以美国为首的西方国家在这个定位过程中发挥了核心作用。随着美国新闻学术工作与新闻实践模式被输出到世界各地，即使这种实践多种多样，新闻业推动民主政体的抱负也得到了广泛的回应。但相反的主张，即认为民主推动了新闻业，却并没有得到类似的赞誉，即使在民主国家中从事新闻工作比在非民主国家更安全。新闻业/民主联系的相关性反而被理论性的、实践性的、广泛而又相互关联的复杂因素破坏掉了。

新闻业/民主联系理论的不足最初源于许多政治哲学家对现代性说法的修
69 正。在地缘导向和适用性狭窄的西方，人们援引的思维模式从地缘和文化视角来看是现代化的，而且假定了与信息流动的安全性、透明度和便利性等相关的条件，但这些条件并不是其他环境的默认条件。这意味着新闻业与民主之间的联系取决于环境，但这个环境不能完全代表西方以外的条件，正如加西亚-肯克里尼（Garcia-Canclini，1995）在20多年前指出的那样，进入和离开现代化的不同模式已经具备普遍的流行性。

这为民主传播的可能性提供了一种道德上的正义感，国际化和跨地域的学术分享通常意味着确保“他们”（那些来自南半球的人）实行“我们”（那些主要来自西方或北半球的工业化地区的人）的准则。正如一位观察者所指出的那样，“任何地方都需要新闻自由，在这一点上发展中国家和先进的工业社会是一样的”（Ungar，1990，369）。这个逻辑不断连接新闻业与民主，它通过设想而不是存在的现实来折射出对新闻类型的理解。由此产生的新闻观念更加稳定，道德上更加明确，偶然性更低，对社会更有益，腐败更少。

第二个破坏新闻业/民主联系的复杂因素本质上是实践的。如上所述，民主与新闻业在概念上的联系并没有反映实际情况。从历史上看，新闻业或多或少地采取了与民主相关的形式：新闻工作已经更加有偏向、偏见、冲突，而且与不同类型的治理有着各种各样的联系，而非与假定的民主进程概念形式相一致（Schudson，1978；Curran & Seaton，1985；Chalaby，1996）。例如，参与过20世纪40年代的新闻自由改革运动的美国人发现，当他们的法国和英国盟友支持比美国所愿意接受的范围更广的新闻管制时，他们对新闻业/民主联系的说法有着明显的抵制（Britannia Waves the Rules，1946；Perlman，1946）。同样，十年之后，与麦卡锡主义（McCarthyism）合作的美国媒体显示出了与严格坚守平衡与公正的新闻业相反的一面。最近，美国的党派新闻破坏了长期以来一直支持新闻业/民主联系的理性话语的图景，而 70
提出了所谓的“客观新闻报道”。这对于西方的民主、现代性和公民社会的概念来说至关重要，这是一种反常现象。在过去十年中，美国和英国的主要新闻丑闻，比如维基解密事件和《世界新闻报》电话窃听丑闻，以及爱德华·斯诺登的美国国家安全局信息泄露事件和当前政府对国家安全问题的回应，都揭示了一些国家的新闻实践中存在的问题，而这些国家为促进新闻业与民主之间的相互联系的传统观点进行了大力投资。

在西方之外，新闻业与民主之间的联系已经变得更加脆弱。从20世纪70年代到90年代，关于“世界信息和通信新秩序”（New World Information and Communication Order）的辩论被誉为关于信息的自由流动的讨论，但它本质上仍然是关于新闻记者的自由程度或有关其自由的实际意义的对话。它的假设——只有一种与西方民主国家最相关的新闻可以流行的规范性观点——没有消失，而是在回应世界各地新闻记者的人身安全都在受到威胁的问题中持续重现。新闻业的某些特权形式在世界大多数地方都没有得到过实践，即使是在那些渴望建立某种形式的民主政体的地区，比如自由和独立媒体的概念、第四权或者公众知情权、接纳中立性或时事性（Waisbord，2000；Jacubowicz，2007）。而且，几乎在世界上的每个地区，新闻业都经常在这样的条件下运行：现代性与压制和秩序崇拜、共识与权威紧密联系在一起，而非与言论自由联系在一起。新闻在以下情况中处于中心地位：在摇摆不定和充满噪声的处于转型期的国家中；在以混合性和边缘性等新的身份认同模式为特征的文化中；在殖民主义和后殖民主义混杂的政权中；在社会组织发展的希望甚微的软性威权主义国家中；在受单一民族国家和泛地区主义之间的矛盾影响的环境中；在支持信息压制、恐怖和迫害新闻记者的国家中；

在没有明确的开始、结束或明显的发展轨迹的多重偶然性情况中（Zelizer，2011a）。正如约瑟夫（Josephi，2009，47）所指出的，“过去那种将世界分裂成新闻和新闻教育要么自由要么完全受控制的两分法观点，正在让位于这样一种认识——各国可以（以非压制的方式）进行控制，民主国家的自由可能带有商业和意识形态方面的附加条件”。

在当前条件下，新闻业与民主之间的微弱联系得到了有力的证明。对民主的依赖使得当前的新闻媒体不知道接下来该做什么，因为新闻业/民主联系
71 面临着多重挑战，其中许多挑战都来自意想不到的领域。例如，考虑到目前中欧与东欧大部分地区与1990年民主改革背道而驰，如何评价新闻业在其中的作用？民主国家的媒体应该如何回应当前“伊斯兰国”对西方的新闻惯例的操纵？

这些问题都因技术环境的变化而愈加复杂，这些环境突出了民主在思考新闻工作时的边缘性。尽管多个历史事例表明，民主只是有时或部分推动新闻业的运作，如冷战时期美国政府对无线电广播机构的支持，但当代数字环境以新的方式使新闻业/民主联系复杂化。数字媒体的分权、匿名性、广泛接触生产和消费、无穷优势中的快速和适应性，都对新闻工作提出了某种要求，比传统新闻媒体表现得更加民主，但这种新闻工作面临着更广泛且长久的主张。该主张认为新闻业的能力为具有理性话语、进步和“普世”价值的所谓的“民主目标”提供支持。例如，在中东，网络环境促进多元，同时会促进尽可能使分歧走向一致的多样的对话（Khamis & Sisler，2010）。虽然这突显了一种对话的途径，但它几乎不能反映民主所依赖的理性参与和文明的理念。

因此，有力的条件改变了新闻业和民主需要彼此促进繁荣的观念。显而易见的是，新闻业的繁荣是多方面的，不过与邻近民主的在场关系不大。

难民危机与新闻业/民主联系

在最近的全球难民危机报道中，可以发现新闻业与民主之间相互依赖的

局限性。尽管当前的难民危机是最具新闻价值的例子之一，它值得民主国家广泛报道，比如在一个新闻网站将 2015 年赋以“难民之年”的标签（Yu-Hsi Lee，2015），但这种报道在西方并不多见，特别是在被想象为民主国家中心的美国和英国。

报道不足的原因在本质上是多方面的，包括新闻媒体可用收入的减少、了解事件或事件发生地区情况的人员的减少、一窝蜂新闻（pack journalism)[1] 的趋势、新闻记者人身安全受到的威胁、难民的难以接近以及数字媒体上非新闻发布方式的竞争。这些造成新闻报道的数量和质量都低于新闻业/ 72
民主联系中的假设。

可以肯定的是，西方的报道存在多个高峰期。到 2015 年底，许多媒体不再像早期那样去关注那些危机区域，转而关注故事的人性方面。报道往往“掺杂人性、具有同理心并关注所涉之人的痛苦”（White，2015，2）。每到年底，《华盛顿邮报》和《纽约时报》都会制作在其他地方看不到的错综复杂的焦点报道，比如匈牙利的伊斯兰社区如何积极参与收容难民（Samuels，2015），或阿兰·库迪（Aylan Kurdi）的大家庭在几个月后是什么样的。微思新闻播出了名为《欧洲或死亡》（*Europe or Die*，2015）的多集纪录片，展现了难民生活的复杂环境。

然而，西方报道也有存在问题的报道形式。正如英国监管机构“新闻伦理网络”（Ethical Journalism Network）在对来自 14 个国家的报道的审查中指出的那样，报道在数量和情感两个主题间摇摆不定，但这两个主题都不能单独吸引公众参与新闻报道。“世界各地得出的结论非常相似：新闻业处于媒体经济低迷的压力之下；政治偏见和机会主义推动新闻议程；仇恨言论、刻板印象以及对难民和移民的社会排斥是有危害的。”（Cooke & White，2015，6）难怪全世界的民意调查都显示，很少有人对危机报道感兴趣。2015 年 8 月，一半的英国公众不关心移民问题（转引自 Suffee，2015，42）。2015 年

① 一窝蜂新闻，又译协作新闻，是指来自不同新闻媒体的记者同时报道相同的内容，使得媒体呈现出同质化。

11 月，大多数美国公民不希望美国容纳更多的叙利亚难民（Talev，2015）。

有三种不同的存在问题的报道形式：在有些情况下，西方新闻媒体延迟或尚未接受更全面地报道此事的艰巨挑战；在有些情况下，新闻媒体在处理报道时带有偏见——发布带有过度刻板印象或回应政治话语的报道；在其他情况下，西方新闻业依赖于不稳定劳动力群体以及社会活动家、公民记者和旁观者来提供报道，其中许多非西方人在危机地带的独裁主义条件下进行报道。这些都对新闻业需要民主才能生存的观念的可行性提出了不同的挑战。
73 正如挪威难民理事会秘书长简·伊格兰（Jan Egeland）指出的那样："这不仅仅是新闻议程缺乏人性，也不只是运气问题，或以牺牲他人为代价来对某些人施以特别关注的问题。我们需要以更广阔的视角来看看究竟发生了什么。"（转引自 White，2015）然而，他并没有提到民主。

存在延迟的报道

每年有 100 多万难民自行进入欧洲，而且据估计目前有 1 900 万人正在申请难民身份。但欧洲国家的新闻媒体却延迟或还没有开始处理难民危机问题，这一事实表明，在欧洲民主政治制度中运作的新闻业并不总是代表民主价值观。这凸显了民主可能无法在欧洲达到其理想目标的问题。

西方危机报道最令人震惊的问题是它的延迟：尽管土耳其、黎巴嫩和约旦已经深陷危机多年，但难民危机直至 2015 年末才成为西方新闻报道的重大议题。故事曾抵达欧洲国家，但它并没有被主动报道。布鲁塞尔的一位新闻记者说，这则报道"理应被讲述，但媒体未能警醒受众，也未能挑战欧盟及其成员国对难民危机的戒备状态"（Bunyan，2015，11）。2015 年 9 月初，西方媒体的报道由于阿兰·库迪的照片而逐步升级（Demir，2015），照片中，一个叙利亚男孩和他的母亲、哥哥溺亡在土耳其海岸边。据报道，12 小时后，2 000 万人看到了照片（Withnall，2015）。新闻报道的数量在库迪的照片出现后立即激增：根据"欧洲新闻观察"（European Journalism Observation，EJO）进行的一项八国研究，德国、意大利和葡萄牙的人道主义报道增加了三倍，英国则为两倍（EJO Research，2015）。随着英国新闻媒体从散布恐慌转变为恳求善待，他们对移民表现出了精神分裂般的反应——“一方面害怕，另一方面又无所畏惧”（Suffee，2015，41）。与此同时，东欧和波罗的海诸国的大多数新闻媒体并没有发布这些照片，而且“几乎没有报道这件事”（Greenslade，2015）。即使是在全球公众关注的高峰期，难民的故事报道也不尽相同，而那些差异与民主是不是这张照片的一部分并没有多大关系。

最重要的是，新闻界对这则报道的投入是短暂的。长期效应的主张象征着对特定照片可以做什么的肤浅理解（Zelizer，2015b），溺亡事件以及这张照片的传播发生后不到一个月，新闻媒体就回归其关注难民危机的旧常态（Greenslade，2015）。一个月后，新闻媒体对移民问题持消极态度，或比孩子去世前表现得更加消极（EJO Research，2015）。美国与“难民”相关的网 74
络搜索量在同一时期急剧下降（Yu-Hsi Lee，2015）。有关难民危机的报道恢复到了照片发布前的水平，而且“媒体报道的焦点回到了难民数量而非人类利益方面”（Bunyan，2015，13），也很少关注难民经历的复杂性（Halabi，2016）。

此外，获得报道的这些方面的危机比危机本身要小。许多关于难民抵达欧洲的报道主要集中于来自叙利亚、伊拉克和阿富汗的难民，且关注程度依次下降。当前的第二大人道主义危机，即也门危机，则很少受到关注。而南苏丹、缅甸和孟加拉国的危机几乎没有被提及（Egeland，转引自 White，2015，1－2），更不用说在其他地方正在进行的、无法被看到的人道主义灾难。抵达澳大利亚的难民被关押在巴布亚新几内亚和瑙鲁，新闻媒体无权采访他们，因而也无法进行报道（White，2015）。

这表明，即使是在所谓的“民主国家”，那些毫无争议需要新闻业关注的问题，也不会得到统一的或可预测的报道。此外，新闻报道内容也经常和新闻业/民主联系宣扬的内容相背离。

存在偏见的报道

新闻媒体报道事件时，总是有着刻板印象、煽情和来自决策者的偏见，这也产生了其他的问题。总的来说，这些新闻媒体都是通过国内政治视角来看待难民："政治家和主流媒体都有一种倾向，即把移民作为一个整体，将他们呈现为似乎无穷无尽的潮流，这些人会抢走当地人的工作，成为国家的负担，最终威胁到当地的生活方式。"（Cooke & White，2015，7）用于描述难民的语言是贬义的，比如"蜂群""洪水""入侵"等，或偏爱使用参考术语，比如"移民"。尽管难民尝试融入本土，但他们仍被视为对国家稳定的威胁。

找到一个稳定的、连贯的对发生的事件的描述是很难的，西方新闻媒体经常吝啬于提供容纳报道的空间，或重新构想参考术语。例如，在"移民""难民"或"寻求庇护者"，或者意大利的"罪犯"或"移民恐怖分子"的问题中（*Border News*，2015），人们在持续争论是否使用这些词来描述那些逃
75 离家园的人。正如半岛电视台在2015年8月所评论的："没有'移民'危机，但有大量难民正在逃离难以想象的苦难和危险。"（Malone，2015）

新闻伦理网络在2015年底发布了一则报告（White，2015），强烈谴责了英国和美国的新闻媒体。该报告批评了这两个地方的新闻报道的政治化。尽管两国各自践行着政治理论家所设想的民主秩序，并与稳定的政治制度共同发展媒体，但都未能以不带偏见的方式来发布难民危机报道。

从英国方面来看，这份报告的批评毫不留情。它观察到英国的报道"仍然以一种过时的视角为框架。对于某些人来说，如果不是殖民语气，就是一种帝国主义"。报道还抨击了对种族主义和仇外言论的轻率使用（Suffee，2015，43）。例如，《太阳报》（*Sun*）在2015年4月将移民者标注为"蟑螂"，随后因此受到了联合国人权事务高级专员的批评。该报告指出，移民问题已经变成了"高度紧张、反复无常和争论不休的"辩论（Suffee，2015，39）。《太阳报》受到30多万人的在线抗议，而新成立的"独立出版标准组织"（Independent Press Standards Organization，IPSO）收到了300多份投诉。虽然批评针对的是"小报"，但这一现象代表了"媒体激发的仇恨"："为什么英国似乎是欧洲唯一稳定的民主国家？因为在那里，仇恨言论产生于极端的政治或宗教领袖，在新闻编辑室外部产生的问题比内部产生的问题更少。该问题也在编辑成见、政治偏见和商业利益的混合中蓬勃发展。"（Suffee，2015，39－40）

反对移民并不是新议程。2013 年，《世界新闻报》电话窃听丑闻发生之后，《莱维森报告》（Leveson Report）曾指出英国移民报道中存在的问题：伪造和歧视性报道、负面语气报道以及漫不经心的报道。来自“媒体标准信托”（Media Standards Trust）（Moore，2015）和“不公之怒”（Hacked Off）活动组（Failure of IPSO，2015）的附加报告在 2015 年初也发布了类似的声明。讽刺的是，新成立的独立出版标准组织表示，它不能对媒体进行干预，因为这些投诉并非来自难民本身。更多的证据表明，“政治制度未能解决人道主义的问题，（正在）受到的关注太少了”（Suffee，2015，43）。

从美国方面来看，这份报告的批评也同样严重。它抨击了新闻媒体报道的国内政治事务让难民报道相形见绌，使其成为一场“彻底的关于数百万移民的合法身份问题的国内辩论，而这些移民已经在该国和平定居多年”，还伴随着“跨越大西洋的难民危机，而在更遥远的地方则是遥远的小事件……一个外国报道”，“关于美国在危机起源中的角色或责任的初步报道很少，也没有为那些逃离动荡和野蛮残忍的地方的人提供避风港”（Orme，2015，101）。 70

移民的经济和政治层面的问题引人注目是不足为奇的，因为政治记者是被分配到报道中，而不是击败了那些了解移民的专家才获得机会的。他们的中心地位促进了有分歧的党派辩论，减少了政治家们因渴望获得公众支持而制造的关于移民的负面刻板印象。随后，“最紧迫的伦理问题是，对一个竞选策略是将对移民的恶毒攻击作为获取更多媒体报道的手段的总统，应在他身上投入多少报刊文章和播出时间”（Orme，2015，101）。

因此，唐纳德·特朗普（Donald Trump）的煽动性言论和对移民的严厉批评，特别是墨西哥问题，成了讨论全球难民危机的跳板。美国新闻媒体加速推进毫无根据的右翼政治对难民的主张，发布未经证实的报道，并因此受到指责。讽刺的是，特朗普的声明，“他多年来首次独自提出，将移民问题作为美国政治辩论和媒体报道的中心”，是他“少数客观准确的主张”之一（Orme，2015，102）。

一段时间以来，美国新闻媒体并没有积极地从特朗普手中夺回报道权。由于他夸张的言辞“似乎是故意嘲弄，几乎没有任何事实依据”，很少有人快速核实他所说的话（Orme，2015，102)。甚至在民意调查显示公众已经接受他的主张时（Lauter，2015)，新闻记者仍然行动缓慢。最突出的尝试是2015年8月由西班牙语电视网“联视”（Spanish-language Univision）记者乔治·拉莫斯（Jorge Ramos）进行的。在艾奥瓦州的特朗普新闻发布会上，拉莫斯首先受到了特朗普的侮辱，在借助其他记者进行提问前便被直接带离会场。这一事件促使其他新闻记者去调查特朗普的许多错误言论，同时也带来了一些美国新闻媒体对拉莫斯的批评——“福克斯新闻”（Fox News）指责他在得到允许前便开始提问，还在提问时表达观点。特克尔·卡尔森（Tucker Carlson）称他为“一位社论作者，一个社会活动家”（Fox's Tucker Carlson，2015)。

这表明，即使是在“最成熟的民主国家”，新闻业也并不总是能促进对危机的合理理解。相反，新闻报道是有偏见的，其提供的信息往往服从于其他破坏民主目标的因素，比如党派辩论、种族主义话语或盲目遵守政治和/或商业议程。

委托报道

新闻业/民主联系的第三个挑战可以在非民主国家提供的大量危机报道的个人声音中找到。这不仅包括来自稳定的民主国家的不稳定劳动力群体——他们代表传统新闻媒体在危机地带工作，还包括使用个人社交媒体账户和数
77 字工具来分享危机地带信息的人。当地公民记者、旁观者、中间人、特约记者、司机、翻译、自由记者和社会活动家提供了大量西方报道。很少有人必须或自愿成为推动民主制度中新闻工作的意识形态机制的一部分。一位观察者说：“如果主流媒体忽略了风暴的形成期，那么社交媒体和社会组织报道将会见证，并预测2015年的事情。”（Bunyan，2015，11)

这些努力的影响是多变的。有些人“在争论中加入大量观点，而非事实，把自由言论推向仇恨言论和偏见”，而数字媒体及其经营者的参与“为批判新闻开启了大门”（Suffee，2015，40)。当新闻工作涉及难民和社会活动家，以及当地公民记者、中间人、自由记者和特约记者时，人们会更支持能够提

供可靠内容与故事背景的后者。新闻伦理网络发现更加平衡和更深入的报道一般来自另类媒体和小型媒体机构，比如“多样化媒体”（MediaDiversified）、“开放民主!”（Open Democracy!）以及网站“停火地图”（Ceasefire Map），而不是更大的、更传统的媒体机构。这些媒体既不“遵循政府路线”，也不“减少对口号的争论”（Suffee，2015，43），它们为报道提供了一个有用的纠正办法，而传统的渠道并不容易做到这一点。

与此同时，旁观者在报道危机中做了许多他人已经放弃的工作。由于报道随着难民一起移动，很少有记者能持续报道他们的旅程。在记者扎纳·厄汉姆（Zaina Erhaim）看来，叙利亚“没有传统意义上的真正的新闻记者。什么都没有留下”（转引自 Berkhead，2015）。因此，“战争与和平报告研究所”（Institute for War and Peace Reporting，IWPR）和全球之声这样的机构会帮助培训当地人掌握基本的新闻技能，让他们为自己提供全球报道中被忽略的报道。

提供委托危机报道的核心能力是技术知识和人身安全。潜望镜、“色拉布”（Snapchat）和直播是推动新闻媒体发布所谓“每日纪录片”的数字工具（Scott，2015）。今天西方新闻媒体的全职员工和当地人都会使用这些工具，后者的技术常常是获得报道的最后手段。甚至连自拍，即旁观者用手机相机拍摄的自画像，都在帮助人们了解正在发生的事情，智能手机有助于难民与 78
他人取得联系，他们的“非专业快照既记录了坏消息，比如过度拥挤的难民营、数英里的徒步旅行，也记录了好消息，比如克服障碍或到达目的地的喜悦”（Selfies，2015）。与此相关的事实是，那些提供委托报道的人往往承受着报道危机的最大风险。当“伊斯兰国”开始逮捕新闻记者时，当地人首当其冲。2015 年 8 月底，两名英国微思新闻记者在土耳其与当地中间人一起被捕。几天后，英国公民被释放，但中间人仍被土耳其扣留到 12 月底（Buchanan，2015）。

许多委托报道具有显著的适应性，这也起到了重要作用。包括“世界中间人社区”（The World Fixer Community）、“主笔”（Hostwriter）和“信息港”（Journohub）在内的多个网站，都是在不稳定劳动力群体的帮助下提升了访问量。尽管沉浸式新闻仍然是有价值的，但报道本身范围广阔：从目击者（Witness）和人权守望的人道主义行动到分享难民故事的网站，如“穆泰奇”（Multeci. net），还有将难民之旅可视化的“难民项目”（The Refugee Project）。系列摄影作品《纽约的人们》（*Humans of New York*），首字母缩写为“HONY”，使用社交媒体来分享叙利亚难民前往美国途中的故事，宣称自己“填补了新闻报道忽略的叙利亚的大部分空白”。其他平台将新闻记者与社会活动家、决策者、开发者、设计者和难民的努力结合起来，为减少危机这一共同目标服务，例如，“1 900 万（人）项目”① 就是利用当地人的努力让新闻业为难民社区服务。

虽然可以说参与委托报道的人这么做是为了广泛分享信息，激发公民的危机意识，而这一目标也是民主国家积极支持的，但这种努力并不一定是在接纳民主或甚至是在民主的支持下做出的，相反，它更接近独裁主义。因此，这就产生了一个问题，即当独裁统治下的人冒着生命危险在别处为所谓的“自由信息”而努力时，新闻业/民主联系是否能在冲突中最有效地发挥作用?

难民、民主与新闻业

新闻报道中的一些证据，例如，西方新闻媒体发布危机报道的时间延迟、是否指出了受影响的难民或移民的曲折行动、对种族主义言论或政治辩论的迎合都证明了新闻业/民主联系的根本性弊端。这些方面的数据还揭示了发人
79 深省的实际问题，因为如果没有媒体关注，“人道主义危机及其可怕的影响都将持续很久才会被外界了解”（Egeland，转引自 White，2015，2）。新闻记者可以采取一些措施来改进报道，人们也在多个全球论坛上为此提供了建议，包括雇佣有关移民问题的专家，例如，由生活在叙利亚扎泰里难民营的新闻记者撰写的杂志《路》（*The Road*）（White，2015），其提供的数据在概念上

① 1 900 万人项目是数字新闻团队 Chicas Poderosas 和 Italian Coalition for Civil Liberties and Freedom 的合作项目。团队调查显示，每年陷入人权危机的人数大约在 1 900 万。因此，该项目旨在讨论数字时代新闻报道的创新道路，以及如何运用新技术和数字化叙事改进报道和唤起全球行动。

就很令人警醒。

新闻业与民主之间的联系问题存在不可避免的假设，这个问题着实令人不安。这种联系远不能描述整个新闻业的全貌。或许是为了回应这种联系，2015 年 12 月，金砖国家（BRICs）第一次媒体峰会决定寻求“加强多边和双边合作报道，以便集中力量讲述能够真实反映金砖国家合作的故事”（Full Text，2015）。

既然历史、地理、经济、政治和文化等多种证据来源都表明事实并非如此，那么，为什么民主仍然能够在西方新闻学术研究如此多的理论中保持其中心地位？为什么民主不会过期？既然多重条件已经动摇、挑战、减少或削弱了民主的最佳性能，那么为什么新闻研究的免疫期会持续下去？

民主的免疫期

尽管民主在新闻讨论中的长期存在是由许多政治、社会和经济变量导致的，但新闻学术研究仍要在一定程度上对此负责。西方的学术界，特别是美国的学术界，直接或间接地依赖于民主的假设及其包装，但这个观念已经慢慢消失了。

整个学术领域，包括传播学及其对新闻业的长期研究（Simpson，1999；Glander，2000），都出现于民主政权统一和各种专制政体的矛盾中。民主治理、新闻记者与官方官僚机构的互动，甚至是信息自由流动实践，都定期在 80
各级学术专业课程中出现。这为西方学术知识的共享提供了一种非此即彼的态度，随着时间的推移，这种态度已经使统一体两边属性的极化成为自然态度。西方与其他国家，中心与边缘，全球北方与全球南方，第一世界与第三世界，或者金砖国家与非金砖国家，这些含蓄或明确的区分，将不同的阵营比喻式地划分为各种不同的知识项目，比如国际关系领域（Downing，1996）或发展理论（Escobar，1995）。这不是唯一被引入新闻业的问题，例如，沃斯（Vos，2012）提供了有关新闻教育和客观性的自然状态的有趣讨论，但新闻业与民主的紧密联系也为西方大学环境中学术调查和公众生活的相互借鉴提供了理解，并为它们在全球环境中的传播等问题给予了特别的启示。

民主的免疫期反映了这样一个事实：无论它的实现程度以及最终对世界上流行的各种新闻报道的影响程度如何，它都是一种西方主导的、普遍的虚拟行为标准。学术理论在维持这种思维方式中发挥了关键作用。民主没有使用期限，没有必须被丢弃的最后期限，也没有需要拆除它的附加物或存在状态的认可。相反，民主概念作为一系列学术领域中的基本事实蓬勃发展，而这些领域反过来又影响了对其在传播过程中的实际应用。因此，新闻业仍然是民主福祉的核心，即使新闻知识的传播并不能完全反映新闻实践。

这在很大程度上与观念的流动有关。民主问题在新闻学术研究中反复无常且经久不衰，这反映了在观念分析中广泛存在的观点，即"（环境的）不确定性越大，观念的影响力越大"（Jacobsen，1995，293）。此外，观念本身的属性"有助于它们的选择……制度化和它们的永存"（Garret & Weingast，1993，178）。也许民主的属性，即连续性、稳定性、进步性、对未来的乐观态度、制度的中心性，对学术界而言非常重要。从这个意义上说，援引民主的概念有助于解决其自身的实践和存在的问题，这一点与安·斯维德勒（Ann Swidler，1986）经常引用的表述相呼应。斯维德勒坚持认为文化或信仰体系，即关于世界的观点，就像用来推动行动的成套工具。即使观点发生了变化——的确会如此，就像它们会面临挑战、冲突和必要的妥协一样——
81 它们仍然会对随后发生的事情有所影响。

不过民主也可以作为新闻业的一个参考术语，因为维持其中心地位与西方已有的知识获取模式是一致的。正如阿帕杜莱（Appadurai，1996）所认为的那样，西方研究无疑是集体的、墨守成规的、统一的。这并不是说人们挤在一起自言自语，而是说在库恩（Kuhn，1962）之后，新知识必然建立在已经被证明的基础上。若谨慎地通过熟悉和预期的障碍，而不是公然挑战、尽量减少联系或使标准中长期存在的部分失去联系，思想便可以轻松而成功地被传播出去。

因此，民主问题在长期的新闻学术研究中得以解决，部分原因是现有的制度化知识依赖于它的存在。一旦民主理念通过作为理解新闻业的必要组成部分的知识框架门槛，它就产生了自己的啦啦队，这个队伍会随着时间的推移而不断壮大。在从旧范式到新范式转变的道路上，有许多学者、项目、部门、研究和事业投入其中，产生了许多思考新闻的原创思想。这在某种程度上是合乎情理的：和其他学科一样（Zelizer，2016a），新闻研究人员在很大程度上信守了一项承诺，即坚持从事学术研究，主要是因为他们现有的很多工作都依赖于经典内容（Zelizer，2004b）。

新闻业与民主之间的联系占据了权威的重要部分。试图忘记所学和重新学习的行为对那些在某类知识上声名鹊起的人来说是有风险的。这里的结论是，学者们需要进行一场艰苦的斗争，通过减少、相对化、特殊化或消除民主作为理解新闻工作的必要条件，来对民主的作用和中心地位做出不同理解。

这在目前困难重重，然而随着时间的推移，会越来越困难。保罗·康纳顿（Paul Connerton，2009）指出，记忆和现代性使它们的发展与进步、理性及民主观念相一致，也表现出与遗忘行为的特殊的密切联系。就这方面而言，对那些试图窄化对重要事物的理解的人来说，忘记是一种有效的助记方法。

狭隘的知识视角的影响已经很明显了：在思考如何在新闻业中保持民主的中心地位时，其在新闻业中存在的原因更多是让新闻业与外部的政治世界建立联系，而不是反映新闻业本身的工作方式。新闻合法化的言辞促成了比新闻所处的世界更小的视野，这主要是因为其假定的运作条件已经超出了新 82
闻业的范畴。相反，新闻业与政治环境的联系已经凸显了一系列强制的、外部的虚拟愿望，这些愿望呼吁人们研究新闻业的特征。值得注意的是，同样的愿望仍然无视新闻业自身的利益。

难怪许多新闻学术研究不断地批评其狭隘的知识基础。套用阿帕杜莱（Appadurai，1996）的话来解释，所有的知识项目都有不同的起点和完成点、发展的速度和曲线以及与制度结构的联系。这表明，把民主作为必然进步、合理和普遍的现象，或作为一种特殊的现代性以诱导学者们开展研究是行不通的。因为它忽视了新闻业维持自身运转的条件。随着差异不仅出现在全球北方和全球南方之间，还在南北方内部之间持续扩大，存在于头脑与现实之间的不协调将变得越来越多，而非越来越少。

允许退休

因此，民主与新闻业之间独有的和排他的关系的消除，可能会被推迟。这不仅是因为民主的中心地位已经导致了不民主的新闻学术研究的产生，而那些与民主理论核心密切相关的新闻报道也获得了相应的特权；还因为在管理机构可能会与新闻业产生联系的前提下，民主理念创造并保持了其他所有变体的盲目性。因此，对新闻业/民主联系中的两个关键术语——新闻业与民主——的误解，削弱了新闻学学者可靠地谈论新闻业实践的能力。许多现有的新闻业讨论已经变得孤立、静态、排他、边缘化、脱节、精英主义、缺乏代表性，且在历史、地理上是短视的。

诚然，美国在新闻界和学术界的中心地位使得这个论争在地理上比在其他方面更加明确。但美国人对西方选择的新闻业与民主的对话方向负有特殊的责
83 任。尽管其在全球知识传播中的作用值得进一步分析，但毫无疑问的是，美国的这种所谓的中心地位已经为人们在全球环境下思考民主和新闻业搭建了舞台。

虽然人们已经在通过诸多工作来提供新观念，并将它们嵌入制度化的记忆中（Jacobsen，1995；Berman，2001），但他们对如何消除长期使用的观念所知甚少。有关专业知识获取的研究表明，知识往往有五六年的保质期（Brandsma，1998）。这意味着民主作为新闻学术研究的关键术语不会轻易“退休”。

但是，在新闻研究中使民主概念“退休”可能会迫使学者们认识到，民主国家并不像理论所认为的那样明确，民主国家并不像人们设想的那样与新闻业相融合，其他类型的治理结构空间需要与新闻业一同生成；由于单一民族国家的权力摇摆不定，政府与新闻业之间的真正联系也可能存在于其他地方。我们需要更深入地思考超越政府本身的其他影响因素。

这样做可能有助于抵消民主在现有的新闻学术讨论中引入的例外主义。与此同时，人们可能会对新闻实践视野中的新声音展开同样的讨论，对那些或许比民主更贴近新闻业的不那么显眼的东西展开讨论。

第五章 实践、伦理、丑闻与恐怖行为

我们生活在一个道德伦理问题常被紧抓不放的时代。正如观察到的那样， 84
从事特定活动的人们在伦理问题上经常争论不休。但谁来决定哪种伦理准则最为重要呢？判断的界限在哪？该如何确定以何种方式、通过怎样的议程对伦理准则进行排序呢？

两起看似无关的事件——2011 年《世界新闻报》电话窃听丑闻，以及五年后媒体对“伊斯兰国”发布人质被杀害场面的回应——为我们提供了思考这些问题的机会。虽然这看似并不相关的对比有些令人惊讶，但这两起新闻事件都显示出了新闻媒体喜爱讨论的道德伦理问题是多么易变不定。与此同时，这两起事件也展现了形成于采编、呈现、传播过程中的新闻实践阻碍了有意义的道德伦理标准的建立，表明现存的新闻伦理是多么不堪一击。以此为例，我接下来将阐释伦理标准被纳入道德规范以后，其伦理实践的潜力如何被消解。

新闻伦理的困境

新闻伦理经常被吹捧为新闻记者在实践中应遵从并奉行的重要行动准则，它全方位涵盖了新闻实践行为应具备的特质——诚实、准确、公正、正直、不偏不倚、充满责任感、良好地服务于公众，遵循亚里士多德所说的“phronesis”即“实践智慧”。然而，这样的标准更经常被学术界而非新闻媒体的实践机构引用和广泛支持，新闻媒体反而倾向于规避和嘲弄新闻伦理的存在。如一位专栏作家所称，这是新闻记者对官方行为准则的本能反感（Marcus，

85 2011）。媒体对这些抽象原则的忽视程度也在加剧，“愈加繁忙的编辑室……对任何不会对结果产生影响甚至会使报道变得更慢的反思都丧失了耐心”（Brock，2010，19）。

新闻伦理，大体而言是道德规范在新闻生产过程中的实践，总是给记者带来许多困惑。在概念层面，伦理和新闻分别建立在对思想与行动关系的不同理解上。从哲学角度而言，道德伦理倾向于自上而下建立稳定的行动规范，使普遍与特殊的手段和目的相协调。早期的道德伦理观倾向于建立普世的标准，近期则多指向特定的情境。相比之下，新闻则往往自下而上，其实践者需要针对不断涌现的紧急状况来进行抉择，并调整行为准则。这种差异在很大程度上导致大多数记者对新闻伦理表现出消极与懈怠的态度。他们认为，遵循新闻伦理准则是在简化、限制甚至忽视新闻制作过程中的各种现实境况。《澳大利亚新闻评论》（*Australian Journalism Review*）的编辑就曾表示，世界多数地方都存在着“有多年实践经验但并不注重新闻伦理准则的新闻记者”（Richards，2009）。也正如英国一家非营利组织所观察到的，尽管在新闻生产中有众多明确的禁忌，但它们都有一个共性：不值得被写在纸上（Norris，2000，574）。

新闻伦理的许多问题都源自记者们在工作中须费力应对的层出不穷的状况，在易变的实践情境中制定标准更是难上加难。因此，每个新闻实践的演变过程都往往会使新闻记者对接踵而来的道德窘境感到手足无措。例如，仅在 2015 年 7 月的一个星期内，有关新闻伦理准则的问题就引发了许多讨论：加拿大婚姻信息社交网站“阿什利·麦迪逊”（Ashley Madison）的黑客攻击事件聚焦于是否能在新闻中使用已被黑客曝光的信息（Bradshaw，2015）。同样引起伦理讨论的还有两位华球网编辑在文章中爆料康泰纳仕集团（Conde Nast）一名已婚高管是同性恋者（Greenhouse，2015）。甚至，艾米·舒默（Amy Schumer）的电影《生活残骸》（*Trainwreck*）促使《华尔街日报》（*Wall Street Journal*）去反省记者与新闻对象发生关系是否会导致伦理问题（Steinberg，2015）。

最初的伦理准则成形于 19 世纪末 20 纪初的美国新闻业，其核心同新闻专业性与现代性精神的核心相一致。这种理性、客观、公正的价值追求与真理的寻觅相关联，也是记者为受众提供所需信息的合法性依据（Zelizer，2011a)。而由此形成的伦理准则充分体现了其价值。记者们从“政党喉舌” 86
向“客观中立的报道者”转变，证实了新闻业不仅是一种“职业”，更有着对“专业”的追求。由此，新闻伦理成为评估新闻实践的一面棱镜，与现实语境下对新闻专业性的期望相符。

在美国，“新闻伦理”一词在 1889 年关于新闻批评的一篇论文中被初次使用，这篇刊登在 19 世纪 60 年代《费城公共纪录报》（*Philadelphia Public Ledger*）上的文章试图为更准确与公正地报道美国内战制定新规则（Lilly，1889)。有关美西战争耸人听闻的轰动性报道则促使人们开始接纳第一个伦理行为的准则，并于 1922 年成立了美国报纸编辑协会（American Society of Newspaper Editors)。四年后，伦理行为准则也为美国职业记者协会（Society of Professional Journalists，SPJ）所推崇。在现代社会，新闻伦理概念的提出更好地维护了职业记者的权威，同时也减少了记者在党团主义盛行、政治攻击加剧和公信力下降的社会环境中所受到的侵扰与损害。新闻伦理的相关准则在二战之前一直没有发生很大的变动，直到著名的“哈钦斯委员会”提出了社会责任论（Dicken-Garcia，1989；Christians，Ferre & Fackler，2003；Wilkins & Brennen，2004；Rodgers，2007)。

此后，众多新闻机构通过成立“英国新闻检举委员会”（UK Press Complaints Commission）以及随后取代这一委员会的独立出版标准组织实行行业自律与监管，同时通过在内部设立公共编辑或监察员等方式支持新闻伦理。这些机构在不同情境下对新闻伦理的探索使伦理准则能够接受来自不断变换的现实的考验，并在新技术、新实践和政治经济状况的革新中得到丰富与完善。例如，沃德（Ward，2010，2015）曾调查“数字环境如何改变了长期以来的伦理准则”，包括何时发“推特”以及如何塑造网络形象。也许最有说服力的为道德所做的辩护来自西奥多·格拉瑟和詹姆斯·埃特玛，他们通过缩小“遵守新闻伦理”与“承担社会责任”之间的差距，避开了与严苛的道德之律相关联的诸多陷阱（Glasser & Ettema，2008)。2011 年，艾登·怀特

(Aidan White) 创办了新闻伦理网络，旨在反映记者自身而非媒体机构所具
87 有的道德自觉性。2015 年，在线新闻协会认为，没有任何新闻伦理准则能适用于所有的新闻媒体机构。它们发起“创建属于你的新闻伦理”项目，希望能为用户生成内容、社交媒体、视觉传播、隐私和仇恨言论等带来的伦理问题提供多种解决方案。

即便有越来越多的努力被投入到当下的新闻业生态以制定伦理准则，但总体而言，当下大多数新闻伦理准则仍无法反映出对新闻业的支持。除了提供通用的准则去做“正确的事”，新闻伦理还需将具有普遍性的原则进行不同程度的调整，以适应变化万千的新闻实践状况。

当代新闻生产的一系列实践使这一点更加复杂。新闻工作在很大程度上超出了记者所能控制的范围，例如迅猛变化的新闻现实、不可忽视的利害关系、显著的风险程度和内在的不可预测性都是记者新闻工作的一部分。而如今，24 小时/7 天的新闻周期、多重任务、收益缩减、法团主义、私有制、煽情新闻的流行、公司的垄断和兼并，以及大量用户生成内容的出现，都使得新闻业状况越发复杂。作为不稳定的雇佣关系中的记者，当公民记者、社会活动家与旁观者共同参与报道同样的故事时，其新闻实践会遇到无法被规约的状况或被其他力量掌控的危机。这也使得我们原本共同尊崇的那些明辨是非与善恶的新闻伦理准则变得缺乏时代性以及站不住脚。此外，即使是最不具争议的伦理准则也会显得问题重重：在记者因收入微薄而需兼职的境况下，如何去定义“利益冲突”？“真相”被惩罚、迫害、威胁、掩盖时，会呈现出何种图景？在公共事业腐败的地区，“公众利益”或“公民社会”又意味着什么？当道德伦理的选择已然满目疮痍，我们又该如何报道和描述受迫害的群体？

如今的新闻报道要比我们所预想的更加漏洞百出、杂乱无章、缺少权威性。尽管作为一名记者，树立自身的新闻伦理观并不算难事，但在新闻生产要面临各种状况的情境下，把他们的愿景落于实践则是难以实现的。无论是时间、地域、体制机制还是新闻生产中的技术问题，都为我们共同遵循新闻伦理准则带来了额外的挑战。

没什么比这两个案例更能突显这一趋势：2011 年《世界新闻报》电话窃听丑闻与自 2014 年起“伊斯兰国”持续发布的杀害人质的视频图像。相关的 88
媒体报道显示出在杂糅了时间、地域、体制文化和技术等因素时，新闻伦理准则的实施日趋复杂。第一个事件发生在全球北方，技术使得现代性愿景显露出其阴暗的一面，也展示了由来已久的边界的非共生融合。第二个事件发生在全球南方的时空混合之中，我们看到的是“精明的新媒体与野蛮的中世纪”（Sella，2014）。这两个事件在相当长的时间内主导了全球的新闻议程，碎片式地引发了对新闻实践伦理的广泛讨论。

在考虑新闻和道德行为之时，我们反思的核心是与公众利益背离的行为。当媒体公开报道丑闻、揭露不良行为时，普遍假定新闻业正在或应为公众服务、维护公共利益。《世界新闻报》电话窃听丑闻的揭露便是这样一个时刻。这一丑闻关乎一系列不道德的恶劣行为——非法窃听社会名流、公众人物和犯罪事件中受害者的电话，越过机构获取非法收益，涉嫌腐败，妨碍司法公正，媒体、警方、政府机构的同流合污——这些行为引发了公众的激烈讨论，争议聚焦于应从这场灾难中修正哪些伦理准则。位居榜首的是关于记者为信息来源付费——“一些古老的伦理准则认为这种华而不实的做法会破坏新闻的真实性”（McBride，2015）。虽然大多数人认为，新闻媒体——或者狭义上指小报新闻——应对报道造成的后果负主要责任，但对问责制的呼吁波及了广泛的制度环境，涉及一系列道德违规行为、广泛的集体空想及公众的不安（Zelizer，2012）。

濒死之人的画面也为检验新闻伦理提供了别样的试金石。我们再三呼吁、一直强调将“尊严”“隐私”“品味”“恰当”“敏锐”以及“题材判断”（cerealtest）① 作为新闻描述的核心，毫无疑问，濒死人质的图像和视频是不能出现的（Zelizer，2010）。那么应该报道什么、如何报道、怎样选择报道的节点都充满了争议，特别是涉及对相关情节的语言叙述。新闻报道中所出现的

① 原文为“cerealtest”，指报纸编辑应对新闻是否适合刊出做判断。对于血腥、煽情、可怕图片及粗鄙用语，编辑往往必须做出判断，以避免激怒读者。

画面经常在政客、媒体人、人权工作者、民兵成员以及丧子父母的推动下被广泛讨论，很多新闻媒体开始进行自我审查，将相关画面的出现频率减少到最低，而让公众自行想象。而对战争、恐怖主义、腐败等严重公共事件的画
89 面呈现又是多么频繁？在这种情况下，自 2014 年起“伊斯兰国”传播的大量关于俘虏的照片和视频彻底惹怒了西方公众，这些可怕的画面被看作是对道德的践踏。但他们的讨论也忽略了一个问题，即这类图像在新闻报道中扮演了什么样的角色、具有什么样的作用。

总的来说，这些事件在“是什么”与“应该是什么”的问题上反复纠缠。究其本身，每个事件都在根本上具有不确定性，即新闻记者需要判断其是否发生以及思考如何处理随后可能发生的伦理失范行为以使报道顺利进行。当考虑到前文提到的时间、地域、体制文化与技术因素等有关伦理的实践面向时，由新闻业内外多重相互制约力量形成的 24 小时/7 天（全天候新闻）新闻圈变得越发清晰。

时间性与新闻伦理

从时间上看，新闻界呈现出与过往高度类似的特点，记者总是会越过时间做出相似的行为。尽管再三强调这令人惊异的状况，同样的伦理失范行为仍一次次在新闻业的过去与现在出现。剽窃、通过买卖新闻获利、捏造事实和逾越公私界限等戏码都在反复上演。新闻图片的呈现也受制于此，图片呈现的标准因当下的政治、文化、道德、经济和技术环境而各异。

为什么会如此？记者竭尽全力保护报道，而报道的主要支撑则出现了系统性的扭曲、变形与受损。如今的众多新闻都是即时的，表现为用一种“可以做到”的方法来减少不利情况。例如，由于依赖信息数据源而需做出妥协，记者保护他们消息源的能力仍然比以往任何时候都低。这些都使新闻实践和抽象伦理准则之间保持了灵活的亲密关系，揭示了伦理准则边缘如何在实践中不断演变，反常失范的新闻实践如何总是固执地超越时间重演。

因此，对《世界新闻报》电话窃听丑闻和“伊斯兰国”公布濒死人质画

面的不道德进行的批评是长期存在的，对这种过分行为的循环的阐释性回应也就不足为奇了。在前者的案例中，用欺骗和假扮他人的手段来获取信息，奉承官员、罔顾他人隐私已经引起一股呼吁立法的浪潮。而这些恶劣行径最 90
早可以追溯到19世纪的便士报和黄色新闻。但这些行为在扒粪运动和调查性新闻萌生的影响下，在新闻叙事想象的客观性和具象化之间得到了中和。记者为信息来源付费的新闻，通常被称为“有偿新闻”（checkbook journalism）。为了抓住公众的注意力，《纽约时报》曾在1912年支付1 000美元，以获得与“泰坦尼克号”上幸存的无线联络员交谈的机会。1972年这种情况更是达到了新高度：电视名人大卫·弗罗斯特（David Frost）向美国总统理查德·尼克松（Richard Nixon）支付了60万美元的采访费（Peters，2011）。这种做法自然是为了确保新闻媒体获得独家报道。

在“伊斯兰国”的例子里，展示濒死人质画面的伦理问题可以追溯到新闻中最早对图片的使用。受早期十字架描绘方式的启发，最早对死亡场景进行呈现的是19世纪70年代警方公报中的手绘自杀图片，警方用它来对社会秩序的边界进行规范（Suicide，1872）。随着时间的推移，争议之下的新闻画面越来越多地与说服和宣传联系在一起，如华沙贫民窟的男孩、米莱大屠杀、巴勒斯坦武装起义中的加沙儿童，以及最近在弗吉尼亚州电视直播中被枪杀的两名美国记者。每一次画面的公开都引发了关于展示个人或群体死亡画面伦理问题的激烈争论，争论也往往在如下讨论中结束：应更多关照道德、政治和文化氛围影响下的道德伦理问题，而非局限于图像刺激。因此，人们从建筑物坠落的照片在20世纪30年代和40年代可以获得普利策奖，但在2000年和2010年间类似的照片却被贴上了“讨厌”和“令人作呕”的标签，并被认为是侵犯隐私和尊严的严重违法行为（Hardy，1946；Schwarz，2004）。

西方对《世界新闻报》电话窃听丑闻的争议多聚焦于“有偿新闻”。美国广播公司（American Broadcasting Company）主播克里斯·科莫（Chris Cuomo，2011）认为，“商业上的迫切需要已影响到了报道的各个方面……这就是现在的状况”。虽然为消息源付费往往被视为小报的做法，对要守卫的信息价值更是一种“玷污”，但事实上这已几乎成为美国所有主要电视新闻节目的惯例，通常用“回忆录费”或“许可费”来当作幌子，才能更有优势地去报道重大新闻。1963 年，《生活》(*Life*) 杂志为美国总统肯尼迪遇刺事件的片段，向裁缝亚伯拉罕·扎普鲁德 (Abraham Zapruder) 支付了 15 万美元；
91 1970 年，《时尚先生》(*Esquire*) 杂志为美国威廉·凯利 (William Calley) 视角的米莱村屠杀的故事支付了 2 万美元；2009 年，美国有线电视新闻网花费 1 万美元采访了一位荷兰公民，他在横渡大西洋的飞行中制伏了策划圣诞节恐怖袭击的自杀式炸弹携带者；2014 年，多家加拿大新闻机构透露它们花钱买下了多伦多市市长罗布·福特 (Rob Ford) 滥用药物的消息；2015 年，维基解密震惊了新闻媒体，当时它为获得跨国贸易协议《跨太平洋伙伴关系协定》(Trans-Pacific Partnership) 草案副本众筹 10 万美元，来奖励提供草案的用户。获取信息的手段有着伦理问题，那么这些新闻可以进行公开报道吗？对于伦理失范，并没有清晰的排序——怎么证明新闻伦理只要为公众利益服务就能漠视新闻中的其他错误？这些案例中新闻采集的非道德本质又很可能剥夺了公众作为政治主体至关重要的知情权。另外，道德规范的评价尺度也日益模糊：如果在这些情况下花钱买消息是可以被接受的，那么恰当与否的界限又在何处？

尽管有证据表明“有偿新闻”的做法随着时间的推移越来越普遍，但在包括《纽约时报》《华盛顿邮报》和《洛杉矶时报》(*Los Angeles Times*) 等在内的许多传统媒体中，现有的每条伦理准则都在批评此种手段。例如，美国专业记者协会坚持要求记者在职业生涯中永不收买信息。难怪当时的美国总统候选人赫尔曼·凯恩 (Herman Cain) 在被指控性骚扰时搬出了美国专业记者协会的伦理准则 (Cain offers，2011)。这也说明与需要行为指导的记者相比，新闻伦理准则对于那些想把媒体当作舆论替罪羊的人来说更为有用。还有许多与之相关的替代性问题：当享有信誉的新闻媒体进行不道德实践时，如何评估新闻流动中的伦理？如何解释记者长时间与消息源保持联系的行为？在确实需要报酬的特殊情况下怎样协助记者长期参与新闻报道？

在《世界新闻报》的丑闻中，消息买卖的做法被大众猛烈批评。《纽约时报》写道：“对于为罗伯特·默多克《世界新闻报》工作的记者们经常向警方付费获取信息的事，英国公众的容忍似乎已到达极限。”（Peters，2011）《哥伦比亚新闻评论》称：“默多克从来没有为半个世纪左右建立起来的新闻伦理大厦添砖加瓦……结果也如格勒善法则一样，劣币驱逐良币。”（Chittum，2012）所谓低俗、机会主义和不诚实的做法，也被视为英国小报的衍生品，被认为对新闻的公正产生了威胁。为了改变这一状况而兴起的对新闻伦理的追逐并未影响到 2015 年的丑闻发生：“尽管喧嚣不断，却没有什么实质性的 92
改变。”（Naughton，2015）正如后期《卫报》指出的那样，“电话窃听的审判涉及犯罪，实则也与权力息息相关……这是典型操场恶霸式的权力手腕：他只需制服一两个孩子就可以令所有人服气，甚至反过来去安抚他”（Davies，2014）。

在某种程度上，“伊斯兰国”公布的画面也遵循了西方媒体的传统。其中包括煽情的惯例，根据当下的目的来曝光图像，虚实结合的表现手法，尤其是向人们展示死亡时的高潮瞬间。西方新闻业长期以来多采用这样的呈现方式：直面西班牙内战、越南战争与“巴勒斯坦武装起义”的硝烟弹火；人从世界贸易中心（World Trade Center）坠落而亡；2004 年亚洲海啸吞没人群（Zelizer，2010）。这些照片与“伊斯兰国”画面的不同之处是并非由施暴者拍摄。为避免争论，我们只需考虑过去的一个世纪中媒体呈现图像的两个特点：第一，来自纳粹集中营等地点的军事战利品照片，阿布格莱布监狱和阿富汗战争的图片；第二，非国家组织如“博科圣地”（Boko Haram）① 和墨西哥贩毒集团拍摄的视频，这些组织在保护新闻记者委员会（The Committee to Protect Journalists）看来，“不仅在制作视频，还在充当有竞争力的媒体平台”（Simon & Libby，2015）。

而对这些画面的伦理本质的回应会随着整体环境的不同而摇摆不定，出于道德、政治和社会状况的考虑，人们对画面的呈现有不同的抉择。例如，在对卢旺达、波斯尼亚和苏丹等地区的大规模暴行的报道中，并没有如 1945 年纳粹集中营受害者图像所具有的形象化、高频率、原始和显著性特点

① “博科圣地”，尼日利亚激进暴恐极端组织。

(Zelizer，1998)。2011 年奥巴马政府决定背离传统发布奥萨马·本·拉登死后的照片时，美国白宫新闻秘书吉姆·卡尼（Jim Carney）说："发布这些图像并不符合我们的国家安全利益……但这标志着对敌视美国的人的反抗。"（转引自 Montopoli，2011）

因此，"伊斯兰国"发布被砍头杀害、被从大楼扔下、被放火焚烧或肢解的人质的死亡画面的做法，与西方新闻媒体长期以来的类似的新闻实践不谋而合。这些画面呈现的风格是从长期的审美模式中总结出来的：强调照片的中心——这在摄影中被认为是最不受干扰的拍摄状态，用平衡、整洁的构图
93 风格使受害者的特征得以凸显并使他们不自觉地面对着镜头（Zelizer，2010）。

尽管视觉特写在西方新闻报道中曾被持续、广泛地使用，但当"伊斯兰国"开始展示濒死人质的画面时，这种做法依然触碰到了西方敏感的神经。美联社的圣地亚哥·里昂（Santiago Lyon）表示，当前新闻业所面临的严峻挑战是"在不屈服于宣传的情况下报道现实"（转引自 Simon & Libby，2015）。西方媒体立刻批判了这种与主流标准不符的行为。"伊斯兰国"违反了美国专业记者协会的"最小化伤害准则"（Harper，2014），某个讨论道德伦理的网站甚至在 2014 年的新闻伦理问题中专门列出了这种报道（Smith，2014）。媒体评论员唾弃发布这些画面的行为，称其丧失人性、残忍冷酷、触目惊心、极具煽动性并违背道德。福克斯新闻因决定完整播放"伊斯兰国"焚烧约旦飞行员莫亚兹·卡萨斯贝（Moaz al-Kasasbeh）的视频，而招致其他媒体的大规模批评。美国全国广播公司的布莱恩·威廉姆斯在推特上说："我们坚决不会让这样的节目被播放。"一些新闻媒体则呈现部分画面，同期声也在告诫观众"不要观看"。也有一些评论员——大部分来自微思新闻和"声音"（Vox）等非传统新闻平台——发表评论道：当看到橙色连体衣时就会想到关塔那摩湾的监狱；看到一部战争必胜主义的电影就可能联想起纳粹电影导演莱妮·里芬斯塔尔（Leni Riefenstahl）。另有一些新闻媒体用喝啤酒或与家人朋友聊天、享受愉悦时光的图片取代人质面临死亡时的图片（Alan Henning "Killed by Islamic State"，2014）。与此同时，也有媒体完全封锁了

那些图片：《独立报》（*Independent*）把图片从 2014 年 10 月 5 日的报道中删除，自豪地表示，“媒体终于停止播放恐怖分子的乐曲了。……这是新闻，不是宣传”。但正如《大西洋月刊》（*Atlantic Monthly*）的报道所暗示的那样：“虽然对“伊斯兰国”的报道是不被认可的，但微思新闻拍摄“伊斯兰国”纪录片的行为是违规的吗?”（March，2014）一些孤独的声音仍在抗议，比如有一篇名为《诉诸道德伦理成为仅有的方式：审查“伊斯兰国”的暴行将使詹姆斯·弗雷及其作品蒙羞》（The Only Way is Ethics：To Censor the Atrocities of ISIS Would Dishonor James Foley and His Work）的报道，当然这样的声音十分稀少（Gore，2014）。记者詹姆斯·弗雷被杀害后，推特暂停了用户的共享或图片转载功能，推特用户还制作了“#ISISMediaBlackout”标签，以防用户在平台上进一步共享这些内容（Franceschi-Bicchierai，2014）。

因此，从时间上来说，新闻伦理准则并没有在根除失范行为上起多大作用。甚至在面对不道德行为吸引公众参与新闻时，伦理准则同样没有展现出令人印象深刻的作用。

地理与新闻伦理 94

从地理上看，对于世界范围内的新闻工作，给所有的地区设置同一种标准或对某些地区设置通用标准并不可行。新闻伦理准则主要诞生于西方工业化的民主国家，通常为新闻媒体自愿发布的伦理指南，这种指南提供了一套没有官方话语或法律机构制约的最佳实践方案，先发制人地“避开了政府对新闻自由的任何潜在干预”（Meyer，2011）。新闻媒体的某些特权形式——自由和独立媒体的概念，第四权与公众的知情权，对中立性、真实性和客观性的拥护等，毋庸置疑，在新闻伦理准则中处于中心地位。但它们从未在软性威权主义、过渡政府、殖民主义和后殖民主义、世俗和宗教权威的共同压制的国家里得到过实践。当不同国家对同一新闻出现不均衡的报道时，随后形成的混乱视角也就容易理解了（Zelizer，2016c）。因此，新闻伦理与不同地域的新闻传播有着极其微妙的关系。通常由一种不同的现代性——与压制、社会秩序和权威的联系与对自由表达的渴望的联系一样密切——驱动，西方国家普遍信奉的新闻伦理与许多从事新闻工作的记者的关联度下降了。

《世界新闻报》的丑闻表明了这一点。人们大部分的愤慨源自出卖信息换取金钱。而在西方之外，花钱买新闻的观念也根深蒂固，以至于在许多地方，它已经对猖獗的机构腐败产生了系统性侵蚀。多个实例显示了官员和记者定期进行钱和消息的交易：非洲的“棕色信封新闻”，俄罗斯的“有偿新闻”（zakazukha）活动，或称之为“为良好的报道买单”（Skjerdal，2010；Tsetsura & Kruckeberg，2014）。考虑到及时传递信息的必要性，尽管这种做法略显不道德，但这种交易是确保地方和全球的新闻及时流通的必要条件。换句话说，伦理失范的报道经常会出现，这些新闻也会在地区性、全球化传播的趋势下继续存在。

因此，在西方以外的地区，人们对丑闻报道失范行为并没有产生过度惊
95 慌便可以被理解了。“与英国不同，”印度德里的报纸《亚洲时代》（*Asian Age*）写道，“在印度，即使那些顶级记者与公司游说集团和政客不良行为搅在一起，他们也能够轻易脱身。”（UK Phone Hacking Schandal，2011）

伊朗国家电视台报道了这一丑闻，指出这一丑闻“本周在英国人民中引发了关注和困扰，甚至超越了经济问题”（“News of the World” Closes，2011）。

同样，“伊斯兰国”公布的画面在西方产生的视觉效果与除此之外的其他地区也不尽相同。尽管某些原则倾向于将个人和死亡的展示作为一种象征，无论他们在何地——近或远，是他人过失还是自我过失，不同文化的细微差异都会改变图像视觉效果被接受的程度。因此，当“9·11”事件中的民众从世界贸易中心跳楼坠落时，美国新闻媒体争相删除他们的画面，但这些图像继续出现在中东、南美洲和欧洲大部分地区的媒体上（Zelizer，2002）。但在亚洲海啸发生后不久，美国的新闻平台上便出现了当地居民死亡的特写镜头，这使得一家印度报纸对这些画面表示悲痛与不满：“亚洲的海啸是开放季……是美国网络的迪士尼派对。”（Malik，2004）

对“伊斯兰国”发布的视频图像的地域性回应在相似中又有着不同。在西方，这些画面被广泛抨击，而其他地方的谴责则倾向于语境化（Anees，2015），或当个人与地区的联系受到影响时，如在涉及埃塞俄比亚、阿尔及利亚、科威特或利比亚等地区时，讨论会倾向于表面化（Has ISIS Found a Base，2015）。当2015年“伊斯兰国”将一名约旦飞行员活活烧死并将完整视频放在网上传播时，阿拉伯世界大部分地区的民众态度变得强硬起来。这次事件使约旦人团结起来共同反对“伊斯兰国”，“甚至持怀疑态度的约旦人也开始团结起来，紧跟政府立场谴责极端分子”。许多坚称“这不是我们的战争”的人也改变了他们的想法（Nordland，2015）。约旦的一篇社论甚至对比了杀害的方式，指出“最近由该组织拍摄的其他杀害行为——仅仅是‘杀害’——比这个悲惨的、残酷的命运仁慈得多，而这一命运却被这个可恶的组织给了约旦飞行员”（Boycott ISIS’s Videos，2015）。

因此，当考虑到地理位置因素时，新闻伦理的标准随之千变万化就不足为奇了。人们普遍认为，“新闻伦理标准的设立不能同人权与福祉的推进分离”（Meyer，2011）。尽管新闻伦理可能被视为具有抽象层面的普遍价值， 96
但它们在当地的语境下，很可能会变得烦琐、麻烦，甚至成为制度调整或政治危险的根源。

体制的文化与伦理

在体制的文化层面，建立新闻伦理标准的挑战已不再那么尖锐。如今新闻业已作为广泛的体制文化的一部分而存在。政治、经济、社会福利、教育、安全、宗教、军事和其他体制环境因素经常出现在新闻业自主性的道路上。这些因素与新闻媒体存在复杂的共生关系。这种关系揭示了广泛共享的体制文化根深蒂固的特征，并且针对那些负责塑造自己形象的人，质疑其职业伦理工作的能力。当代的体制文化，尤其是在西方，通常涉及普遍存在的机构腐败、媒体所有权的集中、宣传主义的传统、对权力的妥协、机构间的依赖、社团主义、有罪不罚并掩盖真相、抵制变革、反对透明化、根深蒂固的权力网络、“钱”字当头，以及工作人员的频繁更换。在全球南方，新闻生产中也有着许多与之相同的特点，即惩罚措施和抵抗权威干预相结合。因为体制的特征很容易干扰记者对符合伦理标准的新闻的判断，体制文化也提出了这样一个问题：当新闻只将记者作为唯一的推动因素时，新闻伦理实现的可能性有多大？

谈及这些问题时当然要提到《世界新闻报》电话窃听丑闻，在这件事上，大部分伦理失范行为都涉及三个所谓的独立机构——新闻业、政府与警方，它们错综复杂地交织在一起。波因特研究所的一名观察员指出，机构之间的相互勾结已经浮出水面，“这应该是《连线》第五季”（Meyer，2011）。在一个摇摇欲坠的经济时代，竞争意识的加剧意味着其他新闻机构无论高雅还是低俗，通常都要为消息源付费。而作为记者留在游戏中的必要条件变得更容易满足了。与此同时，由于机构都为信息付费，例如律师支付专家证人费用、警方支付举报人费用，因此实践行为中非道德的状况是相互牵扯的。由于机构领域的模糊性并非能由记者掌控，部分新闻活动的伦理也超出了他们的权
97 限，大量黑客被外包给私人调查员，通过提供信息获得酬劳，随后又与警方和相关官员进行交易。虽然观察家们热衷于找出在更宏观的体制背景中哪一部分最应受到谴责，但通常将责任归咎于英国的小报新闻业。《哥伦比亚新闻评论》谨慎定位了“为信息付费……根源是新闻集团的黑客行为和贿赂事件，在竞争中，小报是英国人最主要的新闻来源，至少在印刷发行层面上是这样的”（Chittum，2012）。目前，我们还没完全搞清楚新闻业的扩张与相邻的非新闻机构之间的脱节行径是否都罪有应得。事实上，机构之间的亲密联系被广泛认为“过于贪图安逸”和“违背伦理”，值得密切关注的是《世界新闻报》的内部运行（Zelizer，2012）。正如《华盛顿邮报》所指出的那样，这起丑闻展现了一个根深蒂固的制度，包括“英国当局的失败、法律系统和新闻媒体的长期失败，新闻媒体开始着手处理一系列非法的新闻采集活动，这些活动远远超出了《世界新闻报》的范围”（Faiola，2011）。

不同的体制文化促使“伊斯兰国”发布了这些残忍的画面。这反映了价值的融合在本质上与统一的权威相关，自上而下的控制主张使内容的提供具

有高度战略性、重复性和公式化，投射的信息能够轻易地被军事和安全部队、政府、潜在的新兵和审查者等多种外部机构和人员理解。由于“伊斯兰国”经常绕过传统媒体，因此一位新闻主管说，“‘伊斯兰国’士兵不接受采访，而是直接面对镜头发言”(转引自 Simon & Libby，2015)。而西方在其控制的领土之上缺乏可靠独立的新闻机构，西方新闻媒体除了自制内容基本上拒绝以任何方式访问、接触“伊斯兰国”，这更加凸显了它们的体制文化。

制度一致性的缺失产生了诸多影响。它使人们对“伊斯兰国”的理解变得更加复杂，就像报道中的棱镜折射出的光线。例如，大多数新闻媒体把注意力集中在组织的残暴行为上，而避开了对其其他职能的描述，如税收、维持社会秩序、建立医院等。直到 2015 年 7 月下旬，《纽约时报》才对这些进行了报道，而此时“伊斯兰国”已经建设了好几个月（Arango，2015）。这种对奇观的过分强调反而削弱了对它强大传播力进行深入理解的可能（Zelizer，2016d）。它也使不断变化发展的新闻记者队伍产生了制度依赖——岌岌可危的阶级①。尽管劳工阶级中的中间人、安保人员、翻译和其他劳动者提 98
供了大部分的新闻报道，但新闻机构并没有回应其现实努力（Yazbeck，2015）。英国记者安东尼·劳埃德（Anthony Lloyd）被抓并枪杀的报道是他所信任的叙利亚北部的中间人提供的（Williams，2014）。相关机制也没有考虑到劳工阶级的模糊境遇。例如，约瑟夫·阿布博克（Yosef Aboubaker）是和美国记者史蒂文·索特洛夫（Steven Sotloff）一起被“伊斯兰国”俘虏的，他是一名中间人，却从未就记者被害事件接受过美国官员或安全人员的采访(Martinez，2014)。这些情况对新闻伦理准则的影响应该是很明确的：将伦理准则引入超越传统新闻媒体机构所能控制的实践情境或难以理解的实践情境中会产生什么价值？这不仅使得任何新闻媒体都要把在实践中坚守新闻伦理拟定为最基本的诉求，也将西方新闻实践局限在了二手的观察中，并对“伊斯兰国”的表演保持持续反应。

---

① 西方学术界流行的“岌岌可危的阶级”(precariat)，这个词由 precarious 和 proletariat 两个词组合而成，因此译为岌岌可危的阶级，意指这个阶级的雇佣状况不稳定。

因此，这两个案例都揭露了某些方面的伦理失范行为。同时，这两个案例也体现了人们在维持媒体机构正常运转方面的努力。这也给我们提出了一些基本的问题：哪些新闻伦理是重要的？对谁来说是重要的？事实上，在第一个案例中，由于机构之间的相互勾结广泛存在，制度体系之间明显缺乏沟通交流；第二个案例中，各种行径都可能违反众多地区的道德伦理观念。记者的一个日常问题会导致消息来源被泄露或犯下暴行。而观众层面的需求，如迎合取悦赞助商或政治权威、保持高收视率或订阅率、吸引新观众等，则常常取代了具有隐私性的道德限制。而教育暗示，一种保护孩子免受消极和残忍事物的伤害，或使其坚强起来直面伤害现实的愿望，需要我们以不同的方式坚持公共知情权。哪一群体的新闻伦理诉求应处在争论的核心？一方面是失去亲人的父母，他们不希望逝去孩子的细节被公开；而另一方面，政客们觉得关于逝者的报道对公民价值具有指导意义，还有恐怖分子希望用其达到说服/宣传的目的。这些情况说明，负责生产出伦理正确的报道的人并不需要对报道做出伦理上正确与否的判定。相反，干预来自多个机构，每个机构都对新闻应该发表什么主题进行了自己的呼吁——虽以新闻的名义，却并不总是可以得到新闻业的认可。

从制度环境上讲，新闻伦理准则是对记者新闻工作中复杂情境的简化理解。它们倾向于将责任归咎于一些违反伦理规范的主体，而把更广泛的体制
99 文化和违规机构抛之脑后。在具有广泛的制度相似性或根本没有相似性的情况下，新闻伦理对不道德行为只进行了微弱的纠正。

技术与伦理

数字环境对新闻伦理准则提出了更多挑战，挑战特别围绕着谁和什么构成新闻记者和新闻业展开。传统记者、非传统记者以及非记者同时存在，在现有的数字空间迷宫中，新闻伦理为了能适用于从业者和新的新闻实践而变得愈加复杂。不仅新闻采编业务比以往任何时候都更加突出和多样化，具有各种政治、军事、宗教、经济和文化等方面优势的个体也通过众包、推文和

网上发帖等途径融入新闻生产，阻碍了多种形式下共同或标准化行为的建构。是否是一名负责任的记者，很大程度上取决于其对符合实际的道德行为的理解是怎样的。因此，鉴于科学技术的迅速发展，各项技术几乎一出现就要过时，伦理准则的生命力和技术的可行性也产生了诸多问题（Buttry，2011）。例如，现有的大多数新闻伦理准则提到了报道者的责任和/或透明性的问题。然而，许多与网上发布有关的匿名制度，特别是来自冲突地区的视频图像，使得这些目标无法实现，而且常常伴随危险（Henrichsen，Betz & Lisosky，2015）。尚待明确的是新闻媒体应如何做到平衡公众的利益，以防自己无法承担责任和/或展现透明性。

与此同时，技术以特定的方式使特定的实践变得更复杂，被《世界新闻报》电话窃听丑闻掩盖的为消息付费的伦理问题便是其中一个。数字环境加剧了竞争，使难以管理的核查与平衡机制——证实新闻内容、将宏观故事的片段拼凑在一起、把不一致的信息置于语境之下——成为制作一则最佳新闻的必要条件，在丑闻爆发时，已经有众多报道获利于“有偿新闻”。例如，从一开始，华球网就不断重复和大肆报道有偿新闻——关于前“美国职业橄榄球大联盟”（NFL）球员布雷特·法夫（Brett Favre）的性丑闻或 iPhone 4 原型的泄露——此类消息依赖于数字即时性，而且新闻媒体坦率地承认了为 100
及时获取信息而付出金钱（Cook，2009）。尽管这些报道为高科带来了极大关注，但这些消息随后也被传统的新闻媒体采集到，并且在没有违反任何新闻伦理的情况下进行了报道。技术的背后，也有着支付交易的价值，即在新闻流中的某一节点上为信息付费，然后将其用作伦理新闻报道的依据。因此，尽管《华盛顿邮报》在高科事件发生的时候注意到“无薪戒律”（Thou-Shalt-Not-Pay）的命令最近“频频受挫”（Farhi，2010），但其他的报道则体现出媒体观察者更关注这一惯例。在维基解密发布 2015 年“为泄密者付现”（cash-for-leaks）的计划时，波因特研究所的执行人员凯利·麦克布赖德（Kelly McBride）呼吁“新的伦理准则应最大限度发挥互联网在新闻和信息共享方面的潜力”（McBride，2015）。

不出所料的是，技术的潜力、规模、渗透性、即时性和广泛可用性也促成了《世界新闻报》的电话窃听丑闻。在丑闻（记者根据警方提供的信息，通过现金交易，侵入无数人的私人电话和电子邮件账户）被揭露前，该行为被精心打造为广泛使用了一系列非法技术。越来越疯狂的行为被披露——模仿用户获取密码，“发短信”“泄密”“电脑控制”，在新闻编辑室中使用手势来暗示黑客是一种信息源。当警方提供的线索使伦敦地铁恐怖袭击受害者和已故英国士兵亲属的电话被窃听成为可能时，这一丑闻上升到了新高度。尤其是，对死去的女学生米莉·道勒（Milly Dowler）的电话窃听事件使丑闻“从当地的麻烦事变成了一场全球灾难”（Mirkinson，2012）。对丑闻的助推的确体现了技术的超能力，但也显示了技术的阴暗面。

当黑客攻击的细节被公之于众时，事件的关注者十分愤怒。电话窃听被普遍称为新闻业的“黑暗艺术”，《卫报》称默多克以此建立起了“腐败帝国”（Murdoch's Malign Influence，2011）。《华盛顿邮报》将这起丑闻背后的新闻报道评价为“以大众的名义进行腐蚀”（Ignatius，2011），美国一名新闻业主管雷姆·里德（Rem Rieder）在为英国广播公司撰稿时，认为《世界新闻报》“打破了肮脏程度的纪录……仅是窃听失踪少女和恐怖主义受害者亲属的电话留言——甚至删除了其中的一些，也会让即使最迟钝的媒体评论家和读者十分震惊”（Rieder，2011）。

类似的技术潜力和不道德行为的结合，在“伊斯兰国”发布视频图像的
101 行为中形成了一种混乱。一方面，“伊斯兰国”的力量与技术紧密相连：利用易被接受的、积极的参与方式在社交媒体上与用户进行交流，而这一过程涉及 46 000 个推特账户（Berger & Morgan，2015），同时该团体展示了对一个名为“海亚特媒体中心”（al-Hayyat Media Center）的信息部门与信息传播方面的社交媒体专家的高度依赖。通过使用大量不断发展中的平台——推特、“汤博乐”（Tumblr）、优兔、脸书、“照片墙”（Instagram）、“瓦次普”（Whats-App）、“基克”（Kik）、“音云”（Soundcloud）和“问答”（Ask. fm）等，在一个充满媒体的世界里，视听内容的生产使“伊斯兰国”更加稳固。这些图像视频与之前在车臣、巴基斯坦或伊拉克的恐怖分子被砍头杀害的灰色片段不同，它们有更高的产品价值。它们使用的技术包括两个有时是三个

摄像机位同时拍摄、无缝编辑、熟练的摄影和剪辑技术、语音转换、音乐和声音效果、慢动作与即时视频检索（Sakka，2015）。借鉴虚构的动作电影、恐怖电影和电子游戏，其内容表现出一种高度程式化的审美，《天生杀人狂》（*Natural Born Killers*）加上《侠盗猎车手》（*Grand Theft Auto*），《邪恶亡灵》（*The Evil Dead*）混杂《使命召唤》（*Call of Duty*），不同风格交织在一起。正如《卫报》所指出的，"'伊斯兰国'可能会禁止音乐、唱歌、吸烟和饮酒，但它显然会欣然接受视频编辑软件 Final Cut Pro"（Rose，2014）。

另一方面，这种技术潜力因所传递的信息及其产生的影响而受到谴责。美国国家公共广播电台（ISIS Runs a Dark Media Campaign，2014）所谓的"黑暗的社交媒体运动"，正是因其对技术的精通而广受抨击。正如《华盛顿邮报》所指出的那样，"伊斯兰国"的技术平台"在言论自由和安全问题之间摇摆"：核心问题仍然是"如何保护提供言论自由交流的全球平台，同时防止'伊斯兰国'等组织利用这些言论自由原则来推进恐怖主义活动"（Higham & Nakashima，2015）。众多媒体在这个问题上持有不同的观点：脸书总体上呈现零容忍的态度，21 世纪头十年便开始禁止发布与恐怖主义相关的内容；而推特则在支持不同观点的发声和关闭可疑账户之间摇摆不定。截至 2015 年底，在线抗议运动国际黑客组织"匿名者"（Anonymous）已经关闭了许多可疑的社交媒体账户。

简言之，如今新闻伦理的运作不能与新闻之外的伦理实践相分离。目前的技术平台将这两者融为一体。当新闻伦理的争论继续集中于修复过时的概念时——比如坚持明确的隐私边界——它们没有注意到，在如今的技术环境下，建立和管理这样的信条守则是多么困难。一些新闻媒体已经开始为其雇员提供关于互联网信息挖掘的指导——例如英国广播公司、国家公共广播电 102
台和《华盛顿邮报》，但许多新闻记者的行为让他们看上去犹如生存在专业知识的贫民窟。数字媒体和社交媒体并不一定只是新闻业图景中的一部分，为记者制定的新闻伦理标准还远远不能反映实际情形。如果新闻业的众多非新闻合作者和竞争对手及其实践并存，那么新闻伦理准则有什么希望来改变伦理失范的业态图景呢？

因此，从技术角度看待新闻工作的伦理准则，突出了目前实践中伦理规范方面尚未得到填补的巨大缺口。这种缺口有助于我们理解当今网络环境下的新闻工作，但它也遮盖了在传统新闻中重现的失范行为。

触不可及的新闻伦理

我曾说过，在新闻业中，统一的集体化伦理标准几乎是不可能实现的，而即使是新闻职业道德规范守则也无法反映出所有的事务。我也坚持认为，新闻伦理准则无法满足记者所需。时间、地理、制度和技术等多重环境对于制定统一的伦理准则形成了阻碍，而只有将它们联结成一个集体才有可能把握航向。若没有统一的集体，制定共同的新闻伦理准则仍然是一种冒险。

如今，人们尚未厘清在哪些情形下新闻业能采取可行的方式来构思新闻伦理准则。并不是说新闻记者不应该追求道德，追求道德意味着在“做正确的事情”，但在目前的集体行动原则中，由于记者的行为总是成为被放大审视的目标，道德伦理往往是最不会被担心、争论和建立的。而事实上，当道德规范被严重损害时，新闻媒体的伦理准则又是最受关注的，就像《世界新闻报》电话窃听丑闻或“伊斯兰国”对死亡图像的展示一样，这种关注往往来自外部的新闻报道，而非事件本身。这些情况也很难成为明确记者伦理准则的有利条件。

建立新闻伦理准则的难度是多方面、系统性的。准则假定的集合体并不存在；从明确的目标和决策的权威中得出结论要比从实际情况出发更令人渴望；在决定何者更重要的问题上，人们很少在意其他方面的侵扰；同时，并
103 不考虑伦理问题维护的是谁的利益、有着怎样的目的。除非能产生与实践有着更全面深入的联系且富有成效的不同观点，否则自亚里士多德时代以来就被概念化的道德伦理，在新闻业中将比我们所认为的更加触不可及。

这其实不算什么新鲜事。几十年前，杰伊·布莱克（Jay Black）和拉尔夫·巴尼（Ralph Barney）就阐述了新闻伦理准则在他们眼中并不可行的原因。别的不说，他们认为伦理准则对监管机构的帮助要比那些受到监管的人

大得多，对新人的管理比对现有的从业者的管理更有效，并且这仅仅是为了让那些被道德伦理的承诺吸引的人满意，而非令那些追随实施的人满意（Black & Barney，1985）。“新闻伦理规范的产生是为了回应公众的需求，但它们的被建构实则是为了引起最少的骚动。”（Black & Whitney，1983）

那么为什么我们要继续坚持将新闻伦理准则应用于新闻业呢？部分原因可能是我们对新闻媒体不可触及的权威公信力一直有种矛盾心理：它在很大程度上依靠的是闭门造车的做法；坚持权力的地位却没有相应程度的问责机制；当事情进展顺利时，新闻媒体的公众形象就会膨胀；它极易获得工具和平台的提升发展。部分原因也可能来自对现代性的某种矛盾心理，而这种现代性往往与新闻业发展相一致。当我们思考现代性的历史的短视、机械地转移中心、公然宣告对未来的自信和对理性价值的盲目崇拜时，新闻作为其高度代表性的成果走在前列。而道德，在某种原始层面上，帮助我们迈进一个简单、确定的时代。我们在召唤一个充满价值、渴望和美好的前现代时刻，我们坚持它也许是因为它减少了我们自身对存在主义的矛盾心理。但这并不能解决我们生活在当今世界时所面临的难题。

新闻业填补着我们日常所读、所见、所听与所知之间的空白，呼唤新闻伦理中共同的道德标准，却可能会因此而脱离新闻业最合乎道德的操守——提供必要的信息以让公众参与道德实践的讨论。对统一的集体化道德标准的呼吁破坏了完整传递新闻的原则：当伦理准则可能与批评性新闻报道相互交叉时，它将只会对伦理进行具体化；它为普世价值辩护，却牺牲了对特定事物的理解；它同意其他人干涉我们对于该怎样谈论新闻的决定。那么，我们为什么不先充分地考虑新闻工作中想要和需要的东西究竟为何，再去思考新闻伦理如何得以实施呢？

第二部分

关于学科

理解学科问题的脉络

与詹妮弗·亨里克森（Jennifer Henrichsen）、
娜塔莎·雅兹贝克（Natacha Yazbeck）合著

学科的问题塑造了我们对新闻业的理解。当学术界进行新闻研究时，学者们面对着概念世界与实践世界普遍联系之中的许多落差。对学术研究来说，在新闻业的案例中，单一的概念世界或实践世界都难以囊括学者们对新闻业的整体理解。 107

学术主要是与时间短缺做抗争。由于业界相比学术界变化更快且更多样，随之而来的所有干预都会导致时间的滞后。学科知识逐步建立在已知的基础上，增加了即时阐明新兴事物的挑战。新闻又主要是通过总在变化着的即时实践来被定义，学术参与往往只剩下追赶效用。这两种本质上不同的时间节奏——一种与新闻技术有关，另一种与知识转移有关——意味着，当有关新闻的学术干预能够同时反映迅速变化的新闻实践和逐渐变化的新闻学术研究时，它们的工作效率最高。

但是，新闻工作常常不太容易找到将学术和实践结合的方法。新闻业的一些顽固问题，例如，在某一特定时间点，新闻业中有关受众和公众的定义发生着剧烈的变化，这就使学者和实践者难以迅速达成共识。即使在某个时间点，记者对特定群体的认知是可见的、相关的，也可能与新闻学学者甚至公众本身所持的取向不同。

在这种境况下，不断改变着的技术发挥了作用。它们可以延伸新闻记者的能力，以使他们抵达受众。例如，最近，几家新闻媒体与“脸书”展开了合作，新闻业对用户生成内容产生了广泛的依赖。技术也使那些未曾在新闻报道中被充分代表的群体为自身被隐蔽或明显被忽视、边缘化和污名化的经历发声。例如，“黑色推特”（Black Twitter）如今就为那些在新闻中被长期
108 忽略的观点提供了发声的机会。

多元公众的正在演变的本质也加剧了新闻业界与学术界的不和谐。同时，人们通过新的新闻形式的流行而对多元公众的认可日益增强，这也增加了他们与新闻业的相关性。比如百资得的清单与虚拟现实技术，当今“后广播时代”的新闻彰显的是比传统观念更为多元化的群体体验。“跨性别恐惧症”和“伊斯兰恐惧症”不过是现实生活中的两个例子成了（并不是全部）在经验主导下形成的公共词汇。

尽管实践中发生了这些变化，新闻研究对新闻业和公众由何构成、谁有资格做记者、如何保障新闻品质等问题总体上持有狭隘观点——它们不适应也不应接受新闻业中经常发生的转变。甚至“民族媒体”（ethnic media）概念也假定了新闻媒体是作为附庸存在的，这些新闻媒体并非植根于或针对某一特定宗教、性取向、性别认同或种族群体。因此，在叙利亚，媒体依赖军方从前线传来消息一点也不奇怪，新闻业如今发现自己依赖于活动家、旁观者和特约记者（Yazbeck，2015）。因此，更充分地适应新闻业的变化，可能会加强针对在学术与实践层面上有关新闻业问题的对话和沟通。

在新闻业及其研究面临的挑战中，一个关键问题是，知识分子在讨论中处于何种有利位置。值得被记忆的是，不断发展的领域继续使这里的不和谐变得更加复杂。像工程学这样的领域，特别值得一提的是，尽管它在传统的新闻学术讨论中逐渐消失，却在新闻业的现在和未来处于举足轻重的中心地位。随着记者和新闻机构越来越多地依靠技术系统和工具来制作、发布和传播新闻，新闻业对自由或低成本技术平台的过分依赖亟待进一步考量：因为这种趋势既会降低经济和政治压力下的自主权，也会给记者的安全性带来挑战（Henrichsen，Betz & Lisosky，2015）。

例如，许多记者通常使用他们的谷歌邮箱账户与消息源通信，通过脸书和推特寻找新的信息来源，通过“多宝箱”（Dropbox）发送文件，用“印象

笔记”(Evernote)做笔记，并用苹果手机录下采访内容。但这些免费或低成本的闭源服务通常会相应地在未经用户许可的情况下收集用户的详细信息。迫于法律原因，记者会在不经过他们的许可或被即刻通知的情况下与第三方共享信息，比如与政府共享信息。接踵而来的对消息源可用性的寒蝉效应， 109
将可能会对新闻业产生毁灭性的打击，以至于一些观察者开始怀疑那些保密承诺是否不可能再发挥作用。

然而，如果记者和学者加深了他们与工程领域的联系，他们或许能够制造出可以直接应用于新闻业的工具。事实上，这样的工具已经存在：在撰写文本时，有安全意识的记者已经在发送电子邮件时使用GPG等加密工具，在网上聊天时使用软件“加密猫”(Cryptocat)① 或通过手机拨打某人电话时使用软件“信号”(Signal)②。尽管它们有助于确保记者与消息源之间的联络的机密性，但仍需得到进一步开发，而这只有通过记者和学者之间的持续对话才能实现。

新闻业分享知识的力量的优势在于它在学术研究中随处可见。但它的普遍性也可以是其弱点。因为无处不在，也是无处可在。为了使学界和业界彼此更紧密地合作共同向前发展，双方需要通过共同努力来倾听和讨论彼此的观点。

本部分将思考这样一种环境。这里的思考包括一些主要涉及新闻学的学科概述，对一个研究领域——非常适合将新闻业作为其主要的实践武器之一的“传播”——的考虑，以及对另一学术领域——在适应新闻业的相关性方面已经步履蹒跚的“文化研究”——的探讨。总体而言，这些介入强调将新闻业界和学界联结起来的重要意义。

---

① “加密猫”是一款注重安全问题的聊天软件。美国中央情报局前员工斯诺登在躲避美国政府追捕的过程中，就是使用加密猫与记者联系。

② “信号”是一款“开放语言系统”(open whisper systems)公司开发的应用软件，它的优势在于信息加密，用户发送的任何文字、视频和图片都会被其进行端对端加密。

第六章　重访新闻业界与学界

111 新闻业在学术领域的处境是复杂的。当新闻业改变自身维度以适应其环境时，新闻研究就超越了传统的新闻思考，沿着一条不平坦的路发展，其间散布着零星、孤立的学科知识。因此，这两者在关注的焦点上几乎没什么共同点，双方对于新闻业是什么，以及新闻研究与新闻业之间应该建立什么样的关系这样的问题，几乎也无共识。作为对 2004 年被首次提出的争论的回应，我考虑了现存的各种不确定性因素，这些因素将继续成为新闻业界与学界并存的基础。在意识到过去十年中环境并没有发生根本性的变化后，我给出了一些建议，希望在如今公众参与新闻生产日益频繁的情况下，这些建议可以帮助二者在失衡的共生关系中增进相互理解，取得丰硕的成果。

新闻业的形态及其研究

在这个新闻业从推特延伸到讽刺类深夜电视节目的时代，新闻研究出现在如通讯、文学、商业和计算机科学等各个领域。在这种环境中重新思考新闻业在研究中的地位，似乎对未来新闻无处不在的现象产生了不必要的警示。然而，在世界各地，新闻业及其研究仍然毫无进展。新闻业的发展不仅产生了对适应新闻生产的实践与惯例的一系列重复、悬而未决的哀叹，新闻业的研究也并没有随着时间的推移而与普遍的、常在意料之外的演变本质同步。

虽然这在很大程度上源于一个不幸的事实，即新闻学学者对记者本身而言并没有足够的发言权，而新闻业与学术之间的不和谐则反映了一种更宽泛

的差异——新闻与世界之间失衡且杂乱无章的关系。当乔治·奥威尔 112
(George Orwell)在他的第一本书中加入报纸引文时，批评人士指责他“把一本好书变成了新闻报道”(Orwell，1946，转引自 Bromley，2003)，几十年后，他的文集会被汇编在一个更鲜明的标题之下《令人窒息的新闻：1946年》[Orwell，1999（1946)]。类似的故事也出现在像查尔斯·狄更斯(Charles Dickens)、塞缪尔·约翰逊（Samuel Johnson)、约翰·多斯·帕索斯（John Dos Passos)、安德烈·马尔罗（André Malraux)、狄兰·托马斯(Dylan Thomas）和约翰·赫西（John Hersey）这样的文学巨匠的新闻背景中。这种现象不仅深刻依赖于将个人与更大的集体相联系，还在于将这种定位作为更详尽、更精心地理解世界方式的起点。

换句话说，我们的许多情境化的知识产生于新闻业。如果没有新闻业，历史会是什么样子？文学会是什么样子？我们又该如何理解政体的运作？作为一种现象，新闻业在我们作为集体汇聚在一起的过程中以多种形式延展，然而，对“这只是新闻业”的反驳依然存在。

新闻业界与学界的共存有赖于在其张力之上所产生的各种不确定性。最明显的不确定性来自新闻业实践背后的实用主义问题。每次假定的闯入者——用户生成内容、旁观者、公民记者、深夜电视喜剧演员或真人秀电视——接近其想象的边界时，新闻业的定义和随之而来的学术讨论都会受到微调。第二个不确定性因素源自新闻业界和学界的教学。如何教授我们自认为我们知晓的东西，向谁传授，是否重要以及如何重要，这些问题都有着一连串的答案，尤其在新闻业的轮廓发生改变时。例如，在大数据时代，工程学不应该在考虑新闻业的生命力时发挥更积极的作用吗？然而，那些教授新闻实践和惯例的人，往往落后于而不是超前于迅速变化着的各种因素。最后，另一个重要的不确定性因素关乎这一关系的概念层面——当我们想到新闻业时，我们研究的是什么。学界多年来一直引用各种各样的视角来思考新闻业，其中包括技巧、效果、表现形式、意识形态和技术，但他们还没有生成能把所有视角结合在一起、共同反映新闻业现在和将来的学术图景。新闻研究仍然是不完整的、局部的和分裂的，因而从业者、教育人员、学者和学生不能确定从概念上来思考新闻到底意味着什么。

113 在这里，通过继续思考新闻业所面临的于当下环境中形成的重要挑战，我讨论了这些不确定性的来源，特别是这些挑战正在当下的环境中不断生成。我主张对于新闻实践和学术研究的背景状态与假设留下反思的空间。新闻业及其研究是有特权的吗？那么什么又是被回避的呢？如果新闻研究还未适应变化，甚至它得到的认可不如现实实践多，那么在全球语境下思考新闻研究时上述这些问题就变得尤为重要。

阐释共同体与新闻研究

学者们的想法依赖于他们如何思考以及与谁一起思考，也许这方面还没有像知识社会学那样发达。库恩（Kuhn，1962）曾最为直接地把现有的一些基本概念联系在一起，对这些概念的研究取决于建立共识，发展出以集体认可的方式来命名和描述问题与路径的共同范式。在达成共识的过程中，一部分但不是所有的人都赞成在定义、调查范围、包容与排斥的界限之争上保留完全不同的见解。一旦共识建立起来，新的现象往往会被已经证实的路径分类。换句话说，我们的思考具有特定的形态与生命线，这对共同体、团结和权力是有利的。

这一概念超越了库恩的工作范围，并涉及涂尔干［Durkheim，1965（1912）］、帕克（Park，1940）、福柯（Foucault，1972）、伯格和卢克曼（Berger & Luckmann，1966），以及古德曼（Goodman，1978）等学者的学术研究——他们以不同的方式坚持认为，共同体对于建构了解世界的方式至关重要。阐释共同体的概念，最初由费什（Fish，1982）提出，泽利泽（Zelizer，1993a）、伯克威茨（Berkowitz，2000）、刘易斯和卡尔森（Lewis & Carlson，2015）等人将这一概念与新闻业结合起来，这有助于将知识共享策略与作为结果的知识相结合，意识到以共同路径来解读表象的群体，阐明关于价值问题的解决和重新解决的方式，以及从事新闻分析的人、组织、机构和研究咨询领域都逐渐成为理解新闻业的中心。正如人类学家玛丽·道格拉斯（Mary

Douglas，1986，8）所说："真正的团结只有在个体分享他们的思维范畴时才有可能产生。"因此，调查研究不仅是一种知识行为，也是一种社会行为。

这意味着它对新闻研究发出了一个邀请，请我们去思考参与形塑新闻业 114
的力量。从这个意义上说，新闻研究中没有一种声音比其他声音更权威，也没有任何一个统一的新闻前景被发现。相反，不同的声音提供了更多也更完整的视角来理解什么是新闻业，每一种声音都被卷入关于谁更重要以及以何种方式来体现这种重要性的讨论中。

作为一个学术领域，新闻研究总是站不住脚。它主要在五个相互关联的群体中不断周旋——新闻记者、新闻教育工作者、新闻专业学生、公众和新闻学学者，他们对新闻业具有共同关注但又独具各自的中心，而且这种共同的关注并没有处于他们集体努力的最前沿。新闻业的核心地位和生命力在许多人的哀叹中受到阻碍，因为并不是每个人都明白对于新闻业来说最重要的是什么：记者们说其他人没有必要公开肮脏之事；新闻学学者说其他人的理论素养还不够；新闻教育工作者们说记者们把头埋进沙子里，而学者们则好像身在云端。由于每个群体都把视线聚焦在谁将在相互对抗的喧嚣之中得到最好的倾听，因而对新闻业的关注往往被放在了一边。明确新闻业是什么对新闻专业的学生来说尤其重要，当他们对自己打算加入的群体没有明确清晰的印象时，对未来的热情也会逐渐冷却。这对公众也形成了压力，公众经常以多种形式来表达新闻应该是什么样子。由于新闻业的界限会被参与制作新闻的公众成员调整，社交媒体开始与传统新闻媒体合作以鼓励公众持续参与制作新闻。因此，在谈论新闻业能力的基础上，一直以来都存在着这样一种紧张关系，即这些群体中哪些人能够调动话语权，哪些人最有能力维护这种权力。

这些群体，包括新闻记者、新闻教育工作者、新闻专业学生、公众和新闻学学者，某种程度上构成了阐释共同体。每个人都根据自己的目标定义了新闻业，并制定了结合这些目标进行思考的策略。

新闻记者

新闻记者是从事与广泛的新闻制作有关的活动的个体，亚当（Adam，

1993，12）认为，其内容包括“报道、批评、社论和对事物状况的评判”。新闻业的重要性仍不可否认，尽管人们对其表现的支持和批判一直是持续争论的焦点，但很少有现存的讨论来表明它的重要性。当代环境指向了新闻业的核心地位，以及它在帮助人们理解他们的日常生活、了解他们与多个政治主
115 体和公众联系的方式方面发挥的关键作用。《洛杉矶时报》的“黑色推特”上描绘的公众就是很好的例子。

然而，并非所有新闻业的潜力都可以在实践中得到证明。今天的新闻业处在发展道路崎岖而又发展趋势难以预测的境地。仅美国新闻业的受众就呈现出明显的不均衡趋势：播客和广播的受众人数明显上升；本地电视和网络电视的受众数量虽然现在略有上升，但每年都在浮动摇摆；有线电视新闻、杂志和报纸受众人数普遍下降，深度报道的受众数量却在上涨（*State of the News Media*，2015）。数字新闻的初创公司在发展的同时也在不断衰落，如微思新闻、百资得、“声音”（Vox）、“政治”，也可能如“基康”（Giacom）、“新共和”（NewRepublic）、第一观察等媒体一样突然面临关闭的坎坷命运。难怪传统记者觉得他们仍被困于围墙之中。

今天新闻业图景的实际情况证实了这一点。第一，记者生活在一个充满不确定性的经济环境中。收入下降、合并、公司化、碎片化、品牌和底线效益压力等，迫使新闻业在十年前成为摇摇欲坠的营利性企业。这些因素如今让位给不稳定的劳动力队伍，这个劳动力队伍往往负担着过重的个人品牌和企业家精神，在受到重创的报业、电视业中兼职或无法就业的雇佣情形以及利润不平衡等负担，还有数字收入仍然“大部分仅在愿望清单”之上（Picard，2015）。今天的新闻业面临着比以往任何时候都多的来自媒体渠道的压力，但这些媒体渠道并不一定能带来更广泛的报道。许多记者——在新闻业“前线”的记者比高层管理人员更多——采取了前几代人所没意识到的多任务处理同一个故事的方式。正如《纽约时报》记者大卫·卡尔（David Carr）在谈到他所说的当今媒体环境的“隐藏成本”时所指出的：“编辑想知道的是：‘他们能进行操作吗？他们能在各种平台上操作吗？她能在戴上可视设备时不呕吐吗？她能输入完整的句子吗？她的推特有粉丝吗？”（Russell，

2012）考虑到这些制约因素，一些新闻媒体只是简单地收集或复制其他地方报道的内容。社交网络中的“嗡嗡声”有时会成为社交网络的“反流”，会呈现关注人数的增加以及周期性的下跌（Rottwilm，2014）。

第二，新闻记者经常受到来自左翼与右翼的政治攻击，那些人对所谓政治环境下的新闻业表现有不同的定义，这削弱了记者以旧方式工作的能力。而在更稳定的政治体系中，来自左翼和右翼的相互竞争、相互矛盾的期望使新闻业陷入左右为难的境地，世界上许多民族国家的消亡引发了更多关于新闻业优化操作的问题。由于记者们仍然为政府、地方利益和军方的各种可疑 116
拥护所困，许多人已经被迎合“安全”政治空间的报道吸引，他们制作的新闻在十年前就已经暴露出党派偏见、高度地方主义、个性化和过于简单化（*State of the News Media*，2007）。今天，包容、鼓励参与和协作的数字化趋势使维持自治政治边界的能力被进一步复杂化（Rottwilm，2014）。因此，记者们已经学会了遵循多种实践模式——虽然并不总是深思熟虑的——而且没有一种完全适应当今复杂的全球政治环境。

第三，记者们面临着来自数字环境中所有领域的新技术的挑战——博客、与计算相关的技术技能、大数据技术和数据分析、日益增长的对视频的依赖、聊天和即时通信应用的优势，这些使新闻工作的完成变得精细且微妙。根据《世界新闻趋势报告》（WAN-IFRA，2015），今天的新闻编辑部系统地整合了虚拟现实和可穿戴设备等形成了新的融合模式，用自动新闻格式包装适应播客和聊天应用程序的流行，并利用数据指标做受众分析。技术平台也热切地涉足记者的领域：就在 2015 年，谷歌推出了“谷歌新闻实验室”（Google News Lab）、“加速移动网页”（Accelerated Mobile Pages）①、“谷歌折叠智能手机头戴式显示器”(Google Cardboard)，并与《纽约时报》这样的新闻媒体合作；脸书的“即时文章”（Instant Articles）则通过“分享”和“点赞”来鼓励用户参与社交媒体，相关数据首次超越了常规链接的分享数据（Owen，

① “加速移动网页”是谷歌公司提供的服务，该服务允许移动用户在短时间内加载、搜索发行商的海量内容。

2015a)。现在，记者们期待着以前所未有的方式运用多种技能而不管它的来源为何，他们报道新闻的方式往往与所报道事实一样随时间而失去重要性。

新闻报道的竞争因公民记者、用户生成内容的制作者和旁观者的日益增多而进一步加剧，这对新闻记者的核心地位提出了挑战。与此同时，对新闻兴趣的增强也助推了公众参与。在美国各地，如约翰·奥利弗《上周今夜秀》(*Last Week Tonight*) 的独白、斯蒂芬·科尔伯特 (Stephen Colbert) 的“超级政治行动委员会”(SuperPac) 和艾米·舒默“带有信息的喜剧”(comedy with a message)(Nussbaum，2015)，以及当代问题如警察枪击案、恐怖主义、法庭判决和种族问题政治化等，都被赋予了喜剧、嘲笑和讽刺意味。十年前，传统的新闻成为“人们信息结构的一小部分”，与观看传统新闻的受众相比，美国喜剧中心 (Comedy Central) 的《每日秀》(*The Daily Show*) 等节目的观众更了解公共事件 (*State of the News Media*，2007)。大约十年
117 后，这些早期的尝试得到一些喜剧演员的支持，他们扮演着“真实的讲述者——在当下的文化辩论中充当智识和道德向导人”的角色，而扮演这一角色曾经是记者们的职责 (Garber，2015)。此外，脸书、优兔、推特和其他社交媒体网站已经成为许多人发布信息时的首选平台 (*State of the News Media*，2015)。

最后，涉及记者道德的丑闻比比皆是。2014 年《滚石》杂志中性侵题材报道是最近几年人们讨论最多的新闻丑闻之一，但随后又发生了类似的事件，涉及美国许多重要新闻人物，如布莱恩·威廉姆斯、丹·拉瑟 (Dan Rather)、杰克·凯利 (Jack Kelly)、里克·布拉格 (Rick Bragg) 和杰森·布莱尔。2011 年《世界新闻报》电话窃听丑闻撕开了新闻伦理失范行为的口子，这一事件除了在英国、美国、澳大利亚以外，在罗伯特·默多克插手的其他地方也掀起了轩然大波。这一事件引发了对记者道德素质的根本性质疑，把新闻工作进一步推到普通公民的手中。《哥伦比亚新闻评论》在 2015 年被问及丑闻是否“对新闻业造成了持久的损害”时，它的回应是，这一损害是对新闻业声誉的一种渐进和累积式的销毁 (Editors，2015)。因此，大众对美国新闻业的信心一再下降，到 2014 年降至 40%也就不足为奇了 (McCarthy，

2014）。

这一切都表明，记者在向世界传播新闻业的中心地位和重要性方面，并没有做得像他们本可以做到的那样好。关于改变对记者的定义以及什么是真正的新闻生产工具的问题仍然存在。例如，如何定位脸书、安全摄像头、私人智能手机、短信应用和无人机？

因此，对于什么是新闻业的根本问题还没有明确的答案就不足为奇了。新闻业的职能仅是提供信息，还是更积极地融合社群和公民？新闻业在世界不同地区有不同的功能——亚洲部分地区盛行发展新闻学，而南欧流行党派模式——都使这个问题更难回答。正如郭（Guo，2010，16）描述中国记者时认为：“新闻业这一术语被诉诸的印象往往更倾向于理想主义的信条而非现实主义的实践，倾向多元信仰而非垄断，倾向于浪漫化的兴奋而非例行常规的操作。”这种危机感被错误地认为是单一的，它也继续充斥在新闻业的想象力之中（Zelizer，2015a），寻求一个与当前问题相对应的答案变得十分紧迫。

这些情况的混乱本质部分源于一种观点：新闻业自我定义的核心是相互竞争。它是一门技艺、一项职业、一系列实践、一个由个体组成的集体、一个行业、一个机构、一个企业还是一种心态？在这一点上，也许我们每个人 118
都需要更好地了解它们如何运行，又是怎样相互对立。这是至关重要的，因为关于新闻工具属性的基本问题从来没有被真正解决过，新闻工具也没有得到同样的重视。在图像处理方面操作水平的参差不齐是新闻实务中的一个关键点，它们经常不加说明地出现，没有出处，与其旁边的文本也没有任何可识别的关系（Zelizer，1998）。然而，在危机时刻诉诸图像报道与图像作为新闻报道的非常规手法并不匹配，尤其是当图像更多、更突出、更大胆、更大幅时。在“9·11”事件和2003年美国发动伊拉克战争之后，《纽约时报》在其头版刊登的照片数量是平时的25倍（Zelizer，2004a）。在2013年的波士顿马拉松爆炸事件、2014年的马来西亚空难、2015年的巴黎恐怖袭击以及2016年的布鲁塞尔恐怖袭击事件发生之后，我们认为相似的模式已经出现。因此，缺乏明确标准的发展是有问题的，因为即使没有得到足够的证实，视觉图像也已经在新闻传播中占据了主要地位。此外，由于图像所谓的“正确用法”还未被发现，对它们的展示已经成为一个开放的领域，每当记者的照片使人们心烦意乱时，人们就会强烈抗议。

这些都使记者这一群体与其自身、批评家和公众在某种程度上有些脱节。鉴于并不容易达到新闻的固有预期——比如新闻制作环境的变化、作为新闻技巧组成部分的灵感和创造力——相对来说这些问题还没有得到解决。因此，在美国，新闻记者处于民众信任度调查结果的底端也就不足为奇了（Dugan，2014）。

新闻教育工作者与新闻专业学生

新闻教育工作者通常会结合强大的需求来对进入新闻行业的新手进行教育，尽管这一点的相关性经常受到反驳，因为一些人认为新闻记者应该在非新闻专业领域受到更好的教育。虽然各地的教育不尽相同，但无论在何处，它们都有一个共同的目标——为新闻专业的学生和新手进入新闻业做好准备。然而，人们对什么才是最好的教育持有不同意见。

在美国，大学一直是问题的关键。1900 年左右，美国大学开始了人文科学的教学，当新闻写作和新闻史从英文系转移到新闻学教育时，新闻学教育
119 扩展到了伦理学和法学领域。20 世纪 20 年代末，有其他的努力在推动其在社会科学中的发展，当人们产生建立一门新闻科学的念头并将其定位于技艺时，它通常被定义为“技能”课程，作为全部课程的四分之一，在经济学、心理学、公众舆论和民意调查专业中开设。因此，新闻教育工作者陷入了人文科学与社会科学之间的张力中，即哪种类型的研究可以最好地教导记者成为真正的记者。对许多人来说，这种分裂仍在扩大，反映在新闻学的学术方法中即所谓的“定性/定量”之别。尽管有这样的传统，但如今典型的美国记者并没有取得新闻专业的学位（Weaver et al.，2007）。

在英国，新闻教育却对学徒制的悠久传统表示反对，一种普遍流行的观点认为，新闻业的“技术要素”是“缺乏学术严谨性”的（Bromley，1997，334）。实用新闻学直到 1937 年才出现在课程中，但一度只是社会学和政治学学术研究的背景。20 世纪 60 年代末，其在杰里米·滕斯托尔（Jeremy Tunstall，1970，1971）的努力下才逐渐走向正规。此后，新闻教育蓬勃发展，同时还影响到高等教育机构、专门的新闻节目和大学毕业生的发展（Bromley，2009b，606）。然而，在数字环境的推动下，理论/实践的割裂仍在继续（Tumber & Prentoulis，2005，66，70），许多新闻专业的学生倾向于学习整个图景中的一部分，而不是更广阔范围的知识。

在欧洲国家，室内培训的基础在早期就被奠定了，德国的新闻学（德语为 Zeitungswissenschaft）提供了一种模式，即将新闻研究与职业课程相结合。从 1916 年开始，新闻教育在莱比锡大学（University of Leipzig）蓬勃发展，它被纳粹重组后，在第二次世界大战期间进入休眠状态。20 世纪 60 年代，新闻教育重新启航，并在随后的几十年里不断扩展（Frohlich & Holtz-Bacha，2009）。随着媒体本身的扩大及对其专业性认可度的提升，欧洲各国，如德国、瑞典、丹麦、挪威、瑞士、奥地利、芬兰、冰岛和卢森堡开始发展不同类型的本土化新闻教育，相关教育项目由媒体、大学和政治组织主办并赞助，就荷兰和比利时而言，宗教组织也在赞助支持新闻教育项目（Weibull，2009）。

在拉丁美洲，一些国家的本土新闻教育采取了单一的形式。阿根廷和巴西都建立了新闻学院，但它们拒绝美国的传播模式，而遵循法国的学术传统（Mattelart，2006）。巴西第一所历史悠久的新闻学院由圣保罗一家报纸主办，第一期大学新闻课程大约是在 20 世纪 40 年代末开始的。但是，直至 20 120
世纪 70 年代到 21 世纪初，新闻教育才有了显著的发展（Lago & Romancini，2010）。早期的大学课程主要遵循欧洲的教学模式，具有学术性质，后来的课程则具有混合的性质，更直接地反映了巴西的参与性需求（Marques de Melo，2009）。因此，目前对巴西新闻记者来说，获得新闻学学士学位是强制性的（Moreira & Helal，2009）。然而，争议在这种情况下仍然存在：这种教育模式从 1970 年开始实行，2009 年被推翻，直到 2012 年才得以恢复。得以恢复的主要原因是“全国记者联合会”（National Federation of Journalists）的大力游说。

这说明新闻教育很少以纯粹或单一的形式存在，因为新闻媒体系统的变化会导致新闻教育的变革（Josephi，2009）。因此，中国的新闻教育在“没有严重违反传统宣传规范的情况下逐步转向市场化”（Yu，Chu & Guo，2000），然而阿曼地区的新闻教育则倾向于培养为政府机构做维护公共关系工作的人才，而非培养为新闻媒体本身提供新闻的人（Al-Hasani，2010，112）。

在每种情况下，教育工作者的学术兴趣都有助于将记者与外界联系起来，但它也对新闻技巧造成了巨大损害，使之与詹姆斯·W. 凯瑞（James W. Carey，2000，21）所称的“信号系统”（signaling system）相联系。最开始采用的是一种老式的学徒制训练方式，随着时间的推移，新闻教育工作者将新闻按照制作技术划分为不同类型，将报纸、杂志、电视和广播相互分离开来。在这种情况下，所有的新闻都可以被看作是一个整体，有许多不同的分支。在凯瑞看来，在很多情况下，课程都缺乏“历史理解、批评或自我意识”（Carey，2000，13）。在这方面，新闻教育在整体的大学课程中成了一种不和谐因素：在人文科学中，它被视为“本土语言、通行语言”（Carey，2000，22）的一部分；在社会科学中，作为一种引导舆论的工具，它本身并不重要。

因此，关于新闻教育的价值和相关性以及学生对新闻教育的接受程度的基本问题仍然存在，这并不奇怪。教育重要吗？如果重要的话，哪方面的教育最重要，新闻、政治、文学，还是语言？为此，多个基金会组织——“卡耐基奈特未来新闻教育计划”（Carnegie-Knight Initiative on the Future of Journalism Education）、“美国报业协会”（American Press Institute）、“奈特基金会”（Knight Foundation）对21世纪初的美国新闻教育进行了各自独立的分析，但它们很少提出一致的建议。这具有重要意义，尤其是在所谓的“自由”模式中，当前的新闻教育往往需要由大学开展，虽然不一定是新闻学教育，但仍然“首要关注现存劳动力的顺利再生”（Bromley，2009a，29）。

121 这些都表明，实用技能和批判性技能之间的共振张力让位于业界和学界之间更大的差异，但它却根植于新闻教育之中。

公众

虽然在思考新闻业时，公众的想法并不是最显著的要素，但在新闻工作逾越界限或无法满足期望时，它们构成了一个用于表达的中心平台。特别是对于多元公众的重新定位——“从新闻接收者到新闻来源，新闻记者在社交媒体上将博文、用户状态和评论作为信息收集的手段”(Rottwilm，2014)，使公众与新闻采集有着极大的相关性。记者和公众之间的这种直接和持续的联系——以反馈循环、内容偏好和罗宾逊（Robinson，2011）所认为的从“新闻作为产品”向“新闻作为过程”的转变为例——现已成为常态而非例外。

不断变化的新闻习惯在造成这一转变中发挥了很大作用。皮尤研究中心的《2015 年新闻媒体报告》（*State of the News Media*，2015）所称的“移动的大多数”(mobile majority）帮助巩固了社交媒体，使许多人如今在那里发现新闻。对于长期以来作为传统新闻业自我意识核心的电视和报纸来说，这种获取新闻的方式消解了它们的中心地位。美国千禧一代（2000 年左右成年的人）的新闻习惯加剧了这一不同群体的公众与新闻业的自我评价不一致的趋势。与其他来源相比，青年人更多通过脸书来获取新闻，他们不太熟悉普遍的传统新闻来源，对政治的兴趣也比老一辈人少（*State of the News Media*，2015)。随着越来越多的公众围绕着不同的需求聚集在一起，并共同居住在过去被视为一维公共空间的地方，这种情况变得更加严重。

公众参与新闻的相关因素来自诸多方面，包括对记者持续的不信任、新闻平台的日益普及和他们自身被培养起的参与意识、为个人量身定做能操作的新闻环境等。由于这些因素，公众的想法在表明新闻的重要性方面发挥了比以往任何时候都大的作用。在最好的情况下，这会促进看似更加民主、平等的新闻环境的形成。它还有助于让多元群体有自己的发言权。而在最糟糕的情况下，它为人们提供了一个平台，让人们看到一些观点、问题和事件，而这些观点、问题和事件并不具备能够激发新闻记者参与的品质。

新闻学学者 122

新闻记者、新闻教育工作者、新闻专业学生和公众，对于新闻学学者这个额外的利益群体来说都至关重要。学者们对新闻环境中充斥的相互冲突的趋势有着强烈的认知。然而，尽管有大量关于新闻价值、新闻实践和新闻影响的文献，但他们仍然没有形成一个对新闻业的连贯的认知。

我们可以在大学的课程中找到新闻学。它栖息在传播学、媒体研究和新闻学院的学术土壤中，也是历史学、社会学、城市研究、政治学、经济学和商业等序列中一个不太明显的对象。这意味着，到目前为止，在创建一个独特的阐释共同体过程中所缺失的很多东西，在学院内部缺失得更严重。由于学术界往往在学术共同体的范围内运作，其研究内容成形于这些共同体早先提出的观点。这些学科本身就类似于阐释共同体，帮助人们决定哪些是论据，以及了解通过何种方式来决定。同样，他们也会判断哪些研究应被排除在外。

新闻学在整个学术课程中的表现如何呢？它继续局限于小块领域，每块都与整个环境的其他方面隔离开来。这样的划分与弄清楚新闻业到底是什么背道而驰。因为它只考察部分成果，而非一个整体。其结果仍是新闻研究自身进行争斗，新闻教育工作者与新闻学学者分离，人文科学的新闻学学者与社会科学路径培养下的学者分离，一系列独立的学术努力在不同的学科中进行，而没有共享对学术探究至关重要的知识。甚至当新闻记者加入新闻学学者行列时也是如此，他们的交流常常以彼此之间的空谈而告终。除了这些努力之外，记者们长期以来一直抵制对他们的工作环境进行微观审视的意图。

在学术界内部，有五种主要的新闻研究类型——社会学、历史学、语言研究、政治学和文化分析。作为一种启发式的分类，这在很大程度上意味着实践中存在着更多的互斥性。这些学科并不是仅有的涉及新闻的学科。计算机科学、经济学、法律和政治经济学是这里没有提到的涉及新闻研究的领域，这些领域所追踪的观点，使我们得以一窥新闻业中通常被概念化的核心理论。每一个被强加于新闻世界考察之上的基本假设，都彰显了各不相同的棱镜是
123 如何拼凑出一幅充其量只能算是局部的新闻业图景的。

每一个框架都提供了一种解答“为何新闻业如此重要”这一问题的方式：社会学探讨新闻业为何重要；历史学告诉我们它的过去是如何起作用的；语言研究说明语言和视觉工具如何产生影响；政治学探讨新闻业应该如何发挥作用；文化分析告诉我们为何新闻业会对社会文化产生作用。在这里，或者至少是在这样的研究背景下，缺少的是对每一个答案怎样影响一个更大的问

题的研究，即为什么学者应该首先关注新闻业。

社会学与新闻学

从历史上看，社会学构成了从学术角度思考新闻工作方式的默认方式，而且它继续占据着这一位置。社会学很大程度上建立在一项令人难忘的叫作新闻民族志的工作，或者 20 世纪 70 年代的编辑部研究的基础之上（Tuchman，1978a；Gans，1979；Fishman，1980），社会学调查大体上创造了一幅新闻业的图景，它关注的是人，而不是文件，关注的是社会成员之间的关系、工作惯例和其他公式化的互动，这些人参与了新闻的收集和呈现。

社会学确立了记者作为社会存在的概念，他们具有相应的规范、做法和惯例（Tunstall，1971；Weaver & Wilhoit，1986；Waisbord，2013），存在于组织、体制和结构环境中（Breed，1955；Epstein，1973；McManus，1994；McChesney & Pickard，2011），他们在新闻工作中引用了类似意识形态的东西（Glasgow University Media Group，1976；Gitlin，1980），并且他们的活动对新闻工作产生了影响（Park，1940；Lang & Lang，1953）。社会学主要倾向于研究新闻制作过程中越轨者的主导实践和特定的时间段，而非整体现象。它生成了其他研究也致力于展开的新闻图景。它更强调行为、效果而非意义，强调模式而非冲突，强调集体而非个人，这推动着将记者视为专业人士，虽然并不是很成功（Henningham，1985；Ornebring，2009；Lewis，2012；Waisbord，2013）。此外，这项工作主要是在美国社会学的范围内进行的，它对美国主流新闻机构的分析预测了一幅所谓的普世新闻业的图景。因此，在其大部分的演变过程中，这幅图景仍取自新闻业的过去，并以美国为中心。

自 2000 年中期以来，这种情况发生了变化，因为学者们重新审视了早期新闻编辑部研究所确立的众多前提。基于当前数字化、集团化、公司化、重 124
组和合并的状况，这项工作如今提供了从 20 世纪 70 年代以来关于新闻制作的细致的革新。致力于行动者网络理论（actor network theory），学者们集中从数字环境中发现新的社会结构，确立与集体权力和决策有关的做法的连续性和转移性（Boczkowski，2004；Paterson & Domingo，2008；Domingo & Paterson，2011；Anderson，2013）。一些学者强调新闻媒体明确了自身所处的日益混合的制度环境（Lewis，2012；Peters & Broersma，2012），以及经常使用人类学的见解来更新民族志方法（Pedelty，1995；Cottle，2000a；Hannerz，2004）。还有一些学者将当代社会学理论应用于新闻领域，将布尔迪厄的“场域”和新制度主义的概念纳入新闻工作的生产性场所，以重新思考新闻业（Benson & Neveu，2005；Benson，2006；Ryfe，2012）。

历史学与新闻学

对新闻本质的历史探究，很大程度上是由早期的新闻学术课程演变而来的。新闻史的核心在于确立新闻和新闻实践的长盛不衰，同时为学者们提供一种利用过去的方法，通过它的经验、胜利和悲剧理解当代新闻业。在这个框架内，能够引起学术界关注的往往是持续存在的东西。然而，这一图景往往是有限的。

历史研究在很大程度上依赖于文件而不是人，因此产生了三种知识参与过去的方式：微观的新闻史，如回忆录、传记和组织史（Gates，1978）；中观的历史事件，围绕时间、主题和事件展开，如“便士报”（Schudson，1978；Nerone，1994）；宏观的历史，主要涉及民族国家与新闻媒体之间的联系（Curran & Seaton，1985）。早期研究缺少的是记者和学院在撰写历史时所扮演的双重角色。例如，主要在美国新闻学院出版的新闻实践史的主要目的是使新闻研究领域合法化，它并没有反映出德国历史主义模式下广义的“客观历史”，也没有投入足够的精力来研究如何更好地将两者结合起来（Carey，1974；Scannell，2002）。在美国，新闻历史研究主要关注美国历史（偏向进步的视角），忽略了世界上其他地方极端丰富的新闻实践和多样化的发展。正如来自其他地区的研究结果所显示的那样，对历史记录的假设会因考虑的国家不同而存在显著差异，这并不令人意外（Mayer，1964；Kuhn，
125 1995）。

许多这类学术研究最近不得不在“谁可以对历史问题负责”上进行斗争，

而这也在"是谁的新闻历史"的问题上产生了新的影响。在随后的与集体记忆和新闻报道有关的研究中，集体记忆和新闻报道被认为反映了作者的偏见，这一研究直接针对集体记忆和新闻报道，追踪了不同的声音如何使过去的事情变得不同，以适应今天的目标。最初，人们分析过去新闻媒体负责报道的重大事件，如二战集中营解放、肯尼迪遇刺、水门事件和"9·11"事件（Schudson，1992，1995；Zelizer，1992b，1998，2001；Edy，1999，2006；Kitch，2005，2006；Volkmer，2006），投入集体记忆和新闻报道的努力抵消了许多早期作品中隐含的历史所有权。通过广泛的学术研究，这项工作建立了将历史纳入当代新闻生产的多种方式（Meyers，2002；Carlson，2006；Meyers，Neiger & Zandberg，2011；Zelizer & Tenenboim-Weinblatt，2014）。

最近的学术研究也建立在早期工作的基础上，它们提供了关于新闻业历史的更具体的故事，阐述特定的历史背景，在此背景下我们可以看到某些类型的新闻。许多学者（Hardt & Brennen，1995；Barnhurst & Nerone，2001；Hamilton，2011；Nerone，2015）密切地关注着新闻工作的内在矛盾——技艺与劳动、文字与图像、国内与国外、记者与公众，20 世纪 40 年代决策者和媒体之间的角斗得到了皮卡德（Pickard，2014）的细致观察。总之，这些对过去的分析揭示了新闻业多重语境下的时光画卷，这是一项对新闻研究有重大影响的成就，正如尼禄（Nerone，2013）在一篇题为《为什么新闻史对新闻研究很重要》（Why Journalism History Matters to Journalism Studies）的文章中所指出的那样。

语言研究与新闻学

对新闻语言的研究认为，新闻记者的言论既不透明也不简单，是由说话者建构出来的。这一研究领域主要是从 20 世纪 80 年代开始发展起来的，明显起源于欧洲和澳大利亚［Van Dijk，1987；Fairclough，2013（1989）；Bell，1991；Wodak & Meyers，2002］。结合语言的形式特征，如语法、句法和词汇的选择，以及非正式形式的用法，如故事框架、文本模式和叙述手法，都为以后处理除口头语言外的声音、照片、视频和互动模式提供了丰富

126 的模板（Kress & Van Leeuwen，1996；Conboy，2013）。例如，前不久，新闻图像受到了采用各种概念和方法论开展研究的学者的关注（Huxford，2001；Wardle，2007；Grabe & Bucy，2009；Zelizer，2010；Anden-Papadopoulos & Pantti，2011）。

三种关注新闻的语言研究：非正式研究，以内容分析和符号学为例，以语言为背景，但并不是宽泛地研究其语言特征（Schramm，1959；Hartley，1982；Gunter，2003）；包括社会语言学、话语分析和批评语言学的研究，提供与相关活动有关的语言功能的系统分析（Greatbatch，1988；Fowler，1991；Richardson，2007；Cotter，2010）；语用学的研究，侧重于修辞、叙事和叙事惯例所塑造的语言使用模式，通常以其他形式的新闻，如小报、新闻报道或真人秀为研究对象（Campbell，1991；Bird，1992；Glynn，2000），或通过框架分析，结合新闻语言的政治维度进行研究（Gamson，1989；Reese，Gandy & Grant，2001；D'Angelo & Kuypers，2010）。

这种大量进行微观分析的工作不仅强调语言本身的形态，而且强调其在较宏观的社会与文化生活中的作用，但由于缺乏其他类型研究的认可而持续受到严重影响。同时，它的基本前提是语言是意识形态的，这继续挑战着传统的新闻学学者和新闻记者的主张——新闻是对真实的反映。话语研究的兴起和对话语作为权力运作的丰富研究，预示着学界对语言研究的认可度比早年更高。

政治学与新闻学

政治学在本质上大体是规范性的，政治学者因此倾向于关注新闻业的最佳运作方式。政治和新闻业之间相互依赖的假设推动了这一研究，它通过其在政治世界的既得利益来审视新闻业。因此，许多学者已经阐明了新闻业如何能更好地为公众服务。

政治学研究通常从宏观视角考虑媒体在不同类型政治制度中的作用。例如，经典的《传媒的四种理论》（*Four Theories of the Press*）（Siebert，Peterson & Schramm，1956）一书对政治竞选行为、新闻模式和角色进行了研究（Graber，McQuail & Norris，1998；Hallin & Mancini，2004）；记者—官员的采访模式是一种相互作用，反映了更广泛的新闻/政治关系，催生了一种完整的文献，来阐明这两者是如何合作的（Sigal，1973），促使学术界重新思考关于不同的时间、地理和技术优势之间的交换的最初假设（Berkowitz & TerKeurst，1999；Carlson，2011；Kuhn & Nielsen，2013）。 127

事实上，当前新闻业的经营环境迫使人们重新思考早期的学术研究。特别是数字媒体的发展、新闻周期的加快，以及碎片化分布但高参与度的受众，都改变了大部分的知识领域。因此，尼禄（Nerone，1995）在《传媒的四种理论》出版四十周年之际对四种理论提出了挑战，阐明了其优势的特殊性，而尼尔森（Nielsen，2012）则阐释了数字通信对政治竞选策略的影响。由于数字环境使新闻业的界限变得不那么稳定，许多学者也把注意力集中在模糊的类型上，如将推动力与公众参与同时引入新闻业，例如新闻和娱乐的混淆（Jones，2009；Baym，2009；Williams & Delli-Carpini，2011），或制片人与观众的模糊（Bruns & Highfield，2012；Chouliaraki，2012）。

尽管拉美、欧洲政府的学者和政治学家也做了一些类似的工作，但美国仍是被关注的焦点（Fox，1988；Splichal & Sparks，1994；Schlesinger & Tumber，1995）——这项工作持续思考新闻业在新闻制作中更大的“政治”作用，突出新闻业的高层，如出版商、董事会、主编，越过低级别的记者个人。其中许多研究仍受到规范化的推动，并总结出了弥补的方法：新闻业的现在和将来都应该与整个社会中更普遍的政治动力保持一致。

文化分析与新闻学

最后，新闻研究中的文化分析仍倾向于把自己看作是邻里间的“坏男孩”。它质疑新闻业自身的自觉性，试图审视对记者自身来说什么是最重要的，并探索记者们对其技艺的认知的文化符号系统。它假设新闻业内部缺乏统一，比如在新闻采集的惯例、规范、价值观、技术和什么是重要的、适当的和优先的假设方面不统一，在它的研究角度用何种概念化工具来解释新闻也不统一。研究的大部分内容遵循两种不同的观点，大致类似于英美文化研究模式中出现的两种显著情况。前者是继凯瑞（Carey，1969，1986a，1986b，1995）的系列研究之后，持续关注意义、群体认同和社会变革问题（Pauly，1988；Bird，1992；Steiner，1992；Ettema & Glasser，1998；Allan，1999；Barnhurst，2011）；后者研究的目的则指向新闻业与权力和统治模式的互动（Hall，1973；Hardt，1990；Hartley，1992）。

128 这些研究继续致力于分析那些在其他研究领域中未得到解决的问题——世界观、越轨行为、形式、表述和受众，但这些都是为了弄清新闻业是如何承载意义的。总的来说，这需要研究者考虑到不同类型新闻工作之间的模糊界限，例如小报与传统报纸之间（Dahlgren & Sparks，1992；Ehrlich，1997；Lumby，1999；Sparks & Tulloch，2000）、不断发展的媒体形式之间（Campbell，1991；Allan，2006）、新闻工作和非新闻工作之间（Eason，1984；Manoff & Schudson，1986；Bird，2009）。

尽管这些研究的价值被该领域自身对新闻是否尊重事实、真相和现实的矛盾心理削弱了，但从文化角度看，所有这些对象都是可协商和相对化的，新闻的文化分析尤其欢迎新闻制作的新领域加入。因此，许多早期关于大众媒体和图片的研究都从这个有利位置开始（Hall，1972，1973；Hartley，1992，1996）。这也推动了对真人秀（Ouellette，2002；Sender，2012）、新闻和娱乐（Baym，2009；Jones，2009），以及数字环境中的新闻（Deuze，2005，2007）的研究。

融合研究与未来的修正

新闻研究的每个框架都为我们如何看待新闻业提供了一个独特的视角，同时维持长期以来对框架间更明确和全面共享的需求。这种分享不仅有助于新闻业继续开展创作，还可以避免新闻领域目光短浅的状况继续恶化。学者们怎样将新闻、新闻制作、新闻业、记者和新闻媒体概念化，他们用什么样的阐释框架来探讨这些问题，以及从哪些方面来探究他们的假设，这些都是需要进一步弄清楚的问题。采取多种视角是必要的，这不仅是因为新闻学没有产生一套能够反映所有问题的学术体系，也因为还没有形成一个熟悉学术研究全局的学者群体。埃维特·丹尼斯（Everett Dennis，1984）在三十多年前就发出了这样的倡议，而新闻业和研究它的学术界至今还没有就此达成一致。因此，人们继续从实践与教学以及新闻业界与学界之间关系的概念维度，得出一种“存在的不确定性”(existential uncertainly)。

这种存在的不确定性继续直接影响着被认为是“新闻”的事物。其中的一个影响与缩减了的新闻种类有关：因为那些学者还没有建立反映所有新闻研究问题的体系，所以他们主要用一种特定的硬新闻形式来定义它身边的替代方案。如生活方式或名人新闻、财经新闻、散文或长篇新闻。这种转喻倾 *129*
向在达尔格伦（Dahlgren，1992，7）所称的“新闻的实际和它的官方自我呈现”之间造成持续的偏差。长期以来在讨论中缺席的是排印编辑、平面设计师、校对员、报刊评论员、代理人、摄像记者和译者，更不用说小报、喜剧演员、在线内容提供者、事实核查员、公民记者或讽刺性的深夜电视节目了。人们对摄影记者的思考不如对出镜记者的思考那样充分。换句话说，学界继续强调思考新闻业的某些焦点，却并不能解释新闻业这一广阔世界。新闻的多样性在很大程度上已经从学术研究中消失了。

同样的命运也发生在新闻业务技巧上。学术界将记者专业化——主要是在社会学研究的推动下，告诉记者他们是专业人士而不管他们是否愿意，这增加了作为一名记者所涉及的利害关系，而这种关系往往会损害那些从业者的利益。这不仅继续表明我们需要重新接纳这一职业在被专业化前的状态，而且这一结果是切实可见的，在许多情况下，传统的技巧和观念都会受到影响。例如，强制实行成文的准入和排斥的原则，使许多欧洲记者产生了反专业化的立场：在英国，这导致新闻业无法接纳越来越多受到新教育的记者（Bromley，1997）；在法国，记者们形成了一种特别具有攻击性的调查报道风格（Neveu，1998）。正如英国资深记者詹姆斯·卡梅隆［James Cameron，1997（1967），170］所说的那样，“通过称呼自己为专业人士来消除我们的不安全感是愚蠢的。这既显得自命不凡又使人丧失能力。我们就是自己最好的工匠”。然而，作为新闻业决定性特征的业务技巧已经逐渐消失在必要的知识背景之中。

各种国际新闻形式也同样遇到了被狭隘化的命运。尽管新闻实践在不同地区呈现出各自不同的独特形态，但学术上最大的关注点仍然集中在美国的新闻领域。因此，以美国为中心的研究成为一种非常有限但值得重视的金本位研究，适用于世界各地广泛的新闻实践。而它既没有解决如何超越以西方为核心的新闻实践的问题，也没有解决全球视野中许多关于新闻的问题（Gunaratne，1998；Zhao，1998；Hallin & Mancini，2004；Thussu，2007；Wasserman，2010）。

130 同样重要的是，虽然新闻史的大部分内容已经被涵盖在民族国家的历史中，但在当今的全球化时代，我们很难说这种联系是以同样的方式在起作用。尽管全球化的主要影响之一是削弱了民族国家的中心地位，但它所创造的新闻机构背后应该有什么样的替代性动力呢？这里的反例是关于资本主义和宗教激进主义的，它们都创造了包容和排斥的新界限。因此，调整“新闻业是什么”这一问题的答案，需要通过新闻实践模式转移与自由传播信息的动力来实现。最近媒体对“伊斯兰国”的展示就是一个很好的例子。

这些情况表明，新闻学学者们仍没有充分的准备来维系将他们与新闻业联系起来的多种形式的纽带。然而，这恰恰是至关重要的，因为当下已经发展出了一套关于新闻业的知识体系，这些知识在很大程度上是对皈依后的说教，但对新闻业如何工作或新闻业是为了什么的问题却没有形成一个共同的框架。许多修正的措施可以帮助我们处理这些情况：将新闻业定位为学术视角的核心，从而使新闻事业更加富有成效；认可新闻报道是一种与人文学科直接相关的表达行为，就如同承认新闻的简单性直接与社会科学相关联一样；将新闻实务、教育和研究一同放在课程中；保持研究的多孔性（多元性）——这样不仅可以检验许多人对新闻事业的了解，还可检验我们是如何就我们所知道的东西达成一致的。在这方面，新闻研究的目的是打造一个包含不同类型新闻工作的大背景——针对那些从事新闻工作的人、教别人从事新闻工作的人、使用新闻的人，以及那些制造路径来批判性思考新闻意味着什么的人。

如今，一些活动已经开始朝着这一方向开展：这一逻辑已经渗入到参与卡耐基奈特未来新闻教育计划和欧洲的伊拉斯谟·曼德斯计划（Erasmus Mundus program）的记者和媒体中。20 世纪 90 年代末，两家类似的学术期刊《新闻：理论、实践与批评》（*Journalism: Theory, Practice and Criticism*）和《新闻研究》（*Journalism Studies*）创立，以及最近《新闻实践》（*Journalism Practice*）和《数字新闻学》（*Digital Journalism*）等期刊的增设，反映出新闻研究基础的重大调整。2004 年，国际传播学协会（ICA）建立了新闻研究兴趣小组“现在分组”（now Division），目的是把新闻理论、研究和教育结合起来。这些努力都修正了新闻研究在其现有框架内的问题。

因此，这是一项持续的投入。它使新闻业与世界有着更多的一致性，同 131
时保障处于我们想象力最前沿的新闻业是有序的。如果想找到一个更具包容性的模式以促进新闻业界与学界的互动，学者们则需要思考自己是否领先于新闻业的发展，即预测新闻业需要走向何方及其原因，并想象它在发展时可能会采用的普遍和创造性的方式。

第七章　新闻学仍服务于传播学

132 传播学该如何呈现学科的独立性？哪些动力有助于它塑造这种独立性，以及随着时间的推移会发生什么？通过在系统的、不寻常的路径下将知识编纂成学科，传播学逐渐发展为一个公认的研究领域，这既揭示了什么对该领域的发展具有战略重要性，也揭示了什么被忽视了。

新闻研究为追踪传播学的发展提供了可用平台。因为，新闻业在传播学诞生之初具有重要作用，新闻业为研究传播学领域的其他同样被忽视的部分提供了一个有用的原型，并提出了对传播学学科发展至关重要的问题。但随着时间的推移与传播学领域的成熟，新闻业的重要性逐渐降低。2011 年，我初次提出的关于新闻研究的故事，可以帮助学者们在探究从“过去”到“现在”、从“他处”到“此地”的旅程里理解他们的学术起源，同时也指出他们在具有共识的叙述中经常丢失的东西。

对传播学领域建立的再思考

学科以渐进的方式发展，围绕着意料之外的问题鞭策或中断知识的编纂。尽管学科意味着稳定、连续性和一个能被认可的共享知识场所，但同时也会减少创新，抵消探索发现的感知力，将熟悉的东西具象化为权威，夸大对学科的成熟具有战略意义的子领域或研究领域。

传播学也不例外。自传播学发展以来，有关它的历史编纂问题掀起了多次对其重新评价的浪潮。随着传播学研究的成长及其合法性的建立，其历史

越来越受到学者们的关注，他们撰写了大量的著作和文章来讨论传播学的学 133
术遗产、时机、发展、重点及所受影响（Czitrom，1982；Delia，1987；Robinson，1988；Hardt，1992；Rogers，1994；Dennis & Wartella，1996；Schiller，1996）。例如，辛普森（Simpson，1999）和格兰德（Glander，2000）在各自的研究中，通过将传播学的发展与冷战建立联系对美国传播史进行了反思，且格兰德暗示其“故意混淆了该领域的起源”（Glander，2000，ix）。直到后来人们意识到，被广泛接受、常用于美国大众传播学演进中的“四大奠基人”的叙事，“是发展媒体研究的战略愿景，而非忠实地呈现其历史”（Curry Jansen，2010，127）。在许多领域和地理区域，传播学发展得比人们一般设想的更早，而且方式更为多样（Wahl-Jorgensen，2004）。在彼得斯（Peters，1986，537）的观点中，这种反思以及它们所产生的解释，反映了传播学研究的合法性以及对从“知识”转变为“制度性存在”的更大焦虑。时间流逝，同样的焦虑在世界多地被不断上升的政治经济压力弄得四分五裂。随着传播学合法化进程的持续加快，它引起了更多的关注（Park & Pooley，2008；Simonson，2010）。

集体记忆的研究也在对史学权威进行修正，学者们宣称过去的故事是被例行公事地、系统性地改变以适应那些把它们重新定位到当下的议程。莫里斯·哈布瓦赫［Halbwachs，1992（1925）］率先提出，对“过去”进行根本上的重新排列是当前所有活动的基础，在朗（Lang）的表述中，“我们不仅忘记了过去，而且想方设法塑造了一个符合我们关注点的过去”（Lang，1996，3）。在这方面，一个学科的成员所编写的史学记录，被视为一个有利于对过去进行共同解释的记忆共同体，反映了那些特别致力于将该共同体的过去塑造成某些版本的人的感情。

这种“对传统的创造”（Hobbawm & Ranger，1985）通过被共同体成员不断循环使用而逐渐获得合法性。集体记忆通过记忆和遗忘的行为为过去的叙述赋予特权，给共同体带来了一段“学科的历史”。集体记忆也描绘了共同体的过去，以及一段“为了学科发展而生的历史”，以此来表述共同体应该如何发展。为了在不同时期巩固群体身份，共同体成员编造了过去的故事，因此，他们的行为是重构而非回忆。他们突出学科最具影响力的那些成员所共同关注的问题、事件、人物和思潮，让那些最不受关心的事务消失在幕后。也许，这一点在当前新闻史的论辩中最为明显。

134 尽管距离当代传播学研究形成已有半个多世纪的历史，但它与许多早期制度化的更传统的学术研究领域仍存在着时间上的短暂脱节（Zclizcr，2011b）。传播学受制于更广泛的记忆策略以及稳固的学科历史。传播学领域仍相对年轻，关于其经典文献和知识的不连贯性的分歧（Peters，1986；Park & Pooley，2008）使历史学家的任务更为复杂。还有很多其他因素阻碍学者们对学科起源进行更清晰的叙述。这就涉及传播学作为一个学科领域在发展过程中存在的一些问题：它流行着哪些叙述？为什么？这些叙述对学科的多个分支和研究领域来说有着怎样的意义？作为该领域的关键成员，他们已经表达了自己的观点，并对这一领域需要什么样的概念以及如何才能为他们的愿景提供支持进行了具体的研究。因此，今天的传播学研究“比起历史更需要记忆”也就不足为奇了（Pooley & Park，2008，5）。

这些发展与新闻业中那些在传播学演进过程中被铭记和误记的角色是值得思考的。主要涉及四项议题：其一，新闻业在传播学领域的建立中发挥着怎样的作用？其二，随着时间推移，传播学的一些关键子领域到哪里去了？其三，当今全球新闻业的变化如何迫使人们重新思考关于传播学的一些长期假设？其四，为什么重新定位服务于传播学的新闻研究如此迫切和重要？

新闻业如何帮助了传播学领域的建立

新闻业作为传播学的核心，其实践、人事、管理、组织、所有权、影响以及效用，都根植于传播学领域产生的原始叙述中。值得注意的是，无论传播学研究在学术领域被如何定位，情况都是如此。然而，这并不意味着其亲和力的主线没有被一些阐释性的副线抵消。例如，传播学的一些根源可以追溯到数千年前的修辞术；多个传播学的子领域，如人际传播或组织传播与新闻业并驾齐驱，但两者之间没有任何显著的互动；大体来讲，与其他学科的子领域相比，新闻业会在大众传播的怀抱中更直接地定位自己。尽管有这些内在联系，但新闻研究与传播学研究之间的最初结盟，大部分情况是为了给传播学研究提供一个至关重要的发展的立足点。

这种结盟是何面貌？在实践与研究中，新闻学与传播学都有许多受另一方欢迎的属性。两者都是在特定的现代性中诞生：新闻业致力于寻求真相，把合理性、客观性、公正性和理性当作参与世界的方式，并将其提供给那些想要更多了解更广阔世界的人。传播学在自由选择、共识、进步、科学、民主和个人主义的倡导中有效地扼杀了不平等、无知和不公，为我们提供了一套合理和可预测的运作方式（Downing，1996；McQuail，2000）。这与对社会秩序的理想化理解和标准化的生产条件是相匹配的（Kumar，1995）。新闻研究，就像其他以实践为导向的学术领域一样，如营销和广告、公共关系、组织沟通等，可以让传播学在现实世界中占有一席之地。同时，新闻研究提醒人们为什么它的学术研究如此重要，尤其是在媒体被视为传播现代性成果的有用的工具的情况下。这意味着，即便推动新闻学与传播学之间联结的一系列假设只是设想了一种特殊的现代性，这一结盟也仍在不断扩大。 135

因此，并不令人惊讶的是，在传播学研究的各个面向中，新闻学几乎都潜伏在附近：在人文学科里是以写作、语言和历史为重点；在社会科学中是关于政治、经济和社会影响的研究，以及从新闻教育中借鉴来的学徒制。同时，新闻学有助于塑造传播学的学科目标，“界定该领域的边界、确立权威、识别问题并影响其范式假设”（Curry Jansen，2010，127），使传播学与新闻学的核心结盟以共生的方式进行运作。

初始结盟的叙事因地区而有异，因为关于不同区域的研究领域的发展的环境假设，形塑不同的细节。在美国，新闻研究最早是在20世纪初人文科学的基础上形成的。但随着政治和社会的发展，先是在第一次世界大战期间，然后是在第二次世界大战期间，它引起了公众对社会科学的关注，新闻成为思考舆情形成过程的工具（Glander，2000）。观察家们关注到大众媒体的运行与功能在不友好的政权中被视为宣传，在友好的政权中被视为说服与发展。

得益于新闻记者和新闻业，这一时期很大程度上被视为美国传播学研究的上升期。

传播学对新闻学的依赖在美国学术界有多种体现。据说早期布莱尔
136 （Bleyer）的新闻教育传统使新闻学院对传播学的热情欢迎成为可能（Rogers & Chaffee，1994），一些人认为，该领域的早期先驱者牢牢扎根在新闻业之中。例如，西蒙森（Simonson，2010）就将沃尔特·惠特曼和大卫·沙诺夫（David Sarnoff）看作是这个领域的开拓者，前者是记者和编辑，后者的身份是无线电电报员。新闻业也主导了芝加哥社会学派的早期工作，它们的早期研究凸显了新闻业是城市生活的必要组成部分（Carey，1996；Wahl-Jorgensen，2000，2004）。在前记者罗伯特·帕克的引领下，民族志被比作新闻实践，而命运多舛极具创造性设想的报纸《思想新闻》（*Thought News*）试图为新闻业披上学术外衣。在记者富兰克林·福特（Franklin Ford）的鼓励下，帕克以新闻业的社会层面为主题，追随福特的脚步，把新闻生产的世界变成学术的世界。杜威在1891年写给威廉·詹姆斯（William James）的信中，对福特的描述是“通过他的报纸实践经验，研究作为一个实践性问题的关于智识和分配的社会主义”（转引自Perry，1935，518）。20世纪中叶，行政研究模式逐渐占据了整个领域的主导地位，临近的政府机构也依赖着新闻记者和新闻业。随着“公共信息委员会”（Commitee to Public Information）在第一次世界大战期间成立，由于新闻业严重依赖新闻部门，约翰·杜威（Dewey，1918，216）在战后怀疑“‘新闻’这个词是否注定要被‘宣传’一词取代”。前记者，如李普曼（Lippmann）、施拉姆（Schramm）和凯西（Casey）以及研究他们的人，例如拉扎斯菲尔德（Lazarsfeld）和拉斯韦尔（Lasswell）——他们离开芝加哥大学后一度成为记者（Rogers，1994），都填充了这一图景。在根据新闻业相关问题设立“社会科学研究委员会”（Social Science Research Council）时，人们征求了李普曼的意见（Curry Jansen，2010）。与此同时，作为经常被宣布为该领域创始人的人，施拉姆要求他的博士生具有媒体方面的实践经验，“最好是在报业”（Rogers，1994）。

因此，美国大众传播学的历史充满了关于新闻业的逸事和相关信息。这

极为重要。新闻业联系了实践和理论，跨越了人文科学和社会科学，为有关媒体效果、组织、生产和制度的理论提供了研究案例（Dennis & Wartella，1996）。在每个案例里，传播研究都从新闻业中提取线索。也难怪美国的许多学院、部门、协会及杂志仍然以新闻和大众传播为名。

然而，把美国的传播学发展当作传播学领域本身的发展的想法，有些过于简单。尽管哈迪特（Hardt，2002）认为，国际传播研究和媒介批判研究都是在美国由李普曼①和梅尔茨（Merz）在报道“俄罗斯革命”新闻方面的 137
努力发展而来的，但在其他地方，新闻业的核心地位也以不同的方式被证明。在欧洲，社会学和政治学的学者们通过观察新闻业直接发展出一些概念，而这些概念在20世纪后期被证明是传播学新兴领域的核心。

在德国和奥地利，马克思、韦伯、克拉考尔（Kracauer）、舍弗勒（Schaeffler）、布彻（Buecher）和洛布尔（Loebl）等思想家都有新闻实践经验，而像所罗门（Salomon）和滕尼斯（Töennies）则通过新闻业来强调媒体和舆论的结构（Lang，1996）。第一所研究新闻的机构于1916年成立，即所谓的“报纸科学”(newspaper science）或“新闻学”(zeitungswissenschaft)。韦伯在1924年德国社会学学会第一次会议上详述了其研究的特征（Lang，1996；Frohlich & Holtz-Bacha，2003)。虽然这项研究在第三帝国期间中止，但在战后的几十年，这项研究被重新点燃，并被纳入新成立的传播学院（Pietila，2008)。在法国，尽管新闻学本身直至20世纪末才出现在课程体系中，但托克维尔和塔尔德（de Tocqueville & Tarde）很早就要求研究者具有新闻业的认知以了解政治与公共生活（Charon，2003；Mattelart，2006)。20世纪中叶，苏联成立了新闻研究机构，把新闻理论和历史结合起来发展所谓的“新闻科学”(press science)；柏林墙倒塌后，相同的国家采取了不同的方式将新闻学纳入传播学之中（Hiebert & Gross，2003；Jacubowicz，2007)。在20世纪后半叶的英国，新闻学徒的数量仍然很多，新闻学院也很活跃，首先

---

① 李普曼在1915年的《外交赌注》(The States of Diplomacy)、1989年的《共产主义与我们的世界》(The Communist World and Ours）等文章中对美国20世纪的外交政策进行了批评，特别是对俄关系问题。

是社会学，然后是媒体研究项目，都将新闻业作为其理论发展的实验场（Bromley，2006）。与此同时，在荷兰、比利时和斯堪的纳维亚，建立了传播研究与新闻研究的联合项目——主要是围绕所强调话题的政治层面开展工作（Meerbach，2003）。因此，尽管采取了不同的途径，但欧洲的新闻工作仍以多种形式与传播研究联系在了一起：作为理论的早期检测基地，作为处理社会、经济、政治与文化生活的经验和历史场所，以及公共问题和舆情的内容来源。

在欧洲之外，传播学的发展完全来自新闻培训项目。尽管学术领域的斗争与媒体有关，即所谓的“媒体战争”，澳大利亚还是紧随英国学徒制模式，将从事新闻研究和新闻工作的人分开了（Henningham，1985；Turner，2000）。在东亚，特别是韩国、中国和日本，新闻教育是关键。20 世纪 20 年
138 代，中国便已经成立了新闻系，20 世纪 50 年代韩国也设立了新闻系，为传播研究的开展提供了肥沃且适宜的土壤（Kang，1991；Wu，2006）。这种联系是共生的：新闻学扎根于传播学，而传播学则推动了“新闻研究、新闻教育和新闻生产的改革”（Zhang，2006，105）。在拉丁美洲，阿根廷和巴西在 1934 年建立新闻学院时，拒绝了美国的传播学模式，转而使用法国的传播学模式（Mattelart，2006）。由弗赖尔（Freire）发起并由博尔德纳夫（Bordenave）跟进，这一转变促使智利记者费尔南多·雷耶斯·马塔（Fernando Reyes Matta）和其他学者抵制对新闻的传统理解，发展出一种参与性传播的替代模式。乌拉圭建立了乡村卡带广播论坛节目（rural cassette forums），即所谓的“纳米新闻”（葡语为 prensa nanica）或“小型新闻”（midget press）。巴西、墨西哥、秘鲁和厄瓜多尔，则出现了无线电广播和媒介远程教育[Beltran，2004（1993）]。在非洲，新闻工作仍然与国家建设的实际挑战有关，新闻业使那些习惯于殖民主义和威权主义的民众逐渐熟悉过渡政权，而同时也为传播研究提供了支持。在一些城市，新闻学仍然是传播学课程的核心（Tomaselli，2003；Barratt & Berger，2007）。另外，新闻学为非洲当地学者发展非洲的传播学研究铺平了道路，使他们取代了欧美降落伞报道领域的研究者（Boafo & George，1992；Eribo & Tanjong，2002，vii）。

在每个地区，新闻研究都先于传播研究，这为传播研究提供了发展的起点。更重要的是，新闻研究早期的不同立场在传播研究中出现时，要求研究者在人文科学和社会科学之间进行一些指引，同时强调了两者在巩固传播学作为一个学科领域时的信号融合的重要性。在法国，阐释性研究、结构语言学和符号学要求人文科学在将新闻与新兴传播领域联系起来时保持其优先地位（Charon，2003；Mattelart，2006）。在美国，随着时间的推移，新闻学在人文科学中的兴起让位于社会科学中传播学的崛起（Czitrom，1982）。虽然早期的研究主要由人文科学推动，但到了 20 世纪 50 年代末，施拉姆（Schramm，1957）指出，尽管这两个领域早期的新闻研究项目数量相差不大，但在接下来的几年里，社会科学领域的新闻研究项目数量显著增多。在中国和非洲也出现了类似的模式（Leung，Kenny & Lee，2006；Wu，2006）。人文科学和社会科学之间的张力是有远见的，它们强调了在整个课程体系中如何看待新闻与传播。但它们也发出了警告：随着时间变化，许多地区的传播学与社会科学更加一致，新闻业越来越多地被指为“背景”。 139

因此，新闻业具有一定的使用价值，可以预测传播行为自身最持久的一些属性：与现实世界的相关性；一种反复地、系统地与其他环境如政治、经济、文化、宗教和法律等接触的设置；用于分析的一系列模式和一些预测性质的发展路径；一种与公众表达和发现有关，将语言与人、实践、价值观念和心态结合在一起的现象；一种组织结构和权力机制。这些属性值得铭记，因为它们填充了尚未存在的各个子领域，后来又在内部解释了传播研究并将其细分。在这方面，新闻学可以通过跨领域的人际、群体、组织和机构互动模式之间的区别来观察新闻工作，同时横跨人文科学与社会科学、定量分析方法和定性分析方法，以及经验学派和批判学派的思想流派。当出版商以不同的方式参与传播学领域的发展、资助新闻传播学院、创造就业机会和量身打造招聘岗位时，在其中，新闻业被认为强调了与特定现代性的联系和与之相关的理性、进步、共识、信息自由、民主和公民社会的概念。作为传播学研究的动力，新闻业承诺以多种方式对该领域有所助益。

新闻研究走向何方

随着时间的推移，新闻研究将身处何地呢？新闻业的重要性和中心地位都在下降。在某些地方，它从学科中完全消失。显而易见，即使是在国际传播学会，它也被协会中最大的门类之一——大众传播收编多年。聚焦于效果和制度，人们对新闻研究的使用价值有了一定的认识，但这并没有推动人们对上述新闻研究的所有属性予以认可。在国际传播学会成立近半个世纪后，才有了一个致力于新闻研究的兴趣小组。

传播研究领域的三类学术研究有助于说明新闻业的边缘化是如何形成的，因为这三类研究明确了问题的范围。它们是指政治上的学术研究、技术上的学术研究以及文化上的学术研究，三类研究都说明了知识如何不断地被证明
140 对学科成熟有帮助，又有哪些知识被认为是无用的。虽然这三类学术研究对新闻业的式微不一定负有比其他学术分支更大的责任，但在这三种情形中新闻业的式微都可以被看作是对集体记忆的一种练习，即创造了一个对前进的领域最有价值的过去。因此，传播学研究中的每个子领域都充当着独立的记忆阐释共同体，并把过去那些符合其当前利益的方面抓取出来进行研究（Zelizer，1993a，2004b）。随着时间的推移，每个子领域都发展出了一个有限的、具有高度战略性的、有益于内部的、关于新闻业重要性的记述——因此也指向了传播学的诞生。

政治与新闻业

长期以来，政治传播子领域一直受到新闻规范性的推动，因为它质疑新闻“应该”如何在最佳条件下运作（例如 Entman，1989）。假设新闻业在政治世界中获得既得利益，通常会涉及西方的民主和公民社会概念。这个子领域的许多研究认为政治与新闻业相互依存，以具备能使新闻业更好地为公众服务、保持政治身处前沿和核心地位的条件（例如 Cook，1998；Hallin & Mancini，2004）。《传媒的四种理论》所标榜的政府与新闻媒体之间的相互依

存，经常被认为是这个子领域的一个基础维度（Siebert，Peterson & Schramm，1956）。

强调政治与新闻业之间的联系，削减了新闻业不符合假设的一些方面。例如，虽然20世纪70年代至90年代关于世界信息和通信新秩序的讨论被吹捧为关于信息自由流通的论争，而其本质仍是关于记者能达到何种自由以及这种自由实际上意味着什么的论述。首先是东西之分，然后是南北之争，那些关于政治传播规范化讨论的回应表明，某一类新闻“能够，并且应该占上风”。因此，这种假设在关于缅甸“真正的新闻自由”(true press freedom）生存下去的可能性的争论以及公众对斯诺登泄露机密信息的回应中一再出现，便不令人惊讶了。

其他的例子也充斥在这一图景之中，弗朗西斯·福山（Frances Fukuyama）在1992年发表了令人震惊的错误言论。他声称自由民主构成了“历史的终结”，这或许是被引用最多的例子，但这种说法也是只见树木不见森林。例如，当前的党派新闻提供了清晰明确的指示，表明有多少新闻实践使得政治传播和政治学试图描绘的新闻业图景变得愈加复杂。这意味着，尽管有截 141
然不同的主张（例如Zaller，1992），所谓的“客观新闻（objective journalism)”——西方民主、现代性观念的核心，仍是异常的。更确切地说，政治传播对其所期待的和虚拟的新闻业的追求（一般是希望），分散了对多元新闻业的关注。它们在渴望追求更好的事物的价值上变成诋毁式的、相对化的、被缩减的。这些愿望——往往由美国提出，由于各地的政治优先次序不同，变得更不令人满意（Waisbord，2000；Jacubowicz，2007），即使在美国，这些愿望也不可能总是得到满足。

技术与新闻业

传播学中的技术研究面对新闻业也同样目光短浅。在更快、更移动化、更易获取和更个性化的推动进程中，新闻业的多个层面在被外包、普及和附属化。虽然与某种现代性的规划相一致，但传播学研究对技术的日益关注，特别是朝着技术决定论的方向发展，使人们很难记得新闻业中技术使用背后的社会关系和权力体系，也包括技术被接受（或不被接受）的历史语境以及新闻业的实务技巧，这使新闻与其他公共表达方式区分开来。

更确切地说，技术竞争正随着潮流制造一种倾向“更快就是更好”的新闻模式，由此产生的学术研究推动着“新的”和“快的”超越着“旧的”和“慢的”（Gillmor，2006；Shirky，2008，2009）。这便产生了许多影响：它回避了记者越来越依靠科技公司进行工作时出现的冲突；在某种程度上可以与新闻工作流程、新闻产品或新闻传播相关的软件平台的发展一起，不加批判地融入新闻媒体的基本结构中。此外，过分热情地拥抱技术可能会被用于支持那些极端的、往往过于简单化的关于新闻业死亡的预测，尤其是对纸媒发展的判断（Zelizer，2015a）。

尽管新闻业面临的技术危机在评估其未来时是一个必不可少的影响因素，但在当今的多平台信息环境下，还需要注意其与新的、旧的、快的、慢的各种技术的结合。正如马文（Marvin，1988）多年前所称，新技术倾向于与旧
142 技术共存，而不是抹去它们的先驱者。因此，世界各地的实践情况仍展示出与新闻技术存在多种多样的关系也就不足为奇了（Atton，2002；Deuze，2007；Thussu，2007；Boczkowski，2010；Wasserman，2010）。即使在“移动的大多数”的美国（*State of the News Media*，2015），2014 年各种技术平台中，网络和地方新闻广播受众数量比上年分别增长了 5%和 3%，播客的受众数量上涨了 41%，数字广告收入增长 18%，而报纸和有线电视新闻的受众数量有所下降（*State of the News Media*，2015）。尽管线下人口每年都在减少，但 2015 年有 15%的美国公民仍继续避免使用互联网（Anderson & Perrin，2015）。此外，虽然技术符合全球化的长远利益，因为它意味着相距遥远的个体之间能够更好地联系在一起，但技术发展的状况因地点、优先次序和环境的不同而有异。新闻印刷业在全球的许多地方继续蓬勃发展，比如在“数字鸿沟”严重的印度。传播技术——不仅仅是互联网——能够帮助全球南方、亚洲、中东以及其他地区的人们对压迫发起挑战（Romano & Bromley，2005；Khiabany，2010）。

此外，数字环境在不断变化，因此有多种发展趋势。当尚待发展的实践

领域范围在每种实际情形下尚未被明晰时，铭记广播或电视25年来有多少不确定性是大有益处的。所以，对某些新闻形式将会消亡的预测不仅为时过早，而且肯定是过于西方化的。

文化与新闻业

传播学中的文化分析也同样表现出对新闻业的狭隘理解。虽然新闻业为传播学中文化分析的发展提供了原动力——伯明翰当代文化研究中心的早期研究（Hall，1973；Hall，1978）就是一个很好的例子，但如今我们几乎找不到一种能让人回想起新闻业早期中心地位的形式。对新闻业的文化分析往往侧重于在其他地方尚未得到解决的问题。尽管这一研究有效地解决了意义、群体身份、权力和支配模式以及边缘化的问题（Hartley，1982，1992；Dahlgren & Sparks，1992），但它对相对性、主体性和参与性的广泛接受，与新闻业对事实、真相和现实的敬畏之间产生了根本性的矛盾。

有鉴于此，传播学中的文化研究推动了对奇异的、反常的、不同的和边 143
缘化的对象的研究（Lumby，1999）。相对而言，核心的、传统的新闻领域问题则没有得到解决。例如，《纽约时报》和英国广播公司就不像喜剧中心、真人秀电视或与用户生成内容相关的大量论坛那样受到有文化研究倾向的学者的关注。这是有问题的，因为新闻业总是同时接纳差异群体和主流者（Schudson，1978；Carey，1986a），今天它也继续以创造性的方式做到了这一点（Williams & Delli-Carpini，2011）。尽管从定义上来说，这一领域的工作拓宽了在其他地方仍很突出的欧洲中心主义视角的范围，但全球南方的声音也在提醒着文化主义者他们的研究中也有一种温和的西方主义（Stratton & Ang，1996）。

在以上案例中，新闻业得以在传播研究中幸存，主要是因其符合传播学子领域的当代兴趣。这种跨学科的短浅目光，意味着有关新闻业的政治研究正消解着我们所希望拥有的一切；技术研究以崭新的、迅速的方式来消除陈旧的、缓慢的事物；文化研究则为了关注反常与古怪的事物而回避主流和世俗。正如霍克海默和阿多诺（Horkheimer & Adorno，1972，230）很久以前指出的那样，“一切物化都是一种遗忘”。这不仅意味着传播学已经失去了部分根基，而且已经再没有一个子领域能反映出新闻业的全貌了。诚然，在不同的地区，这种情况正以不同的方式形成。尽管新闻业自身仍存在着强大的影响力，但其概念萎缩已成为全球趋势。

新闻业如何挑战了传播学的假设

传播学分支学科的目光短浅程度因地区性的短视而加剧。就像概念的子领域只提供整个图景的一部分，这门学科的地理分布也只是学者们处理传播学环境的一部分。

全球化使得迅速、广泛和跨越漫长距离的联系变得容易起来，因此在根本上拓宽了这一领域。正如不同学者所论述的那样，吉登斯（Giddens，1991a）、汤普森（Thompson，1996）和汤姆林森（Tomlinson，1999）引领了一种观点，即全球化本身是通过现代化建立起来的。尽管如今每个大洲都有传播学领域的研究人员——仅国际传播学会就有来自 80 多个国家的 5 000 多名成员，它也促进了那些试图回答“谁成功地塑造了对这一领域起源的叙述”这一问题的人的立场的发展。针对文化帝国主义、欧洲中心主义、东方主义、学术依赖性，作为回应，许多非欧洲中心主义的立场，如亚洲中心主
144 义（Miike，2006）、非洲中心主义（Asante，2005）、伊斯兰主义（Ayish，2003）和其他地区例外主义，为该领域全方位实现全球化扩张奠定了尚未完全搞定和不可持续的基础。几十年前，默多克（Murdock，1993）、埃斯科瓦尔（Escobar，1995）和唐宁（Downing，1996）分别提到了这种区域性的短视，出于多种原因，这种短视从根本上看是具有负面作用的。

学术知识交流的不平等往往使富有者享有特权，因而出现了两个非常真实的阵营，它们之间的距离常常反映在某种空间或地理隐喻中。例如，在西方与其他国家、中心与外围、全球北方与全球南方、第一世界国家和第三世界国家之间。如前所述，这些立场都有一段历史，它借鉴了这一领域与现代性的特定形式及其相关概念间的联系。

但由西方主导的普世概念与对其复杂因素认知水平的参差不齐都是广泛存在的。例如，“象牙塔”的概念一直被作为一种思考大学在国际合作中的参与度的隐喻，尽管事实并非如此。正如杰林（Jelin，2011）所主张的那样，明确的西方主旨预设了一种远离接触的模式，而这并非拉丁美洲学术生活的基础性实践。同样，麦奎尔（McQuail，2000）指出，“非西方”这个词的含义缺乏具体的说明，造成了这个研究领域的基本缺陷，而这一问题还未得到纠正。

众多学者（Lee，2001；Chen，2006；Wang，2010）提出了超越非此即彼的策略，指出传播学学科因为学者过于关注其内部的地理鸿沟而遭到破坏。他们坚持认为，在澄清西方与其他国家之间区别的斗争中，各个阵营间存在的差异都在消失。虽然全球化有助于传播信息，同时也推动了对某些特定差异达成共识，但所谓“公认接受”的共同体中出现了原本不可见的其他差异。柯伦和帕克（Curran & Park，2000）是最早对这些错误的后果进行选编的人，而默多克（Murdock，2010）则表示西方与其他地区的区别使得人们对消费主义、宗教和民族主义以及公民身份新形式的后果视而不见。在全球共同体的另一端，基亚巴尼（Khiabany，2007，119）指出，伊斯兰传播理论的回应行动没有引起注意，它是“为了控制文化阐释、传播资源和社会分层而进行的斗争”。

这种地域性的短视极为严重，因为关于集体记忆的学术研究显示出，如 *145*
果这种变化在随后的叙述中消失，便很难再恢复［Halbwachs，1992（1925）；Nora，1996］。此外，正如康纳顿（Connerton，2009）特别指出的记忆与现代性，将其演变与进步、理性和民主的观念相结合的环境，同时也表现出了与遗忘行为相关的特殊联系。从这个角度来看，遗忘成为一种有益的记忆行为，能帮助那些试图消解过去的人只留下他们认为重要的事情。

新闻业正是在这里发挥了作用。它为记录不同的传播学研究的演变提供了一个富有成效的起点。这表明，传播学者最初试图将学科精神与一种特殊的现代性结合在一起的想法可能是被误导了。新闻报道表明，传播学的基础一定会继续呈现其必然的分歧和内部矛盾。虽然特定地区的研究对于消解对西方学术的依赖很重要，但专注于新闻业可能会激发一种替代性记忆叙事。

在此，新闻业为何能发挥作用，以及如何才能发挥作用呢？它为思考如何超越传播学领域各个部分的边界提供了试金石。尽管新闻业从某些形式上来说是被赋予了特权的，如自由独立媒体的概念，第四权或公众知情权的理念，以及对中立性、真实性和客观性的拥抱，但世界上大多数地方从来没有进行过这样的实践。它们被普遍而又不加批判地当作传播学研究的广阔基础，这意味着要进一步展开杰林（Jelin，2011）的话，“这种‘专门知识’（有时以‘中立’的技术为幌子）必须与广泛的政治化知识互相分享并建立对话”。这种联系并不总是一种愉快的尝试。不像早期新闻业的观点坚持它与某种现代性、普世性、理性和进步性的联系，今天新闻实践的多种模式强调了该领域需要保持多大程度的发散性与开放性，对那些不同的、经常相互矛盾的核心、价值观和突发事件要有怎样的敏感度，以及要保持多大程度的相对性与特殊性。

这样的例子不胜枚举。譬如在印度，现代性的到来是由种姓制度和族群关系促成的，并形成了当时的新闻业——它的表现形式是印刷业的地方自治和请愿性新闻，自愿地与国家共同运作（Udupa，2015）。南美洲的许多地方也有类似的情况，在消除基本民权、恐怖主义传统和军政府的情势下，严格的新闻控制和对记者的迫害持续挑战着欧洲中心论关于现代新闻应该是什么
146 样的观念（Waisbord，2000）。东非坚持普遍新闻原则的可能性被媒体受到的恐吓、付费获取信息的惯例、信息压制和政府宣传消解，这种状况因低识字率、高贫困率和过渡政府结构而进一步恶化（Kalyango & Eckler，2010），以至于“非洲新闻业越是努力培育自由民主，它能报道的成功案例就越少”（Nyamnjoh，2005，1；Wasserman，2010）。俄罗斯向以新闻业为基础的民主社会的过渡在20多年前就开始形成，但至今仍未能提供一个完整的或连贯的图景来反映这些政权或媒体的面貌（Jacubowicz，2007；Krasnoboka，2010）。在伊朗，与国家有关的新闻报道很少反映出西方对该国的期望（Khiabany，2010）。今天亚洲的多种新闻模式也并没有反映出相同的预期和期望及西方定义的个人主义、民主和自由的联系（Lee，2000；Gunaratne，

2005；Han，2016），现代性（可能是当代新闻业的起源）在各地被压制，被对共识、秩序与权威的尊重替代。

在上述地区，新闻业并没有忽视自身的发展，与西方的预期相违背的事件在持续发生，如喜剧中心或“洋葱”（The Onion）允许公众在幽默中进行“参与”。问题是，传播学学科是否有能力作为一种附属远离新闻业。正如加西亚-肯克里尼（Garcia-Canclini，1995）所指出的，现代性呼唤多条路径，通过参与和实施多种策略来“进入和离场”。但是，西方的期望并没有把所有这些都视为替代方案，而是一再切断全面了解实际情况的途径，因为表面的某个方面会扰乱默认的学科敏感性。西方的期望一再地削弱完整地看到实际事物的能力，取而代之的是一系列文化和政治情境的特殊性，而这正是建立该领域思维模式的阻力所在。

传播学领域能否比过去的默认描述所说的发展得更好？在维护它的地位时，该领域丢失的大部分内容在连续体的两端都令人惊诧。今天的新闻业存在于多种偶然情况下，没有明确的起点、终点或明显的发展轨迹：它们提供了大量证据，证明了软性威权主义、殖民主义和后殖民主义的奇怪混合；多 147
种新权威制度及其带来的新闻价值观、自我审查和政府干预的加强、集体主义；新的身份模式，如杂合性或边缘化；民族国家与泛区域主义之间的张力、腐败；与前后皆没有达成明确共识的过渡政府；将地方与全球、传统与现代、复杂与非线性中的宗教与政治交织在一起。这些对传播学领域很有指导意义，因为它们迎合了西方的期望，即产生更多类似于“他们自身”的项目，但并不能解决非西方环境中传播学的问题。它也掩盖了这样一个事实，即传播的核心以及它的起源是多元的新闻业。新闻工作可以被用来重新思考现有的理论，而非将学者安置在飞地中，与那些思维方式不同的人隔离开。新闻业也有助于促进一种概念的更新，即将新闻业作为传播学学科的基础。

新闻业@传播学的中心

在这个时代，学科和高校都面临着前所未有的经济与政治挑战，我们有必要提醒自己，从事传播学研究的学者，就像学术界其他学科领域的学者一样，只有以某种方式分享过去，才有助于使这个领域与更宏观的自我呈现的观念保持一致。在这一观点下，此领域被比作洛夏实验[①]：“你看到什么，它就是什么。”学科界限的界定不清确保了“我们所做的选择……具有深刻的政治性”（Wahl-Jorgensen，2000，94）。

我曾说过，在这门学科的记忆里，在那些不再认可战略性本地化的传播学者和仍持有限制实践观念的传播学者中，新闻工作由于在实践中频频受阻而变得粗略和简要。而这往往又非常关键，因为新闻业仍然是思考传播研究基础特征的宝贵平台。世上的人比所预期的享有更少的自由，新闻业比现有的模式更受压制，政府和媒体系统以不同的方式拼凑出了那些与预期相悖的难题，以及无法使用工具、研究方法或技术的传播学环境。然而，在有更多技术的地方，这些方法或技术支撑着现有思维过程的逻辑。

到目前为止，学者们在讨论概念和地缘基础主义时，将那些不同的人或不同的想法简化为他们自己的版本，这是传播学科无法承受的错误。虽然在
148 这里我关注的是新闻业，但新闻业并不是传播学空间中一个被关闭的房间。以前其他的核心领域——能回想起来的演讲、修辞、表演和视觉艺术（Benson，1985；Sproule，2008）都已经在巩固统一认识论观点的途中被绕过了。因此，宗教激进主义以最强的冲击力挑战了传播学研究的方向，即通过更全面地重新认识传播学研究的现状，来改变传播学研究的方向。

新闻业以不同形态存在于世界各地，包括那些传播学在努力使自己成为一门学科的地方，这并非偶然。使新闻业重回过去的中心地位，并将其视为思考传播学时有用的基础，很大程度上取决于对这一领域其他部分的充分考虑。其结果是：多样性、不连续性、噪声、不稳定性、暂时性、横向性、多重普遍性，以及流动性和全球化影响，强调了新闻业再现传播学作为一门学科的多种途径的可能性，即使许多与该领域发展有关的早期愿望都未能得到回应。然而，只有当多样性的途径聚集在一个共享的学术对话中时，当代学

① 也称洛夏墨迹实验，通过墨迹图进行性格测试。

者才可以一起在传播研究中重新建立一个集体记忆，调整这一领域最初的思想家们似乎在半个世纪前犯下的错误。

如果传播学要作为一门学科生存，它需要一种更好的方法来应对其中存在的差异。虽然传播研究的制度化需要抛开差异而接受共性，但正如彼得斯（Peters，1986，1999）、克雷奇（Craig，1989，1999）和沃尔-乔根森（Wahl-Jorgensen，2000，2004）曾分别表示过的，后者的发生有可能要以牺牲前者为代价。新闻业的多重属性在这个领域的初始阶段非常有价值，这一特点使它成为修正集体记忆的有力候选者。我认为，铭记并恢复新闻业的中心地位，可以在很大程度上稳固传播学的未来。要做到这一点，就必须认识到新闻业对现代性、理性主义、普遍主义和进步的特定形式的依附是有限的。新闻业可以提醒人们，它不仅在思想上，而且在行动上，都有其学科依附性。它提醒着我们实践的混乱，现实世界的犹豫不决，社会、经济、政治、文化和公共生活的失调与残酷。最重要的是，利用新闻业来引导未来的传播学研究，意味着我们仍能想象一个没有中心的传播学领域。

当然，这并非意味着我们这样的前进道路是没有复杂性的，它所带来的 149
机会要远多于此。作为一门学科，它一再面临外界对其生存能力的质疑，我们最好通过不同的视角重新评估它的学科身份。这不仅能帮助我们更公平地认识到传播学的房子里有许多空房间，还有助于我们理解在这个领域中，不同的规范方法是以何种方式共存及如何共存的，以及传播学研究基础的变化如何具体地为学术界描绘不同的学科轮廓（Zelizer，2016a）。

传播学与新闻业的关系在传播学最初形成的时候就已存在。这样一种联系能够在其学科担当上占有一席之地：有了新的行动、新的栖息者、新的方向与新的理解。这些反映在在场实践中的广泛性和多样性特征，可以使传播学有别于其他缺乏这一基础的学科，希望传播学之家不仅仅是为了少数在过去某些时刻战略性引导过这一领域的人们建立的，而是能成为所有研究者的家园。

第八章　新闻业与文化研究：当事实、真相与现实作为上帝术语

150 新闻业以尊重事实、真相和现实为荣。然而，当这些用于大多数新闻实践的上帝术语成为坚持其相对性、反身性、建构性、主观性和参与性的调查焦点时，会发生什么呢？在这里，我认为文化研究与新闻业研究的奇特联结，展示了两个领域都能从更加稳固和丰富的成果的融合中获益良多，但在原始前提下，双方依然同床异梦。

正如我在 2004 年首次提出这一观点时指出的那样，我在此仍坚持认为，现状几乎没有发生什么变化。四个独立但又彼此相关的问题在新闻研究发展过程中的不同历史时刻产生了，这四个问题激发了以下疑问：

- 从文化的角度研究新闻业是什么意思？
- 文化研究如何既丰富又忽视了新闻业的文化分析？为什么？
- 我们能在文化研究和新闻业的未来中期待些什么？

对以上每个问题的思考都有助于确定联结的重要性。

从文化视角谈新闻业

虽然并不总是如此，但在很长一段时间里对新闻业开展文化分析一直是知识分子努力的目标（Zelizer，2004a）。这种类型的调查研究会考虑到种类繁多的标签，包括新闻记者必须具备的集体知识、新闻的文化维度以及对作为大众文化的新闻的审视，它创造了一条卓有成效的学术路线，把杂乱无章

的新闻业素材联系起来，包括它的符号象征、意识形态、仪式、惯例和故事，即基于新闻业形成的广阔世界（Park，1940；Schudson，1991；Dahlgren，1992）。不仅作为记者的专业行为守则，还作为记者、编辑的社会分工安排，关于新闻业的文化分析认为，新闻世界为所有涉及新闻业的人提供了一个复杂而多维的意义框架，“一个符号、故事、仪式和世界观的工具包，人们用不同的组合构造来解决不同类型的问题”（Swidler，1986，273）。随着涉及新闻业的主体类别发生了变化，在许多新闻媒体上，那些没有切身体会的博主、旁观者、活动家和公民记者在其他平台上谈论同样的问题，“推特节拍”（Twitter beat）的记者和传统的记者如今并肩而坐，文化分析包容了所有这些状况。 151

文化探究显然带有跨学科性和反身性，它通过横贯两端又相互矛盾的分析途径来处理新闻业的问题。它既通过记者自己的眼睛来看待新闻工作——探究如何成为群体的一部分对他们来说更具意义，同时也质疑记者们所提供的自我呈现。他们强调这种“广泛的文化符号系统的约束力量，而不考虑组织和职业惯例的细节”。新闻文化分析与对新闻如何运作的明确而传统的理解是一致的，但又是对立的（Schudson，1991，143）。削弱自己长期以来在世界上的实践和地位中所表现出的明显的自我意识，文化研究假定记者通过使用集体性知识成为群体中的一员，尽管这一群体是想象出来的，记者们还是一直保持自己的成员身份。同时，文化研究假定了什么是明确的和清晰的，因为知识可能并不能反映出新闻业是什么和试图成为什么（Goodenough，1981）。因此，以解读新闻业为目的的文化探究走的是一条失衡的道路，在与自身寻求的成果反其道而行的同时，也给予其成果广泛的关注。

这里的分析是指通过考虑意义、符号和象征系统、意识形态、仪式和惯例使新闻记者保持其作为公共领地事件代言人的文化权威。研究的灵感来源于学术界其他领域的发展，特别是20世纪70年代和20世纪80年代：文化社会学研究的拓展、哲学对建构主义的兴趣、人类学和民俗学转向符号与符号形式的分析、语言学的民族志取向，以及在文化史和文化批评方面的学术研究的不断增长。同一时期，英国和美国的文化研究都在发展，将不同的分

152 析工具带向研究前沿。在英国，新马克思主义、精神分析、女权主义研究、批评理论、文学理论、符号学和人种学的融合构成了早期的英国文化研究，与美国对实用主义、符号互动主义、文化人类学和文化社会学的兴趣有所不同。尽管英美文化研究的整体特征面对着很大的挑战（Stratton & Ang，1996；Saldivar，1997；Miller，2006），但在这里强调这种区别只是为了区分两种学派对新闻的态度，并说明文化是如何成为考虑新闻的文化维度的一个富有成效的分析场所的。这些方面也被新闻学关注到了，因此从文化研究的角度来看待有关新闻业的具体问题是更为必要的和基本的，这些问题包括其表达的主观性、相对性和伴随行动的反身性，对事件意义的建构的本质，公众参与的中心地位，身份建构的政治意涵，以及这些前提在实践之中的基础性和局限性。

这提供了一种广泛的分析视角，认为新闻研究与许多传统学术方法所推崇的理解方式不同。首先，文化假设被认为是将新闻记者与非新闻记者以模式化的方法联合起来，他们同样参与了不同的文化论争、表达、呈现和生产，表明作为一个起点，记者与其他人如电影制片人、小说家和政治家之间体现出的更多的是共性而非差异。其次，学术界其他被使用的变量使新闻业的中心有异于其边缘。例如，新闻报道有别于小说，主流新闻有别于小报新闻，记者的口头报告与对视觉图像的使用大相径庭。在此，新闻业被重新定位为连接差异的桥梁，从而成为一个截然不同的、往往相互矛盾的整体。不同的新闻工具、不同的新闻类型和新闻与外部世界的相似之处被聚合在一起，以更多的可能性揭示了新闻业细微而又颇具纹理的特性。最后，关于新闻业的文化分析认为，记者不仅是信息的传递者，还是文化的生产者，他们对好与坏、道德与不道德、适当与不适当给予了有偏好的表述。他们是描述事物运作方式的世界观的创造者和传播者，并与多样化的公众密切相关，公众理解新闻的方式因其身份结构的不同而不同。

因此，这一定位有利于对其他学术观点中尚未经过检验的有关新闻的部分进行考察便并不令人惊讶。这包括以特定方式理解世界意义的世界观，形
153 式与内容之间的固有联系或脱节；“事实”与符号之间的关联往往至关重要但

又总是处于变化中；记者在提供新闻的过程中的工作方式；图像、意识形态、集体记忆和新闻刻板印象的失衡且经常无法预测的功能。记者对他们如何理解新闻的“模糊”认知，使他们在看到这种认知被视为新闻之外的意义和符号的更大限制的一部分时，会产生一种非常微妙的感觉。与此同时，那些更大的约束并没有像其他学科视角所采用的许多分析类目一样成为记者的自我表现。这是因为这种约束坚持把生产意义作为一项首要活动，明确地挑战了新闻研究的两个方面——许多现有新闻研究的规范性倾向和记者本身的专业性意愿与倾向。因而，根据定义，对新闻业的文化思考否定了支撑传统新闻研究的世界观、记者的专业理念，以及基于二者产生的、认为新闻业具有排他性地位的观点。

新闻业的文化探究由此产生并以自身的战略性失调为起点。有关新闻业的传统观点被有意搁置，以解决超出现有的新闻研究或有专业志向的记者所关心的相关实践、价值观和态度问题。卓有成效的例子可能包括“报道网”（reported. ly）的活动，安迪·凯文（Andy Carvin）的用于实时报道突发新闻的众包社交媒体平台，或者当互联网被关闭时，在埃及发展起来的作为公共关系的促进者的平台“与推特对话”（speak2tweet）。文化研究迫使人们审视新闻业如何看待自己和自己在别人眼中的形象这二者间的张力，同时以新闻惯例、常规流程和实践为动力，考虑社会情境和历史情况。在当前的数字时代，非记者和非传统记者正踏上传统记者长期占有的领地，并且总的来说并未受到欢迎，因此动态地和情境性地理解记者的行动可能会卓有成效。

这一切都表明，新闻业的文化研究战略地、公然地质疑了新闻学和新闻实践研究的基础，而这些基础似乎在学院的其他地方都被认为是理所当然的，这一质疑抵消了新闻研究的短视做法造成的影响。它超越了一个假设，即新闻业扮演着“每个人都知道的”、“使权势者苦恼”同时“安慰受难者”的角色。因为这一假设“严格限制了……我们社会中的新闻媒体可以问什么样的问题”（Allan，1999，2－3）。关于“新闻是什么，理想的新闻应该是什么，以及它在社会上的目标是什么”，新闻业的文化研究打破了关于新闻业的虚假 154

统一（Dahlgren，1992，1)，消除了将娱乐和消遣消息视为信息对立面的信息偏见，拓展了新闻的范围，使其超越传统上被审查的特定场所。许多学者反对狭隘的、“转喻”的新闻概念，在达尔格伦看来，长期以来，“从实践和经验意义上来说，这只是当代新闻构成的一部分”（Dahlgren，1992，7)。在这方面，新闻业的文化探究在很大程度上使新闻研究与一些更现代的新闻发展保持同步，这些发展在不考虑新闻研究变化速度较慢的情况下得到了推进。今天的情况尤其如此，因为数字环境使公众对新闻的参与和新闻业所提供的信息同等重要。因此，通过文化的视角思考新闻和新闻业是很有价值的。因为它对记者作为新闻工作者的转变表现出了明显的兴趣，包括数字环境带来的最新挑战。

然而，由于具有自我呈现的基础，新闻业仍然在根本上与其他文化分析的对象不同，比如它倾向于事实、真相与现实，而非推崇主观性、相对性、参与性、建构性和反身性。新闻业被认定的合法性取决于它所宣称的能力，即为所能触及的世界提供一个指数化和参考性的呈现。坚持以现实为中心、以事实为载体是为了将新闻业与其他公共话语领域明确区分开来。记者们声称他们有能力叙述现实世界中的事件，使之有别于其他文化角度的声音，保持对事物“真正”的关注是新闻业之所以确立的前提。此外，对这一模式的关注在于所谓的“真相”。尽管公众对记者提供真相能力的认可在当代已经减弱，但对新闻业旨在揭示真相的主张依然存在。例如，像美国八卦网站“高科”和新闻聚合网站“故事化”这样的平台正在缩小真相与经验之间的差距，更明确地向讲故事的方向倾斜，而非报道不同视角的真相。这意味着新闻业的实践、惯例、违规行为和标准——实际上是衡量新闻业发展程度和愚蠢程度的标准，就在于事实、真相和现实的原始状态。

这种依赖性为新闻文化分析带来了问题，新闻文化分析从定义上讲就是针对事实、真相和现实的，但不自觉地陷入了相对性、反身性、建构性、主观性和参与性的掌控。围绕着新闻对事实、真相和现实的崇敬，其复杂性也延伸到了与其内部心态有密切关系的各个方面。新闻记者的专业理念总是被
155 文化分析中普遍存在的坚持抵消。知识的生产，往往是为了那些掌权者或是

其竞争者的利益。在数字环境的推动下，对多元公众进行整体性定位是为了纠正新闻业的偏差，虽然它与文化研究的目的相一致，但它与新闻记者仍然坚持的假设互相矛盾。新闻业产生于记者之中，而非他们之外。因许多文化分析的特权都来自过去，或作为考察现象本身的解释动力，大多数记者和新闻学学者对情境化因素的漠不关心破坏了其文化研究的很多内容。凯瑞写道（Carey，1997b，331）："没有什么比认为当前实践在某种程度上是事物的本质更能使新闻业感到不安。"而且人们仍然不愿意利用历史、经济、道德、政治等背景来解释新闻业的内部特征。正如格拉瑟和埃特马（Glasser & Ettema，1989b，20－21）很久以前所说的那样，"在记者眼中……新闻不是理论建构，而是实践成果"。或者，正如凯瑞（Carey，1997b，331）十年后所言："新闻记者们并不是生活在一个虚无缥缈的理想世界里；他们生活在一个实践的世界里，这些实践不仅造就了世界，也造就了新闻记者。新闻记者实际上是在实践中被建构的。所以，恰当的问题不仅是新闻记者造就了什么样的世界，也是这个过程造就了什么样的新闻记者。"

因此，新闻业对文化分析提出了特殊的挑战。不同于戏剧作家或牧师所青睐的文化论证模式，不同于真人秀节目或脱口秀所展示的文化生产模式，也不同于将僵尸电影和爱情小说融合在一起的文化相似性，新闻业仍然受到其对事实、真相和现实的尊重的制约。当相对性、反身性、建构性、主观性和参与性成为理解公共表达、新闻业对事实的真实性和重要性的坚持，以及对真相和某种形式的现实的尊重的讨人喜欢的比喻，人们仍批评它们是实证主义的堡垒，在文化倾向的学术研究中显得过时与脱节。然而，如果放松对这些基本原则的坚守，新闻业将失去与其他文化的表现、论证、表征和生产等模式相较而言的独特性。

那么，如何才能将新闻文化研究与对事实、真相和现实的明确的坚持结合起来呢？新闻业自身存在的理由是什么？新闻业仅仅是一种过时的世界观，还是反映了文化探究的局限性？更重要的是，在文化研究中是否可以做些什 156
么来适应针对新闻业的更全面的研究？

文化研究与新闻业

文化分析与新闻业对事实、真相和现实的偏好之间的矛盾，反映在文化研究对新闻业表现出的一种矛盾心理上。这种不平衡在文化研究的两大主要流派——美国派和英国派——中得到了不同的体现，这两大流派本身与美国和英国的经历有着松散的联系。文化研究从一种不同学科中的特殊的、不均衡的研究转变为被认可的、能被识别的项目。文化研究拥有自己的期刊、学院和关键人物，美国和英国长期以来被誉为文化研究的起源地。尽管并非总是能被清晰地表达出来，但在这一有关起源的叙事中，随着文化研究在全球范围内的传播，英国文化研究接管了后来被认为是文化研究“默认设置”的大部分内容（Hartley，2003；Turner，2011）。在跨越了时空的文化研究逐渐合法化的驱动力中，压力出现并占据了主导地位。然而，文化研究中那些最初在本质上居于次要地位、附属地位的研究，逐渐发展为半自治的子领域。例如，受众研究和意识形态研究，最初两者都是具有独立地位的完整领域。随着它们的发展，对未得到认可的抱怨转变为对他人认同的担忧，从而导致对该领域作为一个具备合法性的研究场所的更加全面的认识被推迟（Nelson & Gaonkar，1996）。因此，伴随强劲的发展过程的是挥之不去的忽视、误解和疏漏，文化研究被嵌在新扩展的默认设置中。

在美国，新闻业仍然是一个相当一致的研究领域。早期远见者——杜威、帕克和维布伦（Veblen）等人领导并开展了一系列有关意义、群体认同和社会变革问题的文化研究（Jensen & Pauly，1997）。这在很大程度上依赖于凯瑞领导的“伊利诺伊文化研究中心”(Illinois strand of cultural studies)。这一学派更倾向于认为作为美国学术界首选知识模式的社会科学存在危机，他们将对实证主义的批判作为美国文化研究的责任。他们回避将马克思主义作为考察社会过程的核心问题，由此发展起来的学术研究把新闻媒体定位为经验
157 的传递者和广义文化体系的塑造者。新闻业成为思考文化如何运作的关键一环。

对于将新闻业的讨论纳入更大的社会和文化结构，包括对政治、技术和公众的关注，凯瑞的研究起到了至关重要的作用。凯瑞将新闻作为一种文化形式而非一种职业的观点在许多情境下得到了体现，每个情境都显示了新闻业文化世界的复杂性（Carey，1969，1986a，1986b，1989a，2000）。凯瑞（Carey，1997a，11）认为，在新闻业文化生活的对话与规范方面“需要一种理解行为和动机的模式，不是基于心理学倾向或社会学条件，而是一种基本文化倾向的表现，用符号形式使人直接会意并以概念上可行的方式来塑造经验，从而为感受身份和有意义地理解现实提供基础”。伊利诺伊州的其他人跟随凯瑞的脚步，如克雷灵（Kreiling，1993）早在20世纪70年代初就利用非裔美国报刊来思考中产阶级身份形成的问题。第二代包括凯瑞的学生，如马文（Marvin，1983）、西姆斯（Sims，1984）、曼德（Mander，1987）、詹森（Jensen，1990）和康纳利（Connery，1992）等，在20世纪80年代和90年代生产了大量的素材，强调新闻意义的生产能力。保利（Pauly，1988）和斯坦纳（Steiner，1992）的工作增加了凯瑞对新闻实践内在观点的敏感性，以展现新闻手册和关键新闻人物话语等各种现象如何成为该群体边界的标志。

这种文化研究的倾向隐含在学术研究的其他地方。马诺夫和舒德森（Manoff & Schudson，1986）编辑的《阅读新闻》（*Reading the News*）一书，尽管并没有明确提出这种意向，但的确是将新闻作为文化的早期尝试。作为“大众文化的神祇指南”，这本书明确表示，大多数记者的专业视角需要调整，它还通过调适“做一个新闻故事”的基本原理，组织了关于文化入侵新闻的讨论，如公共事件中的“谁、什么、何时、何地、为什么和如何”，即将新闻表现的类目作为分析对象。除此之外，舒德森（Schudson，1982，1988，1996，2002）通过坚持新闻工作中文化的细微差别，将新闻研究中的一些假设放开，将叙事形式作为个体身份或新闻自传的反映，揭示不同时代的思维方式。伊森（Eason，1984，1986）阐述了记者如何通过关注新闻界内部的违规行为来塑造公共事件。诸如亚当（Adam，1989，1993）、里斯（Reese，1990）、坎贝尔（Campbell，1991）、伯德（Bird，1992）、格拉瑟和 158
埃特马（Glasser & Ettema，1993，1998）、泽利泽（Zelizer，1993b）、哈迪

特和布伦南（Hardt & Brennen，1995）、埃利亚索夫（Eliasoph，1988）、巴恩哈特和尼禄（Barnhurst & Nerone，2001）等学者，都聚焦新闻生产中的偶然事件，以及新闻与新闻生产者之间的关系。随着时间的推移，关注新闻业文化维度的学者名单在持续变长（Ehrlich，1997；Meyers，2002；Wahl-Jorgensen，2002；Tenenboim-Weinblatt，2008；Meltzer，2010；Gilewicz，2015；Han，2016）。

同时，文化研究也并不总被认可，尤其是当与英国文化研究的传播相比时。尽管英国文化研究在其他地区的被采用情况参差不齐，但它作为一个全球研究领域，对潜在认可度远比美国同行更加有把握，后者有时完全被排除在讨论之外（Stratton & Ang，1996；Mariscal，2001；Yudice，2001）。2003年的一次讨论认为美国文化学者凯瑞、卡茨（Katz）和马文与这一领域相距甚远，指出“很少有人会自称是文化研究的实践者”（Hartley，2003，102）。同样，一个被广泛引用的关于文化研究的多样地理轨迹图景，完全没提到凯瑞和他的传承者（Maxwell，2000，转引自 Miller，2006）。尽管凯瑞和其他人在将文化研究确定为独立领域时一直扮演重要角色，至少部分是符合他们自身利益的，但认可度的缺失标志着两种文化研究之间的不和谐（Carey，1989b）。哈迪特（Hardt，1986）、格罗斯伯格（Grossberg，1997）和厄尼（Erni，2001）都曾讨论过这种不和谐加剧了新闻业在更广泛的文化研究领域中地位的岌岌可危程度。

从英国方面来看，学者们对新闻业的兴趣并不那么稳定。在英国文化研究的早期，20世纪70年代初，英国伯明翰当代文化研究中心（CCCS）将新闻报道与新闻工作作为研究重点。在当时，英国伯明翰当代文化研究中心的大部分突破性工作都明确涉及新闻业，通常是关于硬新闻报道的。由于英国文化研究的兴起是对马克思主义形式主义以及在文学理论中的共鸣的回应，英国学者将阐明英国工人阶级的状况作为他们的任务。

在这一注释下，早期经典的英国文化研究文本多以新闻报道为基础。英国伯明翰当代文化研究中心主任斯图尔特·霍尔（Stuart Hall）早期曾是《新左派评论》（*New Left Review*）的编辑，也是《新时报》（*New Times*）

的一般撰稿人，他的开创性论述“编码/解码”将新闻称为其他文化生产模式的代表（Hall，1980）。这篇研究被誉为“英国文化研究的转折点”，被广泛当作关于生产-受众相交的经典的文化研究文本。他关于受众解码的论述，为思考不同内容的受众设置了标准（Fiske，1992a，292）。与之相似，霍尔 159
（Hall，1973）在图像修辞方面的研究被广泛欢迎。他在《新闻图像的确定》（The Determination of News Photographs）一文中引用了在同一领域同样著名的巴尔特（Barthes，1967）的研究。两部作品确定其对新闻业的研究，但被推断涉及一系列非新闻文本。例如，布伦斯东（Brunsdon，1978）和莫利（Morley，1980）关于全国新闻受众的经典研究扩展了霍尔的学术领域，成为思考一系列受众对不同种类媒介信息反应的主要初始文本。这种强调受众与节目生产之间联系的做法，可以被看作是文化研究的前奏，后来对新闻业进行的研究多“来自”文化分析，而非必然来自文化研究（Boczkowski，2010；Anderson，2013）。

其他的早期工作成果也一脉相承（Hall，1972；Hall，Connell & Curti，1976）。柯恩（Cohen）和杨（Young）的《新闻的制造》（*The Manufacture of News*，1973），被称为“关于媒体建构现实最早的‘标准’批判性著作”（Turner，1990），该书通过思考新闻业对犯罪和越轨行为的潜在处理模式，帮助大众理解媒体在道德恐慌中所扮演的角色，从而引起了人们对符号建构的关注。《控制危机》（*Policing the Crisis*）与赫伯迪格（Hebdige）对亚文化风格的研究，都将新闻作为一种背景来思考更广义的文化生产模式和社会文化权力的分配（Hall et al.，1978；Hebdige，1979，1988）。因此，关于英国文化研究的发展过程中的重要初始文本，格雷姆·特纳（Graeme Turner）的《英国文化研究：导论》（*British Cultural Studies: An Introduction*，1990）使用了奥利弗·诺斯（Oliver North）和费迪南德·马科斯（Ferdinand Marcos）的新闻照片来说明文化的广泛运作，也就不足为奇了。一种观点认为，这些研究实际上很大程度上是在“捍卫新闻工作的重要性”。因为，这是英国学术界第一次认真地对待新闻媒体（Hartley，1999，23）。

随着英国文化研究扩展到伯明翰当代文化研究中心以外的机构，对新闻业的默认关注也得到了进一步的回应。在英国威尔士的卡迪夫大学（即当时的卡迪夫学院）的英语系产生了一个新的联盟，即引人关注的“新闻、媒体与文化研究”学院。在第一任领导——前记者汤姆·霍普金森（Tom Hopkinson），也是《图片邮报》（*Picture Post*）的前任编辑，英国第一位新闻学教授——的主持下，这所学院在 20 世纪 70 年代中期就开展了著名的新闻文化研究。来自威尔士理工学院（Polytechnic of Wales）的费斯克和哈特利（Fiske & Hartley，1978），以发展符号学作为理解电视和新闻的一种方式而闻名，他们将新闻业作为理解文化力量、文化生产以及文化和媒体对受众影响的默认主体。1966 年，莱斯特大学（University of Leicester）大众传播研
160 究中心（Centre for Mass Communication Research）的揭幕，带来了对媒体政治示威报道的突破性研究，为思考新闻在塑造公共事件中的效用设定了分析参数（Halloran，1970）。尽管菲利普·施莱辛格（Philip Schlesinger）的《结合现实》（*Putting Reality Together*，1987）未与文化研究严格地保持一致，但遵循了该领域的原则，详细说明了新闻生产中意识形态的制约因素。有一种观点认为，这一联盟构成了“从现代性的想象体系（文学）到现实主义文本系统（新闻）”的迁移，确立了文化研究与新闻业之间明显的、自然的联系（Hartley，2003，49）。

新闻业作为一种思考文化的方式，继续沿着文化导向的学术轨道在发展。费斯克和哈特利的早期作品都表现出了对新闻业文化差异的兴趣，这两位学者在 20 世纪 80 年代和 90 年代，一直在对新闻业的民粹主义进行讨论（Fiske，1988，1992a，1992b，1996；Hartley，1982，1992，1996）。与此同时，其他学者也加入进来：达尔格伦（Dahlgren）和斯帕克斯（Sparks）合作的同时也分别对文化层面的新闻业与公民身份进行了双重思考（Dahlgren，1992，1995；Sparks，1992；Dahlgren & Sparks，1992）；而格拉斯哥大学媒体小组（Glasgow University Media Group，1976，1980）研究了各种图像/文字坐标，以自己的方式进入了新闻业。这一时期的许多学者调查了新闻与阶级、性别、种族和其他文化认同指标的交叉关系：科特尔（Cottle，1993，1997），施莱辛格和唐博（Schlesinger & Tumber，1995），布罗姆利

和奥马利（Bromley & O'Malley，1997），布罗姆利和斯蒂芬森（Bromley & Stephenson，1998），卡尔特、布兰斯顿和艾伦（Carter，Branston & Allan，1998）。在每种研究中，新闻业都是理解文化权力、文化生产和公众参与的默认主体，被视为“明确的，即使不太可能，也是盟友”，文化研究和新闻业仍然保持着密不可分的联系（Wark，1997，111，179－185；Hartley，1999）。

新闻业与文化研究间的早期联结是有意义的，这种联结从对现实世界的共同承诺演变而来。虽然文化研究往往会受到政治许诺的推动，但新闻业的许诺也在试图解释现实生活中的事件，从而提高公众对日常生活中的关键体制，如政府、经济、教育的运作过程的理解。由于对文化影响现实世界的现有解释持续不满，文化研究试图同时记录学院内外的生活，而新闻业提供了评估其形态的宝贵场域。对权力和话语的强调，使新闻业成为探讨与文化研究相关的问题的自然环境。在哈特利（Hartley，2003，137－138）的观点中，新闻业和文化研究的学科视角是相似的，即可以“探索社会的方方面面， 161
描述他人的生活，为普通读者推广专业知识，代表‘政府’讨论适当的行为（法律和道德）与管理制度（决策、政策），以审查其决策与行为，通过将世界文本化来了解世界，并使用适当的习语与目标人群进行沟通”。

此外，公民权益和公民知情的权利和义务都建立在两个领域的基础之上。正如特纳（Turner，2000，362）所指出的，两者都追求“共同的道德建设，旨在加强公民原则和发展批判性思维能力，这是民主新闻界与民主读者群理想观念的基础”。哈特利（Hartley，2003，138）进一步强调了这一点，指出“新闻业和文化研究实际上是社会生产日常生活知识的竞争者”，共享“人类生活的负面影响，人类进步的代价”的吸引力。

然而，随着英国文化研究的发展，越来越多的文化生产形式在英国内外得到发展，新闻业作为分析场域的吸引力逐渐减弱。事实上，在接下来的几十年里，英国文化研究中的大部分工作成果开始从新闻业中消失。随后发表的一些关于关键词和核心文本的简要概述证明了这一点。

虽然汇集文化分析的关键词或关键概念的词典从20世纪80年代末开始被出版，但“新闻业”和“新闻”这两个词很少出现在它们的索引中

[O'Sullivan et al.，1983；Brooker，1999；Edgar & Sedgwick，2007（2002）；Bennett，Grossberg & Morris，2005；Mikula，2008]。当时最为丰富的文化研究选集（Nelson & Grossberg，1988；During，1993；Baker，Diawara & Lindeborg，1996；Shiach，1999）都没有提到新闻业或新闻。一本文集仔细追踪了与文化研究相关的学科交叉点（Miller，2006，12），列出了一长串与其有联系的包括社会学、人类学、法律、哲学和考古学在内的所谓“系列知识”，却忽略了作为主体的新闻业。格罗斯伯格、纳尔逊和特雷克尔（Grossberg，Nelson & Treichler，1992）为读者提供了十六个文化研究的标题，却没有一个提到新闻学，弗格森和戈尔丁（Ferguson & Golding）的《文化研究的问题》（*Cultural Studies in Question*，1997）被认为是该领域“最激进的攻击”（Erni，2001），但也将新闻业排除在讨论之外。即使是试图奠定该领域基础的介绍性文本也未对新闻业进行显著的讨论（Brantlinger，1990；McGuigan，1992；Storey，1993；Giles & Middleton，1999；Tudor，1999；Oswell，2006）。这些作品有一些在有关媒体的讨论中提到了新闻业，但正如
162 凯瑞（Carey，1997b，332）所指出的那样，“把新闻业与媒体或传播混为一谈，就是在把鱼的故事与鱼相混淆”。

对新闻业关注度的参差不齐，使新闻业的文化研究受到了影响。一方面，学术研究转移到了与其自我意识明显相距甚远的新闻领域——小报、另类报纸、在线转播、超时电视真人秀、喜剧演员、讽刺作家和用户生成内容的生产者。但可以肯定的是，新闻业的自我意识从来没有稳定过。甚至在今天，许多记者也将新闻界的某些平台排除在外，比如高科或《每日秀》（*The Daily Show*）。尽管研究人员在被视为与新闻业核心对立的新闻工作上获得了大量重要的学术成果（Langer，1998；Lumby，1999；Sparks & Tulloch，2000；Andrejevich，2003；Baym，2009；Jones，2009；Jarvis，2011），但是，他们还是再现了另一种狭隘，他们提供的这种被绘制成替代性路径的新闻视野，倾向于避开主要由记者们推动的传统新闻领域。换句话说，在为新闻研究提供了有价值的补充的同时，这类研究也在无意中增加了传统新闻与不同规制的新闻之间的分离，如另类的、小报式的、对抗性的、后来的、众

包式的、用户生成的，以及讽刺的和戏剧性的新闻。这便失去了二者合法地成为同一个世界的两部分的神韵。

当有关传统新闻的文章出现时，它们的表达方式就好像新闻只是与“媒体”相关的背景设置中的一种选择。但如此定位，使新闻业失去了其独特性，新闻业被隐藏在了性别呈现、政府审查、民主和公共领域的对象不稳定且不明确的讨论中。这种观点使新闻业与电影、电视和小说等文化形式更为相似而非相异。虽然这最初激发了对新闻业的文化探究——这可能更多是一件好事，但与文化权威相关的特殊性是未经审查的，完全或主要有关新闻业，特别是对事实、真相和现实的推崇。此外，与其他文化文本一样，当肥皂剧、詹姆斯·邦德（James Bond）电影或游戏可以被用来分析迄今为止被忽视的文化产品的边缘时，新闻开始变得不如那些具有明确文化性质的形式那样有趣。

这并不是说新闻专业人士自身对文化研究的关注表示欢迎，这种关注也并不均衡。这两个领域之间的问题仍然存在。当文化研究把新闻业作为一个可行的分析场域时，其目的很明确，即把权力放在语境中，认识到新闻在传播关于世界如何运转的强大思想方面发挥了重要的作用。因此，发展起来的 *163*
学术研究通常更多是在谈论文化与文化权力，而非为那些新闻记者能够继续担任记者提供有价值的见解。特别是在新闻研究因资源不足而引发地盘争夺战的地区，两大阵营之间的彼此反感十分强烈。20 世纪 90 年代末，澳大利亚新闻教育工作者和文化研究学者进行了公开争论（Windshuttle，1998；Hartley，1999；Turner，2000）。这两个领域彼此之间的不满变得如此明显，以至于一位南非学者（Tomaselli，2000）批判性地转述了新闻教育工作者的观点，认为文化研究是“新闻教育产生混乱的最主要的原因”。

文化研究学者对新闻业的兴趣的千差万别似乎有多方面的原因。部分原因在于对启蒙运动思想的批判和对理性解放力量缺乏信心，而这种力量越来越成为文化研究观察世界的任务的基础。随着文化研究学者越来越多地把新闻看作是对事实、真相和现实的支持，新闻业对现代主义和米勒（Miller，1998）所称的“真相技术”的持续忠诚，使其与上述世界观相左。换句话说，在文化研究学者看来，新闻业的上帝术语本身就是一种令人不安的证据，证明了对正堕落的神的一种盲目崇拜。

这种不平衡的兴趣还源于新闻业强大的体制地位，而现在这种地位正在衰落。新闻业鼓励了对某些重要方面的审查，如当权者倾向于与政治和经济权力勾结，却未能进行持续的独立调查。然而，一旦这些维度确立，新闻业作为一个整体的原本值得分析的对象往往就会被许多文化研究抛弃。文化研究关注新闻业的权力和权威的方式不那么明显，而且成果看上去不那么丰硕。例如，当权力和权威开始瓦解，而对事实和真相的信念持续存在时，就会出现严重的冲突，这引起了许多文化研究学者的兴趣。他们不愿否认新闻业的体制性存在，是因为与这种存在相关的力量提供了丰富的分析对象，也因为体制机构消散时呈现出的状况对于文化研究来说并不那么具有吸引力。

最后，对新闻业兴趣的不平衡也反映了不同学者对“什么是证据”这一问题的根本分歧。新闻研究的实证主义及对事实、真相和现实概念的关注，似乎都与文化研究通过历史、社会、政治和经济的偶发事件进行探究的逻辑
164 相冲突。文化研究对建构性、反身性、参与性、主观性和相对性的坚持，与新闻工作者们所宣称的保持距离，坚持准确性、平衡性和客观性并不匹配。其中一些原因可能是将英国文化研究应用于美国语境后出现了相关问题。正如哈迪特（Hardt，1986）在 20 世纪 80 年代中期所警告的那样，美国学者对英国文化研究的挪用，使其失去了最初的政治承诺，因为它是在与美国不同的环境中塑造自己的。也许没有什么比这更清晰地展现出，新闻业随后退缩为一种边缘性实践、流行化氛围和差异化世界。

总的来说，这些都使得新闻业，尤其是传统的新闻业，对英国文化研究在全球的传播毫无兴趣。然而，我们需要质疑的是，在定义新闻业及其研究的过程中，文化研究是否过于注重表面价值？也就是说，在通过新闻业的自我呈现来表明什么是新闻或新闻可能是什么时，新闻业自身运作中的细微差别被简单地排除在分析之外，而不是用其处理新闻业中毫无意义、不合逻辑和不协调的方面。这些方面包括不断发生的突发事件和矛盾，令人厌烦且常常徒劳无功的讨论和谈判，涉及民众与官方、私人与公众、外行与专业、失

实和诚实、偏颇和平衡的冲突。文化研究学者对这些方面视而不见。他们明显迎合了官方新闻业的自我意识，阐明了对后一种选择（忽视）的坚持和对前一种选择（解决问题）的否定，从而巩固了基本上否定整个新闻研究的理由。文化研究对新闻业的失衡反应导致了其官方自我呈现偏向现代主义，这一呈现强调新闻实践中的信息性、公共性和理性的一面，而忽略进行愉悦、娱乐或简单的情绪化实践的一面。然而，对新闻业的这一面进行研究，使我们只能认识到它的一部分。

就大部分文化研究来说，许多学者对传统新闻业的研究显得目光短浅。新闻作为科学的延伸和知识生产的科学模式，与文化研究主导的批判性，有时甚至是戏仿性的学术立场相对立。文化研究弱化了关于新闻的实证知识的影响，忽略了新闻世界的细微差别。人们没有意识到，在这一过程中，文化研究忽略了许多与记者自身专业实践特点相矛盾的内容。然而，这些细微差别之所以值得讨论，是因为它们聚焦于新闻业如何看待自己的核心问题。

并不令人惊讶的是，这种倾向产生了不同的解释，与英美文化研究的不 165
同之处相呼应：一些人认为，它代表了一种知识模式，这种模式“不亚于重新思考所接受的真相，并改造所继承来的解释框架”，成为“一种普遍怀疑的症状和继承普遍真理能力的幻灭”（Hartley，2003，2）。其他人则认为这是一种“道德和政治词汇，如果不是反民主的话，至少对有价值的政治实践与某些学术习惯相互交织的方式不够敏感”（Carey，1989b）。

因此，新闻的原始前提和大量的文化研究彼此对立。一个信奉事实、真相和现实，另一个推崇建构性、反身性、参与性、主观性和相对性。尽管一些学者试图将这两个领域联系起来，特别是爱泼斯坦（Epstein，1973）、塔克曼（Tuchman，1978a）和吉特林（Gitlin，1980），但根本性的差别仍然存在。在不同的被认为是对证据的汇编和解释的概念的驱动下，新闻的文化研究中的更为广泛的不和谐被呈现了出来，但也难以解决如何研究这一现象的文化维度的问题，这一现象要求为所能触及的世界进行指数化和参考性的呈现。

这种不平衡会造成什么样的影响？事实上，文化研究对新闻业兴趣的不稳定鼓励了它逐渐变得更像是当代新闻教育的基础，回应了对新闻专业精神的渴望，与其说像是对公共领域的一系列象征性表达的实践，不如说是狭隘的政治和经济利益的交叉点。实证主义的要素——事实、真相和现实——在研究中被以一种自以为是的热情消除了。有一段时间，在相当多的学术研究中，新闻研究退回到了最初的领域——新闻教育、培训和专业化的理论世界，以及对其解释事实、真相和现实的能力进行评估。“事实”的中心地位和向实证知识的迁移，加强了新闻学作为一门专业学科的基础性自我怀疑，阻碍了文化研究对新闻事业的兴趣及新闻事业对现实世界的客观、平衡、准确、保持距离的要求，削弱了许多文化学者考虑新闻实践细微差别的能力。在很大程度上，它本身并不被认为是一种文化形式，而是被定位为“他者”。它被英国的许多文化研究建构为无趣的领域，而且在很大程度上类似于新闻记者最
166 初所宣称的那种状态。这意味着，尽管有着颇具前途的开端，但在许多文化研究中，新闻业的学术研究不再与其他种类的文化现象相似，而更像是一种文化分析不再感兴趣的素材。换句话说，许多文化研究学者引领了那些太过关注新闻记者和新闻教育工作者言论的人，将对新闻业文化研究的兴趣推至边缘，使其变得次要。

诚然，这种趋势也有一些例外，而且随着时间的推移恣意发展。在某种程度上，这一进程是由重视文化研究长期以来倡导的主观性、反身性、相对性、建构性和参与性的数字环境推动的：斯托里（Storey）在他对这一领域的概述《文化研究和大众文化研究》（*Cultural Studies and the Study of Popular Culture*，1996）中专门用一章的篇幅介绍了报纸和杂志，在《发明大众文化》（*Inventing Popular Culture*，2003）中着眼于电视新闻，开始了他对全球化问题的讨论。莱西（Lacey，1998）用《十点新闻》（*News At Ten*）中的一篇文章阐释了媒介研究和对视觉文化的制度分析。皮尔森和哈特利（Pearson & Hartley）在《美国文化研究读本》（*American Cultural Studies：A Reader*，2000）一书中展开了他们的研究，再版了具有政治进步意义的新闻论文，并用其中一章专门论述了新闻业。德拉姆和凯尔纳（Durham & Kellner，2001）讨论了报纸在不同文化语境下的地位，而布兰特、赫

尔墨斯和范佐宁（Brants，Hermes & van Zoonen，1998）专门用了整整一节来讨论“大众新闻业的伦理”。哈特利的关键概念读本《传播、文化和媒体研究》（*Communication*，*Cultural and Media Studies*，2002）谈及与新闻和新闻业相关的术语，他的《文化研究简史》（*A Short History of Cultural Studies*，2003）追踪了新闻业的现状，同时也关注了更大的文化权力问题。流行读本和介绍性文本的更新扩展了对新闻业的讨论（O'Sullivan et al.，1994；Barker，2000；Stokes，2012；Burgett & Hendler，2014）。刘易斯（Lewis，2002）和罗德曼（Rodman，2014）都把新闻业和新闻纳入了他们对文化研究的讨论。到了2000年和此后的十年，新闻业在文化研究文本中的地位更加稳固。为了顺应这一趋势，该领域的介绍性文本现在经常以新闻业读本为入门，从中思考意识形态的轮廓（Ryan，2010）。

同样重要的是，强调新闻业的文化研究有助于扩大自己的研究范围，从而影响新闻业研究的核心，也能扩展现在被认为是新闻的变量。这包括与传统核心不一致的新闻形式——脱口秀、真人秀、游击队电视（guerrilla television）①、视频行动主义（video activism）、用户生成内容、协作众包式论坛、讽刺节目和喜剧（Boyle，1992；Shattuc，1997；Rowe，1999；Friedman，2002；Andrejevich，2003；Allen，2006；Baym，2009；Jones，2009；Ristovska，2016）。它还包括关于新闻业与各种身份特征的交叉研究，包括种族、阶级、性别、性取向和族裔（Gabriel，1998；Ainley，1998；Gross， *167*
2002；Stabile，2006；Meyers，2013；Yazbeck，2016），以及对在新闻工作与不同体制设置的交汇点上出现的各种不同实践的研究（Waisbord，2000；Ouellette，2002；Fox & Waisbord，2002；Deuze，2007；Williams & Delli-Carpini，2011；Sender，2012）。这表明，即使注意力不平衡，新闻业仍然能够让人感受到它的存在。

---

① 游击队电视，由迈克尔·沙姆伯格（Michael Shamberg）于1971年首次提出，是指20世纪60—70年代，由迈克尔·沙姆伯格等人创立的名为“Raindance Corporaton”的视频组织，是地下媒体的一种类型。

新闻业与文化研究的未来

新闻业与文化研究共存的核心是认识论上的不安，每当不同的研究领域产生接触密切时，这样的不安就会显现出来。而问题仍然是如何以保持新闻研究和文化研究的完整性的方式来应对这种不安。

自 20 世纪 90 年代中期以来，我们多次呼吁重振文化研究，无论是以英国的形式还是以美国的形式（Frow，1995；Stratton & Ang，1996；Wright，1998；Bennett，1998；Striphas，1998；Couldry，2000；Berube，2009）。与此同时，人们还提出了更好的用于解决文化研究和新闻业融合问题的举措（Hartley，1999；Turner，2000，2011；Tomaselli，2002；Deuze，2005；Harrington，2012）。总的来说，从新闻业文化视角上的价值出发，我没有谈到新闻教育中挥之不去的问题，也没有谈到那些渴望专业精神的记者的抵抗，我在这里所追踪到的轨迹表明，新闻业在继续为文化研究的未来提供试金石。将新闻业重新定位于文化研究的前沿，可以帮助文化研究走上自己的学术成熟之路，成为更全面完整的知识学科，而不是处在与周围研究领域相反的位置上。

自从米汉 · 莫里斯（Meaghan Morris，1988）首次对文化研究的平庸陈腐表示担忧以来，已过去了近三十年。她的预言——文化研究会发现自己很难拒绝简单地对不同的文化对象发表类似的声明，因为现有的分析模式运行得很好——似乎在联想到对新闻业的忽视时便得到了证实。新闻业仍然是一个可以帮助文化研究以优雅和慷慨的方式来渡过自己的“中年危机”的研究领域。重新审视文化研究的宗旨，不仅可以使文化研究更充分地适应新闻业，而且可以使新闻业更有效地服务于文化研究的使命。

不仅仅是视角上的差异，新闻业和文化研究之间也有着令人不适的距离。文化研究能够把自身实例化为一个知识领域，在其自身的主张和作为证据的
168 内容中得到保障，这是其关键所在。它能否成长为一个拥有足够自我认知的领域，取决于它是否具备扩张并囊括像新闻业这样的现象的能力，而不是收

缩到将这样的现象拒之门外。有足够的证据表明它可以做到这一点。即使新闻业在一定程度上挑战了文化研究的一些主张，但文化研究往往也不愿承认有必要拓宽自己的领域。

文化研究忽略了把新闻业纳入其核心的可能性，因为这样做需要密切关注文化探究的局限性。因此，现在可能是时候让文化研究直面新闻业呈现出的问题了，以及这些问题的局限性，因为这对于任何长期关注真实世界的研究来说都颇有借鉴意义。在某些方面，认识到现实是存在的以及真相和事实具有普遍性，并不意味着放弃相对性、主观性、反身性、参与性和建构性。事实上，当前新闻业对用户生成内容和数字化的关注凸显了两者兼而有之的必要性。这仅仅表明，随着我们对外部世界的认识越来越多，我们对它们的关注也被束缚了。

第三部分

思考新闻实践的新方式

如何思考新闻实践的新思路

与詹妮弗·亨里克森（Jennifer Henrichsen）、
娜塔莎·雅兹贝克（Natacha Yazbeck）合著

复杂和持续的变革使新闻业需要一种适应其不断变动的自身概念的理解方式。因为任何新闻业的概念化，无论多么全面，都会受到现有知识的限制。那些意欲进一步思考新闻业的人，需要对此保持高度警觉，以便敏锐地捕捉新闻业发生的变化。

然而，任何扩大新闻业职责边界的尝试，都不可避免地受到很大程度上仍具不确定性却能被切实观察到的重要结构的影响。以一种适洽伴随现代性而来的环境的方式，一系列的二元对立形成了人们对新闻的智力参与。新闻业应该是什么的问题突出了一系列有关新闻工作的相互对立的冲击，如明确/犹疑、信息/表达、客观/参与、中立/倾向、专业标准/文化心态等。这表示它们以牺牲彼此为代价，而不是停留在持续且混乱的调和中。这类冲击被赋予了黑白基调，也回避了色调多元的日常生活。这造成了以少数事实为预设去理解新闻业的问题的特点，并将新闻业视为从世界分离出来的存在，而非世界的衍生物。

以二元对立的方式思考新闻业，困扰着那些新闻工作者。将新闻工作和实践本身视为价值相近范畴，他们在无意中经常通过错误的二元论来预设那些驱动新闻工作的最复杂的、细节的默认假设。新闻采写的工具和设置有不同的评估维度——硬/软新闻、主流报纸/小报、观点/事实、文字/图像、传统/新兴媒体。同样，新闻工作者的人口统计学数据被划分为不同类别——管

172 理者/职员、男性/女性、白色/有色人种、高级/初级、全职/自由职业者，同时实践新闻工作的不同平台的权力有异——传统/数字、单一/复合、中立/偏袒。一些新闻主题被自动视为是值得报道的，同时另一些被看作是有所争议的——危机/安定、种族/性别、政事/作风、蓝领/白领犯罪。这些二元论本身就存在问题，而且它们还会引发额外的争议，因为它们更普遍地助长了公众对新闻的预期。

因此，这些二元对立的方式便毫不令人惊讶地被扩展到了新闻业以外的范畴，它们的任务是帮助他人制造与世界的交集。它们有特权期待哪个平台应该监督新闻业——民族国家/全球监督者、政治/军事、商业/监管；它们与政治建立了新闻式的联系——唱赞歌者/唱反调者、左/右派、自由/保守；它们提出了新闻保护的重要概念，但不一定是全面的——部分/全部记者、取得资质的记者/本地支持人员、传统记者/用户生成内容的制作者、副线报道者/译者。

晚期的现代性著作认为这种划分对于解决当下的问题是不恰当的。在思考什么样的新闻作品最有效时，二元论的观点使新闻业对世界的反应变得迟钝。更确切地说，一种更流动、更不线性、更不稳定的推动力推动着新闻业的变革，这样一来，就打破了对二元论的坚持，这种坚持曾使我们即使在实际情况必然发生变化的情况下，依然倾向于稳定和持久。

例如，对 2003 年伊拉克战争的报道，既对新闻是什么，也对新闻能是什么进行了回答，它也是长期伪装成自治机构的跨机构依赖的典范。随军报道最终凸显了过于接近军队的危险，而非缺乏人身保护的随军记者接触军事人员的机会。随军和单边的二元对立有着不同的覆盖范围和实际后果。

与此同时，外部力量常会通过提供逐步更新的知识、造成关联、保护和限制认知的方式，对我们自认为的新闻认知进行塑造。即使联合国长期认可新闻实践是一种职业，但更多的仍是将其视为一种功能：联合国人权委员会在第 34 号一般性意见中说，新闻业是“由广泛的参与者共享的功能”。尽管对新闻扮演了特殊社会角色的共识不断进化，如为公众提供允许思想、观点和信息交流的内容，但伤害全世界记者的人仍逍遥法外。除去明确的保护目标，暴力和审查制度也普遍存在，包括那些希望不受到伤害的记者的自我审查。这使新闻记者成为注重言论自由和思想多元化的环境的一个测试样本——联合国安全理事会第1738号决议（UN Security Resolution 1738）就是一个例子，该决议认识到，如何在武装冲突中保护新闻记者的问题是紧迫且重要的。 173

本章所阐释的观点是，在长期的新闻研究中，是或否的二元论不足以充分、明确地阐释内在以及外在的新闻实践轮廓。新闻业作为世界的一部分，报道、描绘了可识别的文化形式和比喻，并将其看作更加广泛的表达、陈述和解释模型。本章为思考新闻实践提供了许多可供选择的视角，但这些视角很少成为记者既定自我意识的一部分。包括接纳超越专业的共同体和超越影响性的文化，以及对超越文字的想象的阐释。考虑到与水门事件类似的事件，如麦卡锡主义和21世纪的战争——涉及以色列占领区的“巴勒斯坦武装起义”、“9·11”事件、阿富汗战争、2003年伊拉克战争、击毙奥萨马·本·拉登和当前的叙利亚冲突，它们提出了一种可能性，即重新思考新闻业必然包括首先重新思考其不断变化的实践图景。

第九章　新闻记者作为阐释共同体的回归

175 一个共同体的建立需要什么条件？自从美国新闻记者首次被定义为一个向上流动的群体，学界已开始将记者视为专业人士。然而，将新闻工作视为一种专业，限制了我们对新闻实践的理解，使我们只能在我们选择的框架下有限地审视新闻业的各个层面。

在这里，我不使用“专业化”的视角，而是用另一种方式去将共同体概念化。正如我在 1993 年首次提出的观点那样，我认为新闻话语、非正式交往、叙事和讲故事都是新闻实践的重要方面，它们会因惯常的职业化探讨而失色。然而，这些领域的每个个体都有助于将记者联合起来。他们共同指出需要一个可供选择的框架，以此审视每个人为何如此行事。通过考虑新闻实践的不同层面，我们认为新闻工作不仅是一种职业，更是一个阐释共同体，它是通过对共同话语及重大公共事件的群体性阐释形成的。

将记者视为一个阐释共同体，要求在研究中围绕新闻采编历史上关键时刻的新闻话语的扩散，将这个共同体作为理解共同过去的一种方式——通过这种方式，记者使自己的工作变得有意义。将这一框架应用于美国新闻史上两个中心事件——水门事件和麦卡锡主义，可以帮助我们思考记者如何有效利用这两种话语去理解新闻业，以及处理被职业视角这一主流思路忽视的实践要素。

主导框架：作为专业人士的新闻记者

长期以来，把新闻工作看作一种职业有助于我们理解它的弊端，但职业化的意义却尚不明确。社会学家认为职业群体的特征为拥有特定组合技能、自主性、培训和教育、组织、行为准则、许可和服务导向（Moore，1970）。“职业”也提供了一套知识体系，指出个人在所有既定情况下应该去做与应该避免的行为（Larson，1977；Gouldner，1979；Freidson，1986）。新闻记者被认为通过工作获得了社会地位，他们通过专业行事，展现职业群体被预设的特征，并进行了一种意识形态导向的作品生产，以之作为维系共同体边界的必要条件（Janowitz，1975；Larson，1977；Johnson，1977；Freidson，1986）。因此，即使在时空中摇摆不定，记者的共性也是由一个共同的、以完成相关工作为目的的参考系决定的。正如威斯堡（Waisbord，2013，3－4）所指出的那样，职业性模糊了明确的定义。正在进行的“语义争论”将职业性看作“一个概念范畴，一个规范化理想，一种揭示新闻业如何与打造媒体生态的经济、政治、社会和文化力量相交织的叙述方式”。 176

新闻业如何从与职业性的联结中获益？自 20 世纪初，当一群分散无序的作家通过达成一个行为准则来建立秩序时（Schudson，1978；Schiller，1981），职业性的观念便被用来给记者提供对工作条件、薪水与任务的掌控感。新闻记者决定“什么是新闻”的能力，通常与非新闻记者在高层管理部门从事的工作放在一起做比较，这被认为是新闻记者区别于非新闻记者的专业技能。早在 20 世纪 20 年代，媒体人士就已经广泛认同了从业者比他们的听众更有资格来决定听众兴趣与需求的观点（Tuchman，1978b，108）。

在新闻机构中，这种观点已被用来防御变革、控制权的丧失与反叛的可能性（Soloski，1989），专业技能背后的意识形态导向也被当作新闻业声称的权威的一部分。对职业性的要求，不仅产生了完成工作的特定态度的权威光环，而且表达了记者应该以何种方式去报道——作为持客观、中立、平衡态度的编年史史学家（Schiller，1981）。从历史上看，采取这一立场有助于消除报道主观性所固有的危险，保护记者不被法律和公众追责，同时也使记者可以自称为专业人士（Tuchman，1972；Shudson，1978）。

虽然当代学者倾向于通过职业的框架来评价新闻，但事实上，这在实践中表现得并不均衡。例如，新闻活动的各种类型在关于新闻作为一种职业的

177 大多数正式讨论中都没有被提及。用韦斯伯德（Waisbord，2013，6）的话来讲，这是“基于职业和规范定义的不断融合”。例如，有经验的记者很少承认他们使用了事实的结构，这在批判性的观察者看来是新闻报道的一种常见方式（Tuchman，1978a；Schiller，1981；Goldstein，1985）。他们反而强调职业准则中倡导的对于客观、平衡的坚守（Gans，1979）。新闻记者如何以及为什么利用职业性来掩盖其活动建构的实质仍处于迷雾之中，“职业性”成为隐藏建构现实的复杂机制的代码。这一问题一直未能得到解决，从而使新闻工作得以未受批判地蓬勃发展。

对新闻业的正式讨论中，记者间的非正式联系同样被忽视了。社会学家们认为，新闻记者们在特定的集体意识工作中（Tunstall，1971；Roshco，1975；Tuchman，1978b；Gans，1979；Fishman，1980；Roeh et al.，1980），赞成横向而不是垂直管理，协商而不是等级权威化（Blau & Meyers，1956；Tuchman，1978a；Gans，1979；Fishman，1980）。所谓“一窝蜂新闻”、媒体库、简讯、社会俱乐部成员资格或使记者掌握有关他们行动的规则、界限与适洽意义而并没有被上级告知的其他方式，都更具规则性。他们提倡建立由职业实践观念指导的高度标准化的“非正式的联结网络”，这个网络负责将记者联合起来并纳入共同体中。然而，以非正式集体为基础的行事方式并没有将新闻工作作为一种职业来讨论，因此留下了许多疑问。例如，新闻的共同体是如何通过文化讨论产生的？记者如何通过谈判、讨论和挑战其他记者来完成工作？定期与同事讨论故事的构思或表达方式，会起到什么作用？记者如何通过在媒体上重复报道获益？记者如何驾驭他们从其他机构——包括法律、医疗和军事机构——成员处得到的解释？

记者之间的叙事和讲故事的实践同样被忽视了，而它们具有凝聚共同体的力量。即使记者倾向于互相探讨与叙述和叙事有关的话题——实现“如何讲述新闻故事”“如何在虚构中凸显事实”或是“如何适应不同的新闻呈现风格”的艺术（Berryhill，1983；Evans，1991；Farhi，2007；Truong，
178 2015），向非记者承认对叙事实践的依赖似乎仍意味着缺乏专业精神。尽管这一议题带来了广泛而持续的学术研究（Darnton，1975；Schudson，1982；

Carey，1986a；Campbell，1991；Johnson-Cartee，2004；Fulton，Husiman & Murphet，2006），但它们的共同前提是：好的说书人造就坏记者（Bird & Dardenne，1988）。

然而，在新闻讨论中忽视叙事并没有带来好的效果，因为这样做会产生对叙事实践的矛盾心理，并对事实与虚构之间的区别产生愤怒。尽管与该话题相关的丑闻可以被追溯至很久之前，但近期的丑闻有 2014 年《滚石》报道的性侵丑闻与美国全国广播公司主播布莱恩·威廉姆斯虚构其直升机在伊拉克遭遇火袭的故事。之后，威廉姆斯被罚取消无薪假期并被降级，但这却使美国全国广播公司的一个不太成功的子平台获得新生。在一个愤怒的观察者看来，新闻业在处理这一问题时并不公平，威廉姆斯“践踏真相，违反了新闻伦理的首要原则……而他所遭受的却只是批评和减薪”（Hallock，2015）。强调理解新闻业的已有框架范围的做法并没有阐明叙事实践带来的影响。然而，值得思考的是，新闻记者如何赋予自己解释力，新闻媒体如何采用某些受欢迎的叙事，以及叙事如何帮助记者调和对某一事件的不那么有力或连贯的描述也是值得考虑的。在新闻报道中，叙事的重复既与新闻记者之间的联系有关，也与受众的理解或信息传递有关。

最后，新闻业根本不需要专业化外衣。新闻业与医学或法律等职业不同，在医学或法律这些职业中，专业人士通过社会认可的培训、教育和执照考试来使自己的行为合法化，而这些表现与从业者的关系有限。记者倾向于避开新闻教科书、新闻学校和培训项目，以及新闻行为准则（Johnstone，Slawski & Bowman，1976；Weaver & Wilhoit，1986；Becker，Fruit & Caudill，1987）。培训被认为是对“渗透和法令的结合”的替代，带有大部分与实践不相关的道德规范和常规的拒绝许可程序（Goldstein，1985，165），而且媒体内部认证的价值与作用也很有限，在哈伯斯塔姆看来，媒体资格证的作用如同“社会信用卡”（Rubin，1978，16）。记者同样不被行业组织吸引，美国最大的行业组织专业记者协会的公告称，截至 2015 年其会员仅有 9 000 名。因此，专业化的表象并没有形成一幅连贯的新闻业图景。

因此，当记者被视为一种职业时，记者们的境况并没有好转也就不足为

奇了。在某些情况下，记者倾向于忽视、淡化某些新闻要素，或者对事件的
179 表象保持矛盾心态，这使他们有可能被贴上“不成功的专业人士”的标签，并因提倡“训练有素的无能”而遭非议（Tuchman，1978b，111）。正如一个研究小组反复表明的那样，“现代记者关于职业但不是一类职业……专业化的体制形态可能会永远让记者望尘莫及”（Weaver & Wilhoit，1986，145）。因此，将新闻工作视作一种职业的观点，提供了一个限制了新闻实践与新闻业的解释方式，它将新闻记者组织成职业性群体，为新闻工作运行的动力与方式提供了一幅并不完整的图景。

这并不意味着以新闻记者为代表的集体不存在。因为我们知道，新闻记者是作为一个共同体发挥作用的，即使他们不是仅仅按照专业的路线组织工作。例如，“公交车上的男孩”或者“画廊中的眼睛”，都反映了一种共同的参考系。然而，我们确实需要用另一种方法来解释共享的实践，而不是采用形式化的专业提示。我们需要一个框架，通过关注记者如何塑造关于他们自己的意义来解释新闻。

替代性框架：新闻记者作为一个阐释共同体

从新闻学和媒体研究转向人类学、民俗学和文学研究，可以找到一种新闻共同体概念化的替代方法。海姆斯（Hymes，1980，2）将阐释共同体定义为一个因对现实的共同解释而团结在一起的团体。费什（Fish，1982，171）认为，在文学研究中，阐释共同体决定文本和“决定阅读内容的形式”。阐释共同体的成员在相互交往中表现出一定的权威、沟通和记忆模式（Degh，1972）。在共同体成员如何“认识、创造、体验和谈论文本”方面，他们的约定在很大程度上是默认的和可协商的（Coyle & Lindlof，1988，2）。在某些情况下，它扮演着“记忆共同体”的角色，随着时间的推移，其中的成员会使用相同的解释（Bellah et al.，1985）。这些观点表明，共同体不是通过严格的培训或教育指标（如专业框架所示）形成的，而是一种围绕共同的解释建立起来的非正式协会。

在受众研究中，阐释共同体的概念得到了最广泛的应用，但不同的群体对同一文本的理解是不同的（Morley，1980；Radway，1984；Lindlof，1987）。传播者本身可被视作一个阐释共同体（Zelizer，1992b，1993a）。长期以来，新闻研究一直隐含着对某种集体知识的依赖：帕克（Park，1940）将新闻视为知识的一种形式，凯瑞（Carey，1975）将传播定义为仪式和共同 180
的理解框架，奥布兰（O'Brien，1983）将新闻视为伪环境，舒德森（Schudson，1988，1992）研究了记者如何构建关于他们自己的知识。这些研究把记者视作一个阐释共同体，并在话语中找到了统一，这成为记者如何看待自己的一个标志。

我们可以通过职业提供的线索之外的其他渠道来检验记者的合法性。记者们聚在一起，创作关于他们过去的故事，这些故事被例行公事地、非正式地相互传阅——故事里包含了对现实的某种建构、各种叙述以及非正式实践。他们通过非正式会谈、专业和行业评论、专业会议、自传和回忆录、访谈节目和媒体回顾等渠道，以及话语，创造了一个共同体。因此，将新闻业视为一个阐释共同体与假定新闻业是一种职业的观点不同，两者依据的是不同的线索——这些线索对记者本身至关重要。特别是，记者们通过共同的过去草率地制定和商议出的首选行动标准——集体记忆——来自对某些关键事件的报道的循环利用。新闻记者参与到一个正在进行的过程中，在这个过程中，他们创造了一系列对过去而言极为重要的事件，并将其作为评判当代行动的标准。通过对共同记忆的解释，他们建立了实践的权威，而这些实践不一定被认为是一种职业。

新闻记者在探讨日常工作时，常巩固他们作为阐释共同体的观念。而阐释共同体作为一个分析框架的价值，可以通过审视新闻史上关键事件的新闻话语来窥得。新闻记者通过这些阐释目标强调其权威性，形成"批判性事件"，或者列维-斯特劳斯（Levi-Strauss，1966，259）所称的"热点"（hot moments）——社会与文化形态通过它们来评估自身价值。这些批判性事件并不一定"客观地"存在，然而，根据米歇尔·德赛都（Michel de Certeau，1978）的观点，这些事件是赋予它们话语含义的个人或者集体的投射，并作为平台，带来对实践边界的协商和挑战。例如，战时报道可能会被视作反对早期战争，如同对 1991 年海湾战争的报道被判定为与二战、越战的报道相左（Reporting a New Kind of War，1991；Valeriani，1991；Zelizer，1992b）。对于批判性事件的探讨为我们提供了一种通过集体记忆来消除新闻业疑虑的
181 方式，同时，专业意识至少部分出现在了适当实践的边界需要重新协商的断裂处。这样的话语创造了专业行为的标准，用以评价日常新闻工作。

由此，当日常新闻作品中未得到解析的维度需要补充时，话语往往会出现激增的势态。记者与时间的关系就是这样一系列实践。记者构成了（或需要）所谓的“双重时空”（Bhabha，1990，297）。记者不仅将自身看作他们描述的客体，而且视作他们早期报道中详细阐释的其他内容的主体。因此，尽管传统的学术成就主要基于记者的原始报道，而不是多年后的共同回忆来考察记者，但将新闻业视为一个阐释共同体是必要的，因为它兼顾了“双重时空”的定位。同时，它提供了一种评判记者对关键事件“双重时空”的同步适应力的权威性的分析方式，从而扩展了他们的集体权力的边界及由其产生的共同体的边界。这些“双重时间”的叙事阐释在在地性与延续性两种模式下运作。

在地性阐释模式

记者通过我所称的在地性阐释模式来赋予自己参与重大事件讨论的资格。在这里，记者讨论了用在地性的和确定的同时期的时间观点阐释一个目标的重要性。这是为记者提供维护自身职业意识形态话语标记的关键，新闻记者的权威性，被认为源于他们身处事发之地以及作为目击者的话语的可信度（Zelizer，2007）。在制造如“目击证据”、“监察者”、“在场”、发现真相的实践或者“正在事发现场”等隐喻的过程中，记者不仅应强调他们在场的话语，还要坚持自身意识形态的重要作用。借用霍米·巴巴（Homi Bhabha，1990，297）的说法，记者承担了“教育”的职能，给予话语形态一个基于预先给定的历史事件的权威。

在地性的话语模式可以是积极的或者消极的，却很少同时兼具。尽管记

者们最初可能会讨论实践标准中任何特定变化的优缺点，但是他们可以迅速达成共识。在一个关键事件发生的时候，记者们就已经根据其在确立与维护行动标准方面的价值对其进行了过滤。在职业成就方面，高美誉度的话语让记者有机会以不同的新闻形式讨论事件，复制事件所体现的实践，并模拟记者的责任。奖励与表彰比比皆是。有关关键事件的报道出现在行业杂志上，182
并成为专业会议的主题，同时记者也成为高度战略性的、强联结的群体。在失败的案例中，在地性的话语模式很少表现出这些模仿行为，也没有奖品或奖励。但这并不意味着这一关键事件被忽略，取而代之的是记者与之产生了一种较为松散的联结，他们这时更加注重观察而不参与，伴随着参考其他涉事记者的作为，或是简单标记他们作为共同体成员的资格。这一事件会在专业会议和行业评估中被讨论，但并不意味着取得了积极的成就。

无论一个关键事件最初如何被正面或者负面编码，在地性阐释模式都显示出与初始阐释的紧密联系。由于它是可预见的以及与新闻记者对于实践的明确主张一致，这种模式帮助新闻记者加固了阐释共同体的边界。这样的联结存在或仅是“在那里”都有助于记者做出跨越时间的更大的权威论断。由于这一原因，事件所体现的，要么被欣然接受，要么被否定并拒绝接受变化，它们被用一种整体化的方式区别对待。因此，在一个关键事件被触发时，记者倾向于进行统一的阐释，因为他们认为这样做某种程度上可以共同推动共同体的进步。

我们仅需思量新闻作品提供元话语（meta-discourse）的频率，以此评估特定事件的新闻报道是如何发展的。从 2016 年的美国总统大选到英国脱欧的报道，公众被赋予评论新闻报道质量的权利。这种对在地性阐释模式的依赖强调了话语在维护集体边界方面的工具性。

延续性阐释模式

关于记者如何利用在地性话语权威，将自身过渡到第二种阐释模式——延续性阐释模式，至此尚未明确。记者通过激活时间维度的阐释模式以补偿未在场的缺失的方式来拓展他们的文化权威。在评估那些发生了很多年之后才被纳入话语的事件时，他们会将关键事件放在集体记忆中。在这里，我们将记者视为回忆者或历史学家。他们经常使用从事件发生之处挑选出来的权威来阐述其更普遍的意义。也正是这样，记者通过使重大事件代表一些更宏
183 观的新闻困境或实践的方式，创造了自己的新闻史。

从这个视角进行观察，对肯尼迪遇刺事件的报道促使一个平台去考虑电视新闻直播的相关问题（Zelizer，1992b）。越战报道成为战争报道中一个被引用得更加广泛的话语部分，卡特里娜飓风报道成为自然灾害报道的经典之作。近期，《滚石》杂志在受到丑闻牵连后重新审视了伪造新闻的后果，众多美国新闻媒体对叙利亚冲突报道进行回顾，这些行为被视作新闻报道步入新领域的象征。记者使用延续性的话语催生出当代报道的延续体，并将自身置于其中。他们将一个给定的事件看作这种延续体的一个标记，将之与前后的其他事件联系起来。用霍米·巴巴（Bhabha，1990）的术语来讲，新闻记者成为一个表现性主体（performative subject），参与到利用过去的数据生产现代价值这一重要过程中。例如，《华盛顿邮报》记者大卫·布罗德（Broder，1987，15）将自己的新闻生涯定义为“从水门事件（水门事件导致总统被驱逐出政府）到詹妮特·库克事件（此案玷污了新闻业最高奖项的声誉）”。詹姆斯·莱斯顿（James Reston，1991，ix）曾谈及一段时间——“从 1941 年的珍珠港到 1991 年的海湾战争”——对他来说，是“并不总是有意义，但是总能产生新闻”的年份。

由于记者能够创造自己的历史，同时参考其在书籍、影视作品以及脱口秀节目中的出现顺序，某一事件被看作新闻界的重要标志。记者山姆·唐纳森（Sam Donaldson，1987，68）的著作重点围绕越南战争与水门事件的电视新闻报道展开，这是因为“这两个事件说服了我们许多人，我们应该采取一种新的方式来看待我们的职责”。这里的问题是存在一个更大的连续体，记者可以在该连续体中放置一个事件，并且据此对整个新闻界进行评价。以“茶壶山丑闻”或越战报道为例，在决定当代行动标准时，人们对与整个社会相关的问题有着截然不同的看法。

与在地性话语不同的是，信奉延续性话语的记者倾向于将自身与一个关键事件差别化地联系起来，放弃最初赋予它的严密阐释。如果一些记者首先赞扬这一事件，另一些记者可能会继续这样去做，但他们会用不同的技术镜头来达成目的。所以，对于越战或者肯尼迪遇刺事件，电视新闻与电台报道可能存在不同的解读方式。而对于21世纪的中东冲突事件，在线平台将采用与报纸相异的方式评估自身的报道内容。在职业模式失败时，记者可能会欣赏事件本身的教学价值，即使在事件发生时他们已发现存在问题。尽管在党 184
派分明的新闻环境中，跨越时间改变自己的有利位置可能没有那么大的价值，但在更大的共同体中，这些广泛的阐释亚文化——允许对关键事件进行系统剪裁的亚文化——表明，可能会出现不止一个阐释共同体。阐释由此成了一个更加广泛的关于权力、利益和能力的人际网络。当话语被检验时，它的复杂性会因分析而被呈现出来。将新闻工作视作一种职业的看法突出了在地性话语模式，但要以牺牲延续性为代价。但随着集体记忆工作的兴起，这种不加批判的方式引发了对其在维持记者共同体方面的作用的重要质疑。

水门事件与麦卡锡主义

在地性与延续性的阐释模式相互作用，系统地展现了消极与积极的新闻特征。水门事件与麦卡锡主义为我们提供了两个案例，对这两个事件的阐释，随着时间的推移发生了整体性的变化。并且，在这两个事件中，这些变化均使记者能够塑造他们的记忆，从而更好地处理关于美国新闻业未来可能遇到的状况的话语。

提到水门事件，从在地性阐释模式的视角来看，它似乎是一次显著的成功。记者彼得·阿内特（Peter Arnett）被誉为“美国新闻史上的一个光辉篇章”，同时也是“美国历史上最黑暗的新闻人物”（Newsmen Hailed Over Watergate，1973，28）。观察家们经历了一次“水门蜜月”（Adamo，1973，152）。记者在许多专业会议上谈到水门事件，众多对报道的奖项标志着这是新闻界的一个重要转折点，它使《华盛顿邮报》获得了一次普利策奖，也令丹尼尔·肖尔三次斩获艾美奖（Emmy Awards）。受“深喉”（Deep Throat）传说的启发，像美联社“信息自由委员会”（Freedom of Information Commitee）这样的专业组织，就“如何保护消息来源”这一新闻关键议题进行了激烈争辩（Ayres，1972，42）。有关如何最恰当地使用匿名消息来源的指南被制定出来（Pincus，1973），记者们也在庆祝他们就业率的显著上升（Newsmen Hailed Over Watergate，1973）。新闻机构启动了使用范围更广的信息采集技术的计划。例如，1973 年 9 月美国广播公司电视节目《新闻特写》（*Closeup*）的诞生就恰逢当时新闻平台调查人员队伍扩招（Sesser，1973）。虽然众多问题至今仍未解决，但增长与信念在当时无处不在。用记者
185 玛丽·麦格罗里（Mary McGrory，1973，437）的话来讲，“这是不会消逝的黄金时刻”。

这次事件的核心是《华盛顿邮报》的卡尔·伯恩斯坦（Carl Bernstein）和鲍勃·伍德沃德（Bob Woodward）。1973 年，他们斩获了新闻记者能够获得的几乎所有奖项，包括“卓越新闻报道奖”（Sigma Delta Chi Award）[①]、“宾汉姆调查报道奖”（Worth Bingham Prize）、“报业工会海曼·布朗奖”（Newspaper Guild's Heyman Broun Award）、“德鲁·皮尔逊奖”（Drew Pearson Prize）、“乔治·波尔克纪念奖”（George Polk Memorial Award）。伯恩斯坦在期刊指南的“记者”条目下保住了自己的名字，关于沃尔特·克朗凯特的一个贸易故事通过向“《华盛顿邮报》的鲍勃·伍德沃德与卡尔·伯恩斯坦致歉”提到了这一事件（Powers，1973，1）。哥伦比亚广播公司执行官威廉·斯莫尔（William Small）预言，正如伍德沃德和伯恩斯坦报道的那样，这将成为持续“十年的故事”，并且他称赞了促使这两位记者“以超越其他人的清晰逻辑报道了该事件”的罕见情况（转引自 Bernstein，1973，45）。正如丹·拉瑟评论的那样，“除伍德沃德与伯恩斯坦之外，新闻界没有记者能为自己的报道鼓掌”（转引自 Sesser，1973，15）。他观察到，“英雄伍德沃德与伯恩斯坦”使新闻记者变成了“魅力职业”（Rather，1977，340）。

① 卓越新闻报道奖由美国职业记者协会颁发，每年一次，以表彰杰出的新闻工作者。

而伍德沃德和伯恩斯坦的名声也持续地超越了在地性阐释模式。在20世纪70年代，他们完成了两本有关水门事件的畅销书（Woodward & Bernstein，1974，1976），并且其内容成为热门电影《总统班底》（*All the President's Men*）的关注焦点。新闻业大获成功的故事开始取代国家选举与司法程序故事：一场纪念仪式被命名为“所有人都是总统班底，但是有两位来自新闻业的表率”（*All the President's Men*，1976）。对水门事件的报道成为水门事件的一部分，在这方面，最典型的要数对水门事件的回顾报道，其中政治丑闻本身相比水门事件这一“新闻故事”占据更少的篇幅（Martz，1992）。到了1977年，期刊指南中有关水门事件的一半内容都涉及伍德沃德和伯恩斯坦。在丹·拉瑟的自传中，他花费大约50页篇幅描述了这一事件（Rather，1977，296），他认为水门事件实际上是一个电视听证会的故事，这场听证会是“国会的声音。且关于电视。这两个系统同时运作”。通过这两位记者，水门事件的故事从对消息获取技术的特定探讨，演变成一个有关新闻报道的宏观话题。值得注意的是，这个持续的故事与被展现的事件本身，通常不存在相似之处。

1970年后期，伴随“水门大众化”被定义为一种技术手段（Behrens，1977，xix），调查性新闻成为随之而来的延续性话语的关键。在被期望的新闻实践中，调查性新闻名列前茅，相关讨论主要集中在有关深喉和《总统班 *186*
底》的逸事上（Leslie，1986；Mauro，1987）。这种叙事方式在之后的几十年中都颇具吸引力。马文·卡尔布（Marvin Kalb）认为，这种报道代表了“美国新闻史上的一座里程碑”（转引自Feldstein，2004）。在2012年，《卫报》以“新闻业曾经拥有伍德沃德和伯恩斯坦：现在它被当枪使”为标题发表了一篇有关调查性新闻报道的文章（Preston，2012）。即使在水门事件对实践的影响值得怀疑的情况下，编辑和记者也会改变叙事以便与回忆相勾连：舒德森（Schudson，1992，110）转述了《大西洋杂志》撰写的关于维护水门事件神话的新闻教育文章，即使该文的作者并无意将二者联系起来。

从延续性的视角来看，事件会被重新定义，以便接纳一个更广阔的新闻业的时间性视野。记者们不仅将水门事件视作信源或者对新闻采集的新实践的建议，而且认为它对建立调查性报道的标准大有裨益（Armstrong，1990；Banker，1991；Langley & Levine，1988；Rather，1977，238－296）。它被称为“调查性报道中崛起的最核心事件”（Broder，1987，141），“我报道过的最紧张的故事”（Donaldson，1987，61），是对匿名消息来源的“新的尊重程度”的标志（Schorr，1977，179），新闻记者慷慨地给予它称赞。即使目前有证据表明这一关键事件应为越战报道而非水门事件，但这些实践都使水门事件被宣称为“美国新闻史上的荣誉时刻”（Broder，1987，365），这也使记者们更加积极地参与到新闻报道中（Schudson，1992）。

正如延续性话语的益处，集体性阐释通常同样存在重要的一面。随着时间的推移，上述叙事的吸引力变得越来越小。记者开始疑惑水门事件到底是从本质上改变了新闻业，还是仅仅在标榜伍德沃德和伯恩斯坦的非典型性（转引自 Schudson，1992）。即使早期对效果的警告已经被搁置一旁——一名读者于 1973 年来信，声称《羽毛笔》对水门事件报道的称赞有些“过度”（Watergate Bacchanal，1973，6），记者们开始逐渐质疑新闻业与丑闻之间的联系（Sesser，1973）。记者们被批评几乎没有报道他们自身的任何故事（Epstein，1974）。水门事件的影响受到了挑战，《时尚先生》杂志一篇名为“在深喉中喋喋不休”就是一个例证。到了 20 世纪 80 年代后期，甚至连伯恩斯坦也承认水门事件并没有对新闻界产生人们所期待的作用（转引自 Schudson，1992，121）。

这里隐含着对未来事件无法达到新的行为标准的担忧。美国报纸编辑协会公告（Press After Nixon，1974，9）在 1974 年预测，水门事件将证明
187 “美国新闻业以其对手的角度过分吹嘘了自己”。同年，《哥伦比亚新闻评论》警告新闻业，应避免“伴随权力的自负，甚至傲慢自大。在对水门事件的沾沾自喜中，或许出现了太多的断言，只有记者知道什么对记者来说是最好的”。

大卫·布罗德（Broder，1987）抱怨道，华盛顿的简报中记者对于他们的问题采取了过分的起诉性风格。对于无法达到“水门事件”标准的焦虑，包括在“好”报道中重新协商调查性新闻的边界。这种标准同样在其他多起

丑闻报道中存在。1990 年的一则贸易报道的标题声称：“伊朗门事件是新闻业对《总统班底》的另一种匹配?”（Armstrong，1990，27）在接下来的几十年中，以“门”作为词尾来表示丑闻的方式被广泛使用：贝利门（Billygate）、伊拉克门（Iraqgate）、州警门（Troopergate）、甜甜圈门（Donutgate）、玩家门（Gamergate）、密室门（Closetgate）和默多克门仅是其中一些比较突出的例子。在评估水门事件对实践的更广泛影响时，这一解释性工作使人们对水门事件最初的单一兴趣被复杂化了。同时，即使在今天，人们对其叙述范围的怀疑态度仍在继续，称其为“新闻史上被神话化最严重的事件之一”（Cook，2012；Himmelman，2012）。

这些回忆模式表明，在事件发生之后的几年内，新闻业能够较好地评价水门事件，无论是以积极的还是消极的方式。这样的做法将水门事件置于一个新闻实践的连续体中，而非将其视作单个调查报道与局部的代表性事件。将其置于连续体中无法通过在地性阐释模式实现，人们需要延续性模式来记住关键事件的位置。

另一个重大负面事件——麦卡锡主义是否也能体现这种在地性与延续性的话语区别？1986 年，事件发生 30 余年后，《哥伦比亚新闻评论》将麦卡锡事件的报道称为“新闻业的失败”，原因是记者“比其对手更具共犯性”（Boylan，1986，31）。据布罗德（Broder，1987，137）回忆，当时记者们感觉到“经历了个人与职业的堕落”。[①]

但这并不是对麦卡锡主义的最初评价。起初，记者们大多迎合麦卡锡及其党派密友。“忙碌的人士”（1951，26）或者“不屈不挠的跟随者”（1951，21）等标题，表明记者们并没有像他们可以做到的那般严肃地看待这一事件。一旦势态发展为不仅仅是一个幽默的边栏，新闻记者们通常便不想继续了解
此事件的任何情况，并且表现出事不关己的态度。作为“文件之战”而不是 188

① 麦卡锡主义是指 1950 年至 1954 年间，美国参议员麦卡锡对共产党和民主进步人士进行恶意诽谤、肆意迫害，同时散播右翼保守主义意识形态浪潮的政治镇压运动。麦卡锡主义违背社会发展和国际交往基本原则，对美国社会造成了巨大影响，媒体报道严重失实，缺乏专业精神与社会责任感。当今的西方社会与媒体应吸取历史教训，警惕“麦卡锡主义”的回潮。

新闻业的一场战斗，只有约瑟夫·麦卡锡（Joseph Macarthy）与德鲁·皮尔逊（Drew Pearson）之间的一场近战在1950年被广泛报道（Battle of the Files，1950，16）。没有奖品，没有奖励，也没有对威斯康星州参议员做法的效仿。相反，麦卡锡主义反映了客观报道的脆弱性。《新共和》（*New Republic*）的罗纳德·梅（Ronald May）于1953年写道："几十年来，美国新闻界都将客观性奉为圭臬，直至更大的谎言（按现行报道标准）被直接披露，这样的标准让选民难以实现自身的知情权。"（May，1953，10－12）专业或者商业文献对麦卡锡几乎都毫无记载。他成为新闻界一股势力的最初迹象之一是在1951年美国报纸编辑协会的主要报刊——《美国报纸编辑协会公告》（*ASNE Bulletin*）就"塔斯社"（Tass）记者是否应该在美国被遏制进行探讨时被发现的（Should Tass Reporters Be Curbed，1951）。更值得一提的是，1956年美国报纸编辑协会将麦卡锡事件评为年度过分炒作的第二大事件（Second-guessing，1955，1）。这些都表明，记者很难认识到该事件对美国新闻业的影响。

当时关于阐释性报道的争论激增，令人疑惑。例如，在众多的贸易专栏与专业会议上，记者们坐在围栏的两侧，对彼此宣扬"客观性"或者"阐释"（Christopherson，1953；Lindstrom，1953；Hamilton，1954）。奇怪的是，麦卡锡一开始并没有被提及，只有一篇文章拐弯抹角地称他为"参议员麦克辛"（Senator McThing）（Markel，1953，1）。相反，对阐释性报道价值的讨论与报道朝鲜战争（Korean War）有关。尽管有些记者偶尔提及了该事件，如爱德华·默罗于1954年的披露，德鲁·皮尔逊日渐犀利的专栏以及"赫布洛克"（Herblock）[①] 的漫画，但他们论辩的声音太过微弱，以致无法产生持续的影响。据詹姆斯·莱斯顿（Reston，1991，227）回忆："直到1954年，我和新闻业的同事们才能站到更加强硬的阵营中去。"很少有记者将麦卡锡主义作为一个新闻事件，至少当时它不是一个事件。

---

① 赫布洛克，原名赫伯特·劳伦斯·布洛克（Herbert Lawrence Block，1909—2001），美国新闻漫画家，于1942年、1954年、1979年三次获得普利策奖。

然而，在新闻本身成为麦卡锡事件的基本组成部分时，这种情况发生了变化。这时，记者将这一时期的故事，嵌入对阐释性报道的更加广泛的话语中。在这一话语体系中，记者们强调了经历麦卡锡主义的价值，即使他们并没有亲自这样去做。新闻评论常常富含抱歉意味，如詹姆斯·莱斯顿（Reston，1991，222）评论道："尽管这很痛苦，但如果不尝试为新闻媒体在报道麦卡锡主义期间的职能缺失做出解释，新闻的初稿就是不完整的。"回想起麦卡锡时代给了他"作为编辑的第一次考验"——对他"处理不好报道的考 189
验"，当"我们最好的国会记者"遭遇麦卡锡的袭击时，他惊呆了（Reston，1991，225－226）。莱斯顿将对该事件的叙述转化为对更广泛的社会群体的道德训教并非偶然，因为麦卡锡在这件事上造成的损害，是通过对新闻业权威和对福祉的更大威胁来体现的。

在延续性话语模式的探讨中，记者们并没有正面看待对麦卡锡的报道，但他们给出了各类对于自己与事件之间联系的解释。新闻记者需要以一种能够允许因失败产生改变需求的方式来呈现发生的事实。记者想要在报道事件之后稀释他们与事件的联系，引用其他记者而不是自己的话语，并将自身定位成记者队伍的骨干以强调功能价值，忽视负面影响。例如，大卫·布罗德（Broder，1987，138）对合众国际社（United Press International，UPI）的记者约翰·斯蒂尔（John Steele）所说的话表示怀疑，斯蒂尔说"在那一时期很少有机会成为乔的传声筒角色"；《华盛顿明星报》（*Washington Star*）的查尔斯·塞德（Charles Seid）说他"感觉被我们的技术困住。只要麦卡锡说出来，我们就会写下来"；詹姆斯·莱斯顿（Reston，1991，227－228）承认，自己"在大部分时间被恐吓（记者团队认为）……除去爱德华·默罗之外，每一个人在走出麦卡锡时代后都抱有模糊的愧怍心理"；理查德·罗维尔（Richard Rovere，1984，100）记得，他是华盛顿第一批披露麦卡锡主义的作家之一。

延续性话语通过一系列稀释与事件联系的方式帮助记者消除责任感，帮助他们将自身定位为远距离的观察者，因为它巩固了一种与后麦卡锡报道相区别的联结：这与曾诱导麦卡锡报道的记者的客观叙述形成对比，麦卡锡时代之后出现的阐释性报道被视为“被期待的实践”（Bayley，1981，219）。麦卡锡主义提供了一个作为记者应该避免产生怎样的行为的例子。因此，其定义的价值需要在话语体系中出现，不是在麦卡锡主义正在发生时，而是在对其进行重述时。

换句话说，记者在一个强调阐释性报道价值的新闻实践统一体内重新建构了这一事件。大卫·布罗德（Broder，1987，137－139）认为麦卡锡负责设定所谓“客观报道”的界限，并促使报道进入阐释性报道的时代。他强制“当时的先锋记者与他们的同行重新审视他们的运作方式与指导其工作的准则”
190 (Broder，1987，139)。艾瑞克·塞瓦赖德（Eric Sevareid）抱怨道，报道麦卡锡暴露了“我们唯一的新闻处理平台的局限之处”（转引自 Broder，1987，138）。一位前记者称，“对麦卡锡的报道使新闻业产生了持续的改变”，因为它是“一场壮观的演出……让客观的守护者承认事件的意义和事实一样重要”（Bayley，1981，85）。另一些人则从技术价值层面看待该事件：丹尼尔·肖尔（Schorr，1977，2）认为，该事件使他认识到了电视媒介的影响力。在这里，记者再次将这次事件作为延续性话语的一个标志，而这往往与对事实的最初讨论毫无联系。此外，它常常掩盖了记者们自己对麦卡锡的敏感，而对冷战的共识又增强了这种敏感（Bayley，1981）。从某种意义上讲，麦卡锡主义的价值随着时间的推移而增长，对于那些在多年之后的话语中被启发的记者来说，它实现了一种教育功能。麦卡锡主义从一个使人不适的经历，转化成了一个很好的教训，当然这里再次忽视了麦卡锡对真实事件的责任。这种说法甚至在今日依旧存在。近日，这一戏码在对共和党 2016 年美国总统候选人唐纳德·特朗普的报道中再次上演。“麦卡锡的崛起受到了教唆，”记者卢·卡农（Lou Cannon，2015）认为，“就像特朗普那样，通过新闻报道做出流于表面的无耻声明。”在美国总统大选这一战役中，美国总统提名者之间的战争愈演愈烈。这种现象曾经十分清晰（Zelizer，2016b），美国新闻业也曾经在这里驻足。

这意味着什么？因为拥有了这两种阐释模式，记者能够通过重新分配价值的新方式对关键事件进行权威性评估，而对他们在最初可能会遇到怎样的问题视而不见。舒德森（Schudson，1992）关于水门事件的研究表明，该事件的影响更多的是对背后力量的回溯，而不是它为实践带来的明确改变。该事件最大的影响是，有了对目击者报道的意识形态支持。如果在在地性阐释模式上没有达到预期，记者们就有了第二次让事情变得有意义的机会。这种进入集体记忆的飞跃意味着他们能够使用一种与最初发生时不同的时间视角来评估事件。

集体记忆工作提供的第二次阐释机会表明，新闻话语延伸了新闻共同体的权威，以此超越了专业框架所提供的权威。通过延续性话语阐释模式，记者能够补足他们的双重时间定位，尽管他们的专业意识形态仅在事件发生时才会出现。对事件发生后很长一段时间内发生的其他事情建立权威观点时， 191
他们便为阐释共同体中的其他成员制定了当代的行为标准。

围绕着记者与时间的关系，这两种阐释模式提出了一个关键问题，即记者在过去和现在建立自己作为阐释权威的深远能力。它指出，记者可能会通过新闻业传统视角所缺乏的其他实践形式来践行建立权威的资格。同样重要的是，它强调了仅从职业的角度理解新闻业的局限性。因为如果没有一个框架来验证随时间推移而展开的话语——在非正式交流、回忆录、新闻剪报、社交俱乐部和专业论坛中——记者创造共同体的基本平台就会逐渐萎缩。这表明，在这些方面话语是至关重要的，因为它帮助记者根据不断变化的议程来建构记忆，制定不断变化的行为标准，使新闻记者能够按照这些标准行事。

话语和阐释共同体

新闻记者之间广泛流传着一则真理：新闻只是历史的初稿。这表明，新闻的终章正是历史的序曲。随着时间的流逝，记者将屈服于历史学家并交出掌管信息的权杖。然而，对记者话语的考察表明，事实上，记者并不一定会把他们的阐释权移交给历史学家。实际上，他们经常参与到集体记忆的创造之中，并利用话语中的多个时间节点来维护自身拥有的双重机会，且这样的例子比比皆是。在线报道的更新或是随着事件实时开展的实践，在事件首次发生之后，会形成一次短暂的事件回归。同样，制度试图重新评估早期的弱点和保守陈述，如后斯诺登时代重新审视新闻业，或者在“伊斯兰国”活动猖獗的时代重新描述恐怖主义的覆盖范围。这有效地提醒我们，双重机会使记者强调其对话语权威性的所有权，即使他们错过了第一次这样行事的机会。

这对新闻业有何启示？围绕每一个阐释目标的新闻话语浪潮都凸显了记者话语的中心地位。水门事件与麦卡锡主义的话语激增表明，新闻记者经常使用对话的方式来生产新闻工作的意义，并凭借这种话语设定对新闻报道范
192 围的评估标准。当话语挑战围绕新闻实践的主流共识时，它尤其具有工具性，并通过这种方式促进新闻适应不断变化的技术、不断变化的环境和新闻工作地位的变化。如今天的记者，可能会引用诸如“大规模杀伤性武器的崩溃”“斯诺登情报泄露”或“无人机拦截信件”之类的事件，在这里，话语的中心地位使“记者不仅是一份职业，更组成了一个阐释共同体”的观点得到巩固。他们不仅因培训组织、正式会议，更通过非正式地重复及随共同体变革而变化的故事聚在一起。从这样一种共同体中诞生的集体话语，对于将新闻理解为传统意义上评价新闻记者的正式线索来说，也许同样重要。但这并不意味着其他的职业群体，例如医生或者律师，不会做相同的事；也不意味着新闻界不关心专业准则，他们只是根据集体话语对新闻报道做出的大部分反应来开展工作。

丹尼尔·肖尔（Schorr，1977，vii）曾经提出过这样的观点，即报道“不仅是一种维持生计的手段，更是一种思维方式”。上述讨论已经解释了这种思维方式是如何被设定和保持的。认同新闻记者是一个阐释共同体，取决于关于事件和环境的论述的扩散，这些都有助于建立适当的实践标准。这一观点表明，无须把新闻业看得过度民间性或非专业性。相反，正是作为主导框架的职业，使其呈现出如今的状态。当我们将新闻记者同样视作一个阐释共同体时，这种民间性可能同样被编码为一种赋权的工具，或一种未经训练的无能的指标。同时，理解赋权的含义也许会帮助我们更好地理解新闻记者创造自己的新闻史的原因和方式，以及他们为什么和如何在新闻传播中利用这种历史。

第十章　思考新闻文化

新闻业是一个充满矛盾和变化的世界，被处于核心地位和拥有声望的人掌控，同时又受到边缘人士的挑战。自新闻业诞生以来，它就不断受到外在因素的影响。包括查尔斯·狄更斯、塞缪尔·约翰逊、乔治·奥威尔、欧内斯特·海明威（Ernest Hemingway）、安德烈·马尔罗、玛莎·盖尔霍恩（Martha Gellhorn）和琼·狄迪恩（Joan Didion）在内的众多西方名人，都认为“谁能成为记者”及“新闻业由什么构成”在技艺、专业、道德、政治、经济及技术等方面存在争议。如今，这些争议已被那些缺乏传统资历的人接受，主要原因是这些争议与我们的联系太过紧密，以至于难以明察：从知名博主、记者格伦·格林沃尔德和数据大师内特·西尔弗到朱利安·阿桑奇的维基解密事件，新闻业的“不确定性”再一次表明我们仍未找到一种方式去消除新闻业内部的混乱和统一动态化的边界。令人尴尬的是，在几百年时间里，我们仍然以有限、狭义以及不完整的定义来讨论新闻业，从而替代彼得·达尔格伦（Dahlgren，1992）很多年以前针对此现象提出的批评。2004年首次针对这一现象提出的转喻性理解，至今仍未改变。然而，作为新闻学学者，我们本可以做得更好。

文化路径为我们提供了一种看待新闻业的视角。文化构想提供了一种模式去化解被长期忽视的新闻业的矛盾，同时观照其界限的流动性。如果说存在某种更有效的方式来解释新闻文化，那么狄更斯与他那长长的密友名单，可能已经扩大了新闻业的边界。被看作外来者的政治漫画家、小报记者、讽刺作家、摄影记者、中间人、特约记者和博主等，在当时他们出现的年代都

194 应获得新闻的“俱乐部成员”资格。将新闻看作一种文化，一种复杂的意义、仪式惯例与符号系统网络，以及将提供关于公共事件不同话语的新闻记者视为一种协调者，提供了一种不断变化的、往往从矛盾的维度去思考现象的方法。因此，从定义上看，新闻文化通过遵循其内在变化的逻辑，为我们提供了一种更宽泛地审视新闻业的模型。

文化作为一种建构

通过文化建构来思考新闻也是一个从众多学术流派中孕育出来的观念。这些流派包括文化社会学、建构主义、符号与象征主义的分析、文化史民族志与文化史研究以及文化批评与文化研究，而这些都是理解复杂文化现象的途径：每个领域（arena）都以不同的方式使学者将文化视作一种分析核心，使新闻研究得到延伸。

对文化的强调引起了新闻业各方对传统新闻研究的关注，其中的关键在于集体认知准则与信仰系统，据此新闻记者被看作是理解世界的媒介。文化解释的方法根植于人文社会学（Park，1925，1940；Berger，1963）、象征互动主义（Blumer，1969）以及文化人类学（Geertz，1973；Lukes，1975）的早期工作中。以上每一种视角都指出，将文化视作理解新闻业这种现象的一种方式，既是一种思维框架，也是一种模式化行为。对马克思主义和文化批评的研究（Williams，1978，1982；Eagleton，1995）结合了英国与美国两种类型的文化研究的特性（Hall，1973；Hartley，1982；Carey，1986a），给予新闻研究一个实际的重心，使得主观表达、意义建构、身份建构和公众参与的基础问题占据中心地位。

在帕克（Park，1940）所说的集体知识中，记者需要发挥自己的作用，但近几十年来文化视角开始在越来越多关于新闻如何运作的学术探讨中出现（Schudson，1991；Dahlgren & Sparks，1992；Allan，1999；Barnhurst & Nerone，2001；Hannerz，2004；Hanitzsch，2007；Mellado et al.，2012；Hanusch，2014）。这一研究将新闻记者与复杂的符号、仪式、惯例与报道联系在一起，让记者在更广阔的环境中进行新闻报道。当新闻工作的效果低于预期时，这种联系就以富有成效的方式表现了出来。同时，一旦新闻业必须同时处理内部与外部的紧张局势，这种方式就尤其适合对集体认同的常态进行表达、辩论及再协商。 195

然而，文化并不是用于理解新闻业的视角中最明显的棱镜。相反，另外四种结构已经占据了新闻理解的前景——新闻作为一种职业、一种产业、一种制度以及一种技艺。它们带有各自特殊的优势，强调新闻业的某些方面，以及减少或消除对其他方面的注意。

把新闻工作视作一种职业，要求新闻记者作为专业人士将应习得的价值、信仰与实践方式作为目标。专业性为恰当或相反行为的标准与暗示提供了一个规范化和职业化的场域，使记者的日常行动能够得到审视（Waisbord，2013），并用虚构的愿景对其实践进行评估。与之相对，把新闻文化作为理解同一新闻活动的视角需要更多指示性的、基于记者内部协商的条件。它预设了各种各样的内部和外部惯例，这些惯例将实践定义为新闻，但并没有闪现出“专业”的光环。从定义上讲，这将新闻业的活动范围暴露在了新闻专业性的视域之下。例如，激进主义或“独立媒体”（Indymedia）等另类媒体，政治讽刺作品、博客或者漫画等舆论驱动形式，以及深夜戏剧或真人秀等新闻边缘话题的讨论都体现了这一点。

新闻产业化视角针对的是新闻业的大规模机械化、官僚化与技术化的建立过程。该观点常集中于对绩效的探讨，侧重考虑纸媒的衰亡、受众的减少及老龄化、媒介的中心化和融合趋势，以及经济利润日趋微薄等问题（Picard，2002）。然而，新闻文化视角认为，这些类似的经济冲击同时也在频繁地重新调整新闻实践的许多维度。通过关注那些表面上与新闻工作有着微弱联系的诸多方面，新闻文化视角将注意力集中在新闻活动的可行性与完整性上，而很少优先考虑其是否影响了某个新闻机构甚至整个新闻业的存活。以“一窝蜂新闻”的坚持为例，这是新闻界的一个惯例，它虽在整个行业维度上缺乏价值，但的确能够帮助记者完成他们的报道工作。

新闻制度化视角关注新闻在社会权力的大规模使用中的功能。尤其是新

闻制度化视角倾向于考量大的制度环境，解决与政府和市场相邻的制度设置
196 如何协助塑造了新闻业的问题（McChesney & Nichols，2010）。相反，新闻文化视角的目标在于新闻实践、例行程序与行为惯例如何在处于制度环境中的记者内部产生意义。秉持这一观点，将新闻视为文化观照对于记者有益，但可能给制度设定——如信息源惯例和确保记者人身安全方面的实践行为——带来问题。

新闻技艺化视角聚焦新闻技艺，追踪的是与新闻记者自身关系最为密切的、固有的新闻工作技艺与职业素养——写作能力、深度调查、自治与独立，以及新闻敏感的培养（Adam，1993）。新闻文化视角则包含了这些技艺的许多方面，同时将它们置于一个更大的环境中以解释外在的突发情况。这样的操作方式有助于促进建立关于世界如何运作的内部思维与社会生活的外部契约安排之间的联系。在这一点上，“需具备新闻敏感”的制度惯例可以被视为一个例子。

因此，新闻文化棱镜是通过中心与边缘的弥合形成的。那些将新闻报道类型区别开来的变量，如硬新闻与软新闻、社论与事实报道、特稿与调查报告等，在这里被重新定义为跨越差异的链接。新闻工具、新闻实践、新闻类型的差异性，以及新闻业与外部世界间的相似与差异在此处汇聚，是为了更多地阐释该现象本身，而不是迄今为止取得的成就。这样，我们就把新闻业定义成了一个整体，它包含着多重动态的、往往是自相矛盾的动力因素。

下面给出了三个值得考虑的有关新闻文化的问题。它们都围绕着基本的但并不相互排斥的定义问题：

- 什么是新闻文化？
- 谁栖息于这种文化之中？
- 这种文化为谁服务？

当新闻业处于危机之中时，以上问题尤为关键。通过文化建构来思考新闻业也因此更具价值。

2003 年的伊拉克战争的第一阶段为思考上述问题提供了有力的背景。关于美国媒体与战况的公共讨论集中于新闻报道内容被弱化的原因和方式，这

不仅反映在战争报道权的竞争上，也体现在新闻报道的范围上。在很大程度上，上述评价是通过援引前文四个基础框架——新闻作为一种职业、产业、制度以及技艺而形成的。然而，通过引入文化视角来思考美国新闻业，可以更细致地理解所发生的事实，以及在战争的第一阶段新闻报道通常是如何被呈现的。 197

什么是新闻文化

新闻文化不仅是记者的专业行为准则，也是报道者与编辑人员的社会契约，而且为所有的参与者提供了一个复杂而多维的意义格局。“一套符号、叙事、仪式和世界观的工具，供人们以不同的方式搭配使用，以解决不同类型的问题。”（Swidler，1986，273）由于允许开展广泛的新闻活动，新闻文化从定义上包含了能够产生反作用与矛盾的动力因素，并与新闻报道本来的目标背道而驰：无法处理好客观性与权威性之间的关系，突如其来地陷入讥讽或挖苦。即使在新闻报道的创作与修改过程中有时会遇到许多问题、局限、矛盾与异常，文化依然承认了这些时刻。文化视角也对非正式或正式的、高级或低级的、清晰或模糊的、含蓄或隐晦的，以及矛盾或连贯一致的内容给予了同等的认可。实际上，这意味着通过文化棱镜观察新闻业，可以富有战略性与明确性地拷问新闻业与新闻实践的基石，而这些基石在其他的研究中可能会被认为是理所当然的。

新闻文化沿着理解新闻业的不寻常道路前行，并在我们对常理给予更多的关注时突破它们。它既透过记者的目光去看待新闻业，找寻成为共同体的一部分并赋予它们意义，同时质询记者提供的自述。新闻文化强调“广泛的文化符号系统的制约力量，而不是组织与职业惯例的细节”（Schudson，1991，143），它的确与新闻工作方式的传统和主流理解以相反的方向前行。新闻业传统理解中的自我意识的削减回避了对新闻记者及其社会地位的考量。文化视角认为，新闻记者利用集体的、通常是隐性的认知成为该组织的成员，并长时间持有成员身份（Goodenough，1981）。从罗伯特・帕克（Park，

1940）所说的“合成性认知”，即“从习惯中体现出来的”隐性知识中，而不是从形成格式化认知系统的核心知识中来看问题，能够引起对新闻记者如何理解新闻业与世界的线索的关注。文化视角同样假定了那些明确清晰的知识，
198 而这些知识也许不能反映目前新闻业的全貌或是未来新闻业的可能面貌。因此，将新闻视作文化，可以将许多被忽视已久的其他结构属性纳入对这种现象的考量中。

然而，这种新闻阐释框架的众多方面并没有在对新闻运作方式的评估中得到反映。2003 年伊拉克战争的开端也许是最明显的例子。那时，美国新闻界战况报道的首稿大部分是根据新闻职业化、产业化、制度化与技艺化观念进行评估的。这些主要反映新闻业准则的常规化、虚拟化愿景并没有在现实环境中得到充分验证。如职业化视角，主要集中在新闻记者是否取得了足以使他们的工作公正、准确、客观的资历；产业化视角倾向于关注新闻媒体机构在多大程度上成功地应对了战争报道工作在逻辑与组织上的挑战；制度化视角在多大程度上解释了美国记者对国家立场的密切关注；同时新闻技艺化视角主要集中在对实践的嵌入。然而，这些视角的联合，却在尝试联系实际情况、更加全面地考量战争早期阶段新闻业如何发生变化的问题上毫无进展。

然而这却是十分关键的一点。因为在战争初期，这种变化与再适应塑造了新闻业。也正是这样，将新闻视作文化——一种通过对意义、仪式、惯例、符号体系和共识的共同依赖而运作的环境，才能使伊拉克战争早期的大部分报道内容得到解释。

总体而言，新闻记者努力通过与新闻生产的主流观点不同的方式来理解这场战争。在美国主流新闻集团受到政治派别双方的政治边缘化因素影响时，这一点尤为明显。一方面，政治权力的声音被放大。随着战事的进行，福克斯新闻超过了超一线的有线电视频道美国有线电视新闻网，它引发了关于“什么是美国公众想要的新闻”的质疑。许多记者主动远离这类新闻，嘲弄般地为其贴上了“福克斯效应”或“福克斯模式”的标签，并嘲讽其为“带有‘美国第一’风格的、固执己见的新闻”（Rutenberg，2003a，B9），而这类新闻早已风光不再。早在战争初期，福克斯新闻的报道量就已是任何一个美

国广播新闻网的两倍有余（Media Monitor，2003），并被相当数量的美国公众热切关注。到 2004 年年中，其仍然高涨的人气使得许多记者不得不适应这日益增长的主流声音。

另一方面，政治左翼也迫使新闻业重新思考对自身文化的定义。位于卡 199
塔尔的卫星电视网半岛电视台的崛起，不仅促使记者开始关注西方新闻通常不会报道的事件，而且扩大了美国战争报道的范围。对于半岛电视台使用的诸多报道方式，尽管记者们最初持有其是否违反职业行为准则的担忧，但随着战事的推进，这些方式也被美国其他媒体采用了。

其中，半岛电视台对美国负伤战俘和联军部队尸体的视频镜头进行了公开并受到了质疑。同样的画面，在 2003 年 3 月广受批评，到 2004 年末却在西方新闻媒体间得到常规展现。同样，伊拉克的重要人物预先录制的视频，在阿富汗战争期间播放的奥萨马·本·拉登的被广泛批判的录像带，也大多被半岛电视台率先播放。这同样成为伊拉克战争报道中一次波及范围更广的新闻实践。最后，到了 2004 年，半岛电视台首播的来自伊拉克方的部分画面比较残忍的视频，后来被西方新闻媒体报道了出来。在每种情况下，实践都从所谓的“边缘”转移到了中心。因此，“新闻文化是什么”这个问题得到了不同的答案。将记者视为非专业人士，是对正在进行的工作的一种不那么令人满意的回应，因为这种做法已经被广泛采纳了。

在战争期间，技术也带来了有关新闻文化的新问题。由于理解新闻业前沿的已知路径被新闻行业不切实际地美化了，技术驱使人们预测这场战争将成为在线新闻的突破性事件（Outing，2003；Walker，2003）。一位观察家写道，基于网络的新闻报道是“可以定义未来战争的报道方式”（Swartz，2003）。当美国电视网参与到“自身的军备竞赛”中挑战美国有线电视新闻网在战争报道能力方面的优势时（Biernatzki，2003，13），拥有压缩技术的视频卫星电话的诞生，几乎使每个报道者都能发送一手资料。巴格达声称坐拥近 300 条电话线路与十几条视频线路（Blumenthal and Rutenberg，2003）。

这场即时、持续进行现场转播的技术竞赛使得全天候新闻的收视率直线上升。对比 2003 年，2004 年美国有线电视新闻网的观众数量同期上涨了

393%，福克斯新闻台上涨了 379%（Deans，2003；Allan & Zelizer，2004，7)。新闻报道人员称赞这项技术“更轻便、更便宜、更加结实且便于运输”(Grossman，2003，6)。同时也有报道称新技术给新闻业带来了长期损失，
200 前美国全国广播公司负责人格劳斯曼指出，战争报道可能是新闻部门消耗经费最有效的途径，因为“许多金钱消散在空气之中”(Grossman，2003，6)。

而这些工业胜利下的技术产物忽视了这样的事实，即在许多情况下，技术掩盖了新闻内容本身。技术提供的众多图像和叙事“最终不存在任何意义”(Doward，2003)。长期以来的“翻译程序不规范、期限严苛、难以在陌生的环境中寻找资源”的问题（Beckerman，2004，41）仍旧存在，而技术对于即时性的掌控只会使这些问题更为突出。而且，除去安全性需求之外，“频繁的实况转播迫使记者在组织工作和技术上花费大量的时间，而不能将时间用在收集图片信息以获得更加充实的新闻报道内容上。这表明该技术对于这场战争并不十分合适”(Friedman，2003，30)。网络与视频的即时性使时间成为“敌人”(Sandler，2003)。报纸反对那些称赞技术的话语，因为它们认为受众会被快速更迭的报道内容裹挟（Moses，2003)。

实际上，参与战争报道的技术存在问题是有多重原因的。在 20 世纪 80 年代后期，十分令人难忘的漫画《正在进行卫星连线的人》(*One-Man Mobile Uplink*)① ——《周六夜现场》(*Saturday Night Live*) 中，一个卫星电视天线在艾尔·弗兰肯（Al Franken）的头上摇摇欲坠的镜头——出现在伊拉克电视台播出的画面中，说明了当时对拓展技术的依赖使得许多前线记者无法自由地活动。随军记者只能提供一些关于这场战争的狂乱报道，展示的仅仅是残缺的内容，或是提供受到军事活动、沙尘暴以及其他不可控环境限制的画面，现场细节内容严重缺失。虽然美国全国广播公司记者大卫·布鲁姆（David Bloom）大肆宣扬的“布鲁姆移动”(Bloommobile) 装备了使其他记者羡慕不已的高品质、高科技相机（Friedman，2003，29)，但布鲁姆也因此而丧命。此外，他的报道通常也仅仅是对军队伙食的描述或为士兵与家人

---

① 因画面中记者头顶卫星电视天线而闻名的漫画。

的联络提供便利（Embedded Reporters，2003）。

虽然这些成就因使用了最新移动技术而受到欢迎，但显然从一开始，特定的报道类型就受到了损害。按照当时新闻业的观点（*State of the News Media*，2004），报道而不是采集新闻成为当今世界的座右铭，这也是美国媒体愈加普遍的缺点。在伊拉克，这一观点强调了新闻业的“玩具”在多大程度上正在取代那些“玩具玩家”。假设静态摄像机继续存在，不论呈现什么内容都继续坚持使用它们，就像“卓越新闻报道项目”（Project for Excellence in Journalism）指出的那样，分屏便会成为“一种不顾新闻本身运用（技术）手段的趋势”（Embedded Reporters，2003）。 201

难预知与非常规的情况同样使新闻的操作方式被重新定义，迫使长期的新闻观念、惯例与日常工作进行调和。错过的事件、错误的阐释以及对错误信源的忠诚都揭示了记者“特别尝试掩盖令人困惑的、明确的紧迫感”的情况（CJR Comment，2004，6；Mooney，2004）。

这样的例子其实比比皆是。对大规模杀伤性武器不加批判的报道迫使《纽约时报》刊登出一则史无前例的道歉信（*The Times* and Iraq，2004；A Pause for Hindsight，2004），而其他的错误判断则使它需要用额外的仓促行动来纠正这个报道：阿梅德·查拉比（Ahmed Chalaby）领导的战略性失误（McCollam，2004），最直接但不仅仅表现为《纽约时报》记者朱迪斯·米勒（Judith Miller）强调了“信源—记者”二分法的局限。在报道初期，许多对生化武器实验室、杰西卡·林奇（Jessica Lynch）被救援的故事、塔里克·阿齐兹（Tariq Aziz）投降与伊拉克南部叛乱事件的详尽报道策划被半岛电视台质疑。这些故事后来的确被证明是伪造的，使得“对伊拉克的报道态度成为多年来最为复杂的新闻事件之一”（Beckerman，2004，40）。媒体最初在阿布格莱布监狱故事中的缄默，使关注焦点转向了令人不安的新闻活动——因“记者错过了这个故事”而使报道状况进一步恶化，这些报道是关于丹·拉瑟对“将哥伦比亚广播公司两周的延迟公布”以及“切尔西·曼宁（Chelsea Manning）向维基解密而不是向传统媒体泄露消息”的空洞辩解（Mitchell，2004）。

每个例子都助长了对战争报道的过度批评，而这些批评被认为是有根本问题的。例如，关于伊拉克国家博物馆被大范围洗劫的初期报道的失误，随后却被归咎于“战争报道的困难与本质的不完善”（Lawler，2003，68）。毫不令人惊奇的是，直到2004年7月，评论员才开始质疑记者是否了解该如何报道那些充斥着恐怖活动的战场（Eisendorf，2004）。从存在已久的新闻视角来看，由于没有遵循新闻作为一种职业、产业、制度和技艺的视角，记者并不总能将事件完全正确地呈现出来。

这一论述缺乏对新闻业变化的理解，这些变化并没有被囊括在该视角中。举例来讲，这种缺失反映在有关新闻活动背景的讨论中。例如，对基层信息的传递、与非政府组织或救援人员的非正式联系。虽然他们在战争初期并不容易被联络，但是问题是，他们的缺席很少被评论。因为在这种活动中，对
202 新闻的前导性评价几乎没有价值。缺失的还有不稳定劳动力群体所扮演的重要角色，而中间人和翻译是报道战争的新闻记者不可或缺的助力。因此，把新闻作为一种文化来考虑更为全面。由于新闻报道的文化引导记者以集体的方式行事，按照传统理解采取行动，棱镜必然反映了新闻记者在协调他们的活动时所利用的资源。通过认识到对战时新闻的记载主要是通过即兴创作、适应、反复试验、纠错以及非正式讨论，甚至是对新闻线索进行更为频繁的探讨等方式来进行的，将新闻视为文化有助于解释战场上的变化是如何迫使新闻实践不断调整的，而这是战争时期不可避免的一种状况。

谁在新闻文化中栖息

谁可以被称作记者，或者更加明确地讲，什么样的人能被囊括到记者这个群体之中，是将新闻作为文化来思考的关键。与将文化看作是人类创造物的人类学视角（Becker，1986）不同，社会学视角将文化看作是一种人类生产现象。新闻文化是被居住在其场域中的人类塑造而成的，而记者在很大程度上塑造了新闻。

那么，谁又能被称为一名记者？在传统上，这个问题已经通过关注记者

被期待完成的活动解决了：记者的职责被表述为“对事件的重要性进行判断，参与报道活动，调整措辞和隐喻，解决叙事难题，评估和判断”（Adam，1993，73）。然而，从事新闻工作的人并没有得到同样的重视，也没有被给予相同的认可。当判断谁才是伊拉克新闻记者的标准存在矛盾时，对于从联合国安全理事会第 1738 号决议的现场制片人到被伊拉克拘留的自由摄影师是否为新闻记者，分歧依然存在。即使联合国教科文组织（UNESCO）对记者身份的定义越来越包容，但从事创造活动的专业团体的中心与边缘角色之间一直存在差异（Becker，1984）。这反映出一种本质上的、长期的矛盾心理，即谁“能够”被称为记者。

可以肯定的是，新闻业排他性的本质是长期存在的。小报记者的合法性长期以来被主流媒体记者否认，而那些通过其他渠道进行报道，较少使用核心技术或是兼职的新闻从业人员往往会被从新闻业的“杰出人物名录”中排除。例如，20 世纪 40 年代，在图片进入新闻业视野整整 80 年后，新闻摄影 203
记者才成为新闻专业协会的名誉成员。但又过了仅 50 年，他们已经担任领导职位（Zelizer，1998）。这种情况一直延续到今天，伊拉克战争期间的新闻领域没有包括单方记者——那些棱镜之外在没有机构支持或干预的情况下花费精力揭露真相的人，这些不稳定劳动力都是提供报道的核心力量。

大部分对于记者身份判定的焦灼来自理解新闻的主流视角。当新闻被视为一种职业时，那些不被纳入专业行为的规范往往被排除在共同体之外。考虑到这一点，公民记者与人权工作者便是那些得不到媒体关注的群体。然而，将新闻视为技艺的观点并非更具包容性，部分可归因于那些没有采用预先定义的、必要的技艺的人仍处于界限之外。这更为明显地呈现在行业媒体中随后流行的关于在线报道者是否能被视为记者的探讨中（Singer，2003）。制度视角倾向于接受那些在传统新闻机构全职工作的人，而排除不稳定劳动力和单方劳务者。而产业视角下，记者倾向于对根据电视、广播或者报纸等部门划分的“相关人员”名单进行分类，隐藏了许多记者——当下几乎是所有的记者——同时完成不止一项任务的事实（Cottle，2000a）。因此，当财政视角的操作增加时，我们有理由认为，美国新闻媒体做出的关于人力的决定有时会破坏新闻采集的功能。

相较之下，将新闻视为一种文化，往往会打破试图将特定报道者或某些记者排除在共同体之外的做法。文化习俗提供了一种将记者与被排除在外的人群联合起来的模式，包括被界定为超越了新闻业边界的非记者们——电影制作人、讽刺家、喜剧演员、剧作家、诗人和政治家。同样，这些人也参与了不同的文化论证、表达、再现和生产模式，可以被视为栖息于新闻文化的边缘。他们以此来扩大新闻领域，明确地以这种方式挑战由主流学者设定的领土边界。

在处理战争报道初稿时，这种思维方式会使记者们产生特别的共鸣。早期关于随军记者的探讨，在即将到来的战争报道中被初次评估为显示出“极高的质量”（Friedman，2003，29）。在新闻界对“什么可以成为一个历史性高点”（Fisher，2004，2）的期望之中，卓越新闻报道项目这类专业组织被
204 认为对“哪些报道结构看起来十分新颖”做出了回应（Embedded Reporters，2003；Fisher，2004）。虽然随军实际上是第二次世界大战中被广泛使用的集结记者的方式，但它在 2003 年再次出现时才被广泛誉为向报道者提供了前所未有的报道战争的路径。

所有上述设定都将那些随军与没有随军的人分离开了。接受随军安排的几百人得到了粮食配给、医疗、燃料和通信援助，并接受 50 余项合同条例的约束（Boyd-Barrett，2004，31）。随军记者的工作得到了五角大楼的资助，并由公共关系专家监督；没有人被分配到伊拉克家庭、人道主义机构或者反战组织中（Schechter，2003）。虽然这个范围是由一个单独的机构为新闻业明确划定的，但新闻采集活动也仅限于为期三周的地面战争，随军仅为其中小部分的活动提供渠道。

然而，随军报道掩盖了战争期间随军记者给美国新闻业带来的更大范围的影响。随军带来的问题是缺乏反思或质疑，对军队过度同情，以及非典型地或仅狭隘地关注故事与视觉效果。随着战争的继续，随军记者的光芒逐渐消失。例如美国有线电视新闻网记者克里斯汀·阿曼普（Christiane Amanpour）指出，他们的随军行为未能提供“一个简洁的和更广阔的报道背景”。

网络认为"生活"有更多的自发性，它告诉我们要"继续向前"（转引自 Lowry & Jensen，2003，E1）。对那些极少数随军记者的持续关注，带来了对记者身份做出解释的局限性。

这里的核心是这样一个事实：一些缺乏制度支持的个人在不同的条件下工作。责任自负的、来自多个国家的大量记者从非随军的立场去报道战争，他们被排除在军事运输之外，并且经常付出自己的代价。一些记者选择不参与随军采访，以此来保证自身行动的自由性；许多记者十分年轻，缺乏经验，在战争的初期就牺牲了。然而，正如迈克尔·马辛（Michael Massing）评论的那样，"美军相信只有官方的随军记者才能得到被保护的权利"，尽管有时候这被认为是吝啬的（Massing，2003，33－35）。夹在中间的单方记者被美军怨恨，他们不得不通过被官方封闭的边境偷偷潜入伊拉克。然而，他们确实以一种通常仅报道现场细节的随军记者做不到的方式报道了平民的伤亡情况、更加广阔的事件背景和战争的其他复杂方面（Donvan，2003）。这些记者是如何像他们那些得到更多保障的同行一样，成为新闻业的一员的？许多观点认为，"随军并不能预开账单"（Friedman，2003，29）。而且，如果不考虑其他方面的因素，随军和非随军记者之间的对比强调了通常情况下不同类型的记者报道新闻时地位的不同。 205

观察家们也在被认可的媒体集团内批评了一些更为边缘化的成员。早期的混乱包围了彼得·阿内特，伊拉克电视台的采访使他丢掉了微软全国广播公司的工作，他与重新在科威特谋职的杰拉尔多·瑞弗拉（Geraldo Rivera）（他在沙地绘制的地图使他离开了军队）一起在英国《每日镜报》（*Daily Mirror*）谋得了一席之地。关于微软全国广播公司的记者阿什莉·班菲尔德（Ashleigh Banfield）的玩笑话广为流传，他头发颜色的变化和设计师太阳镜在阿富汗战争中成为被广泛讨论的议题。他对于美国对伊拉克战争报道的批评，导致其他记者和公众对他进行辱骂（Rutenberg，2003b）。包括杂志《人物》（*People*）的记者与"音乐电视"（MTV）的记者在内的一些人，都被认为是"缺乏经验的"，他们的报道被认为"波折起伏""不确定"与"极度圆滑"（Sims，2003）。主流新闻记者持续被在线新闻网站用一种今日看来不合时宜的方式诟病（Singer，2003）。就这方面而言，毫无疑问，至 2004 年仲夏，《华氏“9·11”》（*Fahrenheit 9/11*）、《控制室》（*Control Room*）和《智胜》（*Outfoxed*）等纪录片或《随军》（*Embedded*）等戏剧作品已引起美国民众的广泛共鸣，因为它们敢于提及美国新闻业悬而未决的一些问题。

与此相关的还有在整个战争期间栖息在新闻业底层的不稳定劳动力。由于语言技能、智识和位置熟悉度、接触和融入当地居民的能力，一些新闻从业者——特约记者、中间人、安保人员、翻译和司机对战争报道来说变得十分重要。即使起初他们是被临时雇用的，但随着安全需求的增加，他们通常会在长期雇佣中获益（Murrell，2015，125）。但是在战争报道的普遍讨论中，他们仍处于缺席的状态。

同样，随着新闻业在博客和在线新闻、讽刺喜剧两个方向上的界限变得模糊，对新闻独特性的普遍坚持也相应减少了。从一开始，博主就用自己的话语积极地、系统地讲述了战争的故事。他们自称“个人记者”，与“专业”或“业余”记者形成对比（Allan，2004，357），这些线上故事联结信息、观点和隐秘细节，意图对主流新闻媒体报道做出补充。他们并不打算提供突发新闻，而是把注意力集中在被传统新闻实践掩埋的新闻内容上。许多人视伊拉克战争为他们的“重要突破”。用《新闻周刊》记者史蒂文·利维（Steven
206 Levy）的话来讲，这些博客“终于迎来了自己的时刻”——当它们能够提供“一个简单易懂的概况，以供新闻爱好者从各方面获取信息，以及规避主流媒体对个人化见解的洗脑”（转引自 Allan，2004，358）。

引人注目的是萨拉姆·帕克斯（Salaam Pax），他为一名 29 岁的巴格达建筑师创造了“战争之名”（nom de guerre），并于 2002 年 9 月开始发布自己的英文战争博客，博文围绕着对日常生活的幽默记录和对周围事件的愤怒回应展开，涉猎广泛。重要的是，通过这样“一种不同顺序的随军报道”（Allan，2004，361），博主们发现自己在做那些记者没有完成的事情。正如萨拉姆·帕克斯所讲：“我告诉每个正在阅读网络日志的人……街道看起来像什么。……只是有人应该去说出这些，因为记者并没有这样做。”（转引自 Allan，2004，361）

同样，由新闻业的边缘成员运作的在线新闻网站能够持续获得其他媒体认为不恰当的信息。当 2004 年 4 月裹有国旗的美国士兵棺木的照片的曝光引起公愤，而主流新闻机构被禁止展示这些照片时，数百张被《信息自由法案》(Freedom of Information Act) 限制传播的图片反而出现在拉斯·奇克 (Russ Kick) 运作的网站“记忆空洞”(www.memoryhole.org) 上。同年 4 月，在伊拉克城市费卢杰 (Fallujah)，美国承包商被烧焦的尸体的恐怖照片出现，非美国新闻媒体公布了其被殴打、拖拽和悬挂在桥上的一组镜头。《华尔街日报》对不同图像进行了研究，在用粗体字与周围文字分隔开的头版中承认美国电视台在播出图像时表现出了“非同寻常的克制”，但图像和视频却在那些传统媒体下属的网站广泛传播。“原材料的可获得性已经改变了决策程式。”(A Complex Picture，2004) 后来，有报纸指出：“即使主流媒体加以规避，受众也能在互联网上搜索到那些有争议的图像。”(Angwin & Rose，2004，B1) 专业贸易论坛召开前不久，就开始针对“如何在网上发布干扰性图片”发布指南 (Outing，2004)。

这场战争也引起了讽刺家、喜剧演员和深夜脱口秀主持人的热切关注，在 2003 年的大部分时间里，它都是杰·雷诺 (Jay Leno)、大卫·莱特曼 (David Letterman) 和柯南·奥布莱恩 (Conan O'Brian) 的主要“包袱”(Media Monitor，2003)。乔恩·斯图尔特 (Jon Stewart) 在电视节目《每日秀》中对战争进行了控诉和冷嘲热讽，他的受众中美国青少年所占比例很大，许多 18～29 岁的青年从电视喜剧节目中获得新闻信息 (Poll，2004)。

类似的情况也有可能再次发生，不过可以想到的是，正是业余摄影师拍 207
摄了阿布格莱布监狱里美军服役期间犯下的暴行的数码照片。尽管这些照片在媒体上的展示与其说是有意为之不如说是偶然的，但它们却引发了关于新闻报道中的各种战利品式的图片的问题，并且扩大了新闻提供者的范围。正如桑塔格 (Sontag，2004，27) 所说：“拍摄战争曾经是摄影记者的职责，但现在士兵都成了摄影师。他们记录他们的战争、他们的乐趣、他们对于他们认为奇特的事物的观察、他们的暴行——他们互相交换图片并且通过电子邮件将它们发送到世界各地。”

在每一种情况下，新闻都依赖那些栖息于它的文化之中的人来发生改变。至少在一段时间内，新闻的权威性、虔诚性减弱了，而更加即兴化，在某些方面更具批判性、党派性，甚至更具讽刺意味，而且在大量公共事件报道中也是如此。卓越新闻报道项目的年度报告曾指出，与前几年的收视率增长不同，在 2003 年，八个媒体领域中仅有三个的收视率取得了增长，分别是族群媒体、另类媒体和在线媒体（*State of the News Media*，2004）。因此，在 2004 年美国总统大选期间，36 位博客博主在 8 月份的民主党全国大会上首次被授予全面报道资格也就不足为奇了。2004 年因此被称为“博客年”（Lee，2004，7）。自此之后，这样的人逐年增加。无论如何，这表明当边缘成员栖息在新闻文化中时，他们便扩大了这一群体的边界。

新闻文化为谁服务

最普遍的观点集中于新闻传递信息的能力上。这种观点本质上是制度性的，即通过其政治效力维系一个积极健康的政体所扮演的角色，以及以新闻业对公共利益的影响来看待新闻业。新闻业被认为是一种权力提供制度，而学者们在研究新闻业的目的时常常着眼于它的影响力、威望和权威。这种观点大部分都与新闻业的固有观念有关，即新闻业的存在是“为了”什么，加上在某些观念中的“向”公众传达了什么。

与之相对，新闻文化将新闻记者视为“文化内”的存在，不仅将新闻记者视为服务于他人的信息传递者，同时也将其视为他们自己的文化观念的缔造者。将文化视为新闻，表明记者本身就是他们所报道的文化的一部分。新闻如何以及在何种程度上为创造了他们的人群工作，这与他们为公众扮演的
208 角色同样重要。在这方面，新闻记者对世界上的是与非、道德与不道德、恰当与不恰当的事物做出了倾向性陈述，这种陈述以隐晦或者明确的方式塑造着新闻。记者将自己定位为关于世界如何运作的观点的创造者和传递者，这与他们对观众的定位有关，以反映他们身份政治的方式和给予他们进入资格和/或保护的制度的方式来理解新闻（Zelizer，1993a）。新闻文化视角超越了

对信息传递的强调，这有助于新闻研究与一些更加现代的新闻发展保持同步。而正如前文所述，新闻已经拓展到了曾经无法想象的戏剧表演、博客、脱口秀、真人秀节目和用户生成内容上。

与思考新闻时所使用的主流棱镜相一致，战争的报道初稿致使对公共利益的讨论在某种程度上并不令人满意。例如，2003 年战争报道中最引人注目的讨论就围绕着新闻对公众的假定影响进行。这种制度驱动的探讨大多聚焦在爱国主义话题上，以及新闻实践是否为公共利益服务。尽管最初的事实是读者来信表达反战观点（War and the Letters Page，2003），然而报道倾向仍然是设定好的：美国有线电视新闻网领衔的早间主持人宝拉·赞恩（Paula Zahn）在听到熟悉的歌曲后在直播中讲道，“如果对《星条旗》（*The Star-Spangled Banner*）① 的演绎无法触动你，我不知道未来会发生什么”（Moscou，2003）。美国国旗时时出现在记者的领口上，并且永久摆放于福克斯新闻和微软全国广播公司的演播室中。“我们”的表述充斥在美国新闻报道中，波因特研究所和卓越新闻报道项目等专业机构也持续对新闻中的爱国主义做出了介绍。

虽然如何做到爱国和公正的问题从未被彻底解决，但它将伊拉克报道的内部动因缩小为一个过于连贯的爱国行为视角，而没有考虑到正在迅速成为其行动前沿的具体要素。特别令人震惊的是，媒体在这场战争中被纳入了美国当局的逻辑。根据《哥伦比亚新闻评论》的观点，“媒体是否会跌进五角大楼的旋涡？简言之，是的”（Smith，2003，28）。然而，除了对信息的影响之外，还有它对新闻业的表现本身的影响：记者因没有明确对军队表示支持而被批评，被贴上了不爱国的标签。所谓的“福克斯效应”出现（Rutenberg，
2003a），评论家经常指责那些不炫耀爱国主义的人为捍卫国家敏感话题的边 *209*
界的记者建立了一个不同的乐园。这是“支持者的行事方式，影响了太多的报道”（Smith，2003，8）。然而，尽管受到了沙文主义的影响，福克斯新闻仍在有线电视收视率排行榜上占据领先位置。

---

① 即美国国歌，又译《星光灿烂的旗帜》。

这种对爱国主义的重视转移了人们对伊拉克新闻报道的一个重要方面的关注，那就是在探讨新闻文化的时候常流于表面的问题——人身安全问题。新闻记者的义务反映出他们的报道能力与生存能力如何适洽地融合。然而，这些对危险和健康状况的担忧，很少会演变成美国新闻媒体最初为获得报道而展开的疯狂竞争。像“电视战斗计划”（TV’s Battle Plan，Storm，2003）、“有限服务部署部队”（Wire Services Deploy Their Own Troops，Astor，2003）和“报道已经待命”（Papers Say They’re Ready，Strupp，2003a）等鼓舞人心的新闻头条，反映了乐观的行业状况，积极地告知记者他们将要前往伊拉克以及他们会被如何运送过去。早期很少有人关注人身安全问题，但这对于缺少环境训练、制度支持、财务支持和健康保障的自由新闻工作者十分关键。在《波士顿环球报》（*Boston Globe*）的一名记者看来，她为加入战争报道而做的准备是简单且不全面的（personal conversation，March 2003）。新闻管理部门承认他们为从战争中返回的记者提供的服务效率十分低下，更不用说对在战斗或绑架中牺牲的人的关注（Strupp，2003b）。战地记者经常因报道战事而产生严重的心理问题，尤其是创伤后应激障碍（PTSD）。大约四分之一的记者在返回后方后产生了一些健康问题，但他们中的一些人甚至没有医疗保险（Feinstein，2003）。《基督教科学箴言报》（*Christian Science Monitor*）的一名在伊拉克战争之前没有任何战斗经验的 16 岁的员工说，从前线回来后，自己仍然紧张不安，并且在几周之后也无法重新开始阅读新闻报道（Strupp，2003b）。

危险性对新闻实践的影响迅速且持续地影响着报道范围。在战争初期，不断靠近危险强化了记者对美国和联军提供的随军安排的依赖，即使这样做意味着只能提供不太令人满意的新闻报道。然而，即使是随军也无法保护记者不受伤害，某些记者的死亡证明了这一点。战后，住在酒店中的记者可能会遭到联军的袭击。维基解密发布的视频显示，路透社记者曾遭遇袭击，半岛电视台同时也遭遇了美国导弹袭击，直接导致一名记者牺牲（Massing，2003）。

210 当记者们开始留在酒店房间，被封锁在巴格达市中心，在萨德尔城和费

卢杰等地报道，同时威胁、绑架和谋杀事件的发生率变高时，他们的焦虑于2004年年中达到了巅峰。在线记者达尔·杰米奥（Dahr Jamail）在为网站“电子伊拉克”（Electronic Iraq）撰稿时指出，“现实中实际发生的事情与西方媒体机构选择报道的事情之间存在骇人的差异……头条新闻经常诞生于新闻编辑室而不是现场”（转引自 Schechter，2004）。2004年6月底，美国国防部副部长保罗·D. 沃尔福威茨（Paul D. Wolfowitz）因恐惧而不敢出面讲述战争，并因此受到嘲讽。美国记者对配备着过时的摄像机的伊拉克国民印象深刻，“在伊拉克，任何人都能去到任何地方，即使这根本是不现实的”（Fisher，2004，2）。另外还有对中间人、安保人员、司机、翻译人员和特约记者的依赖，他们开始越来越多地承担起传统记者无法完成的工作。反之，这又催生了新的新闻惯例，例如，将内部信用从外部信用中剥离，从而创作出新的故事。新闻业中的不稳定劳动力纷纷避开新的新闻惯例，“因为在这样的作品上署名实在太危险了”（Murrell，2015，130）。

对于新闻战争报道的讨论忽略了这些线索以及其他因素。《纽约时报》将战争报道称为“新闻战争实验”，承认通过“伊拉克家庭主妇、大学生、伊拉克战争的老兵”，以及其他相比记者能够更加自由地去任何地方的人之眼评估报道的优势与劣势还为时过早（Fisher，2004，2）。然而，事实上报纸提供了这样的观点，16个月的战争浸润掩盖了西方媒体在记者的人身安全问题上的准备是多么欠缺。正如英文报纸《今日伊拉克》（*Iraq Today*）的创始人兼编辑哈桑·法塔赫（Hassan Fattah）所评论的那样，“可能所有战区记者都必须做的最重要和最困难的决定是何时离开”（Fattah，2004，62）。传统的新闻理解方式中几乎没有空间让这样的决定成为提供报道的一项自然的选择。而当“新闻是为了什么”的问题与它对公众的影响联系起来时，脱离报道本身是不切实际的。

对新闻目的的追问为评估战时新闻实践创造了一系列具体的假设。当这种评价朝着公共福祉的方向前进时，就像在战争中一样，记者自身的利益变得无足轻重。所以战时记者常常会采取妥协的立场，这种做法需要得到更多的关注。通过文化视角理解新闻有助于记者成为他们报道的文化中的一部分， 211

而不是维护他们超越公共福祉的工作。

新闻文化

报道 2003 年伊拉克战争时，整个记者群体和他们的新闻实践被公众忽略掉了，主要是因为评估他们的视角对其新闻活动有着非常狭隘的看法。被剥夺了对事件进行细致入微的讨论的权利的，是那些与他们的爱国主义扭成一团的记者，他们为在线或非主流新闻媒体工作，被当地雇佣或作为独立工作者存在，从共同体的边缘成员那里学习新的实践方式，在技术的限制下束手无策的同时还担心着自己的人身安全。

对于这些人的所有困境，实则都没有明确或普适的解决方案。把新闻视为文化的观点更加充分地契合了他们的存在，文化这面棱镜有助于检验处于传统视角迷雾中的新闻业。在处理记者希望去做的和他们能够完成的事情之间的矛盾时，尤其是在战时这样的危险情境下，文化棱镜使不断变化的定义、界限、惯例和新闻实践行为都得到了调节。自上而下地做到这一点，有助于规避新闻业对与职业、产业、制度和技艺相关的预先确定的规范化观念的坚持。

这一切都表明，透过文化棱镜来看新闻业的做法，是从新闻业自身的矛盾中诞生并延展开来的。尽管对新闻业的单一本质的争论已经泛滥，新闻文化仍是以新闻业的传统、惯例和实践动态为前提的，并且也依赖于情境和历史。它提供了一个多孔的、相对的、较少指手画脚的和更加灵活的新闻视角。鉴于当代记者继续面对着令人不安、无法控制且模糊的视野，采取一种必然适应新闻业变化的视角，是朝着更充分地理解其不停变化的特征迈出的有益一步。

第十一章　当 21 世纪的战争与冲突被浓缩成一张照片

刻画战争与冲突的新闻照片打破了很多人内心的平静。作为人类已知的 212
最具冲击力的视觉资料，这类照片萦绕着死亡的必然性和迫近感。冷漠的拍摄机器与激烈的战斗的结合，给世界上许多人提供了他们不愿看到的景象：面目全非的躯体和损坏的建筑，告捷的士兵手势，以及某种程度上太隐晦而使相机难以记录的希望与破碎的安卧在废墟中的灵魂。刻画战争与冲突的新闻图像既呈现了过去发生了什么，也揭示了可能发生的事，并且对那些从未亲身经历过的人来说，悲观地讲，新闻图像可能提供了对当代执政环境的唯一描述。

但有关战争与冲突的新闻图像并非凭空出现的。它们是通过视觉化转向被塑造出来的，新闻通常强调危急时刻的新闻图像，通过错综复杂的实践和标准，无论是明示或隐晦，由那些参与完成新闻图像的人来决定如何将战争和冲突浓缩成一张照片。新闻图像已成为一个精心设计的模板，用于想象和评估 21 世纪的战争。这样的图像反映了一套通过相机投射的视觉上的、更广泛的关于世界运作规则的假设。然而，这使人们对于图像尤其是照片如何塑造公众与战争和冲突之间的互动产生了疑问。

当战争与冲突被浓缩成一张照片时，相机所提供的信息远远不止图像中的场景。这些图像往往是综合的，比详细的、传统的和简化的报道方式更具说明性。以这些图像为由头，我们并非要探讨某个特定事件，而是要探讨比单独的新闻事件范畴更大的故事。由此图像成为一种理解战争与冲突如何进行

213 的关键性的阐释工具——关于爱国主义、尊严、英雄主义、人权、牺牲、人道主义、民族国家以及公平等来自新闻业内部及外部的概念。战争与冲突常常被以清晰有时甚至是极为客观的方式呈现，这表现了从业者为追求高质量新闻报道而做出的努力。然而，这些作品是否真正反映了战争的状况却已超出了这些图像自身的使命。一系列视觉线索或熟悉的使用模板，使图像可以帮助记者描绘那些充满不可预测性、压力之下的判断、感情主义、不一致性与高风险的环境。这的确便于描绘新闻界，但并不一定是以支持图像成为新闻报道工具的方式。依据那些久经考验的暗示，战争与冲突主题的新闻图像倾向于记录那些具有纪念意义的东西，比如被频繁报道的、审美上吸引人的和熟悉的形象，以及对新闻价值的关注。

然而，公众往往要依靠图像才能理解在遥不可见的冲突地带发生的事情。我们对此种依赖关系的理解程度如何？对新闻通过图像报道某种特定信息的期待是否需要调整？我在下文将结合美国新闻业对 21 世纪战争与冲突的报道的丰富内容来考察以上问题。我们既追踪更大范围的战争照片的属性特征，同时也反映它们在新闻业中的时代角色的变化。

为什么战争与冲突转向了视觉化呈现

“新闻业该如何描述战争与冲突”长期以来被看作是一系列关于图像尤其是照片的工作方式的复杂假设。照片的特定属性，即实体性，便于访问，时间定格，以及一种感性的、通常被认为绕过智识直接与情感沟通的“格式塔”导向视角，强调了它的力量与持久性。照片被认为是通过外延与内涵力量的结合发挥作用的，因此具有描绘这个世界“是什么”的能力，同时与“意味着什么”的观念相匹配。这种解释性的力量在一个更广阔、更具概括性的框架中展现被描述的事物，这种框架帮助我们认识到了图像是与更广泛的世界认知相契合的。力量大致可分为两种：第一种与摄影逼真性、现实主义、索引意义和指涉性有关；第二种具有普适性、概括性与象征意义（Hall，1973；Sekula，1975）。这两种力量很少在新闻报道中平等地发挥作用，前者被认为比后者更为重要。由于新闻报道需要纪实摄影来增强其在现实世界中对事件的证实能力，所以不仅其内涵意义理应受到重视，其外延意义与照片的真实价值也应得到重视。依靠摄影自身对于现实主义的依赖，图像通常以“视频” 214
“画面”“抓拍”“定格”和“镜头”等形式表现，以符合新闻业对于自身的看法。但实际上，即使内涵意义的重要性无法超越外延意义，二者至少也是同等重要的。

在战争新闻视觉报道中，内涵意义的产生方式颇为多元。战争与冲突报道倾向于产生数量、种类上更多以及具有戏剧性或生动性的图像。对一张照片的使用不仅仅取决于明确清晰的标准，还取决于新闻记者如何通过非正式策略更好地发挥它们的价值（Zelizer，1993a；Glaser，2003；Rosenstiel，2003）。因此，记者作为报道者，与编辑、摄影编辑和摄影师一起，对被描述的事物与描述手段进行协商。这些协商反映出图像呈现的大环境往往容纳了新闻业以外的政治家、人权工作者、军方官员、新闻管理者以及协会成员的议程和利益，将旁观者、公民记者甚至在数字平台之外拍摄和展示新闻的那些肇事者纳入考察，“伊斯兰国”对视频的依赖即是最近的例子。在这种环境下，新闻业在战争年代朝着视觉化的方向发展。

这种视觉化转向一直以来都具有历史上的复杂性，因为它萌发于新闻大范围忽视图像的作用的背景下。对于大多数记者来说，新闻图像在报道中占据了一席之地。自从19世纪中叶照片诞生以来，它就一直被认为对新闻产生了负面的影响。新闻图像被认为可以进行阐释，但也仅限于作为文字描述的附属品。在此之前，因为图像的存在被认为并非必要，所以新闻报道在视觉细节的呈现上趋向退化（Zelizer，1995a）。例如，电报上大量的1945年集中营解放照片的说明文字被简化为“纳粹肖像”（Nazi icon）之类的概括短语（Zelizer，1998）。尽管拥有一系列图像技术，例如电视、有线、电影以及数字环境中的交互呈现技术，但在今天，蹩脚的标题、信用缺失与语法混乱等问题仍然存在。同时，对于如何在新闻中使用图像、在何处放置图像、是否应该信任图像、如何为图像命名，以及如何将图像和文本结合等话题，我们的评价标准仍然不足（Zelizer，1998）。尽管目前大量图像利用GIF动图、

“蔓藤”（Vines）[①]、网络电视、视频和其他数字模式传播，也推动着非传统
215 新闻媒体对图像进行认可（Wardle，2013），但目前人们还没有发布针对图
像呈现的系统性文件。

值得注意的是，当对确定性信息的需求量达到最大时，图像就会发生从外延意义到内涵意义的过渡。当流血事件规模过大以至于没有一张照片能够对其进行描绘时；当战争或冲突中的战略太过复杂，难以被视觉化时；当冲突过于激烈或易被忽视无法跟踪时……这些新闻呈现了较少的细节，使得图像反映出的信息比原有事件的信息更少，但矛盾的是，这又会使战争行动看起来更易于理解。因此说，“参与”是以牺牲更加充分的理解为代价的。

新闻业转向视觉化呈现有三个主要属性，每一个属性都契合了图像的记忆性：当描述战争时，新闻业呈现了更多的图像，图像功能更接近视觉化呈现的非新闻模式，同时图像更倾向于对熟悉的过去进行描绘。这些属性中的每一个——频率、审美诉求和熟悉度都建立在图像内涵意义的基础上，从而淡化了它的参考细节。这种不平衡使得视觉图像成为在单一属性下制造冲突和记录战争的重要参与者。

大体上，自新闻图像出现以来，新闻业就在以不同的方式对频率、审美诉求和熟悉度进行定位。频率——战争时期新闻图像的井喷并不令人惊讶，因为当战争行动出现时，图像总是占据了唾手可得的一席之地，与新闻记者在更加和平的年代报道世界时使用图像的频率大不相同。

这一点在战争早期的艺术作品中已经十分明显了。例如，美国内战时，报业投入到多项关于图像的议题中；安蒂特姆战争中报道了大量在后来因私人用途而重新流通的照片（Goldberg，1991）。美西战争是“新闻摄影在媒体中被突出呈现的第一场战争”（Moeller，1989，48）。与以往所有军事冲突相比，二战被更多的摄影师记录了下来，照片通过有线网被快速传送出去，在报纸上被制作为特别的插图增刊，同时得以传播到战争难以触及的地方。这使 20 世纪 40 年代的公众觉得“无论与作战现场的实际距离如何，他们远比

① 推特旗下的一款移动应用，可以让用户免费拍摄并上传 6 秒的视频文件。目前该应用已被停用。

他们的祖父更靠近战场”（Mathews，1957，193）。到1945年集中营解放时，记者们的描述——一份报纸上的5幅、10幅、20幅图——控制了新闻媒体数周，一些照片甚至被复制并被放大成道路旁的展示品（Zelizer，1998）。即使 216 引入了复杂的成像技术，尤其是动图及后续的纪录片、电视、有线电视和数字平台，也没能消除静态图像及其与战争可视化的相关性。尽管新闻采集实践的重要性广泛存在，例如朝鲜战争是第一次由电视报道的战争，报道越战时则引入了记录战斗场面的生动的电视图像，但两次战争行动都将新闻图像视为报道的一个组成部分。

这并不是说所有的战争与冲突都会得到广泛的视觉记录，人们只需要思考一下美国在弗格森、巴尔的摩或其他美国城市种族冲突中的不均衡视觉记录，或者甚至完全缺失的美国与波多黎各冲突的视觉记录，就可以明白这一点。尽管“好战的”行为归因于美国与其下属州之间的关系（Denis，2015），但新闻的视觉化呈现趋向依赖于一个不易表达的约定，即新闻图像描绘的是流血事件的某些方面而不是全部。事实上，只有特定的战争行动才能在新闻中得到呈现。第一次世界大战的西线战场及大规模的媒体控制破坏了目击与记录事件的能力，在视觉上，“战争从未出现过”（Moeller，1989，124）。朝鲜战争的摄影报道受到广泛的夜间作战的阻碍，因而全面的战斗场面难以被捕捉到（Moeller，1989，289）。马岛战争中仅有200个左右的摄影镜头，其中大部分镜头是对清洁无菌战争的描绘，且几乎没有出现人类的尸体，使观者产生了一种“干净战争的幻觉”（Taylor，1991，112-113）。而1991年的海湾战争报道主要为电视报道，展示了摇摇欲坠的设施，呈现了被运入战场的“飞毛腿”导弹和戴头盔的电视记者——在躲避火灾之前，他很期望能进行现场报道（Zelizer，1992c）。照片“被认定为隐形的、没有真实的暴力和痛苦的图像”（Robins，1993，325）。当痛苦的图像或镜头确实出现时，例如一名伊拉克士兵在卡车中自焚的高争议性镜头在《伦敦观察》（*Observer of London*）中刊发，美国的编辑们拒绝刊登它们。

当世界上被关注的区域超出西方预设的利益范围时，选择性描述便会变得尤其普遍。亚洲和非洲的冲突几乎没有引起人们的注意，一种观点认为，是因为“在西方世界门口的巴尔干地区的铁丝网背后骨瘦如柴的人们，会比亚洲和非洲的许多动乱引起更加强烈的共鸣”（Lane，1992，27）。卢旺达、布隆迪的冲突照片为公众展示了一个“黑暗的大陆，除了政变、屠杀、饥荒、疾病和干旱之外什么也没发生”（Douglas，1994，15）。20 世纪 90 年代的巴
217 尔干冲突的视觉化呈现非常不均衡，却矛盾地赢得“欧洲第一次电视战争”（Marshall，1994，A16）和“无法被看到的战争”（Cohen，1994，E4）的赞赏。总的来说，对那些“不能到达”的记者来说，（他们）“已迷失在了二手报道的迷雾之中”（Rohde，1995，A1）。与此同时，观察者声称，那些描绘“友邻形象”的主流照片是负责煽动人们支持战争的（Douglas，1994，15）。

因此，战争和冲突的这些方面一直是缺乏描述的，它们不符合当前关于战争是如何被发动的之解释性假设。例如，在大多数情况下，我方的死伤情况或战俘、不当的军事行动或我方战争行为，对另一方平民的影响，以及血腥的图像很少被提及。在预设的公众利益的边缘地区，也往往没有冲突性图像出现。

类似的趋势增长也伴随着新闻业长期以来对战争时期照片美感的诉求。以看起来不像典型的新闻报道，而更像非新闻图像的图像为例，与其他形式的报道相比，战争图像通常更大、更大胆、色彩更鲜艳、更具戏剧性、更漂亮、更令人震惊、更具美感或者更吸引注意力。例如，2003 年的伊拉克战争中摄影师帕特里克·巴兹（Patrick Baz，2003）的一幅著名的血腥照片，依旧是巴格达的巴勒斯坦酒店发生的“友好之火”的象征，而非 4 月被杀害的那些记者是其象征。

人们对具有戏剧性吸引力的图像的偏爱，长期以来一直影响着记者们所认为的逼真性价值的转变。在插图新闻的最初几年，艺术家们“对于歪曲事件真相毫不内疚”，因为他们很少能看到战斗（Voss，1994，136）。美国内战带来了与摄影相关的鲜明的现实主义，摆脱了绘画的浪漫主义色彩，引入了“第一次客厅战争”这一概念（Goldberg，1991，20）。应使用现实主义的话语和真实性而不是想象和阐释来表现战争。

审美诉求如何呈现取决于更宏观的图像操作环境，而环境随着每一场战

争与冲突而变化。一种观点认为，“第一批世界战争摄影师根本没有拍摄战争。因为他们装备的数量以及曝光所花费的时长，仅限于支持他们拍摄战场境况、战前士兵的照片、模拟战斗与前线士兵肖像”（Howe，2002，14）。以美西战争报道为代表的早期报道所强调的战场距离，在朝鲜战争时让位于大量的士兵特写。部分审美面向会随着时间不规则地循环：越南将对死亡的 218
展示回归到演播室的肖像画，这种做法在美西战争期间曾受到青睐（Moeller，1989），同时田园风景（在美西战争中同样常见）成为对以物理地形闻名的地区的呈现方式，如 2001 年的阿富汗战争。但总的来说，战事，至少部分战事是通过戏剧性的、令人愉悦的或震惊的图像来构建的。尽管强调美学的呈现被指责为是在合理化战争与冲突（Chouliaraki，2006），但对它的呼吁仍然鼓励图像生产参与到战争的各个方面，否则这些方面可能会被忽视。

在新闻学中，通过熟悉的视觉提示和主题定位可以找到类似的模式。因为战争图像的任务是让奇怪的事物变得可以理解，所以对熟知的呈现——以明确或隐含的方式让人回忆起早前战争行为的图像——是合乎情理的。记者通常借助那些经得起时间考验的图像引导对当下图像的呈现，即通过将过去的记忆性场景编织成当下的照片来对一些场景进行呈现。通过照片，历史先例为需要视觉化定义的战争提供了一个可以接近的环境。

熟悉的拍摄主题包括对战争行动造成的荒地、大规模的战斗场面和具体的战斗情况、死者和伤员、幸存的平民的特写。许多令人难忘的照片都描绘了经常被选择的主题：争取人权的斗争、面对日益减少的展示机会的英雄主义，以及边境处的平局。因此，罗伯特·卡帕（Robert Capa，1936）所描绘的一名士兵在西班牙内战时期被枪击的画面，被视为对西班牙共和党的标志性颂扬。这是一场“死亡之战”，而实际的主题却是对第一次世界大战期间 1916 年凡尔登围困的图像重现。一位匿名摄影师拍摄的电影片段中，一名法国军官被射杀，当时他正对着德式机关枪进行反击（Stepan，2000）。这让人想起士兵直接冲进战场的悠久传统，这张照片不仅描绘了凡尔登的战壕，而且成为“19 世纪的勇气”与“现代现实”碰撞的象征（Stepan，2000，30）。尽管它的真实性受到了质疑（Rohter，2009），但在随后的战争图像时代的大背景下，它仍然常常被回忆起来。

有时对早期新闻图像的熟悉有助于消除对当前战争和冲突的残酷特征的呈现所带来的不适。在这样的背景下，第二次世界大战的残酷图像在后期对
219 巴尔干、卢旺达和非洲其他国家暴行的描绘中得到重现，并提醒公众这是数十年前就已设置好的视觉模板（Zelizer，1998）。因此，20 世纪 90 年代中期对巴尔干战争中罪恶行为的报道，可以从 40 年前纽伦堡审判的照片中得到说明（van der Deen，1995）。

这些都表明，在战争与冲突时期，新闻的视觉化转向长期依赖于一种系统但总体上不明确的定位，图像频率、审美诉求和熟悉度这些要素都形塑了一张图像的力量和记忆力，而无论其是否具有新闻价值。这些要素共同提供了一个有吸引力的、可用于解读 21 世纪战争与冲突的新闻图像模板。

视觉化的 21 世纪战争

由于战争本身已经发生了改变，因此就 21 世纪的战争来说，对图像频率、审美诉求和熟悉度等要素所体现出来的外延和内涵进行呈现是十分有意义的。今日的战争和冲突与“钢铁战争”和“阴影之战”（Barno，2013）联系在一起，其中包括传统国家所使用的驱动战术和非常规、网络化、非传统战术混合的战术，在加沙、也门和乌克兰的重点平民区域发动的阴影之战，以及“基地”组织和“伊斯兰国”所体现的非国家力量。信息战争在多个方面得到利用与加强，这些情况使得新闻业对早期国家间传统战争的依赖变得更加复杂。

因此，新闻业的任务是描绘那些涉及广泛的诡计和颠覆、平民区域和伤亡、高科技武器、不对等的权力、来自现有国家的隐蔽支持以及没有传统国家归属的匿名士兵被雇用的战事。这些活动组成了记者们难以记录的场面，更不用说当下广泛传播的、针对记者的报道了。由于缺少一套明确的规则，所拥有的更多的是涉及死亡和破坏的大量差别化的遗留条例，因此现代战争与冲突难以被定义和分类。使用移动电话与数字技术来传播他们自己的图像

的公民记者，以及展示自己拍摄的照片的犯罪者，似乎不太适应 21 世纪的战争，而且，与过去相比，新闻业或许不需要受到那么多干预。“无国界记者”注意到了 2013 年关于叙利亚的报道，已经成为“战争中的附带受害者之一”（Journalism in Syria，2013）。报道活动是有代价的。 220

因此，报道本身也发生了变化就不足为奇了。那些负责报道战争行动的人由大量的、通常身份混杂的报道者、摄影人员、激进分子和不稳定劳动力组成，如司机、翻译、中间人、向导、特约记者以及自由职业者等。报道战争与冲突不再是新闻业渴望的高地，而往往是在面对危险、高风险、不可预测和资源不平均的状况时做出的决定。通常情况下，报道涉及将危险的赌注分配给毫无准备的工作人员，这会产生真实情况与所报道的内容之间的巨大的偏差。

在这些不平衡的情况下，传达内涵意义是比描绘战争行动的细节更为可行的目标。我将用以下三个案例加以说明。例如，在加沙发生的 12 岁男孩穆罕默德·奥尔杜拉（Mohammad Aldura）被枪击事件的照片（Abu-Rahma，2000）。该照片导致以色列和巴勒斯坦之间于 2000 年爆发了第二次冲突，也表现了战争行动的徒劳无益、父权保护的限度、残酷的军事冲突与抵抗力量，却没有就男孩死亡原因的确切细节达成一致。即使在 15 年后的今天，尽管在法国电视二台（France 2）中可以看到抓拍的画面，双方依旧在针对所发生事件的特定细节互相争辩。因此，缺乏确切的信息才是关键。这张“即将死亡”的照片引导公众想象事件发生的经过，而不是以提供男孩死亡的明确证据的方式将未提供的信息补充完整。在这样的过程中，这张照片引起了人们的关注，并且引导他们参与到新闻图像中（Zelizer，2010）。

同样，2003 年巴格达法尔多斯广场，美国武装部队在一小群围观者面前拆除了萨达姆·侯赛因雕像，反驳了伊拉克声称他们正在赢得战争胜利的说法——这被《波士顿环球报》描绘为“战争中第一个感觉良好的时刻”（Gilbert & Ryan，2003，1）。尽管该广场不对公众开放，集会仅限于记者和美国军方，占领该地的美国军队还是组织了雕像的移除活动，给留下影像记录提供了机会（Fisk，2003；Lichfield，2003；Brown，2003）。然而记录下这一事件的照片依旧四处流传着，甚至在今日还被称为“美国入侵的标志性时刻”“作战阶段结束的象征”和“战争中最具标志性的图像之一”（Axelrod，2013；Gompert，Binnendijk & Lin，2014；Frey & Mallin，2015）。

221 2012 年的叙利亚冲突被《时代》（*Time*）周刊用在霍姆斯市（Homs）拍摄的照片呈现了出来，标题为《逃离叙利亚》（*Escape from Syria*）（Daniels，2012）。奇怪的是，相比 2014 年以来大量的叙利亚难民照，这张照片显得毫无生气，它呈现了荒无人烟的城市中被摧毁的基础设施，并突出了“正在进行的逃生”。然而，在其他地方，大量照片记录了霍姆斯在同一时期变成城市战场的过程，它们聚焦于 2011 年与 2012 年发生的人为与物理破坏——破损的建筑物、遭到打劫的家庭、塑料袋里儿童的尸体、死亡于街头的伤者、大规模示威游行以及待埋葬的人们等，而这些照片通常仅被活动家、特约记者和自由职业者采用。

在每一个事件中，内涵意义以及公众所要求完成的工作才是一切。尽管每个事件都比任何一幅图像拥有更多的细节，但是降低细节要求的决策反映了一种利用图像来参与报道而不是以更充分地向公众提供信息为目的的自相矛盾的行为。

图像的内涵意义在新闻业的视觉化转向和吸引受众参与的过程中扮演着核心角色，然而，这可能是当前战斗形势下新闻业所能提供的最好的东西。因获取、验证与确认信息以及保持安全的能力已经出现了严重的问题，新闻媒体越来越难以扮演提供有关战争行为的详细信息的角色。通过对确凿事实的暗示，图像提供了足够的细节来让观众了解他们正在关注的战争与冲突，然而却无法继续提供更多的细节，因为图像只能定格特定的时间和地点。在这方面，21 世纪的战争和冲突可能显示出新闻规范和新闻图像之间的、陈旧但总是有问题的联合已出现了裂痕。在记录流血事件时，图像可能扮演着不同的角色，因为它们反映出了新闻报道所提供的细节的不完整程度。因此，在新世纪的战争中，研究图像的频率、审美诉求和熟悉度是很有必要的。

图像的频率

由于传统战争已经让位于当下的混合局面，记者常同时加入“钢铁战争”

与“阴影之战”，战争与新闻摄影之间的关系发生了变化。问题加剧的部分原因是超越新闻报道的视觉文化正在扩张，以及新闻记者的远程战争报道能力下降，这种转向明显地体现在系列图像中一些图像的反复出现上。 222

在“9·11”事件之后，报纸与新闻杂志上的相关新闻图像的数量相比非危机时期翻了一番（Zelizer，2002）。在随后的两场战争——阿富汗战争与伊拉克战争中，情况仍旧如此。阿富汗战争是通过无数的图像得以视觉化呈现的，这反映出对于未开垦文明的某种浪漫的怀旧。同时，还有关于未戴面纱的新女性首次在公共场所出现的镜头（Nalkur，2002），被解放的人群和惊人的色彩斑斓的图景成为新闻的主题。对于 2003 年伊拉克战争的报道变得同样视觉化，因为它使用了包含实况视频、摄影集锦、音频报告、动画武器展示以及交互式地图网站在内的各种表现形式，借助了宽带互联网以及相关的数字设备。它声称要提供“一个可能是有史以来最接近战场且多面的战争视角”（Harmon，2003，C4），报纸推翻了整个版面与相关内容，以呈现更广泛的、更大胆的、更丰富多彩的图像——比如汤姆·布罗考（Tom Brokaw）“用消防栓喝水”以及丹·拉瑟“来自战争现场的大量照片”（转引自 Hilbrand & Shister，2003，A1，A20）。在战争爆发的前几个月，《纽约时报》刊登的图像的数量是通常情况下的两倍——大约 40 或 50 张，而不是 20 张。报纸刊登双版图，以及四分之一版、半版或者全版图；电视网在展示静态图集锦时辅以背景音乐，同时跟踪报道每个战地摄影师的经历，并将其作为夜间报道的一部分。图像被以边栏的形式排列在各大新闻网站上，提供当天战场上所发生的事件的最新视觉摘要。因此，在 21 世纪的早期战斗中，有一点是十分明确的：新闻照片十分重要。

但是这些照片是如何发挥作用的呢？面对事件本身，更多地向视觉传达转变恰好符合战争时期新闻应该完成的任务。需要时，新闻应为公众提供更多的信息。然而，图像通常提供了已知的内容，但没有提供区分不同图像的细节。例如，“9·11”事件的图像展示了受害者从世界贸易中心坠楼或跳楼死亡的原始视觉记录，但很快被撤下，取而代之的是大量不明身份的人士前往安全区域的照片（Zelizer，2002）。在伊拉克战争期间，《纽约时报》的一篇文章报道了三张而不是一张伊拉克人的照片，却没有报道他们亲属的死亡（Fisher，2003，A10）。另一张照片聚焦在一名美国女兵恐惧的面庞上，因为她观看了半岛电视台对被捕和被杀士兵的报道，而后者显然没有被直接呈现出
223 来。受众被迫靠自己补充信息以理解这些图像（An American Servicewoman，2003，B6）。报纸《费城问询者报》在系列报道“战争肖像：冲突、投降”中刊登了五幅整版照片。每张照片的说明文字都是宽泛且缺乏细节的，如
224 “伊拉克人欢迎英国第二皇家坦克团成员”，没有拍摄者署名，也没有照片在何时、何地拍摄的相关信息（Portraits of War，2003，A21）。

无论显示多少图像，图像缺乏细节的问题在最近的战争图像中都很突出。2015年，在伊拉克的五年战事过后，叙利亚难民涌入。例如，各个新闻媒体平台上刊登了大量的照片，呈现出一群无名的流浪者挤在运输大厅，在公共场所睡觉，紧捂着少得可怜的财物，疯狂地尝试确保自己能安全逃难的画面，却很少有人给出他们的名字、身份，或是讲述他们的故事。直到2015年9月，一个照片系列中的一张被赋予了一个名字——小难民阿兰·库迪，他与母亲和兄弟在土耳其海岸死亡，公众对此反应强烈。虽然男孩的死亡引发了公众的强烈抗议，但这种声音并没有在难民危机报道中持续多久（EJO Research，2015；Zelizer，2015b）。然而，这一事件告诉了人们为照片中大量的难民标记身份需要花费多长时间。这表明，在当代冲突的情境下，虽然更多的照片会被呈现，但它们并不一定会带来更多的信息。

然而，新闻图像所能提供的不仅仅是信息，它们在公众参与方面提供的帮助也是十分明显的。我们只需考虑，当大量图像的取向并不明晰时可能会
225 发生什么。事实上，许多战争行动逃过了视觉报道，近期巴基斯坦、索马里的战事中，有很多被西方新闻报道遗漏的画面。因此，虽然新闻图像的频率并不是更全面地了解战争和冲突的必要手段，但它确实有助于确保我们朝着这个方向迈出重要的一步。

图像的审美诉求

21世纪的不和谐图像继续顺应着具有美感的新闻照片的趋势。它们色彩

斑斓、引人注目、有时令人震惊，展示了当前的敌对状态，主要集中于战争和冲突力量以及它们对公众情绪的强烈控制上。马苏德·侯赛尼（Massoud Hossaini）的普利策奖获奖作品中，一个身披亮绿色织物的年轻女孩在2011年喀布尔自杀式爆炸事件中尖叫的照片，可以被视作一个经典案例（Hossaini，2011）。

与此相关的是，转变摄影图像长期以来的传统，通过使肤色变暗或改变人物的位置来戏剧化地呈现危机，从而增强整体构图效果，使图像的审美诉求能够帮助新闻记者得到“更好的”图像。例如，2004年3月，英国报纸删除了马德里恐怖分子自杀式爆炸事件的照片中清晰可见的身体部位（Luckhurst，2004），这一决定反映出，人们希望只刊登那些反映了对恐怖照片日益增长的道德愤怒的照片。相比之下，2006年，自由摄影师阿德南·哈吉（Adnan Hajj）在一个画面中将贝鲁特上方的螺旋状烟雾的颜色加深，同时在另一个画面中为了增强事件的戏剧效果而加入了闪光特效（Aspan，2006）。因此，被赋予审美情趣的价值会随着周围更大环境的变化而变化。

与此同时，为适应审美诉求而产生的图像并不总是清晰和突出了重点。正如人们对新闻图像所期待的那样，2003年伊拉克战争伊始，《芝加哥论坛报》（*Chicago Tribune*）刊登了一篇题为《沙尘暴狂作，伊拉克人被俘虏》的报道，配以美联社发布的一张伊拉克人被扣押的照片（Bouju，2003，3）。虽然照片的说明文字指出，扣押发生在“运输车车灯的炫光之中”，但并没有明确说明车灯的炫光模糊了公众的视线。这种不当的视觉化呈现并没有阻碍报纸将照片打印成整版上最大、最显著的图像。

色彩已经成为表达审美诉求的核心方式。2001年阿富汗战争的照片，重点展示了从妇女和儿童手中夺来的具有生动色彩的条带织物，以及蔚蓝的天空与耸立着的成片山峰的壮丽景色。难怪读者来信以积极的方式称赞了照片。
《洛杉矶时报》的一位读者称赞这些照片“不是煽情或伤感的，而只是太美 226
了。（他们）处在事件之中，并在真实事件被展现的精准时刻将它记录了下来。图像中没有任何东西，仅有纯粹的背景”（Coonradt，2001，B12）。另一位人士指出，阿富汗儿童的照片是“对无辜的、永恒的美的光荣证明，对栖息于地球上的人类境况的共同关心”（Takase，2001，A12）。当入侵阿富汗一个月，数千名难民无家可归、食不果腹甚至丢掉性命的时候，对图像审美诉求的赞誉使战争记录中图像应该发挥的作用被忽视了。

在 2003 年的伊拉克战争中，色彩处于图像审美诉求的最前沿。随着美军于 2003 年 4 月越过巴士拉（Basra），《纽约时报》用半版刊登了妇女运输饮用水的照片。由于漫天狂沙的影响，黄色阴霾成为描绘该地区的众多照片的突出特征。这张照片缺乏清晰的细节：《泰晤士报》（*The Times*）除了仅仅提及巴士拉的郊外之外，并没有明确地提到照片是在何处拍摄的；同时，除了妇女们在运输饮用水之外，也并没有提供其他关于女性身份的信息，更没有提及黄色阴霾背后隐藏的任何内容。事实上，黄色阴霾似乎是选择这张而
227 不是其他照片的关键原因。某一天，新闻边栏报道了伊拉克的伊朗反动派袭击、摩苏尔交火和伊朗国家博物馆掠夺事件。这种艺术性的选择使得战争代替了丰富的信息。用《芝加哥论坛报》艺术评论家的话来说，“如果你有在报纸上表达令人眼花缭乱的内容的能力，便利用照片做到这一点，用色彩来拯救（这些照片）。明亮、乐观传递了‘快乐轨迹’（Operation Happy Trails）的氛围，即使拍摄环境很昏暗，随时面临着死亡，令人振奋的颜色也会把我们从真相中抽离出来”（Artner，2003，4）。因此，就新闻报道而言，对图像的审美诉求常常与新闻内容所能提供的信息背道而驰。

同样，强调审美诉求往往意味着无法聚焦到新闻的报道目标。一个尤其具有说服力的例子是一张被广泛讨论的照片《白宫时事观察室》（*The Situation Room*）[①]（Souza，2011），照片描绘了美国领导人和高级安保人员观看 2011 年杀死奥萨马·本·拉登的现场报道的情况。这张照片被美国有线电视新闻网称为“一张具有历史意义的照片”（Silverleib，2011）。照片并没有直接呈现报道画面，而是聚焦于十几位神情专注严肃地观看公众看不到的、由无人操纵装置拍摄下来的报道的官员身上。借用 1945 年在报道纳粹集中营解放时的高度流行的比喻来说（Zelizer，1998），这张照片通过将观众推向一个

① 又译《白宫局势研究室》《白宫战情室》等。

不得不思考照片没有展示的内容的位置，强化了受众的参与，并实现了照片 228
的审美诉求。尽管此后这张由白宫摄影师拍摄、在美国以及国际新闻媒体上广为流传的照片受到了多方面的批评，包括照片的视角、美国对政治肖像的象征性呈现以及对本·拉登的态度等都遭到了批评，但它仍被看作一种审美诉求，而不是富有新闻价值的图像。

有时，战争与冲突图像的审美诉求明确倾向于那些更符合新闻规范的非新闻视觉表现形式。尽管这些图像并不符合新闻报道的模式，但它们反映了新闻文化中更加广泛的视觉感受。因此，2003 年 3 月的《费城问询者报》关于伊拉克部队虚假投降的文章，通过转载戈雅（Goya）的画作《1808 年 5 月 3 日夜枪杀起义者》来呈现战争与冲突，该画作描绘了拿破仑军队杀害马德里居民的场景（Lubrano，2003，Cl）。这张画取代了直接描绘伊拉克境内发生的事件的照片。这个案例表明审美价值是如何抵消新闻价值的。

图像的审美性深刻地嵌入到当代的战争与冲突画面中。鉴于今日公众能够获得比新闻史上其他任何时刻获得的都多的图像，因而他们倾向于浏览具有持久审美诉求的、易使人震惊或带来愉悦感的照片。这种选择具备较少的信息价值，但可以成为推动公众参与的工具。

图像的熟悉度

21 世纪的战争与冲突的新闻报道继续呈现与现有的战争概念相一致的照片。媒体评论家弗兰克·里奇（Frank Rich）在谈到伊拉克战争的报道时说，观众知道什么事情将会发生："伊拉克在这部戏剧中更像是一个眼见为实之地，而不是像那些呈现抽泣、咆哮和欢闹的照片一样。"（Rich，2003，15）虽然这样的呈现符合编辑们保持报纸"家庭友好"的期望，并且消除了广告商的担忧，但新闻摄影提供了对目前许多战争行动的默认视觉设定。然后，它们转向视觉化，适应熟悉的图像，以和谐的方式来呈现战争。正如《芝加哥论坛报》的一篇专栏文章所说："这就好像所有的战争在某种程度上都变成了同样的战争，所有的反应都属于共同的人性。"（Leroux，2003，1）

由于记者仅有一小块空间来呈现他们的报道，所以每一个包含过去的决

定都伴随着将现在放入一个更小的范畴。换言之，战争和冲突的报道常常凭
229 借一种对抗“好”新闻的方式而依附于精确的、“好”的记忆工作。例如，在“9・11”事件（Franklin，2001）和阿富汗战争（Chenelly，2001）的报道中重现二战时期在硫磺岛折钵山（Mount Suribachi）上升旗的照片（Rosenthal，1945）。尽管这两张照片都没有涉及后期情况，但是它们以平行的方式具象化了英雄主义、爱国主义、人类牺牲以及伴随早期照片的民族国家价值。这表明，即使这些联系与后来的战争行动无关，但使用图像与平行报道之间建立了持续的联系。在一位媒体评论家看来，“关于英雄的，往往不具代表性的照片”是有作用的，因为它们“故意重现了（其他的）照片以及那些著名的影视作品”（Kakutani，2003，E1，E5）。描绘新的战争行动的大部分力量来自过去。

新闻业在战争时期的历史之旅，在某种程度上是一个未知的领域。没有任何的标准、指导方针或者明确的指示来说明过去的内容、对象以及目的在如今也能有效地发挥作用。简言之，谁可以决定哪个过去是有意义的？2003年的伊拉克战争是否可以与第一次海湾战争、索马里战争或越南战争联系起来？是否应该将“伊斯兰国”与冷战或美国在伊拉克的行动这些历史悠久的概念相对照？然而，记者们把过去的一切形式都看作是恢复正常的方式。这意味着仅因他们的报道呈现是相似的，并不一定能够使战争行动在新闻中得到相似的视觉化呈现。因此，过去作为象征主义和内涵意义的载体，侵入了当下的新闻摄影。这些加以联想的重现，说明了新闻摄影作品为什么对当下的冲突具有重要意义，新的战争行动与早期涉及民族主义、人权、爱国主义、公民意识或种族自豪感以及英勇牺牲等经验联系在一起，新闻照片被用以让这些联系回归。因此，通过在不同的时间和地点跨越新闻战争图像的视觉轨迹，过去的时光就这样被呈现在了我们的眼前。

这里有几种方式被记者用来将战争的图像与过去联系起来。其中有三种方式十分重要：文字、平行的照片以及用替代性描述暗示联系（Zelizer，1998）。

文字作为意义的载体直接解释它们旁边的图像（Barthes，1967，1977，1981；Hall，1973），并且它们提供了一种将所描绘的内容与所表现的意图明

确联系起来的方式。在这里，现代的战争行动与那些早些时候的战争活动之间的相似之处，主要以文字的方式被阐释，其次才是图像的自我诠释。通常， 230
我们可以在照片周围的文字——说明文字、标题、摘要及正文内容中找到明确的表达，引导读者对图像的解读。2005 年伦敦地铁爆炸事件时，《纽约邮报》封面照片被命名为《大轰炸》（*Blitz*，2005），这是对第二次世界大战的致敬；《太阳报》对 2011 年挪威奥斯陆大屠杀的报道，被称作“挪威 9・11 事件”（Norway's 9/11，2011）。将文字作为阐释的直接线索是记者引用熟悉的标准向公众描述战争的一种方式。《新闻周刊》在一个名为“来自越南的真实回声”（The Real Echoes from Vietnam）的专栏，配以西贡[①]的照片，通过“上星期的早些时刻，感觉像是 1967 年”的暗示及讨论，呈现出 2003 年饱受战火蹂躏的伊拉克的境况。一些图像则被置于一个非特定的过去背景下。在其他时候，“过去”则具有特殊意义，例如 2013 年波士顿马拉松爆炸事件与 1996 年奥运会的呼应（Boston Boming Compared，2013）。

然而，另一些相似之处则是通过回忆照片拍摄的环境产生的。例如，将 231
2000 年穆罕默德・奥尔杜拉奄奄一息的照片（Abu-Rahma，2000）与埃迪・亚当斯（Eddie Adams）拍摄于 1968 年的枪杀越南军人的标志性镜头（Adams，1968）联系起来（Roskis，2000）。相似之处同样是由地区和地域性塑造的。2003 年 3 月 31 日，伊拉克战争开始后的第一阶段，《时代》周刊将其封面照片称为《海湾战争 Ⅱ》（*Gulf War Ⅱ*）。在每一种情况下，早期战争都可以提供适当的背景来阐释现代战争，这一暗示构成了一种联想的框架，在这种框架中，我们可以通过对早期战争的过滤观察到最近的冲突。将文字作为指导，能够促使公众参与到之前发生的战争行动中，同时面对当下的军事冲突。正如《时代》周刊所言，“再认知带来的震惊是巨大的……当然这些照片……来自另一个时期”（Walsh，1995，46－47）。

图像提示过去的第二种方式是重复早期战争的主题形象，在视觉上标记过去但并不提供语言表达。从军人的英姿体现出来的可预测动力，到僵硬的

① 今越南胡志明市。

人类尸体呈现出的怪诞，战争的形象在视觉上被描绘成新的敌对行为，这些形象被视为熟悉的主题。图像被用来作为以相似的方式、标志与特定战争行动的联系，这些行动被视作后来的行动的前情。马尔科姆·布朗（Malcolm Browne）有关 1963 年一名僧侣在西贡街头自焚以抗议越南战争的著名摄影作品，后来在报道一名印度人的照片中被重现，后者在国家立法机关面前通过自焚来抗议警察骚扰（India Suicide，2000）。虽然突尼斯人穆罕默德·博瓦奇的自我牺牲的方式在当时并没有被报道，但他的形象在后来发生的冲突讨论中被广泛议论与流传（Suicide Protest，2011）。从苏丹、巴基斯坦和叙利亚的火箭弹发射器、弹药车以及废弃弹壳中可以看出，战争是通过对大量的酷刑和死亡装置的简单报道被呈现的（Felt，2007；Desta，2010；Mustafa，2012）。一张由 W. 尤金·史密斯（W. Eugene Smith）拍摄的二战照片中，一名美国士兵把一名幼儿从尸体堆中抱出（Smith，1944），这张照片被《生活》杂志称为“人们最容易记住的照片之一”（Moments Remembered，1960，91）；而它在 2003 年的一张怀抱着伊拉克儿童的美国士兵公开照片中得到重现，被《底特律自由新闻报》（*Detroit Free Press*）称为“被写进历史”的照片（Hinds，2003，H1）。相反的情况是，即使救助人员十分努力，
232 儿童仍然无法得到救助——作品产生于同样的念头：2015 年溺亡的阿兰·库迪的一系列照片中，有一张作品描绘了痛苦的土耳其救援人员抱着一个男孩。

第三种联系过去的方式是对先前战争行动的图像的使用，因为这样既清晰又明确。这种通过使用早期事件的照片替代近期事件的照片的方式，表达出了不同战争中的直接联系。这些替代性表达体现了一种更加广泛的分离，这在新闻中常常是很明显的。决定使用过去的照片是以牺牲报道战争行动为代价的，并在当时和现在的战争之间建立起了一个明确的视觉联系。

照片经常用于一些替代任务，将过去的照片与当前战争行动的照片并排放置。9 月 11 日过后，《费城问询者报》刊登了两组照片——一组描绘了世界贸易中心塔楼倒塌，另一组描绘了 1941 年的珍珠港袭击——用以显示两者的视觉相似性，尽管事实上其他历史事件可能更合适（Infield，2001，A11）。在被称为“阿富汗胜利”的《时代》周刊专栏上，有两张照片并排出现——

一张为阿富汗的照片，另一张为索马里的照片（Krauthammer，2001，60）。《波士顿环球报》关于2003年巴格达的萨达姆·侯赛因雕像倒塌的文章，被 233
与其他描述早期的类似时刻的照片一同刊登，比如柏林墙的倒塌（Gilbert & Ryan，2003，D1）。《纽约时报》刊登了一篇名为《看伊拉克，看越南》的文章，其中西贡和巴格达的照片并列（Whitney，2003）。

有时，过去的照片完全取代了现代事件的视觉表达，过去的图像代替了现代战争行动中的所有图像。《美国新闻与世界报道》（*US News & World Report*）重新评价了"9·11"事件两年后的影响，报道重新使用了2001年的一张照片，展现街上的人们正在观看这一仍未被呈现出来的袭击事件（Never Again?，2003）；《纽约时报》在2003年伊拉克战争爆发时写下的关于平民伤亡的一段文字，旁边呈现了1999年科索沃与2001年喀布尔遇难的平民和被破坏的建筑照片，却没有关于伊拉克战争的照片（Eviatar，2003，D7，D9）；《新闻周刊》在一篇关于伊拉克的专栏报道中呈现了西贡的图像（Alter，2003，41）；《美国新闻与世界报道》的一篇关于战时经历的封面文章使用了半个多世纪前二战时期美军的照片（Real Stories of Wartime， 234
2007）；关于自焚的突尼斯人穆罕默德·博瓦奇的故事因另一件来自越战的自焚事件而被报道（Worth，2011）。所有这些情境中，当今的冲突与早期的冲突之间的距离是通过二者的视觉化呈现来缩短的。历史的图像被用来代替今日的图像。

当战争与冲突被浓缩成一张照片

战争时期报道呈现出的视觉化转向是什么？战争与冲突的报道涉及在危机四伏的形势下迅速做出决定。在这方面，提供令人难忘的视觉暗示，无论是需要处理频率、审美诉求还是熟悉度，都可以帮助记者去判断哪些照片应该被描述成特定的流血事件。这些都很关键，因为并没有强调照片的指示性，照片呈现本真世界的能力使得新闻持续趋向视觉化。事实上新闻规范长期以来一直表明指示力量在新闻图像中十分重要，它是新闻图像的象征或内涵力量——在一个更加广泛的框架中将一个设定好的细节语境化的能力，有助于新闻图像保持持久性和记忆性。因此，即使图像所描绘的内容较少，甚至少到不足以说明在战争中发生了什么，新闻视觉化转向作为一种引导公众参与的方式，也是富有价值的。

当下，提供观点甚至只是提供部分观点的能力，可能比以往任何时候都更为重要。可以肯定的是，战争和冲突的新闻图像用自己的方式记录战事。相比新闻报道所期望的促进更全面的理解，它们更能激发情感、想象力和许多有关新闻报道的偶然性的东西。这意味着战争新闻的视觉化转向并不一定遵循长期以来的新闻价值观，而是经常会抵消新闻中记载战争与冲突的许多规范性期望。

相反，当新闻照片被认为是“难忘的”时，除去新闻价值之外，评估模式同样会被纳入人们的考量。这表明新闻工作主要是沿着传统的新闻理解所未强调的轨迹行进的。这些轨迹反映在了世界运作的方式上，相比新闻实践的传统观念所提供的内容来说，目前记者的思维更加开阔。

对于新闻规范与新闻图像中的不和谐，大部分从事新闻摄影工作的人都
235 能直观地感受到。一方面，视觉报道形成对战争和冲突的基本参与，使它们的复杂境况变得平和、中立，这些境况通常以语言描述的方式挑衅公众或使他们两极分化。视觉报道将差异放置于一边，聚焦那些与生存和尊严有关的核心问题，这些问题可能会把持不同意见的公众聚集在一起。它为战争的特殊性提供了近距离的视觉证据。另一方面，视觉报道可以让记者在战争行动之间找到相似之处。在这里所描绘的画面中，被遗失的是个人敌对行动的重要的视觉方面的要素，以及将不同的战争行动彼此区分开的社会政治差异。那么，认为这些图像有助于实现政治和军事目标，动员公众支持战争时期的战略行动，是否就不足为奇了呢?

但是，考虑到战争与冲突的性质及其报道在当下的艰难处境，要做到这一点绝非易事。因为这表明，图像可能是当前战争行动中提供某些细节的一种尤其有效的手段。在这方面，21 世纪的战争与冲突可能揭示了新闻规范与新闻图像之间长久以来没有实现的联系，现有的新闻规范从未真正考虑过战争与冲突报道或新闻图像生产的紧迫性。相对于描述当前不和谐状况下发生

的事情的能力被大大削弱，这些照片尽管流于表面，甚至只能反映出较少的现存新闻报道应有的规范本质，但它们可能会成为反映当前新闻采集情况的最佳文本。

因此，新闻中的视觉报道可能会跟随另一个鼓手的节拍，但是它对于促进公众对战争与冲突的参与可能尤其富有价值。这种情况并不新鲜。图像的功能也不限于描述战争与冲突。相反，图像多年来一直没有被赋予过特权，因为在新闻语境中图像与文字的作用有所不同。

目前，关于新闻图像和文字如何作为信息供应的替代载体，如何更有效地结合以发挥作用，仍然存在着两种选择。一种是使图像更像文字，丰富说明性文字和图像来源中的细节信息，将图像更精确地和新闻报道关联起来，将每一幅图像都看作是报道本身，使图像的标准与新闻报道的标准保持一致。这种做法大部分并不涉及摄影师，而涉及较大范围的新闻记者以及公众。像网站新闻蔓藤或即时通信软件色拉布这样的新兴数字平台正在向正确的方向发展——照片墙上的标题最近被标记为“新博客”（Chayka，2015）——它 230
们并不总是能够提供新闻图像所带来的大量的文档，新闻图像能够在共享应用程序中无条件漫游。如果没有这些文档，就很难将图像和文字识别为两种载体，它们同时承担着提供新闻的使命。

另一种选择是认识到图像与文字之间的差异，在信息环境中发展并适应视觉图像。这意味着要认识到图像的力量和记忆性，而不顾及周围文本的细节；不仅应在战争与冲突时期在新闻报道中对图像做优先呈现，还应将其作为日益增长的以视觉为中心的世界的一部分；接受公众在吸收新闻的核心信息之前，以及在他们可以从非常规记者与非记者的图像中获得更全面的认知之前，他们依然需要关心议题和事件。考虑到这一点，图像可能会提供一个富有成效的切入点，促使公众从视觉以外的来源获得理解。

当战争与冲突被浓缩成一张照片时，新闻业不应以辜负它本应有的样子而结束。然而问题在于，这种缺陷是与图像本身还是与长期以来人们对于新闻业的期望有关。因为“图像类似于文字”和“图像与文字存在差异”两种策略不能被同时兼顾，所以其中一方必定占据上风。

结　语

第十二章　对未来新闻业的时代思索

论及未来，预示着更为广泛地鼓励对未到来之事进行预测——无论是金融市场、政治体制、天气还是冲突。用历史学家赖因哈特·科泽勒克［Reinhart Koselleck，2004（1985），259］的观点来说，面向未来指引着我们去探索“尚未拥有相关经验的、待揭示的方向”。新闻业也不能幸免于这种时间上的关注。的确，它的未来最近似乎存在于每个人的脑海中。在谷歌搜索关键词“新闻的未来”，词条点击量超过了 5 200 万次。同时，还有很多关于这个话题的会议、圆桌讨论、博客、书以及网站。 239

为什么新闻业的未来会引起这样的关注？接下来，我将探究这种关注的意义，即为什么这个问题成了有关新闻的讨论的核心，以及我们该如何消除这个问题带来的内在焦虑。

预测未来

思索任何事物的未来，都需要对与其相对的时间——现在和过去——给予一定程度上的思量和平衡。乔治·奥威尔早就提醒过我们，“那些控制着过去的人也控制着未来”，同时，“控制现在的人同时也控制着过去”。这种时间上相互依存的关系将过去、现在和未来放在不平等的位置上，使得与“过去”和“未来”相比，“现在”取得了重大先机，因为这直接影响着我们如何对自己的时代进行定位。面向未来——通常应与朝向过去相结合——在充满挑战的时代成为最重要的因素，因为在这个时代，对某些轨迹的搜索是难以维持下去的。有鉴于此，对未来的研究也被称为预测研究（forecasting studies）、未来学（futurology）和未来研究（futures research）。在 20 世纪 40 年代和 50 年代，未来研究作为在核战争威胁下预测军事和经济潜力的冷战工具在美
240 国出现。对预测的有效依赖是应对晚期现代性挑战的一个重要部分，评估未来成为在不确定和危险时期维持一系列政治、经济、社会和文化体制环境的一个富有成效的工具。

对未来的预测涉及哪些方面？对“选择、改变的可能性、理解一个特定的高难度谜题的不同切入点……概率、想法、愿望、期待以及恐惧”的考量（Moll，2001），是定位未来的核心。对未来的预测倾向于考虑替代方案、做出某种预言与预测行为、设想期望中的实践行动以及参与规范化思考。重要的是，“未来，作为一种在学术面向上可以被分析、观察与研究的对象，实则不是切实存在的：它还没有到来”（Moll，2001）。因此，解决这一问题的基础是消除或尽量减少行业的不确定性，而这一行业是存在内在矛盾的，而且本身就一直是不确定的。

然而，在当前的环境中，对于富有未来感的事业来说，“对确定性的渴望”（Moll，2001）常常难以得到令人满意的结果。例如，过渡时期的司法概念取决于未来的方向，同时，伴随着政治运动的民意调查和预测性话语，已经成为世界上许多地区的政治环境的自然组成部分。

对新闻业来说也是如此。当前关于新闻的话语充满了意指未来的思考。例如，西方频频提出的利用新闻业来加强民主、提高公众参与的重要性以及促进公众参与的目标，在很大程度上源于他们对未来的担忧。《赫芬顿邮报》的“新闻的未来”栏目，《华盛顿邮报》、《纽约时报》、《卫报》、《伦敦金融时报》（*London Financial Times*）和尼曼新闻实验室等新闻媒体，在 2015 年用几个月的时间集中讨论了这个话题。然而，大家对于新闻业过去与现在的众多断层，以及指向新闻业未来多重形式的发展没有达成任何共识。因此，思考新闻业的未来，存在着许多方面、许多声音和许多建议。

这在很大程度上是因为对新闻业未来的考量已经被一个不稳定的现在遮蔽了，这个现在正危机四伏。新闻业一再表示正在“出走”（Shirky，2009；

McChesney & Nichols，2010)：报纸正在消亡，观众丧失兴趣，商业元素挤占了公众利益，同时，记者的工作落后于旁观者和个人的记录工作。

事实上，尽管人们口头上宣称他们会降低期望值，但当下一系列复杂的经济、政治、技术、社会、职业和道德冲突的环境，促使新闻记者对即将发生的事情做出不同的评价（Zelizer，2015b）。例如，尼尔森于 2015 年指出不 241
同地理区域的新闻业中存在三种危机模式：经济危机往往在意大利和法国等国家占主导地位；职业危机导致美国和英国新闻业不稳定；一场信任危机让芬兰和德国等国家的公众对新闻业感到不安。技术特征在大多数地区都是不均衡的，而在信息自由流通不受保障的地区，则更加多样化。这些变化反映了新闻业运作的复杂性，并强调了体验当前状况的多种方式，也留下了许多悬而未决的问题。例如，为什么自报纸将随着广播的出现而消亡的早期言论出现后，报纸仍然存在了近一个世纪？当世界上的许多地区尚未以可靠的或系统化的方式体验互联网时，我们怎样才能预设互联网的重要地位？尽管共享未来的想法持续存在，但实际情况却让我们质疑这种将所有形式的未来都看作是各地记者共同事业的观点。

为什么对新闻业未来的消极预测仍然存在？在很大程度上，它们反映了一种更广泛的倾向，即在话语中主张比在现实中实现具有更大的确定性。这在很大程度上与新闻机构如何应对不确定性有关。长期以来，现代性及其附属物，以及其中最核心的制度，肩负着保持现代性带来的不确定性的重任。这里首先要注意的是，对知识的追求取决于确定性。杜威（Dewey，1929，85）认为，对任何学科（如政治、艺术和科学等）的锚定，都需要统一“稳固和动荡”“稳定和危险”。吉登斯（Giddens，1991b，3）认为，“在现代性的条件下，未来通过知识环境中的自反性组织不断被投射到当下”。埃尔斯特（Elster，1993，175）说，制度提供了一种“确定性，使得公民能够在一个相当长的时段内，建立一个长期的计划，并依赖于基本的制度框架”。因此，提出一个单一的危机的概念，可以使那些寄心于未来的人想象结局、一个解决方案与情况得以解决的另一方面——简而言之，一幅确定的图景（Zelizer，2015a）。

在某种程度上，确认和阐明确定性至少一直属于新闻报道的修辞范畴。用《华盛顿邮报》的观点来看，这是因为新闻业——

> 基于这样一个基本信念，那就是负责报道的记者知道他们做得不错，
> 242 因此他们能够为你判断什么是重要的，什么不重要，要注意什么，又要忽略什么。这就是为什么新闻业这些年来一直坚持强调确定性。如果我们不是权威的声音，我们的价值又在哪里？确定性起到了保障的作用。(Cillizza，2014)

然而，这种对确定性的断言比表面上看起来更具可塑性，却不那么线性。特别是在新闻报道方面，联结确定性与不确定性的逻辑论证正在进行中。保持新闻报道的活跃度常常意味着突出它的不确定性，正如特南鲍姆-温布莱特（Tenenboim-Weinblatt，2008，2013b）同时报道了巴以冲突、世界各地的绑架和掳掠事件。有时，即使存在确定性，新闻报道也会自发地带有不确定的立场。尤其在对死亡的报道中，调整确定性可能非常困难，以至于新闻媒体选择做出不那么确定的阐述，展示将要死亡的人而不是已经死亡的人的照片(Zelizer，2010)。

然而，如今人们普遍强调新闻业的未来正在衰落，这表明以捕捉细微差别的方式洞察新闻业未来的做法已经偏离轨道。那么，我们有必要考虑其他与新闻业未来相关的思考模式。

知识迁移与时间

在上文的背景下，考虑时间本身以及它对知识的作用变得具有重大的相关性。虽然为了设想新闻业的未来而回顾过去或审视现在似乎是违反直觉的，但事实上，反思过去与审视现在都是向前迈进的关键步骤。用阿拉斯代尔·麦金太尔（Alastair MacIntyre，1981，223）的话来说，“足够的传统意识体现在过去已经给现在提供了未来的可能性”。因此，对行为的时间理解必须从相邻的时间选择中汲取灵感，以便在过去、现在和未来之间进行比较，评估

现在预测未来。这样的分配不仅使维系现在和未来的时间二元论的困难被可视化，而且强调了时间的参与有助于在全球范围内定位各种事业。在这方面，用时间的棱镜来理解新闻业，可以帮助我们消除现在对过去的众多误解，同时勉强对现在的差异做出解释。

不出意料的是，过去、现在和未来之间的联系可以有多种形式。例如，通过采用不同类型的时间策略来实现未来的替代概念：时间被认为是向前或是循环的，以一种曲折或是直接的方式进行，或是连续的（正如过渡性所暗 243
示的）；或者不连续（正如时间段所暗示的），建立一个完全不同的对未来的时间预期（Zerubavel，2003）。在每一种情况下，时间参与都必须建立在将不同的时间并置在一起的基础之上，但它也借鉴了一些策略，这些策略用于适应特定的思考时间的方式，同时最小化其他方式的影响。

这一点很重要，因为时间是群体成员间成功地进行知识转移的核心决定性因素，同时又是巩固群体认同的有力工具。时间策略是知识转移的关键，有助于塑造知识在诸多事业的未来投资、产生和维持中扮演的角色。可以肯定的是，对知识的生产和流动感兴趣的学者，他们长期以来关注的是知识本身产生的创造策略（Brown，2007；Vosniadou，2007）。具体而言，知识流动取决于人们的自我认知，因为它们提供了如何面对新情况的线索，并参与到相关的活动中，为发生的事情赋予意义。知识的载体是广泛且多样的：其象征性的结构，如陈述、故事、叙事和图像；常规和习惯，嵌入了对“什么是组织中的重要元素”的约定俗成的解读；非正式地支持着价值观念的人际互动；物质对象和人工制品。它们经常涉及波利特和休普（Pollitt & Hupe，2011）所称的“魔力概念”，即对挑战的解决方案的承诺是根据一个广泛且抽象的、规范性的、近乎普遍适用的和可被传输（transportable）的概念来制定的。总的来说，这些不同的传递信息、信念、价值观和偏好的途径构成了一个群体的集体知识库。

在转换过程中，知识会随着时间的推移变得正式化，甚至僵化。在集体思维的标签下，我们所掌握的知识取决于我们是如何获得以及与谁共同获得这些知识的。正如库恩（Kuhn，1962）早期所说的，这个目前看来显得略为浅显的观念认为，知识依赖于共识的建立与共同范式的发展——命名和以组织认可的方式表达问题与过程是知识传播的必要步骤。共享知识也是阐释共同体观念的核心（Fish，1982；Zelizer，1993a），这个群体会使用共同的知识解释方式来指导集体行动。因此，知识转移以系统的、共享的和可识别的方式向前推进，促进了知识的创造，与认知线索一样，赋予了共同体团结和力量。

244 时间在这种特定的情境下起着核心作用。人类学家长期以来认为，知识的时间与空间维度形成了知识循环的框架（Massey，1999）。在对知识转移机制感兴趣的那些人当中，时间早已被视为系统化知识的来源，而空间则被认为为该机制引入了多样性。在这种观点中，越强调知识的时间面向，空间面向就越容易被忽略。相反，如果知识的扩散和隐性程度超过了组织化的程度，那么其空间参数就会变得更加集中（Von Krough，Ichijo & Nonaka，2000）。

对于新闻业而言，关注时间性以及知识迁移的时间面向是有意义的，因为它消解了新闻记者自我意识中最为根深蒂固的那部分。相比正式和明确的组织化，新闻记者更易与不明确的、默认的、模仿的和非正式的嵌入式知识产生关联。在早期的新闻研究中，新闻记者被认为是通过潜移默化的方式学习知识的（Breed，1955；Sigelman，1973）。他们的习惯与集体知识常被嵌入在规范中，且在大多数情况下并不明确，与此同时，知识也在群体成员之间非正式或仪式化地进行着传递（Roshco，1975；Tuchman，1978a；Gans，1979）。

对组织化的缄默会产生一些问题——比如，如何对待不重视组织化的集体知识，但这也凸显了理解新闻运作规律过程中会遇到的一些基本障碍。对新闻工作者中那些长期以来被称为“失败的专业人士”——指那些身处这个职业中却不属于这个职业的人——的特性描述（Weaver & Wilhoit，1986）表明，在回避组织化的过程中，那些与新闻业有关的人掩盖了我们辨别自身对新闻业及其来源的了解的能力。现实情况更是如此，因为访问核心知识仍然是反思新闻业的另一种尝试。例如，新闻学学者关注新闻业的未来，既是为了满足自己的研究兴趣，也是为了解决从业者的生存问题。正如我十多年前所指出的那样（Zelizer，2004b），新闻教育工作者、新闻专业学生、新闻学学者以及公众，继续在他们自己的阐释共同体的边界之内活动。他们之间仍然存在着彼此划分边界的问题，这既凸显出新闻业尚未将自己的核心理解组织化，也凸显出新闻业对组织化的忽视，正影响着它驾驭未来的能力。

时间性是一种相关干预，因为它以对共同体成员有意义的方式促进了集体理解，从而促进了共同体核心知识的形成。与从经验转向抽象思想，或从个体反思转向集体反思，这是作为集体行动基础的默认时间信念和共享时间逻辑。因此，将组织好的知识以及它对时效性的依赖置于新闻业讨论的最前沿或许是有价值的，即使这样做意味着要理解新闻业，而不是它自己对什么更重要的修辞，也就是说，理解新闻业时要反其道而行之。 245

时间参与的工具

新闻学与时间的关系往往是单向度的。在大众的眼中，新闻工作者要受即时性、时效性、迅速性和活动性等组织概念驱动。他们即使不是完全活在当下，至少也在很大程度上活在当下。正如帕特森（Patterson，1998，55）所言，“新闻故意短视，它根植于新奇而非精准，关注的是突发事件而非持久问题”。人们认为，记者应该对此时此地而不是彼时彼刻负责，尽管他们会时不时地在长篇新闻、评论和分析文章中犯些小错，但人们主要还是希望他们能提供一份牢牢地、明确地夹在过去和未来之间的行动记录。此外，这个记录每天会发生显著的变化，以证明新闻的新奇性和随之而来的与之相反的易腐性。

然而，认为任何一种做法的时间性质都可以被明确界定是切合实际的吗？普遍经验表明，现在的行动总是在参照过去的感觉和未来的方向。从新生儿带来的变化节奏到绝症所造成的被缩短的未来，从快乐时的时间加速到痛苦时的时间减速，这些老生常谈使我们易于接受时间的可变性本质。因此，我们如何度过时间，取决于我们的意愿、性格、联结以及我们身处的政治、社会、经济和文化环境，这是一种非线性、主观和建构性的体验，其形式取决于多种变量。

新闻业也不例外。事实上，新闻工作者核心知识的实际表现——不是新闻业所说的，而是新闻工作者所做的——显示出一种针对多重时间的更复杂的交织，而不仅仅是对当下的依附。“随着时间的推移，”舒德森写道，“故事在发展，涟漪蔓延到过去和未来，过去和未来的回响成为故事发展的新环境。”（Schudson，1986，89）对新闻业而言重要的评估、比较、类比和评价的行为，指向了过去和未来。正如朗氏夫妇（Lang & Lang，1989，126）指出的那样：

> 246 即使是粗略地品读，也可看出很多新闻事件不再是对新鲜事物的引用，在新闻的视野中，这不是新闻。过去和未来一起构成了时事报道。究竟什么样的过去以及怎样的未来应被纳入考虑范围，取决于编辑和记者认为它们是否属于公共领域的合理范畴以及是否符合新闻惯例，当然还受其个人的意识形态的影响。

因此，对新闻工作当前的发展方向进行漫无边际的阐述是一种作用有限的评估，这种观念在实践中并没有得到证实。实际上，记者呈现出对多种时间定位的丰富和复杂的参与。

目前的学术研究已经证明了这一点。例如，记者对时间的掌握——施莱辛格（Schlesinger，1977）将新闻称为“时间机器”——强化了对专业性的要求。新闻鼓励记者常规地越过时间跨度，以此来适应“持续的现在”（Schudson，1986），记者通常处于“双倍时间”下，因此应对早期的报道进行二次审视（Zelizer，1993a）。根据语境，新闻本身会将时间性拓展到现在之外（Barnhurst & Mutz，1997），但记者经常利用过去和未来的时间来定位新闻事件，却不考虑媒介的性质（Barnhurst，2011）。现场报道适合用于修复实时性作品，因为受众在自己的时间和报道内容之间寻找正确的理解（Scannell，2014），而不同的文化发展出了不同的新闻实践（Neiger & Tenenboim-Weinblatt，2016）。即便是转向数字平台，以及它们对即时性和速度的适应，也不会以可预见的方式影响记者的时代感：特南鲍姆-温布莱特和内格尔（Tenenboim-Weinblatt & Neiger，2015）认为，与直觉相反，数字新闻媒体相比于印刷报纸更关注过去。而博德克（Bodker，2016）阐述了新闻网站是如何展现其所谓的“累积的当代性”的：在新闻制作中，记录和存档（或从侧面看和向后看）自相矛盾地结合在一起。

对新闻业本身的持续讨论也体现出了类似的时间差异，尽管这些讨论并不容易被承认。时间参与的三种工具驱动了新闻业中复杂的时间性。它们分别是：

> 通过反思性工具参与到新闻的过去；
> 通过透明性工具参与到新闻的当下；
> 通过主动性工具参与到新闻的未来。

每一种工具——反思性、透明性和主动性工具——都构成了“魔力概念”的实例（Pollitt & Hupe，2011）。新闻记者与学者们利用这些概念定位自 247
己，以魔力化的方式解决现有的困境。为了提供一个抽象的、规范的、通用的和流动的解决方案，这些工具对于探讨新闻业的想象的持久性至关重要。虽然这里提供的是一种启发式的练习，它所假定的时间间隔比实际情况更大，但这些时间——对那些投资新闻业的人来说都属于魔力概念——对于识别可能有助于更全面地思考未来的编纂型知识非常有用。

过去与反思性

反思性的概念——对自己和集体进行深入思考、自我觉察和反思——必然源自过去，新闻业从过去的错误吸取教训和从过去的成功中吸取经验的能力，是其在现在和未来生存下去的必要条件。反思性一直是学习理论的核心，长期以来，学习理论一直假设经验、过去的错误和试验与过失提供了一些最有用的机制，用于适应变化、适应增长和维持生存（Dyke，2009）。任何类型的反思都意味着应该以自我意识和自我批判的方式对待自己的过去。作为被称为“记忆命令”（Levy & Sznaider，2005）的其中一部分，期望被聚集在一起以用来评估和修复过去的表现，从而对现在和未来行动的要旨做出判断。

然而，新闻学的话语是由从业者、教育工作者、学生、学者以及公众塑造的——这表明那些新闻业人士并不能轻易地意识到过去的教训。美国华盛顿新闻博物馆的一张海报中写道：“新闻创造历史。记者提供了历史的初稿。”新闻报道一旦出现，就被普遍认为提供了初稿，而不是最后的版本，之后，则应由历史学家用更有距离感、更客观和持久的方式对新闻初始事件进行最后的处理。这使新闻业成为过去与未来之间的一个暂时性平台，把新闻放置在通常看起来像是基础的、无历史性的空间中。

非历史主义的期望直接影响了反思性学习的价值。它有助于证明新闻业
248 处理各种话题时，尤其是在危机时刻，往往会很轻率。埃迪（Edy）清晰地指出：“新闻媒体对历史事件的利用多少有些违反直觉。”（Edy，1999，74）因此，尽管在实践中出现了复杂的时间性，但在关于新闻业的讨论中，过去仍然被认为在很大程度上超出了记者的职责范围，这并不奇怪。

尽管坚守以当下为核心的话语，但新闻业对过去的反思性参与的证据是广泛的。回顾过去有助于那些关心新闻业的人定期理解快速变化的现状，建立联系，主张推论，创造故事，并找到衡量事件重要性与影响力的标尺，提供类比与简短的解释（Lang & Lang，1989）。尽管新闻报道大部分出自新闻记者所谓的“对新闻戒律问题的依赖”——新闻的任务、事件、地点和方式——却没有足够重视“为什么”（Carey，1986a）。对当下事件阐释范式的依附将永远存在于新闻业中。因此，过去仍然是那些评估新闻业和阐释时事问题的人士可获得的最丰富的资源库之一。

因此，反思过去的倾向能渗透到新闻实践的全部领域，一点都不奇怪。当代记忆研究的一个重要的经验教训是，在与政治、法律、宗教和教育等领域毫无关系的情况下，复杂的记忆工作也一直在进行（Schudson，1992，1995；Zelizer，1992b，1993a，1995a）。新闻业也不例外，尽管记者并不一定意识到了它的存在（Zelizer，1998，2001；Meyers，Neiger & Zandberg，

2011；Zelizer & Tenenboim-Weinblatt，2014）。通过重写或重访旧事件、纪念事件、周年新闻，对看似“历史性”的事件进行调查（Huxford，2001；Meyers，2002；Kitch，2005，2006；Wardle，2007；Szpunar，2012），记者们发现自己完全置身于记忆工作的领域，对过去产生了一种模式化的描述，这种描述很少出现在有关新闻工作原理的论述中。援引过去可以帮助记者重塑过去，以适应当前的目标，从而调节反思性，这表明记者经常回顾过去，但不是以明确区分现在或未来的方式进行的。相反，记者会通过时间位置的微妙交织——以及它所提倡的反思性工具——参与过去。

从这个角度看，一个具有反思性的过去和新闻的实践特征一样，应该被渗透到对新闻的探讨中。事实却相反，那些在新闻讨论中投入精力的人在某些情况下忽视了过去，而在另一些情况下，又在以自然的方式援引过去。这两个策略都没有鼓励人们从过去中学习一些东西。

关于新闻的论述往往会回避这样一个事实，即新闻报道几乎总是与之前 249
的模式结合在一起，而且往往并不新颖。然而，由于它持续地重演过去，因此为人们提供了有价值的品察模式。从 19 世纪 60 年代至 20 世纪 90 年代，在美国和英国出现了至少五种“新的新闻”：1860 年马修·阿诺德（Mathew Arnold）的批判，19 世纪 80 年代末期的黄色新闻，20 世纪 20 年代的“爵士新闻”（jazz journalism）[①]，20 世纪 60 年代的文学新闻，一直延续到所谓的“叙事新闻”的复兴。同样，在美国新闻业某些尤为繁荣的时期，也产生了多种类型且通常矛盾的平台，人们可以通过它们重新思考未来的新闻业：20 世纪的前 20 年，诞生了“爵士新闻”和丑闻报道的替代品；20 世纪 60 年代诞生了中立的、倡导性的和文学性的新形式新闻；20 世纪 90 年代和 21 世纪初诞生了公共新闻、参与式新闻，文学/叙事新闻复兴。此外，新闻业的变革似乎总是伴随着新闻业以外的变革。例如，新闻对客观性的追求伴随着科学方法的兴起、小说向现实主义的转变以及电报的发展（Schudson，1978；

---

① 20 世纪在纽约流行的以八卦、丑闻消息为主要内容的报刊形式。参见西蒙·迈克·贝茜（Simon Michael Bessie）于 1938 年所著的《爵士新闻：小报的故事》（*Jazz Journalism: The Story of the Tabloid Newspapers*）。

Carey，1986a；Armstrong，1999)。这表明新闻研究的变化范围总是比它所呈现的平台更加广阔。关于过去的反思性话语可能有助于明确这些变化以及其他的模式。

此外，许多投身于新闻业的人在讨论中继续使用过时的话语线索，揭示出过去的教训在多大程度上没有被广泛应用到当下。在这方面，记者是最糟糕的罪犯之一，他们对新闻业是什么、记者是谁给出了陈旧（而且越来越不相关）的定义。这方面的例子包括修复构成全部新闻世界的一小部分的硬新闻的狭隘定义，或者偏爱不包括部分新闻记者的名录。目前，后一种情况将不稳定劳动力排除在外，这被称为新闻“最后的肮脏秘密”，因为他们越来越多地为记者过去独立做的事负责（Schachter，2014)。这些陈旧的话语线索表明，虽然新闻实践和新闻工作者的范围已经得到了拓展，但记者们在探讨自身时并没有表现出类似的拓展。

过时的线索在许多新闻教育工作者中也很普遍，进而延伸到新闻专业的学生身上。许多课程依然将学生与媒体分离，在电视和印刷媒介之间设置不相干的界限，而将数字媒体具体化，就好像它们存在于自己独立的泡泡中一样。这
250 种模式在早前出现过：美国 20 世纪 20 年代的广播新闻大战（Jackaway，1995）与 20 世纪五六十年代对电视的抵制（Watson，1990；Zelizer，1992b)。今日，尽管多样化的媒体之间已经基本融合，但这些过时的划分模式已久占上风，多任务和多技能迫使记者为他们报道的每个新闻故事创造多个平台。

同样，许多新闻学学者在学术泡沫中依旧没有反思意识，依旧处于很大程度上孤立的学科领域之中，而这些学科并没有从对过去的洞察中得到充分的益处（Zelizer，2004b)。随着不同类型的学者对新闻环境的看法不断分化，他们形成了优先考虑自己学科优势的狭隘心态。许多人仍然没有意识到，与早些年相比，如今的新闻研究更像是跨大学课程的多方面研究的一部分。例如，工程学和计算机科学如今与新闻业的存在息息相关。然而，没有一个富有成效的交叉学科能够包含多种多样的关于新闻的学术知识，因此，人们对数字环境之前的多种技术仍有一种非历史性的理解，而这些技术继续推动着新闻业的发展。

此外，许多新闻学学者活跃于不再与新闻有关的众多新闻实践的讨论中。其中包括被过度使用的中立、客观、公正的新闻观念；对所谓“新参与模式”的认同令人窒息，无论是倡导新闻、公共新闻还是参与式新闻；反复强调新闻是自主的、革命性的，而不是与环境中的其他力量进行着渐进而缓慢的合作；组织逻辑的认识论视角有些陈旧——将新闻工作视为例行公事，将新闻业视为一种可预测和可管理的现象，将编辑室视为日常工作的核心部分，将多平台故事和多媒体新闻视为奇闻异事，而非进化的必需品。记者在这里被视为新闻媒体的中坚力量，尽管多媒体记者、视频记者、有着多种称谓的个人记者、移动新闻记者和背包记者都体现着独立形式而非组织形式的新闻实践的增加，非新闻记者或非常规记者的生产内容却很少被提及。虽然这些形式可能既使新闻实践民主化，又使网络逻辑合法化，但它们削弱了正式组织逻辑在理解新闻工作方式方面的中心地位。

公众也是如此，虽然他们可能投身于新闻业，但他们常常会从历史和非反思性的立场上发表批评。记者在每一次报道恐怖主义、战争或自然灾害的 251
最新动向时都表现得不太令人满意，公众对此大肆批评，但甚少揭露新闻环境的结构性改变。少数的全职记者，更多的多技能、无经验记者，以及更危险的地面条件可能都会影响随后的报道。随着越来越多的公众成为用户生成内容的创作者，罗特韦尔（Rottwilm，2014）认为这是从新闻接受者到新闻来源的转变，即对新闻制作条件的一般性理解无疑会得到补充，但这需要我们对之前的情况有所了解。

尽管每一种观点之间都存在细微的差别，每一种观点都存在例外，但它们依旧缺乏反思性的回顾。这表明，尽管与世界打交道的新闻实践包含了对过去的反思，但关于新闻业的讨论并没有像现在这样广泛。未能从过去吸取教训阻碍了新闻业的前进。

当下与透明性

第二个时间工具是透明性：新闻业业内人士通过确定和阐明在新闻发生

时的决策方式及原因来参与当下的实践活动。与提高全球政治和企业金融界等不同领域的透明性的努力并行，新闻业透明度的提高嵌入了“故事如何发生以及它为什么被这般呈现”（Kovach & Rosenstiel，2001，83）。尽管在其他领域透明性被看作是对腐败的抵消，但对西方新闻业来说，它在很大程度上被期待用来修复那些与偏见和错误决策有关的问题、弱点和错误（Wasserman，2006）。在这方面，对那些关注新闻业未来的人来说，和从过去学习一样，从现在学习也是一种含义丰富的指导纲领。透明性既包含了本身的信息共享能力，也包含了信息披露的方式，它为新闻媒体提供了一种承认和纠正错误、澄清过程和与公众接触的方式（Craft & Heim，2008，219）。

值得注意的是，透明性提供了一个解释和证明做出决定的理由的机会。这一点至关重要，因为新闻业在当下的时间定位可能会产生不好的影响：记者不能在时间中错失机会，否则事件会在他们不在场的时候发生；不能轻率报道，否则会丢失受众；不能滞留在第一次叙述之外的故事中，否则会干涉历史研究者，因为他们反思的机会很少。如埃迪（Edy，1999，74）指出：

252 记者在传统上高度重视报道一手信息。补充报道、新闻短讯和重大新闻信息的终端程序都证明了他们向受众呈现最新信息的意愿。许多故事都已过时，一旦新闻故事在被生产出来的那天没有为自己保留空间，那它们将不再会被使用。

透明性可以抵挡新闻生产的快速步伐，以及对时事性、新颖性、接近性、最后期限、独家报道的投入。它为记者提供了一段短暂的休息时间来反思他们所做过的事情，以此来促成对变幻莫测的新闻环境的开放心态。

因此，新闻实践常常涉及对透明性的妥协就不足为奇了。虽然不是美国政治遗产的一部分（Schudson，2013），但它仍然是美国新闻业最佳实践的标杆（Bowles，Hamilton & Levy，2013）。今天，透明性存在于一系列不均衡的实践活动中，包括公共编辑、校正框、更正政策的公布、虚拟新闻编辑室以及对匿名信源的解释。透明性也在媒体脱口秀、新闻论坛、专业会议和商业媒体中寻得了一席之地。用《美国新闻评论》的话来说，这种努力提供了“名誉受损的灵丹妙药、欺骗的解药……以及傲慢的滋补酒”（Smolkin，2006）。透明性被视为新闻诚信的一部分，人们普遍认为，它能让记者保持公众信任，并在出现问题时重建这种信任（Craft & Heim，2008）。

鉴于透明性处于当前环境的核心位置，因而促进透明参与的新平台不断涌现。例如，新闻网站“面向公众”的“探源”（Explore Sources）或者英国广播公司的用户生成内容中心——利用“以图找图”（TinEye）、“托普西”（Topsy）以及“地理调查”（GeoFeedia）等工具——可以让读者仔细审视新闻故事的源头材料或纠正新闻文章本身的错误。无线电台“倾听”（Hearken）邀请公众与记者分享他们的故事。在数字环境中进行事实核查和验证的多种工具，例如，检查时间真实或建立托管链（Wardle，2013），都是在对透明性的渴望的驱动下产生的。

但在赞同声中需要一些细微的差别存在。可以肯定的是，透明性的引入是对传统新闻理解中暗含的线性以及稳定性的有效解决方案。举例来讲，有关开源文件的争论，意味着将怀疑、疑虑、不确定性等视作优势是当下工作的核心，而不是将它们匆忙地判断为新闻业的障碍。

因此，需要承认的是，即使作为一种广受好评的新闻实践标准，透明性 253
仍然难以捉摸。虽然这是普遍的做法，但大多数记者不愿意纠正已经发布的新闻报道中的错误。新闻媒体所犯的事实错误中，只有不到2%的报道得到了纠正（Maier，2007）。纠正过去错误的例子非常罕见。例外情况包括《列克星敦先驱者报》（*Lexington Herald-Leader*），它于2004年发表了一份澄清声明，纠正了数十年前的一次错误。“引起我们注意的是，”编辑写道，“《列克星敦先驱者报》忽视了对民权运动的报道。我们对该失误深感遗憾。”

1969年，《纽约时报》撤回了一篇写于1920年的社论，这篇文章宣称太空飞行是行不通的。随后，在阿波罗11号发射后的第二天，报社对先前的内容进行了修正（Tenore，2011）。同样，2011年“新闻国际”（News International）的电话窃听丑闻证明，缺乏透明性会导致包括新闻机构在内的多个机构之间的共谋。相关的事实、所有的违规丑闻——买卖信息、利用欺诈和假冒手段获取信息、与官员串谋、无视隐私都已经在新闻业存在了很长一段时间，这表明了向过去学习经验的做法的失败，但是它还强调了，当目前尚没有透明的处理方式时，机构间的共谋可能呈指数级增长（Zelizer，2012）。

需要承认的是，记者们遵循透明性并不是要达到同样的目的。例如，菲利普（Phillips，2010）建议用透明性来抵制"新闻恶性竞争"。在这种情况下，数字资料是在缺乏归属的状态下被使用的。透明性也不都适用于新闻业：《纽约时报》在 2003 年特地使用了两个版面报道失职记者杰森·布莱尔的错误行为，而之后，其对美国国家安全局非法窃听事件的报道推迟了一年。同样，2015 年，美国全国广播公司环球频道（NBC Universal）在其主播布莱恩·威廉姆斯报道了自身的虚假经历之后，决定将其停职，然而又在 6 个月之后悄悄地让其在微软全国广播公司的一个附属平台上复职。透明性在新闻业的许多地方的表现也是不尽相同的：如果信息自由流动得不到制度的保证，它基本上也不起作用。在这种情况下，全面的透明是不可能或不可取的。必须承认的是，拥有一定程度的透明性总比完全没有透明性要有益。这些案例都证明了透明性并不均衡的本质，往往在收益大而损失小时，它才会作为一种性能评估浮出水面。

在教育工作者、学生、学者有关新闻的讨论中，透明性的情况如何？在这方面，可能也需要一种更微妙的方法。在很大程度上，要求透明性的呼声已经恢复了长期以来对新闻业自我专注的趋势的批评，尽管长期以来记者的自我定位一直被视为对新闻环境的一种侵犯——在新闻环境中，"新闻媒体能够告诉自己它是如何做到这一点的，这往往会妨碍我们作为公众对自己做出
254 不同的评价的能力"（Zelizer，1997）。如今，这已经成为评判新闻业缺点的万能钥匙。

在许多新闻教育工作者和他们所教授的学生当中，透明性类似于公共物品。专业记者协会现行的道德守则包括一个被称为"负责、透明"的部分，在过去 20 年中被一种将透明性作为荣誉徽章的制度愿望驱动。早在 2005 年，阿斯彭研究所（Aspen Institute）召开的新闻与透明化的会议就呼吁"记者、媒体管理者和公众可以通过开放性设想聚集起来，从而重建对于媒体的信任"（Ziomek，2005，5）。杰夫·贾维斯（Jeff Jarvis）指出，"没有太多的解释"，

媒介批判是应对公众对于透明性需求最可能的答案（转引自 Smolkin，2006）。2013 年，路透新闻研究所（Reuters Institute for the Study of Journalism）和美国奈特新闻中心（Knight Center for Journalism in the Americas）都出版了有关新闻透明性的书（Bowles，Hamilton & Levy，2013；Knight Center for Journalism in the Americas，2013）。同年，波特因研究所在其制定的新闻工作者道德准则中，用“透明”替代了“独立”（Rosenstiel，2013）。它认为，透明性提供的是一种朝向“智识独立”的方向，建立在承认个人意图的基础上，并展示“报道是如何完成的，以及为什么人们应该相信它”。

许多新闻学学者称赞透明性是一种对当下新闻业操作的稳固的保护，与可信度、责任和诚意等术语相关，并常常将它们取代，透明性构成了“一种新的客观性，它让我们接受观点的可信性，就像过去对客观性的主张一样”（Weinberger，2009）。在数字环境中更是如此，如果独立的声音、旁观者和公民记者在记者之前发现错误，他们会随时准备出击（Anderson，2011；Revers，2014）。

对透明性的颂扬，很大程度上源于人们对其在新闻业的中心地位的普遍认可，而其中心地位与当代的很多事件是相关的。许多有关美国新闻业透明性的讨论，都将其与 2000 年发生的事件联系在一起。当时，《纽约时报》对一名被指控涉嫌从事间谍活动的核科学家进行了过分热情的报道，这件事引发了争议，该报随后承认需要对自己的行为进行“公开说明”。四年后，类似 255
的道歉发生在该报对大规模杀伤性武器失败的报道之后（Okrent，2004），标志着杰伊·罗森（Jay Rosen，2004）所称的“《纽约时报》的透明时代”的到来。

但事实上，透明性在新闻业存在的时间比讨论中显示出来的要长，因此它理应被更多地接受。20 世纪五六十年代已经有了相关证据（Schudson，2015），当它与编辑和监察专员联系在一起，并呈现出与改革导向的政治、社会运动和监督机构之间协调一致的特征时，它象征着公众对“知情权”的广泛认可，以及美国机构开放程度的上升。然而，新闻业透明性在实践中依然存在问题。例如，究竟什么需要被透明化？正如克拉夫特和海姆所质疑的那样（Craft & Heim，2008，219）：“这是一种采集和证实信息的方式吗？新闻编辑室资源是如何影响编辑的选择的？为什么某些故事是被追逐的，而另一些不是?”难题也随之而来，因为正如沃德所说（Ward，2013），即使在实践中，透明性也可能“导致一种倾向于规避风险的管理文化。事实上一切都是公开的，或是潜在公开的，这会改变人们不同层面的行为方式，但结果并不总是变得更好”。许多讨论将新闻实践与新闻话语结合在一起，鼓励记者阐明对透明性的投入，即使这种做法未必能巩固他们的报道。

因此，透明性，作为了解当下的一个工具，可以被更深思熟虑地使用。同时它还存在其他优势。例如，从事新闻工作的人可以从中了解当下。新闻教育工作者随时准备提醒记者和新闻专业的学生，新闻工作所处的环境十分复杂：新闻环境中充斥着许多制度、社会、文化、政治、技术和经济方面的动力。它们可以帮助新闻记者和学习者认识到，透明性不仅是眼前的问题，更是未来的问题。在这样的视角下，记者可能会被劝说不要从少量的案例中做过多概括，而要循序渐进地考虑事件和问题，并广泛阅读。更仔细地审视当下，就能更容易地解释为何金融危机、全球变暖和疾病等问题没有简单的答案，从而调整记者广泛接受的观念——公众对复杂性没有过多的了解。

公众也可以通过多种形式提高透明性。这反映在关于“算法观众”的讨论中，通过数据，观众可以变得可知（Anderson，2011）。数字环境创造了多个思考问题的角度，可以通过这些角度考虑公众透明性。尽管透明性常常被视为公共事业的目标，但数字环境却以引入公共产品的名义被复杂化。而且，随着传统记者、非记者、普通公民、旁观者、公民记者和活动人士之间
256 的界限越来越难以识别，也越来越容易跨越，只要有可能，人们就会试图使自己的帖子、推文和博客保持某种表面上的透明性。在世界上的许多地方，一个人的身份、议程、支持者或反对者的透明性可能会对其造成损害（Han，2016），公众对新闻的参与使透明参与的目的变得值得考虑。

新闻学学者在重塑透明性的轮廓方面也扮演着特殊的角色。因为他们也需要对这个过程保持坦率：可能会利用透明性来解释为什么新闻的某些方面会被研究或不被研究；什么样的压力促使新闻学学者遵循一定的探究模式；

终身职位、晋升、图书出版和工作保障等看似不相干的事情如何影响一个人对研究方向的决策；访问、接近性和可用性如何限制所做的研究选择。政治调查透明化可能有助于为新闻研究的权威性建立不同的基础规则。这一点尤为重要，因为新闻研究的中心不再能充分反映它所追踪的实践的传播情况。由于新闻业在世界各地以多种形式繁荣发展，特别是在那些透明性可能会造成负面影响和危险的地区，学者们需要更深入地思考，更坦率地看待不同条件下的透明性。

使用透明性来考虑当前持续存在的问题可能会改变我们对新闻所持有的默认假设。一些可能的例子包括：

● 报纸并没有像广泛宣称的那样死去，而只是在美国和西欧地区减少了。世界上一半的成年人仍然平均每天阅读一份报纸，全球93%的报纸公司的收入仍然来自印刷媒体（WAN-IFRA World Press Trends Report，2014）。

● 政府和媒体之间的联系并没有如一再声称的那样趋向减少，而是刚刚转向了多样化的非民主政体。它以多种形式存在于过渡时期的国家中，如“软性威权政体”（regimes of soft authoritarianism）以及不同于西方最初设想的新闻业/民主联系的政府。这反过来又会影响记者对自身和消息来源的安全的担忧（Han，2016）。

● 政府/市场/媒体的交叉并没有像广泛假设的那样减少党派的参与，而是让位于新的行动者。例如，非政府组织强化了不平衡的权力关系，并对记 257
者所从事的新闻工作产生强大的影响力（Conrad，2015）。

● 新闻媒体并没有像通常声称的那样失去受众，但新兴技术已经改变了媒体与受众之间的互动关系。除去两个美国新闻网站之外，传统媒体拥有大部分受众，同时无线电和广播新闻比以往吸引了更多受众（*State of the News Media*，2015）。

● 新闻业务并没有像通常认为的那样被消灭，而是仅仅改变了形式。其中一个例子就是专业-业余（pro-am）模式，即专业记者与业余记者共同生产新闻的模式（Leadbeater & Miller，2004）。

需要明确的是，如果将透明性扩展到当前新闻实践、教育和研究的各个领域，而不是只针对一小部分问题，那么对新闻业的理解可能会与今天大不相同。

最后，透明性可能会使新闻业所有业内人士更加乐于批判。这实际上意味着透明性的增长趋势不仅涉及新闻实践，而且涉及专业课程与学术政治。采用更高的透明性可能会使人们进一步认识到，非记者或许能够更好地批评新闻业，因为他们可以从边缘来看待它。这里隐含了这样一个事实：记者可以更多地从教育工作者、学生和学者处获益，并最大限度地减少自己对于批评的敏感度。与此同时，教育工作者、学生和学者可以更多地与新闻工作者接触——以他们能够理解的语言写作，并且生产出与新闻工作者经验相一致的观点。公众在发出更大声音的同时，可以更全面地将二者结合，更加全面地理解新闻运作的方式，同时新闻业的现实更应该扎实地植根于学术研究。想要达到透明性更高的目标，所有的这些纠正措施都可以提供帮助。

未来与主动性

第三个时间工具是主动性，它最明显地把新闻业引向了自己的未来。主动性是指那些投身于新闻业的人可能采取的影响未来的预期行动。思考未来
258 主义的过程中，以下两个概念使行动变得暂时未知——理性进步的概念和对历史进程的更哲学化的参与［Koselleck，2004（1985），18］。事实上，对未来的参与往往与当下的制度要求相结合。因此，把未来看作一个抽象的实体而使其独立于个人评估环境是很难的。相反，未来适应了其所处的更大的制度环境。

然而，在新闻业中，主动性通常没有得到实现，反应性往往会成为一种规则，而不是例外。记者对主动性的缄默有许多原因。他们必须首先应对新闻工作中的时间因素，这些因素产生得很快，因此记者往往需要追逐事件。这种情形使得新闻工作者沦为“时间机器”（Schlesinger，1977），他们甚至花费了超过他们实际能力范围的精力去跟上事件的发展速度。在内容上，记者对危机做出反应，迅速改变新闻事件，并小心翼翼地从掌权者那里获取信

息。在形式上，他们对权威提出挑战，赢得或丢失公众信任。

对于主动性的缄默也与记者的结构性现状有关，这使得预测行动变得困难。可用资金被削减和工作人员的经济压力，给所有组织预期造成不便和麻烦，再加上职业和组织条件使新闻工作者不太愿意开展集体行动，以及政治和技术变革使新闻工作滞后于不稳定和往往不可预测的环境，新闻工作者不能轻易预见其周围环境的复杂性也就不足为奇了。

不愿积极主动也源于新闻业对在新闻发生前就要确定一种报道模式的处理方式的矛盾心理：新闻记者报道新闻，而不是制造新闻或进行一再重复的表达。因为对新闻的主动定位意味着一种特殊的、先验的介入。例如，和平报道或人权报道等典型的宣传，往往最容易与新闻业联系起来，因为新闻业认为自己从根本上是倾向于加强或促进未来行动的。相反，如果记者对他们报道的事件和问题没有那么大的投入，他们往往不会讨论这个问题。

新闻记者本身通常不接受对他们所做的事情进行仔细检查，这一事实使他们更容易产生反应性冲动。正如罗森博格（Rosenberg，2010）在一篇名为《为什么记者无法处理好公众的批评？》（Why Can't Journalists Handle Public Criticism?）的专栏文章中所指出的那样，公众多次感受到"当记者的作品遭到公众攻击或专栏作家的嘲笑时，那些杰出记者失去优势的遗憾景象"。然而，这样做会让记者与批评人士、分析人士甚至狂热者保持一种被动的关系。 259
这往往会产生惰性或延迟应对环境中迫在眉睫的斗争。值得注意的是，它还使记者与那些本应是他们最亲密的邻居的人——那些已经在思考新闻的人，包括教育工作者、学生、学者和公众——之间的关系变得紧张。

因此，主动性和新闻性不容易同时出现也就不足为奇了。新闻业的未来定位仍然是记者最不可能发展出的时间定位。然而，它又是支撑新闻业未来的最直接的时间工具。

仔细思考一下，即使很难承认，但事实上新闻业的许多方面实际上也都基本上是主动性的。新闻记者如果不积极主动，便不能做好本职工作。不管完成工作的能力如何，新闻记者都应该向前看。记者们需要在事件发生之前预测需要什么，否则他们将无法获得报道所需的资源。他们需要积极主动地在结果明晰之前推销故事，在故事进入最后的制作阶段之前寻求反馈。

因为主动性意味着一种参与，它用对正在发生的刺激的预测取代反应性，假定一组已经组织好的动态活动塑造了实践。在任何特定的刺激方案（战争、金融危机、一条有趣的信息）被纳入考虑范围之前，新闻工作的主动性往往会被低估。尽管新闻工作者在新闻事件展开之前，往往会避免利用可预见模式进行表达或建立所谓的“行动标准”，但长期以来，确定这些模式的一直是新闻学学者、教育工作者与学生。那么，观察他们的努力，可以抵抗新闻业的基本反应性，并推动新闻业的未来向着更加全面的集体导向发展。

例如，新闻教育工作者以及他们的学生，都大力投身于为新闻记者提供最佳做法、分享指导准则和行为标准的追求中，以便在特殊的情况出现时，记者知道应该做何反应才能提供实质性的、面向未来的提示。波因特研究所是为新闻记者和学生提供最新以及最佳实践方式指导的专业平台之一（Tenore，2012），而推特和脸书等平台则为积极塑造数字时代的新闻形象提供了社交媒体层面的指南（Luckie，2012；Lavrusik，2013）。在线新闻协会发起了一个“创建属于你的新闻伦理”项目，并意识到“不存在可以反映我们广泛多样的职业类型中每个人的需求的、简单的道德准则”（Kent，2015）。这样的线索即使没有被自动追踪，也在新闻报道中广为流传，且依赖于对未来行动的积极态度。没有它的话，记者的工作就会变得无效。

260 同样，新闻研究提供的证据表明，记者在实践中具有广泛的积极性：新闻生产的时间通常是面向未来的。伦理研究认为，积极性和限制行动原则之间存在持续的紧张关系，记者通过这些原则来思考如何对新闻事件做出回应（Ward，2011）。正如塔克曼（Tuchman，1978a）早期在讨论新闻类型时指出的那样，对新闻惯例的研究证实了新闻的制作在多大程度上依赖于对即将发生的事情的预测。例如，“发展中”或者“在持续”的新闻概念，使得新闻的注意力超越了日常的报道范围，同时“一个好故事”或甘斯所称的“惊人的故事”，则代表了那些不容易被预测的新闻行为。此外，不断变化的需求带来不断的适应。例如，津井（Tsui，2010）分析传统新闻机构和另类新闻机构（alternative news organization）迁移到网上后产生的新生产环境，主张以主动性的新闻为导向与受众交流，倾听他们的心声。预测和猜想也因此在新闻中被系统地、经常性地使用（Jaworski，Fitzgerald & Morris，2003）。

记者在报道中展示了时间也能体现出主动性：新闻业中，时间往往是面向未来的。时间可以通过叙事性的方式来管理，使未来看起来更接近现实，大多数新闻标题都关于一个事件的未来，它的未来方向是通过多种预测性的叙事线索来暗示的（Neiger，2007）。预测未来的趋势会出现在创伤性事件之后（Grusin，2010）。新闻报道面向未来，以之作为社会对集体需求的前瞻性记忆（Tenenboim-Weinblatt，2013a）。尽管差异依然存在，例如，评论往往比报道更具面向未来的特征（Barnhurst，2013），但整体呈现的是明确的未来的方向，用内格尔（Neiger，2007，310）的话来讲，“新闻报道处理的问题，是‘什么将会发生’或‘什么可能会发生’而不是‘发生了什么’”。

然而，在谈论新闻时，主动性往往不会被广泛使用，这主要是因为在事件或问题展开之前，主动性意味着过多的独立参与。但是，如果把新闻实践的主动性更系统地运用到新闻话语中呢？一个积极主动的立场是否有助于新闻业对未来更加坚定？

首先，记者在思考未来时，融入更大程度的主动性可能有助于稳定他们的情绪。尽管新闻业的多重转型促使许多人主张提高适应性，并增强从业者
接受变革的意愿，但关于如何做到这一点，以及在即将到来的变革背后，什 261
么是保持稳定的基础，鲜有人提及。主动性提供了一种既能适应变化又不会失去当前立足点的方法。它可以帮助我们识别出适应过程中的挑战，同时平衡随之而来的环境中更强大的力量的脆弱状态。换言之，积极主动地面对变化，可以帮助新闻记者从一个艰难避开打击的群体，转变为一个既能预测也能做出反应的群体。在更大的环境中积极应对突发事件的发展，可以推迟、削弱甚至改变新闻业遭受的打击。在这方面，它有助于形成一种心态，帮助记者更有效地为自己的未来工作。

其次，主动性可以通过模式化的、可预测结果的方式帮助我们调整对新闻业的现有理解。这种结果是从新闻表征更直接地发展出来的。例如，如果危机看起来不是一个特例而更像是规则，那么新闻业会成为什么样子？它涉

及什么样的预期行动或计划？这些行动会如何影响新闻的未来实践？其他“假设”，包括新闻概念，如何在以下情况中发生变化：

- 自下而上而不是自上而下的工作的必然性会得到承认；
- 新闻业被看作是发生在多孔边界的活动，而不是被紧紧限制的单一活动；
- 新闻业被认为应采取多种实践行动，而不是只适应一套偏好；
- 新闻业与其他制度的共生性而不是自治性的观点被接纳；
- 公众对于新闻的参与从信息保存扩展到各式各样的互动模式，新闻成为艺术表现与游戏的平台。

由于没有主动考虑过这些问题，新闻业只能持续渴望达到那些几乎没有希望达到的实践标准。难怪它的未来似乎仍呈现不确定的状态。

这些都表明，在新闻工作中采取主动性姿态会收获颇丰。然而，留给新闻记者的时间已不多，因为如果记者不花费足够多的时间来主动思考未来新闻业的走向，其他人可能会代替他们去做。

262

走向新闻业的未来

大约一个世纪之前，约翰·杜威（Dewey，1929，85）指出，“没有失败的风险，就不会有成就感”。考虑到这一点，时间工具的神奇地位——相信它们可以在某种程度上解决新闻业所面临的困境——使其可以得到很好的利用。因为魔力概念“不容易承认‘对立’，当然也不是大多数人想要支持的”，它们必然会产生多种多样的潜在行动路径，展现出通过多种方式“动员的能力”（Pollitt & Hupe，2011，643，652）。

因此，这里所讨论的概念中所蕴含的魔力，可能正是那些投身于新闻业的人走出当前困境时需要的。我认为，新闻业未来的工具，本质上都是暂时的，它们是引领新闻业前进的初步工具。如果投身于新闻业的人想更自信、更有效地驾驭未来，则需要对新闻业的参与展开讨论，使自己能够在时间的长河中更明确地理解自身。这意味着要对新闻业进行一种更具自省性、更透明和更积极的讨论，这种讨论将说明复杂的时效性是新闻得以更充分发挥作用的先决条件，无论何时何地都是如此。

因此，即使实践、教育和学术尚未做到从容应对，时间性也有很多好处。在那些投身于新闻业未来的人当中，知识的有效转移至关重要。这些暂时性的工具将我们引向了新闻业的边缘地带，因为直到现在，我们也并没有注意到这一点。

当前关于新闻业的太多讨论都建立在它的失败、不足或丑闻之上。现在可能是让一切发生改变的时候了，因为新闻业太过重要，我们不可能朝着其他方面发展。新闻业本身，以自身特有的方式面对着未来。同时，那些思考新闻业未来的人，也以他们特有的方式来为此保驾护航。

参考文献

Abu Fadil, M. (2015, December 17). Lebanon: Media Put Humanity in the Picture as Refugee Crisis Takes Hold. *Huffington Post.com*.

Abu-Rahma, T. (2000, September 30). [Video Frame Grab] Shooting of Mohammad Aldura. *France 2 TV*.

Adam, G. S. (1976). *The Journalistic Imagination*. In *Journalism, Communication, and the Law*. Scarborough: Prentice-Hall, 3–22.

Adam, G. S. (1989). Journalism Knowledge and Journalism Practice: The Problems of Curriculum and Research in University Schools of Journalism. *Canadian Journal of Communication*, 14, 70–80.

Adam, G. S. (1993). *Notes Toward a Definition of Journalism*. St. Petersburg, FL: Poynter Institute.

Adamo, S. J. (1973, September 8). Watergate Honeymoon. *America*, 152.

Adams, E. (1968, February 2). [Photo] General Loan Shooting of Vietcong Soldier. Saigon, Vietnam: AP / World Wide Photos.

Adorno, T. (1976 [1969]). Introduction in T. Adorno et al., *The Positivist Dispute in German Ideology*. London: Heinemann, 1–67.

Ainley, B. (1998). *Black Journalists, White Media*. Stoke on Trent: Trent Books.

Al-Ghazzi, O. (2014, November). "Citizen Journalism" in the Syrian Uprising: Problematizing Western Narratives in a Local Context. *Communication Theory*, 24(4), 435–54.

Al-Hasani, A. (2010). Teaching Journalism in Oman. In B. Josephi (ed.) *Journalism Education in Countries with Limited Media Freedom*. New York: Peter Lang, 95–114.

Alan Henning "Killed by Islamic State." (2014, October 4). *BBC News*.

Aldridge, M. & Evetts, J. (2003, December). Rethinking the Concept of Professionalism. *British Journal of Sociology* 54(4), 547–64.

All the President's Men . and Two of Journalism's Finest (1976, January 13). *Senior Scholastic*, 14–17.

Allan, S. (1999). *News Culture*. Buckingham, UK, and Philadelphia, PA: Open University Press.

Allan, S. (2004). The Culture of Distance: Online Reporting of the Iraq War. In S. Allan & B. Zelizer (eds.), *Reporting War: Journalism in Wartime*. London: Routledge, 347–65.

Allan, S. (2006). *Online News*. New York: Open University Press.

Allan, S. & Zelizer, B. (eds.) (2004). *Reporting War: Journalism in Wartime*. London: Routledge.

Alter, J. (2003, April 14). The Real Echoes from Vietnam. *Newsweek*, 41.

American Heritage Dictionary (2000). *American Heritage Dictionary of the English Language*. New York: Houghton Mifflin.

An American Servicewoman Watched Images from Al-Jazeera . . . (2003, March 24). [Photo] *The New York Times* via Getty Images, B6. Anden-Papadopoulos, K. & Pantti, M. (eds.) (2011). *Amateur Images and Global News*. Bristol: Intellect.

Anderson, B. (1983). *Imagined Communities*. New York: Schocken Books.

Anderson, C. W. (2011). Deliberative, Agonistic, and Algorithmic Audiences: Journalism's Vision of its Public in an Age of Audience Transparency. *International Journal of Communication*, 5, 529–47.

Anderson, C. W. (2013). *Rebuilding the News: Metropolitan Journalism in the Digital Age*. Philadelphia, PA: Temple University Press.

Anderson, M. & Perrin, A. (2015, July 28). 15% of Americans Don't Use the Internet: Who Are They? Pew Research Center.

Andrejevich, M. (2003). *Reality TV: The Work of Being Watched*. Lanham, MD: Rowman & Littlefield.

Andrews, J. C. (1955). *The North Reports the Civil War*. Pittsburgh, PA: University of Pittsburgh Press.

Anees, M. (2015, July 27). Neo-Orientalist Islamophobia is Maligning the Reputation of the Prophet Muhammad (PBUH) Like Never Before. *Pakistan Today*.

Angwin, J. & Rose, M. (2004, April 1). When the News is Gruesome, What's Too Graphic? *Wall Street Journal*, B1.

Appadurai, A. (1996). *Modernity at Large*. Minneapolis, MN: University of Minnesota Press.

Arango, T. (2015, July 21). ISIS Transforming into Functioning State that Uses Terror as Tool. *The New York Times*, A1.

Armstrong, N. (1999). *Fiction in the Age of Photography*. Cambridge, MA: Harvard University Press.

Armstrong, S. (1990, May/June). Iran-Contra: Was the Press Any Match for All the President's Men? *Columbia Journalism Review*, 27–35.

Artner, A. G. (2003, April 10). The War, in Color. *Chicago Tribune*, sect. 5, 1, 4.

Asante, M. K. (2005). *Race, Rhetoric and Identity*. New York: Humanity Books.

Aspan, M. (2006, August 14). Ease of Alteration Creates Woes for Picture Editors. *The New York Times*, C4.

Astor, D. (2003, February 27). Wire Services Deploy Their Own Troops. *Editor and Publisher*.

Atton, C. (2002). *Alternative Media*. London: Sage.

Axelrod, J. (2013, April 9). A Decade After Saddam Hussein's Statue Falls. *CBS News*.

Awtry, J. (2003, October 15). There Just Isn't a Story There. www.poynter.org.

Ayish, M. (2003). Beyond Western-Oriented Communication Theories: A Normative Arab-Islamic Perspective. *Javnost*, 10(2), 79–92.

Ayres, D. (1972, November 20). Editors' Parley Focuses on Concern for the Reporter's Freedom to Protect Sources. *The New York Times*, 42.

Bagdikian, B. H. (1997). *The Media Monopoly* (5th edn.). Boston, MA: Beacon.

Baker, Jr., H. A., Diawara, M. & Lindeborg, R. H. (eds.) (1996). *Black British Cultural Studies: A Reader*. Chicago, IL: University of Chicago Press.

Banker, S. (1991, June). In Bob We Trust. *Washington Journalism*

Review, 33.

Barker, C. (2000). *Cultural Studies: Theory and Practice* (rev. edn.). London: Sage.

Barnard, A. (2015, December 28). Syrian Family's Tragedy Goes Beyond Iconic Image of Boy on Beach. *The New York Times*.

Barnhurst, K. (2011). The Problem of Modern Time in American Journalism. *KronoScope*, 11(1–2), 98–123.

Barnhurst, K. (2013). Newspapers Experiment Online: Story Content After a Decade on the Web. *Journalism: Theory, Practice and Criticism*, 14, 3–21.

Barnhurst, K. & Mutz, D. (1997). American Journalism and the Decline in Event-Centered Reporting. *Journal of Communication*, 47(4), 27–53.

Barnhurst, K. & Nerone, J. (2001). *The Form of News: A History*. New York: Guilford.

Barno, D. (2013, March 19). Silicon, Iron and Shadow. *Foreign Policy*.

Barratt, E. & Berger, G. (eds.) (2007). *50 Years of Journalism: African Media Since Ghana's Independence*. Johannesburg: African Editors' Forum.

Barthel, M. (2015, January 6). Around Half of Newspaper Readers Rely Only on Print Edition. Pew Research Center. www.pewresearch.org/fact-tank/2016/01/06/around-half-of-newspaper-readers-rely-only-onprint-edition.

Barthes, R. (1967). *Elements of Semiology*. London: Cape.

Barthes, R. (1977). The Rhetoric of the Image. In *Image/Music/Text*. London: Hill and Wang, 32–51.

Barthes, R. (1981). *Camera Lucida*. London: Hill and Wang.

Battle of the Files (1950, 20 March). *Time*, 16.

Batty, D. (2011, December 29). Arab Spring Leads Surge of Events Captured on Cameraphones. *The Guardian*.

Bayley, E. R. (1981). *Joe McCarthy and the Press*. Madison: University of Wisconsin Press.

Baym, G. (2009). *From Cronkite to Colbert: The Evolution of Broadcast News*. Oxford University Press.

Baz, P. (2003, April 8). [Photo] Bloodied Camera of a Photographer. Patrick Baz / AFP / Getty Images.

Becker, H. (1984). *Art Worlds*. Berkeley, CA: University of California Press.

Becker, H. (1986). Culture: A Sociological View. In *Doing Things Together*. Evanston, IL: Northwestern University Press, 11–24.

Becker, L., Fruit, J. L. & Caudill, S. (1987). *The Training and Hiring of Journalists*. Norwood, NJ: Ablex.

Beckerman, G. (2004, March/April). In Their Skin. *Columbia Journalism Review*, 40–3.

Becquet, N. (2015, December 21). Mobile Reporting Has Great Potential, But Where Are the Journalists? https://www.journalism.co.uk/news/mobile-journalism-has-great-potential-but-where-are-the-journalists-/s2/a594525.

Behrakis, Y. (2003, April 17). [Photo] Iraqi Women Carried Nonpotable Water. Behrakis / Reuters.

Behrens, J. C. (1977). *The Typewriter Guerrillas*. Chicago, IL: Nelson-Hall.

Bell, A. (1991). *The Language of News Media*. Oxford: Blackwell.

Bell, M. (1995). *In Harm's Way: Reflections of a War Zone Thug*. London: Hamish Hamilton.

Bell, M. & Flock, E. (2011, June 12). A "Gay Girl in Damascus" Comes Clean. *Washington Post*.

Bellah, R., Madsen, R., Sullivan, W., Swidler, A., & Tipton, S. (1985). *Habits of the Heart*. Berkeley, CA: University of California Press.

Beltran, L. R. (2004 [1993]). *Communication for Development in Latin America: A Forty Year Appraisal*. Penang, Malaysia: Southbound.

Bennett, T. (1998). *Culture: A Reformer's Science*. London: Sage.

Bennett, T., Grossberg, L. & Morris, M. (2005). *New Keywords: A Revised*

Vocabulary of Culture and Society. Malden, MA, and Oxford: Blackwell.

Bennett, W. L. (1988). *News: The Politics of Illusion* (2nd edn.). New York: Longman.

Benson, R. (2006). News Media as a Journalistic Field. *Political Communication*, 23, 187–202.

Benson, R. (2009). Shaping the Public Sphere: Habermas and Beyond. *American Sociology*, 40, 175–97.

Benson, R. (2013). *Shaping Immigration News*. New York: Cambridge University Press.

Benson, R. & Neveu, E. (eds.) (2005). *Bourdieu and the Journalistic Field*. Malden, MA, and Cambridge: Polity.

Benson, T. W. (ed.). (1985). *Speech Communication in the 20th Century*. Carbondale, IL: Southern Illinois University Press.

Berger, J. M. & Morgan, J. (2015, March). The ISIS Twitter Census: Defining and Describing the Population of ISIS Supporters on Twitter. Brookings Institution. www.brookings.edu/research/papers/2015/03/isis-twitter-census-berger-morgan.

Berger, P. (1963). *Invitation to Sociology: A Humanistic Perspective*. Garden City, NY: Doubleday.

Berger, P. & Luckmann, T. (1966). *The Social Construction of Reality*. Garden City, NJ: Anchor Books.

Berkhead, D. (2015, November 2). Q & A with Zaina Erhaim: Teaching Citizen Journalists to Survive in Syria. *International Journalists Network*. http://ijnet.org/en/blog/qa-zaina-erhaim-teaching-citizenjournalists-survive-syria.

Berkowitz, D. (2000). Doing Double Duty. *Journalism: Theory, Practice and Criticism*, 1(2), 125–43.

Berkowitz, D. & TerKeurst, J. V. (1999, September). Community as Interpretive Community: Rethinking the Journalist–Source Relationship. *Journal of Communication*, 49(3), 125–36.

Berman, S. (2001). Ideas, Norms and Culture in Political Analysis. *Journal of Comparative Politics*, 33(2), 231–50.

Bernstein, C. (1973, June). Watergate: Tracking It Down. *The Quill*, 45–8.

Berryhill, M. (1983, March). The Lede and the Swan. *The Quill*, 13–16.

Berube, M. (2009, September 14). What's the Matter with Cultural Studies? *Chronicle for Higher Education*.

Bhabha, H. K. (1990). DissemiNation: Time, Narrative and the Margins of the Modern Nation. In *Nation and Narration*. London: Routledge, 291–322.

Biernatzki, W. (2003). War and Media. *Communication Research Trends*, 22(3), 2–31.

Bird, S. E. (1992). *For Enquiring Minds: A Cultural Study of Supermarket Tabloids*. Knoxville: University of Tennessee Press.

Bird, S. E. (ed.) (2009). *The Anthropology of News and Journalism*. Bloomington: Indiana University Press.

Bird, S. E. & Dardenne, K. W. (1988). Myth, Chronicle and Story: Exploring the Narrative Qualities of News. In J. W. Carey (ed.), *Media, Myths and Narratives: Television and the Press*. Beverly Hills, CA: Sage, 67–87.

Black, J. & Barney, R. D. (1985). The Case against Mass Media Codes of Ethics. *Journal of Mass Media Ethics*, 1(1), 27–36.

Black, J. & Whitney, F. C. (1983). *Introduction to Mass Communications*. Dubuque, IA: Wm. C. Brown.

Blanchard, M. (1986). *Exporting the First Amendment: The Press–Government Crusade of 1945–1952*. New York: Longman.

Blau, P. & Meyer, M. (1956). *Bureaucracy in Modern Society*. New York: Random House.

Blitz (2005, July 8). [Cover photo] *New York Post*, front cover.

Blumenthal, R. & Rutenberg, J. (2003, February 18). Journalists are Assigned to Accompany Troops. *The New York Times*, A12.

Blumer, H. (1969). *Symbolic Interactionism: Perspective and Method*. Englewood Cliffs, NJ: Prentice Hall.

Blumler, J. G. & Gurevitch, M. (1995). *The Crisis of Public*

Communication. London and New York: Routledge.

Boafo, S. & George, N. (eds.) (1992). *Communication Research in Africa*. Nairobi, Kenya: ACCE.

Boczkowski, P. (2004). *Digitizing the News*. Chicago, IL: University of Chicago Press.

Boczkowski, P. (2010). *News at Work: Imitation in an Age of Information Abundance*. Chicago, IL: University of Chicago Press.

Bodker, H. (2016). The Times(s) of News Websites. In B. Franklin & S. Eldridge II (eds), *The Routledge Companion to Digital Journalism Studies*. Abingdon, UK: Routledge, 55–63.

Border News: Third Annual Report about Media Coverage of Migrations (2015). Rome, Italy: Cartadiroma.org (ECPMF: European Center for Press and Media Freedom).
www.rcmediafreedom.eu/Publications/Reports/Border-news-Third-annual-report-about-media-coverage-of-migrations.

Boston Bombing Compared to 1996 Olympics. (2013, April 16). WXIA TV.

Bouju, J. (2003, March 27). [Photo] Iraqis Detained. *Chicago Tribune*, 3.

Bowles, N., Hamilton, J. T. & Levy, D. (eds.) (2013). *Transparency in Politics and the Media*. London: I. B. Tauris.

Boycott ISIS's Videos [Editorial] (2015, February 10). *Asharq Alawsat* (English edn.).

Boyd-Barrett, O. (2004). Understanding: The Second Casualty. In S. Allan & B. Zelizer (eds.), *Reporting War: Journalism in Wartime*. London and New York: Routledge, 25–42.

Boylan, J. (1986, November/December). In Our Time: The Changing World of American Journalism. *Columbia Journalism Review*, 11–45.

Boyle, D. (1992). From Portpak to Camcorder: A Brief History of Guerrilla Television. *Journal of Film and Video*, 44(1/2), 67–79.

Bradshaw, P. (2015, July 20). In the Wake of Ashley Madison, Towards a Journalism Ethics of Using Hacked Documents. *Online Journalism Blog*. http://onlinejournalismblog.com/2015/07/20/ashley-madisonethics-journalism-hacked-documents.

Branch, T. (1976, November). Gagging on Deep Throat. *Esquire*, 10–12, 62.

Brandsma, J. (ed.) (1998). *The Impossibilities and Perspectives for Life Long Learning. "New Knowledge Frontiers: The Didactic Scaffolding of the Network University."* www.netuni.nl/pulse/didactics/collaborative_based.htm.

Brantlinger, P. (1990). *Crusoe's Footprints: Cultural Studies in Britain and America*. New York: Routledge.

Brants, K., Hermes, J. & van Zoonen, L. (eds.) (1998). *The Media in Question: Popular Cultures and Public Interests*. London: Sage.

Breed, W. (1955). Social Control in the Newsroom. *Social Forces*, 33, 326–35.

Britannia Waves the Rules (1946, July 15). *Broadcasting*, 52.

Brock, G. (2010). Road to Regaining the High Ground. *British Journalism Review*, 21(4), 19.

Broder, D. S. (1987). *Behind the Front Page*. New York: Touchstone Books.

Bromley, M. (1997). The End of Journalism? Changes in Workplace Practices in the Press and Broadcasting in the 1990s. In M. Bromley & T. O'Malley (eds.), *A Journalism Reader*. London: Routledge, 330–50.

Bromley, M. (2003). Objectivity and the Other Orwell. *Media History*, 9(2), 123–35.

Bromley, M. (2006). One Journalism or Many? Confronting the Contradictions in the Education and Training of Journalists in the United Kingdom. In K. W. Y. Leung, J. Kenny & P. S. N. Lee (eds.) *Global Trends in Communication Education and Research*. Cresskill, NJ: Hampton Press, 53–72.

Bromley, M. (2009a). Introduction. In G. Terziz (ed.), *European Journalism Education*. Chicago, IL: Intellect, 27–34.

Bromley, M. (2009b). The United Kingdom Journalism Education Landscape. In G. Terziz (ed.), *European Journalism Education*. Chicago, IL: Intellect, 49–66.

Bromley, M. & O'Malley, T. (eds.) (1997). *A Journalism Reader*. London:

Routledge.

Bromley, M. & Stephenson, H. (eds.) (1998). *Sex, Lies and Democracy: The Press and the Public*. Reading, MA: Addison-Wesley.

Brooker, P. (1999). *A Concise Glossary of Cultural Theory*. London: Arnold.

Brothers, C. (1997). *War and Photography*. London and New York: Routledge.

Brown, H. (2007). *Knowledge and Innovation: A Comparative Study of the USA, the UK and Japan*. London: Routledge.

Brown, J. (2003, April 12). "They Got It Down": The Toppling of the Saddam Statue, *Counterpunch*. www.counterpunch.org/brown04122003.html.

Browne, M. (1963, June 12). [Photo] Reverend Quang Duc in Flames. AP / World Wide Photos.

Brunsdon, C. & Morley, D. (1978). *Everyday Television: "Nationwide."* London: BFI.

Bruns, A. & Highfield, T. (2012). Blogs, Twitter and Breaking News: The Produsage of Citizen Journalism. In R. A. Lind (ed.), *Produsing Theory in a Digital World*. New York: Peter Lang.

Buchanan, R. T. (2015, September 3). VICE News Journalists Released by Turkish Authorities – But Local Fixer Still in Custody. *The Independent*.

Buck-Morss, S. (2009). *Hegel, Haiti and Universal History*. University of Pittsburgh Press.

Bunyan, T. (2015). The View from Brussels: Missed Opportunities to Call the European Union to Account. In A. White (ed.), *Moving Stories: International Review of How Media Cover Migration*. London: Ethical Journalism Network, 10–17.

Burgett, B. & Hendler, G. (2014). *Keywords to American Cultural Studies* (2nd edn.). New York University Press.

Burke, P. (2001). *Eyewitnessing: The Uses of Images as Historical Evidence*. Ithaca, NY: Cornell University Press.

Busy Man (1951, October 8). *Time*, 26.

Buttry, S. (2011). 21st Century Journalism Requires 21st Century Code. *Quill*, 99(2), 16–19.

Cain Offers Ethics Reminder to Reporters in Pushback over Sex Harassment Allegations (2011, November 6). *Fox News*. www.foxnews.com/politics/2011/11/06/cain-offers-ethics-reminder-to-reporters-inpushback-over-sex-harassment.

Cameron, J. (1997 [1967]). Journalism: A Trade. In M. Bromley & T. O'Malley (eds.), *A Journalism Reader*. London: Routledge, 170–3 (reprinted from *Point of Departure*. London: Arthur Barker).

Campbell, R. (1991). *60 Minutes and the News: A Mythology for Middle America*. Urbana, IL: University of Illinois Press.

Cannon, L. (2015, July 31). Echoes of Joe McCarthy in Donald Trump's Rise. *Real Clear Politics.com*. www.realclearpolitics.com/articles/2015/07/31/echoes_of_joe_mccarthy

Capa, R. (1936, September 15). [Photo] Death of a Loyalist Soldier. *Vu*.

Carey, J. (ed.) (1987). *Eyewitness to History*. New York: Avon Books.

Carey, J. W. (1969). The Communications Revolution and the Professional Communicator. *Sociological Review Monographs*, 13, 23–38.

Carey, J. W. (1974, Spring). The Problem of Journalism History. *Journalism History*, 1(1), 3–5, 27.

Carey, J. W. (1975). A Cultural Approach to Communication. *Communication*, 2(1), 1–22.

Carey, J. W. (1978). A Plea for the University Tradition. *Journalism Quarterly*, 55(4), 846–55.

Carey, J. W. (1986a). The Dark Continent of American Journalism. In R. Manoff & M. Schudson (eds.) *Reading the News*. New York: Pantheon, 146–96.

Carey, J. W. (1986b). Journalists Just Leave: The Ethics of an Anomalous Profession. In M. G. Sagan (ed.), *Ethics and the Media*. Iowa Humanities Board, 5–19.

Carey, J. W. (1989a). The Press and Public Discourse. *Center Magazine*, 20(2), 4–32.

Carey, J. W. (1989b). Overcoming Resistance to Cultural Studies. In *Communication as Culture*. London: Unwin-Hyman, 89–112.

Carey, J. W. (1995). The Press, Public Opinion and Public Discourse. In T. L. Glasser & C. L. Salmon (eds.), *Public Opinion and the Communication of Consent*. New York: Guilford, 373–402.

Carey, J. W. (1996). The Chicago School and Mass Communication Research. In E. Dennis & E. Wartella (eds.), *American Communication Research: The Remembered History*. Mahwah, NJ: Erlbaum, 21–38.

Carey, J. W. (1997a). Reflections on the Project of (American) Cultural Studies. In M. Ferguson & P. Golding (eds.), *Cultural Studies in Question*. London, UK: Sage, 1–24.

Carey, J. W. (1997b). Afterword: The Culture in Question. In E. Munson & C. Warren (eds.), *James Carey: A Critical Reader*. Minneapolis: University of Minnesota Press, 308–35.

Carey, J. W. (2000). Some Personal Notes on Journalism Education. *Journalism: Theory, Practice, and Criticism*, 1(1), 12–23.

Carlebach, M. L. (1992). *The Origins of Photojournalism in America*. Washington, DC: Smithsonian.

Carlson, M. (2006). War Journalism and the "KIA Journalist": The Cases of David Bloom and Michael Kelly. *Critical Studies in Media Communication*, 23(2), 91–111.

Carlson, M. (2011). *On the Condition of Anonymity*. Urbana: University of Illinois Press.

Carlyle, T. (1974 [1905]). *The French Revolution*. New York: AMS Press.

Carruthers, S. (2011). *The Media at War* (2nd edn.). London: Palgrave.

Carter, C., Branston, G. & Allan, S. (eds.) (1998). *News, Gender and Power*. London: Routledge.

Carvin, A. (2013). *Distant Witness: Social Media, the Arab Spring and a Journalism Revolution*. New York: CUNY Journalism Press.

Cassidy, T. (2014, February 10). The New Public-Interest Journalism. *The New Yorker*.

Chalaby, J. (1996). Journalism as an Anglo-American Invention.

European Journal of Communication, 11(3), 303–26.

Charity, A. (1995). *Doing Public Journalism*. New York: Guilford.

Charon, J. M. (2003). Journalist Training in France. In R. Frohlich & C. Holtz-Bacha (eds.), *Journalism Education in Europe and North America*. Cresskill, NJ: Hampton Press, 139–68.

Chayka, K. (2015, November 11). Why Instagram Captions are the New Blogging. *New York Magazine*.

Chen, G. M. (2006, October). Asian Communication Studies: What and Where to Now. *The Review of Communication*, 6(4), 295–311.

Chenelly, J. (2001, December 24). [Photo] New Way. *Time*, 61.

Cherbonnier, A. (2003, January 8). The *Sun* Shows No Nose for News. *Baltimore Chronicle & Sentinel*. www.baltimorechronicle.com/mediajoblessrptjan03.html.

Cheung, N. (2011, April 20). ABC Seeks Publicity Director with a Nose for News. www.adweek.com/prnewser/abc-seeks-publicity-director-with-a-nose-for-news/20531.

Chinese Journalists Criticize News of the World in Light of Hacking Scandal (2011, August 1). Xinghua News Agency.

Chittum, R. (2012, March 2). Checkbook Journalism's Slippery Slope. *Columbia Journalism Review*.

Chouliaraki, L. (2006). The Aestheticization of Suffering on Television. *Visual Communication*, 5(3), 261–88.

Chouliaraki, L. (2012). *The Ironic Spectator*. Cambridge: Polity.

Christians, C., Ferre, J. P. & Fackler, M. (2003). *Good News: Social Ethics and the Press*. New York: Oxford University Press.

Christopherson, F. (1953, January 1). Are We Being Objective in Reporting the Cold War? *ASNE Bulletin*, 1.

Cillizza, C. (2014, November 18). Certainty Is Dead in Political Journalism: That's a Good Thing. *The Washington Post*. www.washingtonpost.com/blogs/the-fix/wp/2014/11/18/certainty-is-deadin-political-journalism-thats-a-good-thing.

Ciobanu, M. (2015, December 8). Report: Technology Trends Journalists Should Watch in 2016. *Journalism.co.uk*. https://www.journalism.co.uk/news/report-technology-trends-journalists-should-watchin-2016/s2/a590651.

CJR Comment (2004, July/August). Out of Sight, Out of Mind. *Columbia Journalism Review*, 6.

Cohen, E. (June 1906). With a Camera in San Francisco. *Camera Craft*, 12(5), 183–94.

Cohen, R. (1994). In Bosnia, the War That Can't Be Seen. *The New York Times*, E4.

Cohen, S. & Young, J. (eds.) (1973). *The Manufacture of News: A Reader*. Beverly Hills, CA: Sage.

Cold War II (2014, August 4) [Cover Photo]. *Time*.

Complex Picture, A (2004, April 1). *The Wall Street Journal*, A1.

Conboy, M. (2004). *Journalism: A Critical History*. London: Sage.

Conboy, M. (2013). *The Language of the News*. Abingdon, Oxon: Routledge.

Connerton, P. (2009). *How Modernity Forgets*. New York: Cambridge University Press.

Connery, T. (ed.) (1992). *A Sourcebook of American Literary Journalism*. New York: Greenwood.

Conrad, D. (2015). "The Freelancer–NGO Alliance: What a Story of Kenyan Waste Reveals about Contemporary Foreign News Production." *Journalism Studies*, 16(2), 275–88.

Cook, J. (2009, December 29). Checkbook Journalism: A User's Guide. *Gawker Media*.

Cook, J. (2012, June 18). The De-Watergating of American Journalism. *Gawker Media*.

Cook, T. (1998). *Governing with the News*. University of Chicago Press.

Cooke, K. & White, A. (2015). Introduction. In A. White (ed.), *Moving Stories: International Review of How Media Cover Migration*. London:

Ethical Journalism Network, 5–7.

Coonradt, P. (2001, November 22). Afghan Coverage (Letter to the Editor). *Los Angeles Times*, B12.

Cotter, C. (2010). *News Talk: Investigating the Language of Journalism*. Cambridge and New York: Cambridge University Press.

Cottle, S. (1993). *TV News, Urban Conflict and the Inner City*. Leicester University Press.

Cottle, S. (1997). *Television and Ethnic Minorities*. Aldershot, UK: Avebury.

Cottle, S. (2000a). New(s) Times: Towards a "Second Wave" of News Ethnography. *Communications*, 25(1), 19–41.

Couldry, N. (2000). *Inside Culture: Re-Imagining the Method of Cultural Studies*. London: Sage.

Couldry, N., Livingstone, S., & Markham, T. (2007). *Media Consumption and Public Engagement: Beyond the Presumption of Attention*. Basingstoke: Palgrave MacMillan.

Coyle, K. & Lindlof, T. (1988, May). Exploring the Universe of Science Fiction: Interpretive Communities and Reader Genres. Paper presented at the International Communication Association, New Orleans, LA.

Craft, S. & Heim, K. (2008). Transparency in Journalism: Meanings, Merits and Risks. In L. Wilkins & C. Christians (eds), *The Handbook of Mass Media Ethics*. New York: Routledge, 217–28.

Craig, R. (1989). Communication as a Practical Discipline. In B. Dervin, G. Grossberg, B. O'Keefe, & E. Wartella (eds.), *Rethinking Communication: Paradigm Issues* (Vol. I). Newbury Park, CA: Sage, 97–122.

Craig, R. (1999). Communication Theory as a Field. *Communication Research*, 9(2), 119–61.

Cunningham, B. (2004, May/June). Across the Great Divide: Class. *Columbia Journalism Review*.

Cuomo, C. (2011, June 12). ABC's Chris Cuomo Defends Checkbook Journalism: "It Is the State of Play Right Now." Poynter Institute. www.poynter.org/2011/abcs-cuomo-defends-checkbook-journalism-it-is-the-state-of-play-right-now/135609/.

Curran, J., & Park, M.-J. (eds.) (2000). *De-westernizing Media Studies*. London: Routledge.

Curran, J. & Seaton, J. (1985). *Power without Responsibility*. London: Fontana.

Curry Jansen, S. (2010). Forgotten Histories: Another Road Not Taken – The Charles Merriam – Walter Lippman Correspondence. *Communication Theory*, 20, 127–46.

Czitrom, D. (1982). *Media and the American Mind*. Chapel Hill: University of North Carolina.

Dahlgren, P. (1992). Introduction. In P. Dahlgren & C. Sparks (eds.), *Journalism and Popular Culture*. London: Sage, 1–23.

Dahlgren, P. (1995). *Television and the Public Sphere*. London: Sage.

Dahlgren, P. & Sparks, C. (1991). *Communication and Citizenship: Journalism and the Public Sphere*. London and New York: Routledge.

Dahlgren, P., & Sparks, C. (eds.) (1992). *Journalism and Popular Culture*. London: Sage.

Dana, C. A. (1895). News and Reporting. In *The Art of Newspapermaking*. New York: D. Appleton & Company (reprinted in F. L. Mott (ed.) (1937). *Interpretations of Journalism*. New York: F. L. Crofts & Co.).

D'Angelo, P. & Kuypers, J. (2010). *Doing News Framing Analysis: Empirical and Theoretical Perspectives*. New York: Routledge.

Daniels, W. (2012, March 8). [Cover Photo] Escape from Syria. *Time*.

Darnton, R. (1975). Writing News and Telling Stories. *Daedalus*, 120(2), 175–94.

Daston, L. (1994). Marvelous Facts and Miraculous Evidence in Early Modern Europe. In T. Chandler, A. I. Davidson & H. D. Harootunian (eds.), *Questions of Evidence*. University of Chicago Press, 243–74.

Davies, N. (2014, June 25). Phone-Hacking Trial was Officially About Crime; But in Reality It Was About Power. *The Guardian*.

Day, J. & Johnston, C. (2005, July 8). Public Provides New Dimension to Media Coverage. *TheGuardian.com*. http://media.guardian.co.uk/site/story0,14173,1524154,00.html.

De Certeau, M. (1978). *The Writing of History*. New York: Columbia University Press.

De Tocqueville, A. (1900). *Democracy in America*. New York: Colonial Press.

De Zuniga, H., Jung, S. & Valenzuela, S. (2012, April). Social Media Use for News and Individuals' Social Capital, Civic Engagement and Political Participation. *Journal of Computer-Mediated Communication*, 17(3), 319–36.

Deans, J. (2003, March 27). Fox Challenges CNN's US Ratings Dominance. *The Guardian*.

Degh, L. (1972). Folk Narrative. In R. M. Dorson (ed.), *Folklore and Folklife*. University of Chicago Press, 53–83.

Delia, J. (1987). Communication Research: A History. In C. Berger & S. Chaffee (eds.), *Handbook of Communication Science*. Newbury Park, CA: Sage, 20–98.

Demir, N. (2015, September 2). [Photo] Aylan Kurdi. DHA.

Denis, N. (2015). *War Against All Puerto Ricans: Revolution and Terror in America's Colony*. New York: Nation Books.

Dennis, E. (1984). *Planning for Curricular Change: A Report on the Future of Journalism and Mass Communication Education*. Eugene: School of Journalism, University of Oregon.

Dennis, E. & Wartella, E. (eds.) (1996). *American Communication Research: The Remembered History*. Mahwah, NJ: Erlbaum.

Desmond, R. W. (1984). *Tides of War: World News Reporting, 1940–1945*. University of Iowa Press.

Desta, S. (2010, September 8). [Photo] Eighteen Killed, 33 Hurt in Pakistani Suicide Blast. CNN.

Deuze, M. (2005). What is Journalism? *Journalism: Theory, Practice and Criticism*, 6(4), 442–64.

Deuze, M. (2007). *Media Work*. Cambridge: Polity.

Deuze, M. & Marjoribanks, T. (2009). Newswork. *Journalism: Theory, Practice and Criticism*, 10(5), 555–61.

Dewey, J. (1918, January 21). The New Paternalism. *The New Republic*, 17, 216.

Dewey, J. (1929). *The Quest for Certainty: A Study of the Relevance of Knowledge*. New York: Minton, Balch & Company.

Dewey, J. (1954 [1927]). *The Public and Its Problems*. Columbus: Ohio State University Press.

Dicken-Garcia, H. (1989). *Journalistic Standards in Nineteenth Century America*. Madison: University of Wisconsin Press.

Dipsy-doodle Ball (1951, August 13). *Time*, 21.

Doctor, K. (2015, July 28). Newsonomics: The Halving of America's Daily Newsrooms. *NiemanJournalismLab*. www.niemanlab.org/2015/07/newsonomics-the-halving-of-americas-daily-newsrooms.

Doherty, T. (1993). *Projections of War: Hollywood, American Culture, and World War II*. New York: Columbia University Press.

Domingo, D. & Paterson, C. (2011). *Making Online News: Volume II*. New York: Peter Lang.

Donaldson, S. (1987). *Hold On, Mr. President*. New York: Fawcett Crest.

Donvan, J. (2003, May/June). For the Unilaterals, No Neutral Ground. *Columbia Journalism Review*, 35–6.

Douglas, M. (1986). *How Institutions Think*. Syracuse University Press.

Douglas, S. (1994, July). A Three Way Failure. *Progressive*, 15.

Doward, J. (2003, April 6). Sky Wins Battle for Rolling News Audience. *The Observer*

Downing, J. (1996). *Internationalizing Media Theory*. London: Sage.

Dugan, A. (2014, June 19). American Confidence in News Media Remains Low. Gallup Poll.

Durham, M. G. & Kellner, D. M. (eds.) (2001). *Media and Cultural Studies: Keyworks*. Malden, MA: Blackwell.

During, S. (ed.) (1993). *The Cultural Studies Reader*. London: Routledge, 1993.

Durkheim, E. (1965 [1912]). *The Elementary Forms of the Religious Life*. New York: Free Press.

Dyke, M. (2009). An Enabling Framework for Reflexive Learning: Experiential Learning and Reflexivity in Contemporary Modernity. *International Journal of Lifelong Education*, 28(3), 289–310.

Eagleton, T. (1995). *The Crisis of Contemporary Culture*. London: Oxford University Press.

Eason, D. L. (1984). The New Journalism and the Image-World: Two Modes of Organizing Experience. *Critical Studies in Mass Communication*, 1(1), 51–65.

Eason, D. L. (1986). On Journalistic Authority: The Janet Cooke Scandal. *Critical Studies in Mass Communication*, 3, 429–47.

Edelman, M. (1985 [1967]). *The Symbolic Uses of Politics*. Urbana: University of Illinois Press.

Edgar, A. & Sedgwick, P. (eds.) (2002). *Cultural Theory: The Key Concepts*. London: Routledge. (Revised edn. 2007).

Editors, The. (2015. April 8). Do Scandals Like *Rolling Stone*'s Do Lasting Damage to Journalism? *Columbia Journalism Review*.

Edy, J. (1999). Journalistic Uses of Collective Memory. *Journal of Communication*, 49(2), 71–85.

Edy, J. (2006). *Troubled Pasts: News and the Collective Memory of Social Unrest*. Philadelphia, PA: Temple University Press.

Edy, J. A. & Daradanova, M. (2006). Reporting the Present Through the Lens of the Past: From Challenger to Columbia. *Journalism: Theory, Practice and Criticism*, 7(2), 131–51.

Ehrlich, M. (1997). The Journalism of Outrageousness: Tabloid Television News Versus Investigative News. *Journalism and Mass Communication Monographs*, 155, 3–27.

Eisendorf, R. J. (2004, July 19). Are Terrorists Hijacking the News? *San Francisco Chronicle*, B7.

EJO Research: How Europe's Newspapers Reported the Migration Crisis (2015, November 9). European Journalism Observatory. http://en.ejo.ch/research/research-how-europes-newspapers-reportedthemigration-crisis.

Elber, L. (1994, June 5). Commemorating D-Day. *Philadelphia Inquirer TV Week*, 6.

Eliasoph, N. (1988). Routines and the Making of Oppositional News. *Critical Studies in Mass Communication*, 313–34.

Ellis, J. (2000). *Seeing Things: Television* in *the Age of Uncertainty*. London: I. B. Tauris.

Elster, J. (1993). Constitution-Making in Eastern Europe. *Public Administration*, 71, 169–217.

Embedded Reporters: What Are Americans Getting? (2003). Washington, DC: Project for Excellence in Journalism.

Emery, M. & Emery, E. (1996). *The American Press*. New York: Allyn & Bacon.

Entman, R. (1989). *Democracy Without Citizens*. New York: Oxford University Press.

Entman, R. (1993). Framing: Towards Clarification of a Fractured Paradigm. *Journal of Communication*, 43(4), 51–8.

Epstein, E. J. (1973). *News from Nowhere: Television and the News*. New York: Random House.

Epstein, E. J. (l974, July). Did the Press Uncover Watergate? *Commentary*, 21–24.

Eribo, F. & Tanjong, E. (eds.) (2002). *Journalism and Mass Communication in Africa: Cameroon*. Lanham, MD: Lexington Books.

Erni, J. N. (2001). Media Studies and Cultural Studies: A Symbiotic Convergence. In T. Miller (ed.), *A Companion to Cultural Studies*. London: Blackwell, 187–213.

Ernie Pyle is Killed on Ie Island (1945, April 19). *The New York Times*, 1, 14.

Escobar, A. (1995). *Encountering Development: The Making and Unmaking of the Third World*. Princeton University Press.

Ettema, J. S. & Glasser, T. L. (1998). *Custodians of Conscience:*

Investigative Journalism and Public Virtue. New York: Columbia University Press.

Europe or Die (2015). Vice News.

Evans, H. (1991, March). Who Has the Last Word? *Quill*, 28–9.

Eviatar, D. (2003, March 22). Civilian Toll: A Moral and Legal Bog. *The New York Times*, D7, D9.

Failure of IPSO, The (2015, September). London: Hacked Off. http://hackinginquiry.org/wp-content/uploads/2015/09/FailureOfIPSO.pdf.

Faiola, A. (2011, August 15). British Phone Hacking Scandal: Whittamore Case Underscores Past Failures. *Washington Post*.

Fairclough, N. (2013 [1989]). *Language and Power*. Abingdon, UK, and New York: Routledge.

Farhi, P. (2007, April/May). A New Portfolio. *American Journalism Review*.

Farhi, P. (2009, July 1). TMZ.com Earns Newfound Respect after Scoop on Michael Jackson's Death. *Washington Post*.

Farhi, P. (2010, November 17). Up for Audit: "Checkbook Journalism" and the News Groups That Buy Big Stories. *Washington Post*.

Fattah, H. (2004, July/August). Goodbye, Baghdad. *Columbia Journalism Review*, 62.

Feinstein, A. (2003). *Journalists Under Fire: The Psychological Hazards of Covering War*. Baltimore, MD: Johns Hopkins University Press.

Feldstein, M. (2004, August/September). Watergate Revisited. *American Journalism Review*.

Felman, S. & Laub, D. (1992). *Testimony: Crises of Witnessing in Literature, Psychoanalysis and History*. New York: Routledge.

Felt, C. [2007]. [Photo] Darfur, Sudan. Reuters.

Fialka, J. (1991). *Hotel Warriors: Covering the Gulf*. Washington, DC: Woodrow Wilson Center.

Fish, S. (1982). *Is There a Text in This Class? The Authority of*

Interpretive Communities. Cambridge, MA: Harvard University Press.

Fisher, I. (2003, April 25). Threat Gone, Iraqis Unearth Hussein's Nameless Victims. *The New York Times*, A1, A10.

Fisher, I. (2004, July 18). Reporting, and Surviving, Iraq's Dangers. *The New York Times*, Sect. 4, 1–2.

Fishkin, S. (1985). *From Fact to Fiction*. Baltimore, MD: Johns Hopkins University Press.

Fishman, M. (1980). *Manufacturing the News*. Austin: University of Texas Press.

Fisk, R. (2003, April 11). Baghdad: The Day After. *The Independent*, 1.

Fiske, J. (1988). *Television Culture*. London: Methuen.

Fiske, J. (1992a). British Cultural Studies and Television. In R. Allen (ed.), *Channels of Discourse, Reassembled*. New York: Routledge, 284–326.

Fiske, J. (1992b). Popularity and the Politics of Information. In P. Dahlgren & C. Sparks (eds.), *Journalism and Popular Culture*. London: Sage, 45–63.

Fiske, J. (1996). *Media Matters*. Minneapolis: University of Minnesota Press.

Fiske, J. & Hartley, J. (1978). *Reading Television*. London: Methuen.

Foremski, T. (2010, May 25). The Rise of Pay View Journalism. *ZDNet*.

Foucault, M. (1972). *The Archaeology of Knowledge*. London: Tavistock.

Fowler, R. (1991). *Language in the News: Discourse and Ideology in the Press*. London and New York: Routledge.

Fox, E. (1988). *Media and Politics in Latin America: The Struggle for Democracy*. Newbury Park, CA: Sage.

Fox, E. & Waisbord, S. (eds.) (2002). *Latin Politics / Global Media*. Austin: University of Texas Press.

Fox's Tucker Carlson Dismisses Jorge Ramos as "An Activist" (2015, August 26). *Media Matters*. mediamatters.org/video/2015/08/26/foxstucker-carlson-dismisses-jorge-ramos-as-an/205205.

Franceschi-Bicchierai, L. (2014, August 20). Twitter is Suspending Accounts That Post Journalist's Beheading. *Mashable*. mashable.com/2014/08/20/twitter-suspends-accounts-james-foley-beheadingexecution.

Franklin, T. E. (2001, September 11). [Photo] Flag Raising after September 11. *The Record*.

Fraser, N. (1990). Rethinking the Public Sphere. *Social Text*, 25/26, 56–80.

Freedom of the Press (2014). New York: Freedom House.

Freidson, E. (1986). *Professional Powers: A Study of the Institutionalization of Formal Knowledge*. University of Chicago Press.

Frey, K. & Mallin, A. (2015, March 19). Iraq Invasion 12 Years Later: See How Much Has Changed. *ABC News*.

Friedman, J. (2002). *Reality Squared: Televisual Discourse on the Real*. New Brunswick, NJ: Rutgers University Press.

Friedman, P. (2003, May/June). TV: A Missed Opportunity. *Columbia Journalism Review*, 29–31.

Frohlich, R. & Holtz-Bacha, C. (2003). Journalism Education in Germany: A Wide Range of Different Ways. In R. Frohlich & C. Holtz-Bacha (eds.), *Journalism Education in Europe and North America*. Cresskill, NJ: Hampton Press, 187–208.

Frohlich, R. & Holtz-Bacha, C. (2009). The German Journalism Education Landscape. In G. Terzis (ed.), *European Journalism Education*. Chicago, IL: Intellect, 133–47.

Frow, J. (1995). *Cultural Studies and Cultural Value*. Oxford: Clarendon Press.

Full Text: Beijng Declaration of the BRICS Media Summit (2015, December 1). www.globalpost.com/article/6697270/2015/12/01/full-text-beijing-declaration-brics-media-summit.

Fukuyama, F. (1992). *The End of History and the Last Man*. New York: Free Press.

Fulton, H., Husiman, R. & Murphet, J. (eds.) (2006). *Narrative and Media*. Cambridge University Press.

Further Proofs of Rebel Inhumanity (1864, June 18). *Harper's Weekly*, 387.

Gabriel, J. (1998). *Whitewash: Racialized Politics and the Media.* London: Routledge.

Gammage, J. (2016, January 12). Lenfest Donates Newspapers, Website to New Media Institute. *Philadelphia Inquirer.* http://mobile.philly.com/beta?wss=/philly/business&id=364939631.

Gamson, W. (1989). News as Framing. *American Behavioral Scientist*, 33(2), 157–61.

Gandy, O. H., Jr. (1982). *Beyond Agenda Setting: Information Subsidies and Public Policy.* Norwood, NJ: Ablex.

Gans, H. (1979). *Deciding What's News.* New York: Pantheon.

Garber, M. (2015, May 28). How Comedians Became Public Intellectuals. *The Atlantic.*

Garcia, M. (2014, September). Financial Times: A Classic Redesign for the Digital Age. www.poynter.org/news/mediawire/269613/financialtimes-a-classic-redesign-for-the-digital-age.

Garcia-Canclini, N. (1995). *Hybrid Cultures: Strategies for Entering and Leaving Modernity.* Minneapolis: University of Minnesota Press.

Garret, G. & Weingast, B. R. (1993). Ideas, Interests and Institutions: Constructing the European Community's Internal Market. In J. Goldstein & R. Keohane (eds.) *Ideas and Foreign Policy: Beliefs, Institutions and Political Change.* Ithaca, NY: Cornell University Press, 173–206.

Gates, G. P. (1978). *Airtime: The Inside Story of CBS News.* New York: Harper and Row.

Geertz, C. (1973). *The Interpretation of Cultures.* New York: Basic Books.

Getler, M. (1991, March 17). View from the Newsroom. *Washington Post.*

Gibson, S. W. (1998, February 15). Entrepreneur Must Have a Sixth Sense. *Deseret News.*

Giddens, A. (1991). *The Consequences of Modernity.* Cambridge: Polity.

Giddens, A. (1991b). *Modernity and Self Identity.* Stanford University

Press.

Giddens, A. (2001). *Sociology* (4th edn.). Cambridge: Polity.

Gilbert, M. & Ryan, S. C. (2003, April 10). Snap Judgments: Did Iconic Images from Baghdad Reveal More About the Media Than Iraq? *Boston Globe*, D1.

Giles, J. & Middleton, T. (1999). *Studying Culture: A Practical Introduction*. Malden, MA: Blackwell.

Gilewicz, N. (2013). "The Living Heart of Memory": The Retro Report Project and Mediatized Maintenance of the Baby Boomers. (Unpublished manuscript.)

Gilewicz, N. (2015). To Embody and Embalm: The Uses of Collective Memory in the Final Editions of Failed Newspapers. *Journalism: Theory, Practice & Criticism*, 16(5), 672–87.

Gillmor, D. (2006). *We the Media: Grassroots Journalism by the People for the People*. New York: O'Reilly Media.

Gitlin, T. (1980). *The Whole World is Watching*. Berkeley: University of California Press.

Glander, T. (2000). *Origins of Mass Communications Research During the American Cold War*. Mahwah, NJ: Lawrence Erlbaum.

Glaser, M. (2003, August 7). Photojournalism Gets Boost Online. *Online Journalism Review*. www.ojr.org/ojr/glaser/1060300231.ph.

Glasgow University Media Group (1976). *Bad News*. London: Routledge and Kegan Paul.

Glasgow University Media Group (1980). *More Bad News*. London: Routledge and Kegan Paul.

Glasser, T. L. & Ettema, J. (1989a). Investigative Journalism and the Moral Order. *Critical Studies in Mass Communication*, 6(1), 1–20.

Glasser, T. L. & Ettema, J. (1989b, Summer). Common Sense and the Education of Young Journalists. *Journalism Educator*, 44.

Glasser, T. L. & Ettema, J. (1993). When The Facts Don't Speak for Themselves: A Study of the Use of Irony in Daily Journalism. *Critical Studies in Mass Communication*, 320–38.

Glasser, T. L. & Ettema, J. (1998). *Custodians of Conscience*. New York: Columbia University Press.

Glasser, T.L. & Ettema, J. (2008). Ethics and Eloquence in Journalism: An Approach to Press Accountability. *Journalism Studies*, 9(4), 512–34.

Glynn, K. (2000). *Tabloid Culture: Trash Taste, Popular Power and the Transformation of American Television*. Durham, NC: Duke University Press.

Goldberg, V. (1986). *Margaret Bourke-White: A Biography*. New York: Harper and Row.

Goldberg, V. (1981). *The Power of Photography*. New York: Abbeville Press.

Golding, P. & Murdock, G. (1991). Culture, Communications and Political Economy. In J. Curran & M. Gurevitch (eds.), *Mass Media and Society*. London and New York: Edward Arnold, 70–92.

Goldstein, T. (1985). *The News at Any Cost: How Journalists Compromise Their Ethics to Shape the News*. New York: Simon and Schuster.

Gompert, D. C., Binnendijk, H. & Lin, B. (2014, December 25). The Iraq War: Bush's Biggest Blunder. *Newsweek*.

Goodenough, W. (1981). *Culture, Language, and Society*. Reading, MA: Addison-Wesley.

Goodman, N. (1978). *Ways of Worldmaking*. Indianapolis, IN: Hackett.

Gore, W. (2014, August 26). The Only Way is Ethics: To Censor the Atrocities of ISIS Would Dishonor James Foley and His Work. *The Independent*.

Gouldner, A. (1979). *The Future of Intellectuals and the Rise of the New Class*. London: MacMillan Press.

Gourarie, C. (2015, July 30). "Structured Journalism" Offers Readers a Different Kind of Story Experience. *Columbia Journalism Review*.

Grabe, M. & Bucy, E. (2009). *Image Bite Politics: News and the Visual Framing of Elections*. New York: Oxford University Press.

Graber, D., McQuail, D. & Norris, P. (eds.) (1998). *The Politics of News:*

The News of Politics. Washington, DC: CQ Press.

Graham, T. (2003, April 1). No Honest Eyewitness. *National Review*. www.nationalreview.com/comment/comment-graham040103.asp.

Greatbatch, D. (1988). A Turn-Taking System for British News Interviews. *Language in Society*, 17(3), 401–30.

Greenhouse, J. (2015, July 24). Is It Ever Acceptable for the Media to "Out" Someone? *HuffingtonPostLive*. www.huffingtonpost.com/entry/is-it-ever-okay-for-a-media-publication-to-out-somebody_55b0f640e4b08f57d5d3c2b7.

Greenslade, R. (2015, November 9). Images of Drowned Boy Made Only a Fleeting Change to Refugee Reporting. *The Guardian*.

Gross, L. (2002). *Up from Invisibility*. New York: Columbia University Press.

Grossberg, L. (1997). *Bringing It All Back Home: Essays on Cultural Studies*. Chapel Hill, NC: Duke University Press.

Grossberg, L., Nelson, C. & Treichler, P. (eds.) (1992). *Cultural Studies*. New York: Routledge.

Grossman, L. J. (2003, May/June). War and the Balance Sheet. *Columbia Journalism Review*, 6.

Grueskin, B. (2013, April 22). In Defense of Scoops. *Columbia Journalism Review*.

Grusin, R. (2010). *Premediation: Affect and Mediality after 9/11*. New York: Palgrave MacMillan.

Gunaratne, S. (1998). Old Wine in a New Bottle: Public Journalism, Developmental Journalism and Social Responsibility. In M. E. Roloff (ed.), *Communication Yearbook 21*. Thousand Oaks, CA: Sage, 276–321.

Gunaratne, S. A. (2005). *The Dao of the Press: A Humanocentric Theory*. Cresskill, NJ: Hampton Press.

Gunnison, R. A. (1942). Manila Eyewitness. *Collier's*, 13, 43–5.

Gunter, B. (2003). *News and the Net*. Mahwah, NJ: Lawrence Erlbaum.

Gunther, R. & Mughan, A. (2000). *Democracy and Media: A*

Comparative Perspective. Cambridge: Cambridge University Press.

Guo, Z. (2010). Through Barbed Wires: Context, Content and Constraints for Journalism Education in China. In B. Josephi (ed.), *Journalism Education in Countries with Limited Media Freedom*. New York: Peter Lang, 15–32.

Habermas, J. (1974, Autumn). The Public Sphere: An Encyclopedia Article (1964). *New German Critique*, 3, 49–55.

Hagen, C. (1994, June 3). The Essence of the Invasion in Just a Few Frames. *The New York Times*, C26.

Halabi, N. (2016). Recreating Syria Between Physical Places and online Spaces: Nostalgia and Home-Building in Sarouja Restaurant. Paper presented at the International Association of Media Communication Research Leicester, UK.

Halbwachs, M. (1992 [1925]). *On Collective Memory* (ed., trans., L. A. Coser). University of Chicago Press.

Hall, S. (1972). The Social Eye of *Picture Post*. *Working Papers in Cultural Studies, 2*. Birmingham, UK: CCCS University of Birmingham.

Hall, S. (1973). The Determinations of News Photographs. In S. Cohen & J. Young (eds.), *The Manufacture of News*. London: Sage, 226–43.

Hall, S. (1980). Encoding and Decoding in the Television Discourse. In S. Hall, D. Hobson, A. Lowe & P. Willis (eds.), *Culture, Media, Language*. London: Hutchinson, 128–39.

Hall, S., Connell, I. & Curti, L. (1976). The "Unity" of Current Affairs Television. *Working Papers in Cultural Studies 9*. Birmingham, UK: CCCS University of Birmingham.

Hall, S., Critcher, C., Jefferson, T., Clarke, J. & Roberts, B. (1978). *Policing the Crisis*. London: Macmillan.

Hallin, D. (1986). *The "Uncensored War": The Media and Vietnam*. Oxford University Press.

Hallin, D. & Mancini, P. (2004). *Comparing Media Systems*. Cambridge University Press.

Hallin, D. & Mancini, P. (2011). *Comparing Media Systems Beyond the Western World*. Cambridge University Press.

Hallock, S. (2015, August 5). Journalism Takes a Hit with Return of Williams. *Philadelphia Inquirer*.

Halloran, J. D. (1970). *Demonstrations and Communication: A Case Study*. Harmondsworth: Penguin.

Hamill, P. (1998). *News Is a Verb: Journalism at the End of the Twentieth Century*. New York: Ballantine.

Hamilton, C. H. (1954, September 1). Call it Objective, Interpretive or 3-D Reporting. *ASNE Bulletin*, 6–7.

Hamilton, J. M. (2011). *Journalism's Roving Eye: A History of American Foreign Reporting*. Baton Rouge, LA: LSU Press.

Han, E. L. (2016). *Micro-Blogging Memories: Weibo and Collective Remembering in Contemporary China*. London: Palgrave MacMillan.

Hanitzsch, T. (2007, November). Deconstructing Journalism Culture: Toward a Universal Theory. *Communication Theory*, 17(4), 367–85.

Hanitzsch, T. & Mellado, C. (2011). What Shapes the News around the World? How Journalists in 18 Countries Perceive Influences on Their Work. *International Journal of Press/Politics*, 16, 404–26.

Hannerz, U. (2004). *Foreign News: Exploring the World of Foreign Correspondents*. University of Chicago Press.

Hanusch, F. (2013). Journalists in Times of Change: Evidence from a New Survey of Australia's Journalistic Workforce. *Australian Journalism Review*, 35(1), 27–40.

Hanusch, F. (2014, November). Dimensions of Indigenous Journalism Culture. *Journalism: Theory, Practice and Criticism*, 15(8), 951–67.

Hardt, H. (1986). British Cultural Studies and the Return of the "Critical" in American Mass Communication Research: Accommodation or Radical Change? *Journal of Communication Inquiry*, 10(2), 117–24.

Hardt, H. (1990). Newsworkers, Technology, and Journalism History. *Critical Studies in Mass Communication*, 7, 346–65.

Hardt, H. (1992). *Critical Communication Studies: Communication, History and Theory in America*. New York: Routledge.

Hardt, H. (2002). Rereading the Russian Revolution: International

Communication Research and the Journalism of Lippman and Merz. *Mass Communication and Society*, 5(1), 25–39.

Hardt, H. & Brennen, B. (eds.) (1995). *Newsworkers: Toward a History of the Rank and File*. Minneapolis: University of Minnesota Press.

Hardy, A. (1946, December 7). [Photo] Winecoff Hotel Death. Associated Press.

Harmon, A. (2003, March 24). Improved Tools Turn Journalists into a Quick Strike Force. *The New York Times*, C1, C4.

Harper, C. (2014, September 3). Media Ethics in the Gruesome Age of the Islamic State. *Washington Times*.

Harrington, S. (2012, August). Australian Journalism Studies after "Journalism": Breaking Down the Disciplinary Boundaries (For Good). *Media International Australia Incorporating Culture and Policy*, 144, 156–62.

Hartley, J. (1982). *Understanding News*. London: Methuen.

Hartley, J. (1992). *The Politics of Pictures: The Creation of the Public in the Age of Popular Media*. London: Routledge.

Hartley, J. (1996). *Popular Reality: Journalism, Modernity, Popular Culture*. New York: Arnold.

Hartley, J. (1999). What Is Journalism? The View from Under a Stubbie Cap. *Media International Australia Incorporating Culture and Policy*, 90.

Hartley, J. (2002). *Communication, Cultural and Media Studies: The Key Concepts*. London: Routledge.

Hartley, J. (2003). *A Short History of Cultural Studies*. London: Sage.

Has ISIS Found a Base on African Soil? [Editorial] (2015, May 4). *Swazi Observer*.

Hauling Water (2003, April 17). [Photo] *The New York Times*, B1.

Hebdige, D. (1979). *Subculture: The Meaning of Style*. London: Methuen.

Hebdige, D. (1988). *Hiding in the Light*. London: Comedia.

Henningham, J. (1985). Journalism as a Profession: A Reexamination. *Australian Journal of Communication*, 8, 1–17.

Henrichsen, J., Betz, M. & Lisosky, J. (2015). *Building Digital Safety for Journalists: A Survey of Selected Issues*. New York: UNESCO.

Hermida, A. (2010). Twittering the News: The Emergence of Ambient Journalism. *Journalism Practice* 4(3), 343–56.

Hermida, A., Fletcher, F., Korell, D. & Logan, D. (2012). Share, Like, Recommend: Decoding the Social Media News Consumer. *Journalism Studies*, 13(5/6).

Hiebert, R. & Gross, P. (2003). Remedial Education: The Remaking of Eastern European Journalists. In R. Frohlich & C. Holtz-Bacha (eds.), *Journalism Education in Europe and North America*. Cresskill, NJ: Hampton Press, 257–84.

Higham, S. & Nakashima, E. (2015, July 16). Why The Islamic State Leaves Tech Companies Torn Between Free Speech and Security. *Washington Post*.

Hilbrand, D. & Shister, G. (2003, March 27). A Flood of Images into Homes. *Philadelphia Inquirer*, A1, A20.

Hill, A. (2011, May 2). Osama bin Laden Killed – How a Live Blogger Captured the Raid. *The Guardian*.

Hill, E. (1933, March 1). Radio Journalism on the Job at Miami. *Broadcasting*, 12.

Himmelman, J. (2012, April 29). The Red Flag in the Flowerpot. *New York Magazine*.

Hinds, J. (2003, April 11). Photographic Memory. *Detroit Free Press*, pp. H1, H4.

Hobsbawm, E. & Ranger, T. (eds.) (1985). *The Invention of Tradition*. Cambridge University Press.

Horkheimer, M. & Adorno, T. (1972). *Dialectic of Enlightenment*. Palo Alto, CA: Stanford University Press.

Hossaini, M. (2011, December 6). [Photo] Girl in Green. Massoud Hossaini / AFP / Getty Images.

Hounshell, B. (2011, June 20). The Revolution Will Be Tweeted. *Foreign Policy Magazine*.

Howe, P. (2002). *Shooting Under Fire: The World of the War Photographer*. New York: Artisan.

Hoyt, P. (1943, May 9). Obligation to Extend Free Press Around World. *Editor and Publisher*, 22.

Hughes, E. C. (1958). *Men and Their Work*. Glencoe, IL: Free Press.

Hughes, H. M. (1940). *News and the Human Interest Story*. University of Chicago Press.

Huxford, J. (2001). Beyond the Referential: Uses of Visual Symbolism in the Press. *Journalism: Theory, Practice and Criticism*, 2(1), 45–72.

Hymes, D. H. (1980). Functions of Speech. In D. H. Hymes (ed.), *Language in Education*. Washington, DC: Center for Applied Linguistics, 1–18.

Ignatius, D. (2011, July 13). The World According to Rupert Murdoch. *Washington Post*.

India Suicide (2000, January 11). [Photo] Associated Press / Press Trust of India.

Infield, T. (2001, September 13). Tuesday's Terror Evoked Echoes of Pearl Harbor. *Philadelphia Inquirer*, A11.

Ip, C. (2015, July/August). The Cult of Vice. *Columbia Journalism Review*.

Irwin, W. (1906, June). San Francisco, A Month Ago. *Everybody's Magazine*, 753–60.

ISIS Runs a Dark Media Campaign on Social Media (2014, September 6). NPR.

Iyengar, S. & Reeves, R. (1997). *Do the Media Govern?* Thousand Oaks, CA: Sage.

Jackaway, G. (1995). *Media at War*. Westport, CT: Praeger.

Jacobsen, J. K. (1995). Much Ado about Ideas. *World Politics*, 47, 283–310.

Jacubowicz, K. (2007). *Rude Awakening: Social and Media Change in Central and Eastern Europe*. Cresskill, NJ: Hampton Press.

Janowitz, M. (1975). Professional Models in Journalism: The Gatekeeper and the Advocate. *Journalism Quarterly*, 52(4), 618–26.

Jarvis, J. (2011). *Public Parts: How Sharing in the Digital Age Improves the Way We Work and Live*. New York: Simon & Schuster.

Jaworski, A., Fitzgerald, R. & Morris, D. (2003). Certainty and Speculation in News Reporting of the Future: The Execution of Timothy McVeigh. *Discourse Studies*, 5 (1), 33–49.

Jebril, N., Stetka, V. & Loveless, M. (2013, September). *Media and Democratization: What Is Known about the Role of Mass Media in Transitions to Democracy*. Oxford: Reuters Institute for the Study of Journalism.

Jelin, E. (2011). Models of Transnational Scholarly "Cooperation": A Site of Geopolitical Struggles? In Zelizer, B. (ed.), *Making the University Matter*. London: Routledge, 219–27.

Jensen, J. (1990). *Redeeming Modernity: Contradictions in Media Criticism*. Thousand Oaks, CA: Sage.

Jensen, J. & Pauly, J. J. (1997). Imagining the Audience: Losses and Gains in Cultural Studies. In M. Ferguson & P. Golding (eds.), *Cultural Studies in Question*. London: Sage, 155–69.

Johnson, S. & Harris, J. (1942). *The Complete Reporter: A General Text in News Writing and Editing Complete with Exercises*. New York: Macmillan.

Johnson, T. (1977). *Professions and Power*. London: MacMillan.

Johnson-Cartee, K. (2004). *News Narratives and News Framing*. Lanham, MD: Rowman & Littlefield.

Johnstone, J. W. C., Slawski, E. J. & Bowman, W. W. (1976). *The News People*. Urbana: University of Illinois Press.

Jones, A. (2009). *Losing the News*. New York: Oxford University Press.

Jones, E. L. (1945, October). The Care and Feeding of Correspondents. *Atlantic Monthly*, 46.

Jones, J. (2009). *Satire TV: Politics and Comedy in the Post-Network Era*. NYU Press.

Josephi, B. (2009). Journalism Education. In T. Hanitzsch & K. Wahl-Jorgensen (eds.), *Handbook of Journalism Studies*. London and New York: Routledge, 42–58.

Journalism in Syria, Impossible Job? (2013, November 6). *Reporters Without Borders*.

Kakutani, M. (2003, March 25). Shock, Awe and Razzmatazz in the Sequel. *The New York Times*, E1, E5.

Kalyango, Y., Jr., & Eckler, P. (2010). Media Performance, Agenda Building and Democratization in East Africa. *Communication Yearbook*, 34, 355–90.

Kang, H. D. (1991). *Media Culture in Korea*. Seoul National University Press.

Kannis, P. (1991). *Making Local News*. University of Chicago Press.

Kant, I. (1885). An Answer to the Question: What is Enlightenment? In H. Riess (ed.) (1970). *Kant: Political Writings*. Cambridge University Press, 54–60.

Keeble, R. (2007). Introduction: On Journalism, Creativity and the Imagination. In R. Keeble & S. Wheeler (eds.), *The Journalistic Imagination*. New York: Routledge, 1–14.

Kelliher, L. (2004, May/June). Brits vs. Yanks: Who Does Journalism Right? *Columbia Journalism Review*.

Kellner, D. (1992). *The Persian Gulf TV War*. Boulder, CO: Westview.

Kenner, H. (1985, September 15). The Politics of the Plain Style. *The New York Times Book Review*.

Kent, T. (2015). A Customized Ethics Code for Every Organization. *Online News Association*. http://ethics.journalists.org.

Kern, J. (2008). *Sound Reporting: The NPR Guide to Audio Journalism and Production*. University of Chicago Press.

Khamis, S. & Sisler, V. (2010). The New Arab "Cyberscape": Redefining Boundaries and Reconstructing Public Spheres. In C. Salmon (ed.), *Communication Yearbook*, 34. New York: Routledge, 277–316.

Khan, I. (2012, July 13). A Nose for News: Analytics Inspired Journalism.

ITworld.com.

Khiabany, G. (2007). Is There an Islamic Communication? The Persistence of "Tradition" and the Lure of Modernity. *Critical Arts*, 21(1), 106–24.

Khiabany, G. (2010). *Iranian Media: A Paradox in Modernity*. London: Routledge.

Kitch, C. (2003). Mourning in America: Ritual, Redemption, and Recovery in News Narrative After September 11. *Journalism Studies*, 4(2), 213–24.

Kitch, C. (2005). *Pages from the Past: History and Memory in American Magazines*. Chapel Hill: University of North Carolina Press.

Kitch, C. (2006). "Useful Memory" in Time Inc Magazines. *Journalism Studies*, 7(1), 94–110.

Knight Center for Journalism in the Americas (2013). *Transparency and Accountability*. Austin, TX: Knight Center for Journalism in the Americas at UT Austin.

Knightley, P. (1975). *The First Casualty*. London and New York: Harcourt Brace and Jovanovitch.

Kosellek, R. (2004 [1985]). *Futures Past: On the Semantics of Historical Time*. New York: Columbia University Press.

Kovach, B. & Rosenstiel, T. (2001). *The Elements of Journalism*. New York: Crown.

Krasner, S. (1993). Westphalia and All That. In J. Goldstein & R. Keohane (eds.), *Ideas and Foreign Policy: Beliefs, Institutions and Political Change*. Ithaca, NY: Cornell University Press, 235–64.

Krasnoboka, N. (2010). Between the Rejected Past and Uncertain Future: What Have We Learned about Media in Russia and What Do We Do Next? *Communication Yearbook*, 34, 317–54.

Krauthammer, C. (2001, December 24). Only in Their Dreams. *Time*, 60–1.

Kreiling, A. (1993). The Commercialization of the Black Press and the Rise of Race News in Chicago. In W. S. Solomon & R. W. McChesney (eds.), *Ruthless Criticism: New Perspectives in US Communication*

History. Minneapolis: University of Minnesota Press, 176–203.

Kress, G. & Van Leeuwen, T. (1996). *Reading Images*. Oxon, UK: Routledge.

Kroll, J. (1994, January 10). Eyewitness to the 20th Century. *Newsweek*, 66.

Kuhn, R. (1995). *The Media in France*. London: Routledge.

Kuhn, R. & Neveu, E. (eds.) (2002). *Political Communication: New Challenges, New Practices*. London and New York: Routledge.

Kuhn, R. & Nielsen, R. (eds.) (2013). *Political Journalism in Transition*. London and New York: I. B. Taurus (Reuters Institute for the Study of Journalism).

Kuhn, T. (1962). *The Structure of Scientific Revolutions*. University of Chicago Press.

Kumar, K. (1995). *From Post-Industrial to Post-Modern Society*. Oxford: Blackwell.

Lacey, N. (1998). *Image and Representation: Key Concepts in Media Studies*. New York: St. Martin's Press.

Lago, C. & Romancini, R. (2010). Aspects of Journalism Education in Brazil. In B. Josephi (ed.), *Journalism Education in Countries with Limited Media Freedom*. New York: Peter Lang, 175–98.

Lakoff, G. & Johnson, M. (1980). *Metaphors We Live By*. University of Chicago Press.

Lane, C. (1992, August 17). When Is It Genocide? *Newsweek*, 27.

Lang, K. (1996). The European Roots. In E. Dennis & E. Wartella (eds.), *American Communication Research: The Remembered History*. Mahwah, NJ: Erlbaum, 1–20.

Lang, K. & Lang, E. (1953). The Unique Perspective of Television and Its Effect. *American Sociological Review*, 18(1), 103–12.

Lang, K. & Lang, G. E. (1989). Collective Memory and the News. *Communication*, 11, 123–39.

Langer, J. (1998). *Tabloid Television: Popular Journalism and the "Other*

News." London: Routledge.

Langley, M. & Levine, L. (1988, July/August). Broken Promises. *Columbia Journalism Review*, 21–4.

Larson, M. S. (1977). *The Rise of Professionalism: A Sociological Analysis*. Berkeley: University of California Press.

Lasorsa, D., Lewis, S. & Holton, A. (2012). Normalizing Twitter. *Journalism Studies*, 13(1), 19–36.

Lauter, D. (2015, December 21). Polls May Actually Underestimate Trump's Support, Study Finds. *Los Angeles Times*.

Lavrusik, V. (2013, May 2). Best Practices for Journalists on Facebook. https://www.facebook.com/notes/journalists-on-facebook/best-practices-for-journalists-on-facebook/593586440653374.

Lawler, A. (2003, November/December). Lifting the Fog of the Bias War. *Columbia Journalism Review*, 68–9.

Leadbeater, C. & Miller, P. (2004). *The Pro-Am Revolution: How Enthusiasts Are Changing Our Society and Economy*. New York: Demos.

Lee, C. C. (ed.) (2000). *Power, Money and Media: Communication Patterns and Bureaucratic Control in Cultural China*. Evanston, IL: Northwestern University Press.

Lee, C. C. (2001). Beyond Orientalist Discourses: Media and Democracy in Asia. *Javnost: The Public*, 8(2), 7–20.

Lee, J. (2004, July 26). Year of the Blog? Web Diarists Are Now Official Members of Convention Press Corps. *The New York Times*, P7.

Lee, K. (2015). The Rise of Brand Journalism: Understanding the Discursive Dimensions of Collectivity in the Age of Convergence. (Unpublished doctoral dissertation.) Annenberg School for Communication at the University of Pennsylvania, Philadelphia.

Lee, P. & Thomas, P. (2012). *Public Memory, Public Media and the Politics of Justice*. London: Palgrave MacMillan.

Leroux, C. (2003, March 27). Still Images, Moving Words. *Chicago Tribune*, sect. 2, 1.

Leslie, J. (1986, September). The Anonymous Source: Second Thoughts on "Deep Throat." *Washington Journalism Review*, 33–5.

Leung, K. W. Y., Kenny, J. & Lee, P. S. N. (eds.) (2006). *Global Trends in Communication Education and Research*. Cresskill, NJ: Hampton Press.

Levi-Strauss, C. (1966). *The Savage Mind*. University of Chicago Press.

Levy, D. & Sznaider, N. (2005). *The Holocaust and Memory in a Global Age*. Philadelphia, PA: Temple University Press.

Lewis, J. (2002). *Cultural Studies: The Basics*. London: Sage.

Lewis, S. (2012). The Tension Between Professional Control and Open Participation: Journalism and Its Boundaries. *Information, Communication and Society*, 15(6), 836–66.

Lewis, S. & Carlson, M. (2015). *Boundaries of Journalism: Professionalism, Practices and Participation*. London: Routledge.

Liao, K.-H., Chang, C.-C., Liang, C.-T. & Liang, C. (2016). In Search of the Journalistic Imagination. *Thinking Skills and Creativity*, 19, 9–20.

Liberation and Revenge [Editorial] (2001, November 14). *Chicago Tribune*, 22.

Libin, S. (2006, October 9). Late-Breaking News about Live, Local Coverage. Poynteronline.com. www.poynter.org/column.asp?id=34&aid=111941.

Lichfield, J. (203, April 10). Single Pictures that Capture History's Turning Points. *The Independent*, 10.

Lichterman, J. (2014, May 14). Why Aren't Local Newsrooms Innovating Digitally? Because the Goat Must Be Fed. *NiemanLab*.

Lilly, W. S. (1889). The Ethics of Journalism. *The Forum*, 503–12.

Lindlof, T. (ed.) (1987). *Natural Audiences*. Norwood, NJ: Ablex.

Lindstrom, C. (1953, January 1). By What Right Do We Interpret or Explain? (Address to APME, Boston). *ASNE Bulletin*, 2–3.

Lippman, W. (1914). *Drift and Mastery*. New York: Mitchell Kennedy.

Lippman, W. (1925). *The Phantom Public*. New York: MacMillan.

Lippman, W. (1960 [1922]). *Public Opinion*. New York: Harcourt Brace.

Lipschultz, J. H. & Hilt, M. (2002). *Crime and Local News: Dramatic, Breaking and Live from the Scene*. Mahwah, NJ: Lawrence Erlbaum.

Loftus, E. (1980). *Eyewitness Testimony*. Cambridge, MA: Harvard University Press.

Logiurato, B. (2013, April 19). Jon Stewart Destroys CNN over Boston Marathon Blunder. *Business Insider*.

Lowrey, W. & Mackay, J. (2008). Journalism and Blogging. *Journalism Practice* 2(1), 64–81.

Lowry, B. & Jensen, E. (2003, March 28). The "Gee Whiz" War. *The Los Angeles Times*, E1.

Lubrano, A. (2003, March 30). Even War Has Rules. *Philadelphia Inquirer*, sect. C, 1.

Luckhurst, T. (2004, March 16). Altered Images. *The Independent*.

Luckie, M. (2012, September 20). Best Practices for Journalists. https://blog.twitter.com/2012/best-practices-for-journalists.

Lukes, S. (1975). Political Ritual and Social Integration. *Sociology*, 9(2), 289–308.

Lumby, C. (1999). *Gotcha: Life in a Tabloid World*. Sydney: Allen and Unwin.

MacDougall, C. D. & Reid, R. D. (1987). *Interpretative Reporting* (9th edn.). New York: Macmillan.

MacIntyre, A. (1981). *After Virtue: A Study in Moral Theory*. University of Notre Dame Press.

MacVane, J. (1979). *On the Air in World War II*. New York: Morrow.

Maier, S. (2007). Setting the Record Straight. *Journalism Practice*, 1(1), 33–43.

Malik, A. (2004, December 30). Can CNN, BBC Get Away with This Corpse Show? *The Indian Express*.

Malone, B. (2015, August 20). Why Al Jazeera Will Not Say Mediterranean "Migrants." *Al Jazeera*.

Mander, M. (1987). Narrative Dimensions of the News: Omniscience,

Prophecy, and Morality. *Communication*, 10, 51–70.

Manjoo (2013, April 19). Breaking News Is Broken. *Slate*. www.slate.com/articles/technology/technology/2013/04/boston_bombin

Manoff, R. K. & Schudson, M. (eds.) (1986). *Reading the News*. New York: Pantheon.

March, A. (2014, October 1). Is Vice's Documentary on ISIS Illegal? *Atlantic Monthly*.

Marcus, R. (2011, November 7). "Herman Cain Harassment Story Was Good Journalism." *Washington Post*.

Mariscal, J. (2001). Can Cultural Studies Speak Spanish? In T. Miller (ed.), *A Companion to Cultural Studies*. London: Blackwell, 232–45.

Markel, L. (1953, April 1). The Case for "Interpretation." ASNE *Bulletin*, 1–2.

Marques de Melo, J. (2009). Journalistic Thinking: Brazil's Modern Tradition. *Journalism: Theory, Practice and Criticism*, 10(1), 11–27.

Marshall, T. (1994, March 19). Faced with a TV War, Europeans Switch Off. *Los Angeles Times*, A16.

Martinez, M. (2014, September 16). Fixer Recounts How ISIS Abducted Him and Steven Sotloff. *CNN*. www.cnn.com/2014/09/16/world/stevensotloff-fixer-isis-interview.

Martz. L. (1992, June 22). For the Media, a Pyrrhic Victory. *Newsweek*, 32.

Marvin, C. (1983). Space, Time and Captive Communications. In M. Mander (ed.), *Communications in Transition*. New York: Praeger, 20–38.

Marvin, C. (1988). *When Old Technologies Were New*. New York: Oxford University Press.

Massey, D. (1999). Space–Time, Science and the Relationship Between Physical Geography and Human Geography. *Transactions of the Institute of British Geographers*, 24, 261–76.

Massing, M. (2003, May/June). The High Price of an Unforgiving War. *Columbia Journalism Review*, 33–5.

Mathews, J. J. (1957). *Reporting the Wars*. Minneapolis: University of

Minnesota Press.

Mattelart, A. (2006). Toward the End of the French Exception in Communication Research? In K. W. Y. Leung, J. Kenny & P. S. N. Lee (eds.), *Global Trends in Communication Education and Research*. Cresskill, NJ: Hampton Press, 73–96.

Maurantonio, N. (2012). Standing By: Police Paralysis, Race and the 1964 Philadelphia Riots. *Journalism History*, 38(2), 110–21.

Mauro, T. (1987, September). The Name of the Source. *Washington Journalism Review*, 36–8.

May, R. (1953, April 20). Is the Press Unfair to McCarthy? *New Republic*, 128, 10–12.

Mayer, H. (1964). *The Press in Australia*. Melbourne: Lansdowne.

McBride, K. (2015, June 9). When It's O.K. to Pay for a Story. *The New York Times*, A23.

McCarthy, J. (2014, September 17). Trust in Mass Media Returns to All Time Low. Gallup Poll. www.gallup.com/poll/176042/trust-mass-media-returns-time-low.aspx?version=print.

McChesney, R. & Nichols, J. (2010). *The Death and Life of American Journalism*. New York: Nation Books.

McChesney, R. & Pickard, V. (2011). *Will The Last Reporter Please Turn Out the Lights? The Collapse of US Journalism and What Can Be Done to Fix It*. New York: The New Press.

McCollam, D. (2004, July/August). The List: How Chalabi Played the Press. *Columbia Journalism Review*, 31–7.

McConnell, P. & Becker, L. (2002, July). The Role of the Media in Democratization. Paper presented to the International Association of Media Communication Research, Barcelona, Spain.

McCullin, D. (1987). Notes by a Photographer. In E. Meijer & J. Swart (eds.), *The Photographic Memory: Press Photography – Twelve Insights*. London: Quiller Press, 11–26.

McDonough, J. (1994). The Longest Night: Broadcasting's First Invasion. *American Scholar*, Spring, 193–211.

McGrory, M. (1973. December 8). A Time Not to Be Away. *America*, 437.

McGuigan, J. (1992). *Cultural Populism*. London: Routledge.

McKenzie, V. (1938, December). We Saw It with Our Own Eyes. *Quill*, 5.

McManus, J. (1994). *Market-Driven Journalism: Let the Citizen Beware*. Thousand Oaks, CA: Sage.

McNair, B. (2000). *Journalism and Democracy*. London: Routledge.

McNamara, K. R. (1998). *The Currency of Ideas*. Ithaca, NY: Cornell University Press.

McQuail, D. (2000). Some Reflections on the Western Bias of Media Theory. *Asian Journal of Communication*, 10(2), 1–13.

Media Monitor (2003). *The Media Go to War*. Washington, DC: Center for Media and Public Affairs.

Meerbach, G. (2003). The Development of Journalism in the Netherlands. In R. Frohlich & C. Holtz-Bacha (eds.), *Journalism Education in Europe and North America*. Cresskill, NJ: Hampton Press, 105–20.

Mellado, C., Moreira, S., Lagos, C. & Hernandez, M. (2012). Comparing Journalism Cultures in Latin America. *International Communication Gazette*, 74(1), 60–77.

Meltzer, K. (2010). *TV News Anchors and Journalistic Tradition*. New York: Peter Lang.

Merrill, J. & Nerone, J. (2002). *The Four Theories of the Press* Four and a Half Decades Later: A Retrospective. *Journalism Studies*, 3(1), 133–6.

Merritt, D. (1997). *Public Journalism and Public Life: Why Telling the News is Not Enough*. Hillsdale, NJ: Lawrence Erlbaum.

Meyer, E. L. (2011). *Media Codes of Ethics: The Difficulty of Defining Standards*. Washington, DC: Center for International Media Assistance and National Endowment for Democracy.

Meyers, A. M. (1943, June). The Camera: A Silent Witness. *American Photography*, 20–2.

Meyers, M. (2013). African American Women in the News: Gender, Race and Class in Journalism. Abingdon, Oxon, and New York: Routledge.

Meyers, O. (2002). Still Photographs, Dynamic Memories: An Analysis of the Visual Presentation of Israel's History in Commemorative Newspaper Supplements. *Communication Review*, 5(3), 179–205.

Meyers, O., Neiger, M. & Zandberg, E. (2011). *On Media Memory: Collective Memory in a New Media Age*. London: Palgrave MacMillan.

Miike, Y. (2006). Non-Western Theory in Western Research? An Asiacentric Agenda for Asian Communication Studies. *The Review of Communication*, 6(1–2), 4–31.

Mikula, M. (2008). *Key Concepts in Cultural Studies*. London: Palgrave MacMillan.

Mill, J. S. (2008 [1869]). *On Liberty*. New York: Oxford University Press.

Miller, T. (1998). *Technologies of Truth: Cultural Citizenship and the Popular Media*. Minneapolis: University of Minnesota Press.

Miller, T. (ed.) (2006). *A Companion* to *Cultural Studies*. London: Blackwell.

Mirkinson, J. (2012, July 4). Phone Hacking: A Year after Milly Dowler Scandal, There Is No End in Sight to Crisis. *Huffington Post*.

Mitchell, A. Gottfried, J. & Matsa, K. (2015, June 1). Millenials and Political News. Pew Research Center. www.journalism.org/2015/06/01/millennials-political-news.

Mitchell, G. (2004, May 13). Where Was Press When 1st Iraq Prison Allegations Arose? *Editor and Publisher*.

Moeller, S. D. (1989). *Shooting War: Photography and the American Experience of Combat*. New York: Basic Books.

Moll, P. (2001). The Thirst for Certainty: Futures Studies in Europe and the United States. In R. A. Slaughter (ed.), *Knowledge Base of Futures Studies*. Millennium Edition CD-ROM. Queensland: The Futures Study Centre.

"Moments Remembered" (1960, December 26). *Life*, 91–102.

Montopoli, B. (2011, May 5). Obama: I Won't Release bin Laden Death Photos. *CBS News*.

Mooney, C. (2004, March/April). The Editorial Pages and the Case for War. *Columbia Journalism Review*, 28–34.

Moore, M. (2015, July). *Election Unspun: Political Parties, the Press and Twitter During the 2015 UK Election Campaign*. London: Media Standards Trust and the Policy Institute at Kings College London.

Moore, W. (1970). *The Professions: Roles and Rules*. New York: Russell Sage Foundation.

Moreira, S. & Helal, C. (2009). Notes on Media, Journalism Education and News Organizations in Brazil. *Journalism: Theory, Practice and Criticism*, 10(1), 91–107.

Morgenthau, H. (1985[1948]). *Politics Among Nations: The Struggle for Power and Peace*. New York: Alfred A Knopf.

Morley, D. (1980). *The "Nationwide" Audience: Structure and Decoding*. London: BFI.

Morris, M. (1988). The Banality of Cultural Studies. *Discourse*, 10, 3–29.

Morris, N. & Waisbord, S. (eds.) (2001). *Media and Globalization: Why the State Matters*. Lanham, MD: Rowman and Littlefield.

Morrison, D. & Tumber, H. (1988). *Journalists at War: The Dynamics of News Reporting During the Falklands War*. London: Sage.

Mortensen, M. (2014). *Journalism and Eyewitness Images*. London and New York: Routledge.

Moscou, J. (2003, January 30). Newsrooms Bewitched by Iraq War. *Editor and Publisher*.

Moses, L. (2003, March 5). How Would Iraq War Affect Advertising? *Editor and Publisher*.

Mott, F. L. (ed.). (1937). *Interpretations of Journalism*. New York: F. L. Crofts & Co.

Mowlana, H. (1996). *Global Communication in Transition*. Thousand Oaks, CA: Sage.

Muhlmann, G. (2010). *Journalism for Democracy*. Cambridge: Polity.

Murdoch's Malign Influence Must Die with the News of the World

[Editorial] (2011, July 9). *The Guardian.*

Murdock, G. (1993). Communications and the Constitution of Modernity. *Media, Culture and Society*, 15, 521–39.

Murdock, G. (2010). Journeys to the West: The Making of Asian Modernities. In G. Wang (ed.), *De-westernizing Communication Research*. London: Routledge.

Murrell, C. (2015). *Foreign Correspondents and International Newsgathering: The Role of Fixers*. London and New York: Routledge.

Mustafa, T. (2012). [Photo] Aleppo, Syria. AFP / Getty Images.

Myers, S. (2011, July 20). Phone Hacking Scandal a Corruption Story, Like Enron and Countless Others. *Poynter.org*. www.poynter.org/latest-news/top-stories/139853/phone-hacking_scandal-a-corruption-story-like-enron-and-countless-others.

Nalkur, S. (2002). Images of Liberation in the Coverage of Afghan Women. (Unpublished Master's thesis.) Annenberg School for Communication at the University of Pennsylvania, Philadelphia.

Naughton, J. (2015, June 13). "Undemocratic, Unnecessary, Intolerable" . . . The Official Verdict on Britain's State Snoopers. *The Guardian.*

Neal, R. M. (1933). *Newspaper Desk Work*. London and New York: D. Appleton.

Neiger, M. (2007). Media Oracles: The Cultural Significance and Political Import of News Referring to Future Events. *Journalism: Theory, Practice and Criticism*, 8(3), 309–21.

Neiger, M. & Tenenboim-Weinblatt, T. (2016, February). Understanding Journalism through a Nuanced Deconstruction of Temporal Layers in News Narratives. *Journal of Communication*, 66(1), 139–60.

Nelson, C. & Gaonkar, D. P. (eds.) (1996). *Disciplinarity and Dissent in Cultural Studies*. New York: Routledge.

Nelson, C. & Grossberg, L. (eds.) (1988). *Marxism and the Interpretation of Culture*. Urbana: University of Illinois Press.

Nerone, J. (1994). *Violence Against the Press*. New York: Oxford University Press.

Nerone, J. (ed.) (1995). *Last Rights: Revisiting "Four Theories of the Press."* Urbana: University of Illinois Press.

Nerone, J. (2013). Why Journalism History Matters to Journalism Studies. *American Journalism*, 30(1), 15–28.

Nerone, J. (2015). *The Media and Public Life: A History*. Cambridge, UK, and Malden, MA: Polity.

Never Again? (2003, September 11). [Cover Photo] *US News & World Report*.

Neveu, E. (1998). Media and Politics in French Political Science. *European Journal of Political Research*, 33(4), 439–58.

"News of the World" Closes Due to Public Pressure (2011, July 8). Islamic Republic of Iran News Network Television (IRINN).

Newsmen Hailed over Watergate (1973, May 1). *The New York Times*, 28.

Newton, E. (ed.) (1999). *Crusaders, Scoundrels, Journalists: The Newseum's Most Intriguing Newspeople*. New York: Times Books.

Nguyen, K. (2015, December 18). Bigotry, Panic Reflected in Media Coverage of Migrants and Refugees. Reuters and Thomson Reuters Foundation. www.reuters.com/article/us-refugees-media-idUSKBN0U129620151218.

Nielsen, R. (2012). *Ground Wars: Personalized Communication in Political Campaigns*. Princeton University Press.

Nielsen, R. (2015). The Many Crises of Western Journalism: A Comparative Analysis of Economic Crises, Professional Crises and Crises of Confidence. In J. Alexander, E. B. Breese & M. Luengo (eds.), *The Crisis of Journalism Reconsidered*. Cambridge University Press.

Nimmo, D. & Combs, J. (1983). *Mediated Political Realities*. New York: Longman.

Noguchi, Y. (2005, July 8). Camera Phones Lend Immediacy to Images of Disaster. *Washington Post*, A16.

Nora, P. (1996). *Realms of Memory* (Vols. I–III). New York: Columbia University Press.

Nordland, R. (2015, February 1). ISIS Tactics Questioned as Hostages

Dwindle. *The New York Times*, A6.

Norris, B. (2000). Media Ethics at the Sharp End. In D. Berry (ed.), *Ethics and Media Culture: Practices and Representations*. Waltham, MA: Focal Press, 325–38.

Norway's 9/11 (2015, July 24). *The Sun*, front cover.

Nussbaum, E. (2015, May 11). The Little Tramp. *The New Yorker*.

Nyamnjoh, F. B. (2005, November). Journalism in Africa: Modernity, Africanity. *Rhodes Journalism Review*, 25, 3–6.

Okrent, D. (2004, May 30). The Public Editor: Weapons of Mass Destruction? Or Mass Distraction? *The New York Times*, 30.

Orme, B. (2015). United States: The Trump Card: How US News Media Dealt with a Migrant Hate Manifesto. In A. White (ed.), *Moving Stories: International Review of How Media Cover Migration*. London: Ethical Journalism Network, 101–5.

Ornebring, H. (2009). *The Two Professionalisms of Journalism: Updating Journalism Research for the 21st Century*. Oxford: Reuters Institute for the Study of Journalism.

Orwell, G. (1946). Why I Write. *Gangrel*, Summer.

Orwell, G. (1999 [1946]). *Smothered Under Journalism: 1946*. London: Martin Secker and Warburg, Ltd.

O'Sullivan, T., Hartley, J., Saunders, D. & Fiske, J. (1983). *Key Concepts in Communication*. London: Methuen.

O'Sullivan, T., Hartley, J., Saunders, D., Montgomery, M. & Fiske, J. (1994). *Key Concepts in Communication and Cultural Studies*. London: Routledge.

Oswell, D. (2006). *Culture and Society: An Introduction to Cultural Studies*. London and Thousand Oaks, CA: Sage.

Ouellette, L. (2002). *Viewers Like You?* New York: Columbia University Press.

Outing, S. (2003, March 26). War: A Defining Moment for Net News. *Editor and Publisher*.

Outing, S. (2004, April 1). How to Introduce Truly Disturbing Images Online. *The Poynter Institute*. www.poynteronline.org.

Overholser, G. (2001). Our Nose for News Fails Us When the Smell Is Close to Home. *Columbia Journalism Review*.

Owen, L. (2015a, October 26). Instant Articles Get Shared More Than Old-Fashioned Links, Plus More Details from Facebook's News Push. *NiemanJournalismLabs*. www.niemanlab.org/2015/10/instant-articles-get-shared-more-than-old-fashioned-links-plus-more-details-from-facebooks-news-push.

Owen, L. (2015b, November 24). Jeff Bezos Says the Washington Post's Goal is to Become the "New Paper of Record." *Nieman JournalismLabs*. www.niemanlab.org/2015/11/spacesuit-wearing-jeff-bezos-says-thewashington-posts-goal-is-to-become-the-new-paper-of-record.

Pantti, M. & Bakker, P. (2009, September). Misfortunes, Memories and Sunsets: Non-Professional Images in Dutch News Media. *International Journal of Cultural Studies*, 12(5), 471–89.

Parenti, M. (1986). *Inventing Reality: The Politics of the Mass Media*. New York: St. Martin's.

Park, D. W. & Pooley, J. (2008). *The History of Media and Communication Research: Contested Memories*. New York: Peter Lang.

Park, R. E. (1925). The Natural History of the Newspaper. In R. E. Park, E. W. Burgess & R. D. McKenzie (eds.), *The City*. University of Chicago Press, 80–98.

Park, R. E. (1940, March). News as a Form of Knowledge. *American Journal of Sociology*, 45, 669–86.

Paterson, C. & Domingo, D. (eds.) (2008). *Making Online News*. New York: Peter Lang.

Patterson, T. E. (1993). *Out of Order:* New York: Knopf.

Patterson, T. E. (1998). Time and News: The Media's Limitations as an Instrument of Democracy. *International Political Science Review*, 19(1), 55–67.

Pauly, J. J. (1988). Rupert Murdoch and the Demonology of Professional Journalism. In J. W. Carey (ed.), *Media, Myths and Narratives*. Beverly

Hills, CA: Sage.

Pause for Hindsight, A [Editorial] (2004, July 16). *The New York Times*, A20.

Pearson, R. & Hartley, J. (eds.) (2000). *American Cultural Studies: A Reader*. New York: Oxford University Press.

Pedelty, M. (1995). *War Stories: The Culture of Foreign Correspondence*. London and New York: Routledge.

Perlman, D. (1946, May 11). French Editors Favor Press Control Clause. *Editor and Publisher*, 59.

Perry, R. B. (1935). *The Thought and Character of William James*. Nashville, TN: Vanderbilt University Press.

Peters, C. & Broersma, M. (2012). *Rethinking Journalism: Trust and Participation in a Transformed News Landscape*. London and New York: Routledge.

Peters, J. D. (1986). Institutional Sources of Intellectual Poverty in Communication Research. *Communication Research*, 13, 527–59.

Peters, J. D. (1999). *Speaking into the Air: A History of the Idea of Communication* University of Chicago Press.

Peters, J. D. (2001). Witnessing. *Media, Culture & Society*, 23, 707–23.

Peters, J. W. (2011, August 6). Paying for News? It's Nothing New. *The New York Times*, SR4.

Phillips, A. (2010). Transparency and the New Ethics of Journalism. *Journalism Practice*, 4(3), 373–82.

Picard, R. G. (2002). *The Economics and Financing of Media Companies*. New York: Fordham University Press.

Picard, R. G. (2015, May). *Journalists' Perceptions of the Future of Journalistic Work*. Oxford: Reuters Institute for the Study of Journalism.

Pickard, V. (2014). *America's Battle for Media Democracy*. New York: Cambridge University Press.

Pickard, V. & Torres, J. (2009, July 4). Saving America's Democracy-Sustaining Journalism. *Seattle Times*.

Pietila, V. (2008). How Does a Discipline Become Institutionalized? In D. W. Park & J. Pooley (eds.), *The History of Media and Communication Research: Contested Memories*. New York: Peter Lang, 205–24.

Pilger, J. (2015, November 17). From Pol Pot to ISIS: The Blood Never Dried. *Counterpunch*.

Pincus, W. (1973, October 20). Unidentified News Sources and Their Motives: The Usable Press. *New Republic*, 17–18.

[Poll] (2004, April 5). Pew Research Center for the People and the Press.

Pollitt, C. & Hupe, P. (2011, June). Talking about Government: The Role of Magic Concepts. *Public Management Review*, 13(5), 641–58.

Pooley, J. & Park, D. W. (2008). Introduction. In D. W. Park & J. Pooley (eds.), *The History of Media and Communication Research: Contested Memories*. New York: Peter Lang, 1–15.

Portraits of War: Conflict, Capitulation (2003, March 23). *Philadelphia Inquirer*, A21.

Powers, R. (1973, June). The Essential Cronkite. *Quill*, 32–6.

Press after Nixon, The (1974, November/December). *ASNE Bulletin*, 6–11.

Press and Watergate: Intervening in History (Views of the Editors) (1974, September/October). *Columbia Journalism Review*, 1.

Preston, P. (2012, November 17). Journalism Once Had Woodward and Bernstein: Now It's Guns for Hire. *The Guardian*.

Price, M. & Rozumilowicz, B. (2002). *Media Reform: Democratizing the Media, Democratizing the State*. London: Routledge.

Price, V. & Tewksbury, D. (1997). News Values and Public Opinion: A Theoretical Account of Media Priming and Framing. In G. Barnett & F. J. Boser (eds.), *Progress in the Communication Sciences*. Norwood, NJ: Ablex.

Radway, J. (1984). *Reading the Romance*. Chapel Hill: University of North Carolina Press.

Rather, D. (1977). *The Camera Never Blinks*. New York: Ballantine Books.

Real Stories of Wartime (2007, September 24). [Cover Photo] *US News &*

World Report.

Reese, S. D. (1990). The News Paradigm and the Ideology of Objectivity. *Critical Studies in Mass Communication*, 190–409.

Reese, S. D., Gandy, Jr., O. & Grant, A. (eds.) (2001). *Framing Public Life.* Mahwah, NJ: Erlbaum.

Reporting A New Kind of War (1991, March). *Washington Journalism Review*, 12–33.

Reston, J. (1991). *Deadline.* New York: Random House.

Revers, M. (2014, October). The Twitterization of Newsmaking: Transparency and Journalistic Professionalism. *Journal of Communication*, 64(5), 806–26.

Rich, F. (2003, April 13). The Spoils of War Coverage. *The New York Times*, sect. 2, 1, 15.

Richards, I. (2009). Uneasy Bedfellows: Ethics Committees and Journalism Research. *Australian Journalism Review*, 31(2), 35–46.

Richardson, J. (2007). *Analyzing Newspapers: An Approach from Critical Discourse Analysis.* London: Palgrave MacMillan.

Riddell, G. (1932). The Psychology of the Journalist. In M. Bromley & T. O'Malley (eds.) (1997). *A Journalism Reader.* London and New York: Routledge.

Rieder, R. (2011, July 8). *News of the World* Scandal: US Journalism Shrugs. *BBC.com*.

Riess, C. (1944). *They Were There: The Story of World War II and How It Came About by America's Foremost Correspondents.* New York: G. P. Putnam's Sons.

Risse-Kappen, T. (1994). Ideas Do Not Float Freely: Transnational Coalitions, Domestic Structures, and the End of the Cold War. *International Organization*, 48, 185–214.

Ristovska, S. (2016). Strategic Witnessing in an Age of Video Activism. *Media, Culture & Society*, 38(7), 1034–47.

Robins, K. (1993). The War, The Screen, The Crazy Dog, and Poor Mankind. *Media, Culture and Society*, 15.

Robinson, G. (1988). "Here Be Dragons": Problems in Charting the US History of Communication Studies. *Communication*, 10, 97–119.

Robinson, S. (2011). Journalism as Process: The Labor Implications of Participatory Content in News Organizations. *Journalism & Communication Monographs*, 13(3), 138–210.

Robinson, S. & DeShano, C. (2011). "Anyone Can Know": Citizen Journalism and the Interpretive Community of the Mainstream Press. *Journalism: Theory, Practice and Criticism*, 12(8), 963–82.

Rodgers, R. (2007) Journalism Is a Loose-Jointed Thing: A Content Analysis of *Editor and Publisher*'s Discussion of Journalistic Conduct Prior to the Canons of Journalism, 1901–1922. *Journal of Mass Media Ethics*, 22(10), 66–82.

Rodman, G. (2014). *Why Cultural Studies?* New York: Wiley-Blackwell.

Roeh, I., Katz, E., Cohen, A. A. & Zelizer, B. (1980). *Almost Midnight: Reforming the Late-Night News*. Beverly Hills, CA: Sage.

Rogers, E. (1994). *A History of Communication Study*. New York: Free Press.

Rogers, E. & Chaffee, S. (1994, December). Communication and Journalism from "Daddy" Bleyer to Wilbur Schramm. *Journalism Monographs*, 148.

Rohde, D. (1995, August 18). Evidence Indicates Bosnia Massacre. *Christian Science Monitor*, AI.

Rohter, L. (2009, August 17). New Doubts Raised Over War Photo. *The New York Times*.

Roig-Franzia, M., Higham, S. & Grittain, A. (2015, February 14). Storytelling Ability Connected Brian Williams with Reviewers But Also Led to His Downfall. *Washington Post*.

Romano, A. & Bromley, B. (eds.) (2005). *Journalism and Democracy in Asia*. London: Routledge.

Root, M. A. (1864). *The Camera and the Pencil*. Philadelphia, PA: J. B. Lippincott.

Rose, S. (2014, October 7). The ISIS Propaganda War: A High-Tech Media Jihad. *The Guardian*.

Rosen, J. (1999). *What are Journalists For?* New Haven, CT: Yale University Press.

Rosen, J. (2004, May 29). From Wen Ho Lee to Judy Miller: The Transparency Era at *The New York Times. Press Think*.

Rosenberg, S. (2010, June 17). Why Can't Journalists Handle Public Criticism? *Mediashift.org*. http://mediashift.org/idealab/2010/06/whycant-journalists-handle-public-criticism167.

Rosenstiel, T. (2003, April 10). War in Iraq: Covering the News. *Washington Post*. www.washingtonpost.com/wp-srv/liveonline/03/special/iraq/sp_iraq_rosenstiel041003.htm.

Rosenstiel, T. (2013, September 16). Why "Be Transparent" Has Replaced "Act Independently" as a Guiding Journalism Principle. *Poynter.com*. www.poynter.org/news/media-innovation/223657/why-be-transparentis-now-a-better-ethical-principle-than-act-independently.

Rosenthal, J. (1945, February 23). [Photo] Flag Raising Atop Mount Suribachi.

Rosenthal, M. (2001, December 3). Just Massacres? *The Progressive*.

Roshco. B. (1975). *Newsmaking*. University of Chicago Press.

Roskis, E. (2000, December). Replaying the Pictures. *Le monde diplomatique*.

Rosoff, M. (2011, May 2). CNN Just Had Its CNN Moment. *Business Insider*.

Rottwilm, P. (2014, August). *The Future of Journalistic Work: Its Changing Nature and Implications*. Oxford: Reuters Institute for the Study of Journalism.

Rovere, R. (1984). *Final Reports*. Middletown, CT: Wesleyan University Press.

Rowe, D. (1999). *Sport, Culture and the Media*. Buckingham, UK: Open University Press.

Rubin, B. (1978). *Questioning Media Ethics*. New York: Praeger Publications.

Russell, R. (2012, September 14). David Carr's Golden Age of Journalism. *J-Source.ca (The Canadian Journalism Project)*. http://j-source.ca/article/david-carrs-golden-age-journalism#sthash.3C1tlUa7.dpuf.

Rutenberg, J. (2003a, April 16). Cable's War Coverage Suggests a New "Fox Effect" on Television. *The New York Times*, B9.

Rutenberg, J. (2003b, May 5). From Cable Star to Face in the Crowd. *The New York Times*, C1.

Ryan, M. (2010). *Cultural Studies: A Practical Introduction*. Alden, MA, and Oxford: Wiley-Blackwell.

Ryfe, D. (2012). *Can Journalism Survive: An Inside Look at American Newsrooms*. Cambridge: Polity.

Sagolj, D. (2003, April 11). [Photo] US Marine Doctor with Iraqi Girl. *Detroit Free Press*, H1.

Sakka, I. (2015, February 5). Slaying, Slaughtering and Burning: ISIS, The Cinematic Caliphate. *Al Akhbar* (English edn.).

Saldivar, J. (1997). *Border Matters: Remapping American Cultural Studies*. Berkeley and Los Angeles: University of California Press.

Samuels, R. (2015, September 22). As Hostility Flares, Hungary's Muslim Community Mobilizes to Aid Refugees. *Washington Post*.

Samyn, P; (2015, March 20). Free Press Rolling Out New Digital Platform. *Winnipeg Free Press*.

Sandler, L. (2003, March 24). Magazine War Coverage: Time is the Enemy. *The Los Angeles Times*.

Scanlan, C. (2003, July 28). Writing for Your Nose. www.poynter.org.

Scannell, P. (1996). *Radio, Television, and Modern Life: A Phenomenological Approach*. Oxford, UK, and Cambridge, MA: Blackwell.

Scannell, P. (2002). History, Media and Communication. In K. B. Jensen (ed.), *A Handbook of Media and Communication Research*. London: Routledge, 191–205.

Scannell, P. (2014). *Television and the Meaning of "Live."* Cambridge: Polity.

Schachter, A. (2014, October 27). Fixers Are a Foreign Reporter's Best Friend – and Often Their Lifeline. *PRI*. www.pri.org/stories/2014-10-27/fixers-are-foreign-reporters-best-friend-and-often-their-lifeline.

Schecter, D. (2003). *Embedded: Weapons of Mass Deception: How the Media Failed to Cover the War in Iraq*. New York: News Dissector.

Schecter, D. (2004, April 8). Misreporting the Iraqi Uprising. *Media Channel*. www.mediachannel.org.

Schell, O. (2004). "Preface." In M. Massing (ed.), *Now They Tell Us: The American Press and Iraq*. New York Review of Books, ii–xviii.

Schiller, D. (1981). *Objectivity and the News*. Philadelphia: University of Pennsylvania Press.

Schiller, D. (1996). *Theorizing Communication*. New York: Oxford University Press.

Schlesinger, P. (1977, September). Newsmen and Their Time-Machine. *British Journal of Sociology*, 28(3), 336–50.

Schlesinger, P. (1987). *Putting Reality Together*. London: Methuen.

Schlesinger, P. & Tumber, H. (1995). *Reporting Crime*. London: Oxford University Press.

Schorr, D. (1977). *Clearing the Air*. Boston, MA: Houghton Mifflin.

Schramm, W. (1957). Twenty Years of Journalism Research. *Public Opinion Quarterly*, 21(1), 91–107.

Schramm, W. (1959). *One Day in the World's Press*. Stanford University Press.

Schudson, M. (1978). *Discovering the News: A Social History of American Newspapers*. New York: Basic Books.

Schudson, M. (1982). The Politics of Narrative Form: The Emergence of News Conventions in Print and Television. *Daedalus*, 3(4), 97–112.

Schudson, M. (1986). Deadlines, Dateline and History. In R. K. Manoff & M Schudson (eds.), *Reading the News*. New York: Pantheon, 79–108.

Schudson, M. (1988). What is a Reporter? In J. W. Carey (ed.), *Media, Myths and Narratives*. Newbury Park, CA: Sage, 228–45.

Schudson, M. (1991). The Sociology of News Production, Revisited. In J. Curran & M. Gurevitch (eds.), *Mass Media and Society*. London: Arnold, 141–59.

Schudson, M. (1992). *Watergate in American Memory: How We Remember, Forget and Reconstruct the Past*. New York: Basic Books.

Schudson, M. (1995). Dynamics of Distortion in Collective Memory. In D. Schacter (ed.), *Memory Distortion: How Minds, Brains and Societies Reconstruct the Past*. Cambridge, MA: Harvard University Press, 346–64.

Schudson, M. (1996). *The Power of News*. Cambridge, MA: Harvard University Press.

Schudson, M. (2002). *The Sociology of News*. New York: W. W. Norton and Company.

Schudson, M. (2008). The "Lippmann–Dewey Debate" and the Invention of Walter Lippmann as an Anti-Democrat, 1986–1996. *International Journal of Communication*, 2, 1–20.

Schudson, M. (2013). Origins of the Freedom of Information Act in the United States. In N. Bowles, J. T. Hamilton & D. Levy (eds.), *Transparency in Politics and the Media*. London: I. B. Tauris, 1–18.

Schudson, M. (2015). *The Rise of the Right to Know*. New York: Belknap Press.

Schulte-Sasse, J. (1986, Winter). Imagination and Modernity: Or the Taming of the Human Mind. *Cultural Critique*, 5, 23–48.

Schwartz, D. (1992). To Tell the Truth: Codes of Objectivity in Photojournalism. *Communication*, 13, 95–109.

Schwartz, S. (2004, March 9). [Photo] Suicide. *New York Post*, front cover.

Schwarzlose, R. A. (1989). *The Nation's Newsbrokers* (Vol. I): *The Formative Years, From Pretelegraph to 1865*. Evanston, IL: Northwestern University Press.

Scott, C. (2015, September 22). Covering the Refugee Crisis on Snapchat and Periscope as a "Day by Day Documentary." Journalism.co.uk.

Second-guessing. (1955, January 1). *ASNE Bulletin*, 1–2.

Selfies and Public Perception of the Syrian Refugee Crisis [Blog] (2015, September 16). *Digital Journalism*. http://digitaljournalism.blogs.wm.edu/2015/09/16/selfies-and-public-perception-of-the-syrianrefugee-crisis.

Sekula, A. (1975, January). On the Invention of Photographic Meaning. *Artforum*, 13(5), 36–45.

Sender, K. (2012). *The Makeover: Reality Television and Reflexive Audiences*. New York: NYU Press.

Sella, M. (2014, October 19). The Making of the World's Scariest Terror Brand. *Matter*. https://medium.com/matter/the-making-of-theworlds-most-effective-terrorist-brand-92620f91bc9d.

Sesser, S. N. (1973, December). The Press after Watergate. *Chicago Journalism Review*, 14–20.

Shaaber, M. S. (1929). *Some Forerunners of the Newspaper in England, 1476–1622*. Philadelphia, PA: Octagon Books.

Shattuc, J. M. (1997). *The Talking Cure: TV Talk Shows and Women*. London: Routledge.

Shiach, M. (ed.) (1999). *Feminism and Cultural Studies*. London: Oxford University Press.

Shirer, W. (1941). *Berlin Diary: The Journal of a Foreign Correspondent, 1934–1941*. New York: Hamish Hamilton.

Shirky, C. (2008). *Here Comes Everybody: The Power of Organizing without Organizations*. New York: Penguin.

Shirky, C. (2009). Newspapers and Thinking the Unthinkable. www.shirky.com/weblog/2009/03/newspapers-and-thinking-the-unthinkable.

Short, K. R. M. (1985). *World War II through the American Newsreels, 1942–1945*. New York: Oxford University Press.

Should Tass Reporters Be Curbed? (1951, October 1). *ASNE Bulletin*, 1–2.

Siebert, F., Peterson, T. & Schramm, W. (1956). *Four Theories of the Press*. Urbana: University of Illinois Press.

Sigal, L. (1973). *Reporters and Officials*. Lexington, MA: D. C. Heath.

Sigelman, L. (1973, July). Reporting the News: An Organizational Analysis. *American Journal of Sociology*, 79(1), 132–51.

Silverleib, A. (2011, May 3). Obama on Sunday: A Photo for the Ages? CNN.

Simon, J. & Libby, S. (2015, April 27). Broadcasting Murder – Militants Use Media for Deadly Purpose. New York: Committee to Protect Journalists.

Simonson, P. (2010). *Refiguring Mass Communication: A History.* Urbana: University of Illinois Press.

Simpson, C. (1999). *Science of Coercion.* New York: Oxford University Press.

Sims, A. C. (2003, February 25). Music Channels are "N-Synch" with War Coverage. *Fox News.*

Sims, N. (1984). *The Literary Journalists.* New York: Ballantine.

Singer, J. (2003). Who Are These Guys? The Online Challenge to the Notion of Journalistic Professionalism. *Journalism: Theory, Practice and Criticism*, 4(2), 139–63.

Singer, J. (2005). The Political J-Blogger: Normalizing a New Media Form to Fit Old Norms and Practices. *Journalism: Theory, Practice and Criticism*, 6(2), 173–98.

Singer, J., D. Domingo, A. Heinonen et al. (2011). *Participatory Journalism: Guarding Open Gates at Online Newspapers.* New York: Wiley Blackwell.

Skjerdal, T. (2010). Research on Brown Envelope Journalism in the African Media. *African Communication Research*, 3(3), 357–406.

Smerconish, M. (2010, January 26). The Curious Tale of Obama's Biggest Defender. *The Daily Beast.* www.thedailybeast.com/articles/2010/01/27/the-curious-tale-of-obamas-biggest-defender.html.

Smith, E. W. (1944, August 28). [Photo] Baby Found in Cave. *Life.*

Smith, S. (2014, December 24). Top 10 Media Ethics Issues of 2014. *Imediaethics.org*, http://imediaethics.org/top-10-media-ethics-issuesof-2014.

Smith, T. (2003, May/June). The Real-Time War: Hard Lessons. *Columbia Journalism Review*, 26–31.

Smolkin, R. (2006, April/May). Too Transparent? *American Journalism Review*. http://ajrarchive.org/Article.asp?id=4073.

Snyder, L. I. (ed.) (1962). *Masterpieces of War Reporting*. New York: Julian Messner.

Soloski, J. (1989). News Reporting and Professionalism: Some Constraints on the Reporting of the News. *Media, Culture and Society*, 11(2), 207–28.

Sontag, S. (2004, May 23). Regarding the Torture of Others. *The New York Times Magazine*, 24–9, 42.

Souza, P. (2011, May 1). [Photo] The Situation Room.

Sparks, C. (1992). Popular Journalism: Theories and Practice. In P. Dahlgren & C. Sparks (eds.), *Journalism and Popular Culture*. London: Sage, 24–44.

Sparks, C. & Tulloch, J. (eds.) (2000). *Tabloid Tales*. Lantham, MD: Rowan and Littlefield.

Sparrow, B. H. (1999). *Uncertain Guardians: The News Media as a Political Institution*. Baltimore, MD: Johns Hopkins University Press.

Splichal, S. & Sparks, C. (1994). *Journalists for the 21st Century*. Norwood, NJ: Ablex.

Sproule, J. M. (2008). "Communication": From Concept to Field to Discipline. In D. W. Park & J. Pooley (eds.), *The History of Media and Communication Research: Contested Memories*. New York: Peter Lang, 163–78.

Stabile, C. (2006). *White Victims, Black Villains: Gender, Race and Crime News in US Culture*. London and New York: Routledge.

Stahl, J. (2013, April 15). Thou Shalt Not Stoop to Political Point-Scoring. *Slate*. www.slate.com/articles/technology/technology/2013/04/boston_marathon_bombing_all_the_mistakes_journalists_make_during_a_crisis.html

State of the News Media (2004, March 15). Washington, DC: Pew Project for Excellence in Journalism.

State of the News Media (2007, March 12). Washington, DC: Pew Project for Excellence in Journalism.

State of the News Media (2015, April 29). Washington, DC: Pew Project for Excellence in Journalism.

Steffens, L. (1931). *The Autobiography of Lincoln Steffens*. New York: Harcourt Brace.

Steinberg, D. (2015, July 17). "Trainwreck" and a Brief History of Journalists Who Sleep with Their Subjects in Film. *Wall Street Journal*.

Steiner, L. (1992, October). Construction of Gender in Newsreporting Textbooks: 1890–1990. *Journalism Monographs*, 135, 1–48.

Stepan, P. (ed.) (2000). *Photos that Changed the World: The 20th Century*. Munich, London and New York: Prestel.

Stephens, M. (1988). *A History of News*. New York: Viking.

Stephens, M. (1998). *The Rise of the Image, The Fall of the Word*. New York: Oxford University Press.

Stokes, J. (2012). *How To Do Media and Cultural Studies* (2nd edn.). Newbury Park, CA, and London: Sage.

Stone, M. (1921). *Fifty Years a Journalist*. Garden City, NJ: Doubleday.

Storey, J. (1993). *An Introductory Guide to Cultural Theory and Popular Culture*. Athens, GA: University of Georgia Press.

Storey, J. (1996). *Cultural Studies and the Study of Popular Culture: Theories and Methods*. Athens, GA: University of Georgia Press.

Storey, J. (2003). *Inventing Popular Culture*. Malden, MA: Blackwell.

Storm, J. (2003, March 11). TV's Battle Plan. *Philadelphia Inquirer*.

Stratton, J. & Ang, I. (1996). On the Impossibility of a Global Cultural Studies: "British" Cultural Studies in an "International" Frame. In D. Morley & K. Chen (eds.), *Stuart Hall: Critical Dialogues in Cultural Studies*. London: Routledge, 361–91.

Striphas, T. (1998). The Long March: Cultural Studies and Its Institutionalization. *Cultural Studies*, 12(4), 453–75.

Strupp, J. (2003a, February 27). Papers Say They're Ready to Cover Iraq

War. *Editor and Publisher*.

Strupp, J. (2003b, April 24). Out of Embed, But Facing Trauma? *Editor and Publisher*.

Su, A. (2014, January 31). Post Arab Spring, Citizen Journalists Struggle. *Columbia Journalism Review*.

Suffee, Z. (2015). United Kingdom: How Journalism Plays Follow-My-Leader with Rhetoric of Negativity. In A. White (ed.), *Moving Stories: International Review of How Media Cover Migration*. London: Ethical Journalism Network, 39–43.

Suicide of Alice Blanche Oswald (1872, September 20). [Photo] *Illustrated Police News*.

Suicide Protest Helped Topple Tunisian Regime (2011, January 14). *Toronto Star*.

Sutcliffe, C. (2015, December 15). Prediction Rankings: The Most Likely Media and Tech Developments in 2016. *TheMediaBriefing*. www.themediabriefing.com/article/prediction-rankings-the-most-likely-media-and-tech-developments-in-2016.

Swartz, J. (2003, March 19). Iraq War Could Herald a New Age of Web Based News Coverage. *USA Today*.

Swarup, N. (2012, March 27). [Photo] Tibetan Exile. Associated Press.

Swidler, A. (1986). Culture in Action: Symbols and Strategies. *American Sociological Review*, 273–86.

Szpunar, P. (2012). Western Journalism's "Other": The Legacy of the Cold War in the Study of Media Systems. *Journalism: Theory, Practice & Criticism*, 13(1), 3–20.

Takase, R. M. (2001, November 26). Refugee Children (Letter to the Editor). *Los Angeles Times*, A12.

Talev, M. (2015, November 18). Bloomberg Politics Poll: Most Americans Oppose Syrian Refugee Resettlement. Bloomberg News. www.bloomberg.com/politics/articles/2015-11-18/bloomberg-pollmost-americans-oppose-syrian-refugee-resettlement.

Tarde, G. (1969 [1901]). *On Communication and Social Influence*. University of Chicago Press.

Taylor, C. (2002). Modern Social Imaginaries. *Public Culture*, 14(1), 91–124.

Taylor, J. (1991). *War Photography: Realism in the British Press*. London: Routledge.

Taylor, P. (1990). *See How They Run: Electing the President in an Age of Mediocracy*. New York: Alfred A. Knopf.

Tenenboim-Weinblatt, K. (2008). Fighting for the Story's Life: Non-Closure in Journalistic Narrative. *Journalism*, 9(1), 31–51.

Tenenboim-Weinblatt, K. (2013a). Bridging Collective Memories and Public Agendas: Toward a Theory of Mediated Prospective Memory. *Communication Theory*, 23(2), 91–111.

Tenenboim-Weinblatt, K. (2013b). The Management of Visibility: Media Coverage of Kidnapping and Captivity Cases Around the World. *Media, Culture & Society*, 35(7), 791–808.

Tenenboim-Weinblatt, K. & Neiger, M. (2015). Print is Future, Online is Past: Cross-Media Analysis of Temporal Orientations in the News. *Communication Research*, 42(8), 1047–67.

Tenore, M. (2011, March 4). Why Journalists Make Mistakes and What We Can Do About Them. *Poynter.org*. www.poynter.org/news/mediawire/104195/why-journalists-make-mistakes-what-we-can-doabout-them.

Tenore, M. (2012, October 8). Best Practices: Journalism Education. *Poynter.org*. www.poynter.org/tag/best-practices-journalism-education.

The Times and Iraq [Editorial] (2004, May 26). *The New York Times*.

The Times and Wen Ho Lee (2000, September 26). *The New York Times*.

Thompkins, A. (2004, March 10). Eyewitness Mistakes. *Poynteronline.com*. www.poynter.org/column.asp?id=2&aid=62228.

Thompson, H. (1972). *Fear and Loathing in Las Vegas*. New York: Random House.

Thompson, J. B. (1984). *Studies in the Theory of Ideology*. Berkeley and Los Angeles: University of California Press.

Thompson, J. B. (1996). *The Media and Modernity*. Palo Alto, CA:

Stanford University Press.

Thurman, N. & Walters, A. (2013). Live Blogging – Digital Journalism's Pivotal Platform? *Digital Journalism*, 1(1), 82–101.

Thussu, D. (ed.) (2007). *Media on the Move*. London: Routledge.

Tomalin, N. (1969, October 26). Stop the Press, I Want to Get On. *The Sunday Times Magazine*. Reprinted in M. Bromley & T. O'Malley (eds.) (1997). *A Journalism Reader*. London: Routledge.

Tomaselli, K. (2002). Journalism Education: Bridging Media and Cultural Studies. *Communication*, 28(1), 22–8.

Tomaselli, K. (2003). "Our Culture" vs "Foreign Culture": An Essay on Ontological and Professional Issues in African Journalism. *Gazette*, 65(6), 427–41.

Tomlinson, J. (1999). *Globalization and Culture*. Cambridge: Polity.

Tönnies, F. (1971 [1923]). The Power and Value of Public Opinion. In W. J. Cahnman & R. Heberle (eds.), *Ferdinand Tönnies on Sociology*. University of Chicago Press, 261–75.

Tregaskis, R. (1942, September 7). Guadalcanal Landing. International News Service Dispatch.

Tregaskis, R. (1943). *Guadalcanal Diary*. New York: Random House.

Tregaskis, R. (2004). *Invasion Diary*. Lincoln: University of Nebraska Press.

Tremblay, J. (2010, June 14). Twitter: Can It Be a Reliable Source of News? *Nieman Reports*.

Truong, E. (2015, August 5). Telling Stories Visually. *Poynter.org*. www.poynter.org/news/mediawire/362763/telling-stories-visually-5-designersand-their-advice-for-writers.

Tsetsura, K. & Kruckeberg, D. (2014). *Transparency, Public Relations and the Mass Media: Combating Media Bribery Worldwide*. New York: Routledge.

Tsui, Lokman. (2010). A Journalism of Hospitality. (Unpublished Ph.D. dissertation.) Annenberg School for Communication at the University of Pennsylvania, Philadelphia.

Tuchman, G. (1972). Objectivity as a Strategic Ritual. *American Journal of Sociology*, 77, 660–79.

Tuchman, G. (1978a). *Making News: A Study of the Construction of Reality*. New York: Free Press.

Tuchman, G. (1978b). Professionalism as an Agent of Legitimation. *Journal of Communication*, 28(2), 106–13.

Tudor, A. (1999). *Decoding Culture: Theory and Method in Cultural Studies*. London: Sage.

Tumber, H. & Palmer, J. (2004). *The Media at War: The Iraq Crisis*. London and New York: Sage.

Tumber, H. & Prentoulis, M. (2005). Journalism and the Making of a Profession. In H. De Burg (ed.), T*he Making of Journalists*. London: Routledge, 58–73.

Tumber, H. & Webster, F. (2006). *Journalists Under Fire*. London: Sage.

Tunstall, J. (1970). *The Westminster Lobby Correspondents; A Sociological Study of National Political Journalism*. London: Routledge and Kegan Paul.

Tunstall, J. (1971). *Journalists at Work*. Beverly Hills, CA: Sage.

Turner, G. (1990). *British Cultural Studies: An Introduction*. London: Unwin and Hyman.

Turner, G. (2000, December). Media Wars: Journalism, Cultural and Media Studies in Australia. *Journalism: Theory, Practice and Criticism*, 1(3), 353–65.

Turner, G. (2011). *What's Become of Cultural Studies?* London: Sage.

Udupa, S. (2015). *Making News in Global India*. Cambridge University Press.

UK Phone Hacking Scandal Undermines Individual Privacy [Editorial] (2011, July 10). *The Asian Age Online*.

Ungar, S. J. (1990). The Role of a Free Press in Strengthening Democracy. In J. Lichtenberg (ed.), *Democracy and the Mass Media*. New York: Cambridge University Press, 368–98.

Usher, N. (2014). *Making News at the New York Times*. Ann Arbor, MI: University of Michigan Press.

Valeriani, R. (1991, March/April). Covering the Gulf War: Talking Back to the Tube. *Columbia Journalism Review*, 24–8.

van der Deen, D. (1995, November 12). [Photo] Watching for a Judgment of Real Evil. *The New York Times*.

Van Dijk, T. (1987). *News as Discourse*. Hillsdale, NJ: Erlbaum.

Volkmer, I. (ed.) (2006). *News in Public Memory*. New York: Peter Lang.

Von Krough, G., Ichijo, K. & Nonaka, I. (2000). *Enabling Knowledge Creation*. New York: Oxford University Press.

Vos, T. (2012) "Homo Journalisticus": Journalism Education's Role in Articulating the Objectivity Norm. *Journalism: Theory, Practice and Criticism*, 13(4), 435–49.

Vosniadou, S. (2007). The Cognitive–Situative Divide and the Problem of Conceptual Change. *Educational Psychologist*, 42(1), 55–66.

Voss, F. S. (1994). *Reporting the War*. Washington, DC: Smithsonian.

Vulliamy, E. (ed.) (1994). *Seasons in Hell: Understanding Bosnia's War*. New York: St. Martin's Press.

Wagner, K. (2016, January 5). Twitter CEO Jack Dorsey Shows Users Why 10,000-Character Tweets Aren't So Crazy. *Re/Code.net*. http://recode.net/2016/01/05/twitter-ceo-jack-dorsey-shows-users-why-10000-character-tweets-arent-so-crazy.

Wahl-Jorgensen, K. (2000). Rebellion and Ritual in Disciplinary Histories of U.S. Mass Communication Study: Looking for "the Reflexive Turn." *Mass Communication and Society*, 3(1), 87–115.

Wahl-Jorgensen, K. (2002, August). The Construction of the Public in Letters to the Editor: Deliberative Democracy and the Idiom of Insanity. *Journalism: Theory, Practice and Criticism*, 3, 183–204.

Wahl-Jorgensen, K. (2004, September). How Not to Found a Field: New Evidence on the Origins of Mass Communication Research. *Journal of Communication*, 547–64.

Waisbord, S. (2000). *Watchdog Journalism in South America*. New York:

Columbia University Press.

Waisbord, S. (2013). *Reinventing Professionalism*. Cambridge: Polity.

Waisbord, S. (ed.) (2014). *Media Sociology: A Reappraisal*. Cambridge: Polity.

Waldman, P. (2013, April 16). The Trouble with Scoops. *The American Prospect*.

Waldman, S. (2015, June 15). Report for America: A Community-Based Service Model for Saving Local Journalism. *Columbia Journalism Review*.

Walker, L. (2003, March 20). A Medium Meets Its War. *The Washington Post*.

Walsh, J. (1995, January 29). Unearthing Evil. *Time*, 46–7.

WAN-IFRA World Press Trends Report (2014). www.wan-ifra.org/reports/2014/10/07/world-press-trends-report-2014.

WAN IFRA World Press Trends in Newsrooms (2015, May 26). https://www.google.com/search?q=wan-ifra+trends+in+newsroom+2015&ie=utf-8&oe=utf-8.

Wang, G. (ed.) (2010). *De-Westernizing Communication Research*. London: Routledge.

War and the Letters Page: Who's Counting? (2003, May/June). *Columbia Journalism Review*, 10.

War in the Living Room: Radio Gives Public the News – and the Jitters (1939, September 11). *Newsweek*, 42–3.

War Photographers' Stories (1944, June 26). *Life*, 13–14.

Ward, S. (2010). *Global Journalism Ethics*. Toronto: McGill Queens University Press.

Ward, S. (2011). *Ethics and the Media*. New York: Cambridge University Press.

Ward, S. (2013, November 4). Why Hyping Transparency Distorts Journalism Ethics. *Media Shift*. http://mediashift.org/2013/11/whyhyping-transparency-distorts-journalism-ethics.

Ward, S. (2015). *Radical Media Ethics*. Malden, MA, and Oxford: Wiley-Blackwell.

Wardle, C. (2007). Monsters and Angels: Visual Press Coverage of Child Murders in the US and UK, 1930–1990. *Journalism: Theory, Practice and Criticism*, 8(4), 263–84.

Wardle, C. (2013). Verifying User-Generated Content. In C. Silverman (ed.), *Verification Handbook*. Maastricht, The Netherlands: European Journalism Centre.

Wark, M. (1997). *The Virtual Republic: Australia's Culture Wars of the 1990s*. London: Allen and Unwin.

Wasserman, E. (2006, Fall). Plagiarism and Prejudice. *Media Ethics*, 18(1).

Wasserman, H. (2010). *Tabloid Journalism in South Africa*. Bloomington: Indiana University Press.

Waterford, J. (2015, November 14). Political Amnesia Affects Politics, Bureaucracy and Journalism. *The Age*.

Watergate Bacchanal: Letter to Editor (1973, September). *Quill*, 6.

Watson, M. (1990). *The Expanding Vista*. New York: Oxford University Press.

Weaver, D., R. Beam, B. Brownless, P. Voakes & C. L. Wilhoit (2007). *The American Journalist in the 21st Century*. New York: Lawrence Erlbaum.

Weaver, D. & Wilhoit, G. C. (1986). *The American Journalist: A Portrait of U.S. News People and Their Work*. Bloomington: Indiana University Press.

Weaver, D. & Wilnat, L. (2012). *The Global Journalist in the 21st Century*. New York and Abingdon, Oxon: Routledge.

Webb, J. M. (1974). Historical Perspective on the New Journalism. *Journalism History*, 1, 38–42, 60.

Weber, M. (1958 [1913]). The Social Psychology of the World's Religions. In H. H. Gerth & C. W. Mills (eds.), *From Max Weber: Essays in Sociology*. New York: Oxford University Press, 267–301.

Weibull, L. (2009). Introduction. In G. Terzis (ed.), *European Journalism Education*. Chicago, IL: Intellect, 69–79

Weimer, R. (1992). *Live from Ground Zero*. New York: Doubleday.

Weinberger, D. (2009, August 28). Transparency: The New Objectivity. www.kmworld.com/Articles/Column/David-Weinberger/Transparency-the-new-objectivity-55785.aspx.

White, A. (2015). *Moving Stories: International Review of How Media Cover Migration*. London: Ethical Journalism Network.

White, G. B. (2015, July 24). Where Are All the Minority Journalists? *The Atlantic*.

Whitney, C. R. (2003, November 9). Tunnel Vision: Watching Iraq, Seeing Vietnam. *The New York Times*, sect. 4, 1.

Whorf, B. L. (1956). *Language, Thought and Reality*. Reprinted as B. L. Whorf & J. B. Carroll (eds.), *Language, Thought and Reality: Selected Writings of Benjamin Lee Whorf*. New York: Wiley and MIT Press.

Wilkins, L. & Brennen, B. (2004). Conflicted Interests, Contested Terrain: Journalism Ethics Codes Then and Now. *Journalism Studies*, 5(3), 297–309.

Williams, B. & Delli-Carpini, M. (2011). *After Broadcast News: Media Regimes, Democracy, and the New Information Environment*. New York: Cambridge University Press.

Williams, M. (2014, May 14). *Times* Journalists Escape after Kidnapping in Northern Syria. *The Guardian*.

Williams, R. (1978). The Press and Popular Culture: An Historical Perspective. In C. Boyce, J. Curran & P. Wingate (eds.), *Newspaper History from the Seventeenth Century to the Present Day*. Beverly Hills, CA: Sage, 41–50.

Williams, R. (1982). *The Sociology of Culture*. New York: Schocken.

Williams, R. (1983). *Keywords*. New York: Oxford University Press.

Windshuttle, K. (1998). Cultural Studies versus Journalism. In M. Breen (ed.), *Journalism: Theory and Practice*. Paddington, New South Wales: Macleay Press, 17–36.

Withnall, S. (2015, December 15). Aylan Kurdi Images Were Seen by "20 Million People in 12 Hours." *The Independent*.

Wodak, R. & Meyer, M. (2002). *Methods of Critical Discourse Analysis*. London and Thousand Oaks, CA: Sage.

Woodward, B. & Bernstein, C. (1974). *All the President's Men*. New York: Simon and Schuster.

Woodward, B. & Bernstein, C. (1976). *The Final Days*. New York: Avon.
Woodward, O. L. (1945, August 18). From a Soldier in Europe on V-E Day. *Gospel Messenger*, 11.

Worth, R. F. (2011, January 21). How A Single Match Can Ignite a Revolution. *The New York Times*.

Wright, C. & Fayle, C. E. (1928). *A History of Lloyd's*. London: Macmillan & Co.

Wright, H. (1998). Dare We Decentre Birmingham? *European Journal of Cultural Studies*, 1(1), 33–56.

Wright Mills, C. (1959). *The Sociological Imagination*. Oxford and New York: Oxford University Press.

Wu, T. (2006). Journalism Education in China: A Historical Perspective. In K. W. Y. Leung, J. Kenny & P. S. N. Lee (eds.), *Global Trends in Communication Education and Research*. Cresskill, NJ: Hampton Press, 133–58.

Yazbeck, N. (2015, October). Behind the Byline: What Coverage of the Syrian Crisis Reveals About War Reporting in the Digital Age. Presentation to Negotiating Culture: Integrating Legacy and Digital Cultures in News Media. Reuters Institute for the Study of Journalism, Oxford, UK.

Yu, X., Chu, L. & Guo, Z. (2000). Reform and Challenge: An Analysis of China's Journalism Education Under Social Transition. *Gazette*, 64(1), 577–97.

Yu-His, L. E. (2015, December 17). 10 Numbers That Prove 2015 Was the Year of the Refugee. *ThinkProgress.org*. http://thinkprogress.org/immigration/2015/12/17/3731094/year-of-the-refugee.

Yudice, G. (2001). Comparative Cultural Studies Traditions: Latin America and the US. In T. Miller (ed.), *A Companion to Cultural Studies*. London: Blackwell, 217–23.

Zaller, J. (1992). *The Nature and Origins of Mass Opinion*. New York: Cambridge University Press.

Zelizer, B. (1990). Where is the Author in American TV News: On the Construction and Presentation of Proximity, Authorship, and Journalistic Authority. *Semiotica*, 80(1/2), 37–48.

Zelizer, B. (1992a). On Communicative Practice: The "Other Worlds" of Journalism and Shamanism. *Southern Folklore*, 49, 19–36.

Zelizer, B. (1992b). *Covering the Body: The Kennedy Assassination, the Media, and the Shaping of Collective Memory*. University of Chicago Press.

Zelizer, B. (1992c). CNN, the Gulf War, and Journalistic Practice. *Journal of Communication*, 42(1), 68–81.

Zelizer, B. (1993a). Journalists as Interpretive Communities. *Critical Studies in Mass Communication*, 10, 219–37.

Zelizer, B. (1993b). News: First or Final Draft of History? *Mosaic*, 2, 2–3.

Zelizer, B. (1995a, Spring). Journalism's "Last" Stand: Wirephoto and the Discourse of Resistance. *Journal of Communication*, 45(2), 78–92.

Zelizer, B. (1995b). Reading the Past Against the Grain: The Shape of Memory Studies. *Critical Studies in Mass Communication*, 12(2), 215–39.

Zelizer, B. (1997, February 7). Journalism in the Mirror. *The Nation*.

Zelizer, B. (1998). *Remembering to Forget: Holocaust Memory Through the Camera's Eye*. University of Chicago Press.

Zelizer, B. (2001). Collective Memory as "Time-out": Repairing the Time-Community Link. In G. J. Shepherd & E. Rothenbuhler (eds.), *Communication and Community*. New York: Lawrence Erlbaum, 181–9.

Zelizer, B. (2002). Photography, Journalism, and Trauma. In B. Zelizer & S. Allan (eds.), *Journalism after September 11*. London and New York: Routledge, 48–68.

Zelizer, B. (2004a). When War Is Reduced to a Photograph. In S. Allan &

B. Zelizer (eds.), *Reporting War: Journalism and Wartime*. London: Routledge, 115–35.

Zelizer, B. (2004b). *Taking Journalism Seriously: News and the Academy*. Thousand Oaks, CA: Sage.

Zelizer, B. (2004c). The Voice of the Visual in Memory. In K. Phillips (ed.), *Framing Public Memory*. Birmingham: University of Alabama Press, 157–86.

Zelizer, B. (2007). On Having Been There: On "Eyewitnessing" as a Journalistic Key Word. *Critical Studies in Media Communication*, 24(5), 408–28.

Zelizer, B. (2010). *About to Die: How News Images Move the Public*. New York: Oxford University Press.

Zelizer, B. (2011a). Journalism in the Service of Communication. *Journal of Communication*, 61(1), 1–21.

Zelizer, B. (ed.) (2011b). *Making the University Matter*. London: Routledge.

Zelizer, B. (2012). How to Give Meaning to the Hand-Wringing After Scandal. *Media, Culture and Society*, 34(5), 625–30.

Zelizer, B. (2015a, October). Terms of Choice: Uncertainty, Journalism and Crisis. *Journal of Communication*, 65(5), 888–908.

Zelizer, B. (2015b, September 8). The Heartbreaking Image of the Syrian Boy Will Not Necessarily Lead to Action. *Huffington Post*.

Zelizer, B. (2016a, August). Communication in the Fan of Disciplines. *Communication Theory*, 26(3), 213–35.

Zelizer, B. (2016b, June 3). McCarthy Revisited? *Huffington Post*. www.huffingtonpost.com/barbie-zelizer/mccarthy-revisited_b_10262546.html.

Zelize, B. (2016c, July 4). Kept in the Dark: By Decree or By Choice. *Philadelphia Inquirer*.

Zelizer, B. (2016d). Journalism's Deep Memory: Cold War Mindedness and Coverage of Islamic State. Plenary presented to International Association of Media Communication Research, Leicester, UK.

Zelizer, B. (2017 in press). Order in Baltimore? On Place-Frames in US Journalism. In L. Steiner & S. Waisbord (eds.), *Race, News and the City: Uncovering Baltimore*. New York: Routledge.

Zelizer, B. & Tenenboim-Weinblatt, K. L. (eds.), (2014). *Journalism and Memory*. London: Palgrave MacMillan.

Zerubavel, E. (2003). *Time Maps*. University of Chicago Press.

Zhang, G. L. (2006). The Rise, Development and Trends of the Chinese Communication Studies. *China Media Research*, 2(2), 103–11.

Zhao, Y. (1998). *Media, Market and Democracy in China*. Champaign-Urbana: University of Illinois Press.

Ziomek, J. (2005). *Journalism, Transparency and the Public Trust*. Washington, DC: The Aspen Institute.

索引

（所注页码为英文原书页码，即本书边码）

译后记

自我在博士研究中第一次“邂逅”芭比·泽利泽教授的著作 *Taking Journalism Seriously* 后，书中她对新闻理论与实践的深刻思考便引领我在广袤的研究海洋中寻到一叶小舟。此后，我不断追随她的学术脚步。她洞幽察微，耐心点拨困惑中的青年学者，她的点评甚至可以组织成一份脉络清晰的“参考文献”。此后，在她每次出版新的学术成果后，我都尝试与出版社联络，迫切想要成为她著作的译者，然而皆因她的“粉丝”众多而错失机遇。

2016 年，我的博士生导师布鲁塞尔自由大学（ULB）弗朗索瓦·汉德雷克斯（François Heinderyckx）教授得知我的心愿后，在当年于英国莱斯特举办的国际媒介与传播研究学会（IAMCR）会议上，引荐我当面向泽利泽教授表达了我的敬重之情和翻译其著作的意愿。会议结束一个月后，我便收到了泽利泽教授的来信，她向 Polity 出版社推荐了我，希望我成为她最新著作的中文译者。这份“殊荣”的到来让我倍感鼓舞。随后，得益于上海社会科学研究院白红义老师的推荐和中国人民大学出版社翟江虹老师的帮助，这部作品得以正式进入出版日程。

芭比·泽利泽是一位极具魅力的学者。她有着多年的新闻从业经验，并在学术研究中延续了她敏锐的洞察力，她甚至可以被称为一部“行走的新闻研究数据库”。泽利泽的作品既是对她实践经验的充分例证，又体现出了她抽象的学理分析能力，像多彩的文学作品，绘制出一幅颇具时空感的新闻业图景。她对全球新闻业的不断反思开拓了我们的视野，帮助我们超越固有逻辑去审视新闻业发展过程中主体与客体、中心与边缘、东方与西方的观点碰撞，以及了解新闻业本质的认知差异对新闻业在地化发展带来的深刻影响。

此次翻译历时三年左右。泽利泽教授的写作风格对我的专业英文与学术表达能力都是极大的挑战。2018 年 7 月，在 IAMCR 的会议间隙，我抱着已经完成的翻译初稿与泽利泽教授确认了我尚存犹疑的各处翻译，并与她讨论了涉及我国的案例中的国情背景。目前，我对书稿呈现的文字的细致雕琢仍不足够，其中也尚有诸多不足之处。但因将其贡献于国内新闻研究的心情迫切，我便虚己于作品之后，期望学界同仁对译文中的不妥之处予以指正。在此，我由衷地对众多师友的帮助和启发表示感谢。

感谢我的两位导师弗朗索瓦·汉德雷克斯教授与中国传媒大学刘昶教授给予我的学术指导，并帮助我成为国际学术舞台中的一员。自 2014 年博士毕业后，两位导师仍延续了他们的关切，不断鞭策我提升科研能力。得益于汉德雷克斯教授与泽利泽教授的管鲍之交，我才获得翻译本书的“殊荣”。

感谢清华大学新闻与传播学院副院长、教育部青年长江学者史安斌教授为此书赠序，并多次在翻译之细节处给予我指导，我也因此最终确定了本书的中译名。作为青年学者代表，史教授严谨的治学态度为我们树立了榜样。

感谢上海社会科学院白红义教授的推荐与在新闻研究领域对我的多次指导，感谢中国人民大学出版社翟江虹老师、汪渤老师让我的“梦想”成为“现实”，并在翻译的过程中学习到成为一名译者应具有的积淀与责任。

感谢中国传媒大学姬德强教授在翻译过程中与我多次商讨专业词汇的翻译及中文表达，并作为 IAMCR 国际传播分会副主席多次组织学者们开展相关讨论，这些思想碰撞帮助我更加深刻地了解了全球语境中的新闻业。

感谢我远在布鲁塞尔的挚友焦钰，她为我在翻译中遇到的部分互文困境提供了重要帮助，她的远程陪伴也是我身旁的一束温暖的灯光。

在本书翻译过程中，白顺阶、王惠玲、李余韵梓在文献背景整理和校对中给予了我重要的帮助。也希望这些有志于投身学术研究的青年学者们，去想象、探索和创造“未来的新闻业”。

What Journalism Could be
9781509507863
By Barbie Zelizer

图书在版编目（CIP）数据

想象未来的新闻业/（美）芭比·泽利泽（Barbie Zelizer）著；赵如涵译．-- 北京：中国人民大学出版社，2022.9
（新闻与传播学译丛．学术前沿系列）
书名原文：What Journalism Could be
ISBN 978-7-300-30920-0

Ⅰ．①想… Ⅱ．①芭… ②赵… Ⅲ．①新闻工作—研究 Ⅳ．①G21

中国版本图书馆 CIP 数据核字（2022）第 171046 号

新闻与传播学译丛·学术前沿系列
想象未来的新闻业
[美] 芭比·泽利泽（Barbie Zelizer） 著
赵如涵 译
史安斌 作序推荐
Xiangxiang Weilai de Xinwenye

出版发行	中国人民大学出版社		
社　址	北京中关村大街 31 号	**邮政编码**	100080
电　话	010－62511242（总编室）		010－62511770（质管部）
	010－82501766（邮购部）		010－62514148（门市部）
	010－62515195（发行公司）		010－62515275（盗版举报）
网　址	http://www.crup.com.cn		
经　销	新华书店		
印　刷	北京昌联印刷有限公司		
规　格	170 mm×240 mm　16 开本	**版　次**	2022 年 9 月第 1 版
印　张	24 插页 2	**印　次**	2022 年 9 月第 1 次印刷
字　数	351 000	**定　价**	88.00 元